潮汕环线高速公路
建设与创新

科技创新篇

李勇 李键 蒲春平 主编

人民交通出版社

北京

内 容 摘 要

潮汕环线高速公路建设过程中强化现代工程管理,重视科技创新先导作用,开展了一系列富有创新性和引领性的科研项目,研究工作结合工程需求,大幅度降低了工程成本,提高了生产力和工作效率,取得了良好的经济效益和社会效益。

本书系统介绍了"桥梁挤扩支盘桩设计、施工、检测技术及定额研究""软基处理小直径挤扩支盘桩设计施工关键技术研究与示范应用""陀螺桩设计施工关键技术研究与示范应用""基于建养一体化的钢桥面铺装结构优化与快速养护技术创新研究"四个课题的研究成果,内容丰富、数据翔实,可供从事桥梁设计、施工、科研、管理工作的人员和高等院校相关专业师生参考。

图书在版编目(CIP)数据

潮汕环线高速公路建设与创新. 科技创新篇／李勇,
李键,蒲春平主编. — 北京：人民交通出版社股份有限
公司, 2024.11. — ISBN 978-7-114-19679-9

Ⅰ. U412.36

中国国家版本馆 CIP 数据核字第 20242AD272 号

Chaoshan Huanxian Gaosu Gonglu Jianshe yu Chuangxin：Keji Chuangxin Pian

书 名：	潮汕环线高速公路建设与创新：科技创新篇
著 作 者：	李 勇 李 键 蒲春平
责任编辑：	李 坤 李学会
责任校对：	赵媛媛 魏佳宁
责任印制：	刘高彤
出版发行：	人民交通出版社
地 址：	(100011)北京市朝阳区安定门外外馆斜街 3 号
网 址：	http://www.ccpcl.com.cn
销售电话：	(010)85285857
总 经 销：	人民交通出版社发行部
经 销：	各地新华书店
印 刷：	北京科印技术咨询服务有限公司数码印刷分部
开 本：	787×1092 1/16
印 张：	20.5
字 数：	420 千
版 次：	2024 年 11 月 第 1 版
印 次：	2024 年 11 月 第 1 次印刷
书 号：	ISBN 978-7-114-19679-9
定 价：	80.00 元

(有印刷、装订质量问题的图书,由本社负责调换)

本书编委会

主编

李　勇　李　键　蒲春平

参编单位及人员

广东潮汕环线高速公路有限公司

潘正中　黄群标　冯浩轩

中交公路规划设计院有限公司

易绍平　崔立川　黄月超

河海大学

贺冠军　李国维

北京支盘地工科技开发中心

张国梁　徐永洁

中交公路长大桥建设国家工程研究中心有限公司

过　超　付佰勇　师启龙

中铁大桥局集团有限公司

徐秋红　王　宇

中交第二公路工程局有限公司

贺金龙　丁海建　王　辉

广东省交通规划设计研究院集团股份有限公司

吴海平

前言

潮汕环线高速公路项目区域地质条件复杂,桥梁地处高地震基本烈度区,软基覆盖层厚,若采用常规地基处理方案则经济性差、工期长。项目引入挤扩支盘桩工艺,在大量试桩基础上创新发展,提出使用挤扩支盘桩来替代桥梁超长摩擦桩、使用小直径支盘桩处理深厚软基、使用陀螺桩提高浅层软基处理效率等方案,开展了室内模型试验、数值模拟、理论研究、原位沉降监测等一系列研究和实践,取得了丰硕成果。另外,针对项目所处区域夏季极端高温和强降雨问题,为保证榕江特大桥钢桥面铺装的耐久性,开展了建养一体化钢桥面铺装结构优化与快速养护技术研究,提高了钢桥面铺装使用寿命,降低了全寿命周期成本,经济社会效益显著。

本书共5章,第1章为科研概述,介绍了项目概况,提出四个课题问题及研究内容;第2章详细介绍了挤扩支盘桩的设计、施工、检测技术及定额研究;第3章介绍了软基处理小直径挤扩支盘桩及陀螺桩的设计施工关键技术研究与示范应用;第4章总结了钢桥面铺装结构研究与结构优化、养护材料及设备开发;第5章对主要成果做了总结和展望。

本书由广东潮汕环线高速公路有限公司李勇、李键、蒲春平担任主编,参与编写的人员包括:广东潮汕环线高速公路有限公司潘正中、黄群标、冯浩轩,中交公路规划设计院有限公司易绍平、崔立川、黄月超,河海大学贺冠军、李国维,北京支盘地工科技开发中心张国梁、徐永洁,中交公路长大桥建设国家工程研究中心有限公司过超、付佰勇、师启龙,中铁大桥局集团有限公司徐秋红、王宇,中交第二公路工程局有限公司贺金龙、丁海建、王辉,广东省交通规划设计研究院集团股份有限公司吴海平。

本书主要为桥梁设计、施工、科研、管理领域的专业人员提供参考。但限于编者水平，书中难免存在不妥之处，恳请读者批评指正。

编　者
2024 年 8 月

目录

1
科 研 概 述

为坚持创新发展理念,全力打造"品质工程",实现"建设体现新理念、管理采取新举措、技术得到新提升、质量达到新水平、安全实现新保障、环保取得新成效"的目标,潮汕环线高速公路项目强化现代工程管理,重视科技先导作用,所开展的科研项目具有很好的创新性和行业引领性,研究内容结合工程实际,对提升高速公路建设技术水平具有积极推动作用,积极应用"四新"成果提高了生产力和工作效率,降低了工程成本和劳动强度,取得了良好的经济和社会效益。本书主要介绍以下四个课题:

1)桥梁挤扩支盘桩设计、施工、检测技术及定额研究

潮汕环线高速公路项目区域地质情况复杂,桥梁所在地属高地震基本烈度区,软基覆盖层普遍深厚,软基地段较多,在部分软基地段设置的桥梁挤扩支盘桩共 796 根;全线桩基主要以摩擦桩为主,设计桩长较长,经济性差。而挤扩支盘桩可充分发挥桩侧土体承载能力,尤其当支盘设置在砂层、卵石层时,可以极大提高桩基承载能力,降低桩端承载比,进而有效缩短桩长,是一种非常合理的桩基设计理念。

但是目前桥梁挤扩支盘桩设计方法不健全,施工信息化程度偏低,工后成品检测有效性差,同时缺乏定额标准,限制了桩基推广普及。设计、施工、检测及定额面临较多亟待攻关的难题。为了对挤扩支盘桩现场应用提供理论和技术支撑,课题采用理论分析、仿真模拟、试验测试、引进开发、工程示范应用等综合手段,紧密结合工程实际需求,开展了"桥梁挤扩支盘桩设计关键技术研究""桥梁挤扩支盘桩施工关键技术研究""灌注桩及挤扩支盘桩全桩身完整性检测技术研究""挤扩支盘桩经济效益分析及合理定额研究"等关键课题的研究,形成一批具有自主知识产权的工程产品、国家专利、软件、设计方法及技术体系等,并促进挤扩支盘桩在桥梁桩基工程中的应用,贯彻可持续发展的方针,合理配置资

源。本书重点开展了以下内容研究：

（1）桥梁挤扩支盘桩设计关键技术研究

研究挤扩压力值与土体强度参数变化之间的关系和机理，揭示挤扩后盘腔周围土体应力消散及强度衰减特性。研究六星支、承力盘设置与土层类型、原桩直径、支盘竖向间距的关系，提出支盘设置原则。对比荷载传递法、弹性理论法、剪切变形传递法、有限元法及其他简化方法计算分析并预测挤扩支盘桩桩顶沉降。基于数值方法、室内模型试验、现场试桩等手段，分析挤扩支盘桩承载机理，包括不同荷载作用下的桩顶沉降规律、桩侧摩阻力及桩身轴力分布特点，以及支、盘、桩端、桩侧荷载分配规律等。

（2）桥梁挤扩支盘桩施工关键技术研究

研究挤扩支盘桩在不同土层中的合理挤扩次数、挤扩压力，选择合适的泥浆相对密度，根据挤扩过程中液位的变化，动态计算和补充护壁泥浆。结合检测技术，分析不同土层中土体的缩颈及塌孔的情况，研究并提出防塌孔、提高施工工效的技术措施，总结关键施工工艺及关键技术，保证工程施工质量。

（3）灌注桩及挤扩支盘桩全桩身完整性检测技术研究

主要研究基于管波法的单管检测技术、跨孔弹性波 CT 检测法、跨孔超声波完整性检测技术、单孔地震波法、热异常桩身完整性检测技术、超低频电磁波测试技术等，并分析检测技术的有效性及可靠性。

（4）挤扩支盘桩经济效益分析及合理定额研究

挤扩支盘桩支、盘结构可大幅度提高单桩承载力，与相同地质条件、相同桩径、相同承载力的常规桩相比，尽管增加了承力盘的费用，但可有效减小桩长，降低综合造价。本书将结合桥梁挤扩支盘桩的设计与施工实践，在满足相同地基承载力前提下，通过合理设计桩长、桩径，从材料用量、施工费用、施工装备和工期及环境影响等方面与常规桩综合对比分析，总结挤扩支盘桩的经济效益，同时结合大规模挤扩支盘桩应用过程中工、料、机等方面投入的综合调研与分析，开展潮汕环线挤扩支盘桩造价及成本分析。

2）软基处理小直径挤扩支盘桩设计施工关键技术研究与示范应用

软基处理一直是广东公路建设和全国大部分存在软土分布区域公路建设的一个永恒的课题。经过我国多年的公路建设，公路项目的软基处理手段及技术已经取得了长足的进步，总结了相当多的技术和经验。但是随着公路建设项目步伐的加快，不断有新的问题出现，特别对于深厚软基、超软土地基处理依然是公路建设的重点及难点，也是一个亟须解决的技术难题。

小直径挤扩支盘桩在公路项目软基处理的应用不是很广泛，还没有形成相关的行业规范或整套的技术指南。从试验段处理方案的讨论及分析研究看，小直径挤扩支盘桩在公路软基处理中有较广泛的应用前景和应用范围,值得推广应用。因而亟须对小直径支盘桩在软基处理的受力机理、应用范围、设计计算模型及参数、施工关键技术等方面进行研究。本书重点开展以下研究内容:

(1)挤扩支盘桩承载性能分析研究

在邻近区域相同地质条件下设置支盘桩试验段及管桩试验段,通过对桩间土的受力、沉降,桩身受力、沉降,桩土荷载分担情况等多方面指标进行监测,对比分析支盘桩在处理深厚超软土地基时的承载性能、抗沉降变形能力;并选取2根支盘桩进行静载试验,静载时对支盘桩桩身内力进行监测,研究支盘桩荷载传递机理;综合原位试验研究对模型试验进行校验和参照。

(2)多盘支盘桩破坏模式分析研究

结合透明土及PIV(粒子图像测速)的最新研究成果进行透明土静载试验,分析多盘支盘桩的破坏模式。通过透明土技术使桩身沉降、桩周土位移矢量场可视化,可更直观地判别支盘桩极限状态下的破坏模式,并通过PIV技术将位移矢量场进行量化,分析不同受力状态下桩周土的变形模式。

(3)不同盘间距下桩土破坏模式、临界盘间距以及桩身极限承载力计算模型研究

通过常规土静载模型试验,研究不同盘间距下桩土破坏模式、临界盘间距的计算以及桩身极限承载力的计算模型。以盘间距为变量,在模型箱中设置双盘支盘桩并在盘对应深度处分别设置荷载板(荷载板直径与盘直径相同),研究不同盘间距时支盘桩桩身内力传递情况以及相较于荷载板盘承载力的发挥情况,结合透明土静载试验判断的桩周土破坏模式,推导临界盘间距的计算公式以及支盘桩极限承载力的计算模型,为设计提供可靠依据。

3)陀螺桩设计施工关键技术研究与示范应用

通过采用陀螺桩软基处理技术,结合深层土体排水固结法,有利于缩短工期,提高填土过程的地基稳定性能。但是,在实际施工过程中,对于工程需求量大、工期要求紧的工程,混凝土浇筑成型速度达不到施工进度要求,现场工人手动施工效率低下,尤其是每个陀螺桩重达70kg,需要两个人以上搬运,工作效率不高。为了解决以上实际工程中遇到的问题,研究提出一种工程轻质材料制作的陀螺桩,先在工厂进行预制,然后运至现场直接使用,工作效率得到极大提高。

本书以解决陀螺桩设计施工等关键技术为目标,开展国内外调研、工程实践与总结,在国外现有陀螺桩结构形式及施工技术的基础上,通过材料调研、结构设计、环保与经济性选型、工程示范应用等手段,重点突破"陀螺桩设计施工关键技术研究与示范应用"问题,扩展陀螺桩结构形式,通过总结与提升,形成新结构、新专利、监测反分析等系列研究

成果,指导工程实践。主要开展了以下研究:

(1)现有陀螺桩承载要求及适用条件研究

针对国内外现有的混凝土制品陀螺桩的受力特点,研究陀螺桩作为表层浮筏作用的加固机理、安放定位及承载要求,尤其是在与排水固结法结合使用时桩体的竖向抗压抗剪、填方稳定性等承载要求,分析现有方案的应力传递及连接筋材的受力性能,提出量化的承载指标要求,分析陀螺桩的适用条件。结合陀螺桩在制备、运输、施工和服役等过程的物理性能、力学性能和耐久性能的要求,明确新型轻质陀螺桩整体重度要求,提出新型轻质陀螺桩材料性能需求指标。

(2)新型轻质工程材料陀螺桩结构研发

从耐久性、强度指标、材料要求、环保要求和经济性要求几个方面入手,调研国内外现有的气泡混合轻质混凝土、聚乙烯、聚氯乙烯、酚醛树脂、环氧树脂等各类工程材料,研发满足陀螺桩受力性能及使用年限要求的轻质陀螺桩工程材料,开展轻质陀螺桩的材料与选型及结构研发,通过试验研发适宜新型轻质陀螺桩的轻质高强材料并提出合理的配合比,提出新型轻质陀螺桩预制件制备工艺流程。综合考虑地下环境对连接筋材锈蚀和使用年限的影响,开展高强(抗拉、抗剪)筋材选型与结构研发。

(3)新型轻质工程材料陀螺桩结构形式设计与计算

采用轻质工程材料,开展陀螺桩新型结构形式及连接筋材的尺寸及构造设计,并进行结构受力计算,给出满足受力要求的结构形式和尺寸构造图纸。具体包括进一步细化分析陀螺桩的受力特性,研究圆板部分、圆锥部分、根部、轴脚部和尖端桩靴等部位的尺寸对陀螺桩受力状态的影响规律,提出工程适宜的新型轻质陀螺桩结构形式和相关设计方法,分析新型轻质陀螺桩与强加筋垫层协同受力及变形机理。

(4)陀螺桩施工及监测反分析研究

研究现有陀螺桩及新型陀螺桩的施工工艺,研究现场状况、施工方法、使用机械等,决定施工工法和施工顺序。对桩间碎石压实、邻近既有建筑物、曲线段施工、作业困难的软弱地基、大面积连续施工、切边部分施工、存在障碍物施工、多层施工等关键工序开展专项施工工艺研究。提出典型区段筋材受力及陀螺桩受力变形的监测要求,针对陀螺桩试验段鮀西互通 AK0 + 436 ~ AK0 + 525 段,陀螺桩应力监测采用 FBG(光纤布拉格光栅)传感器,地基变形监测采用沉降计、剖面沉降管、位移计、测斜管、孔隙水压力计等,共设 3 个断面,同时对鮀西互通 AK0 + 549 ~ AK0 + 632 段袋装砂井进行对应等断面对比监测,对监测成果进行反分析与验证。

4)基于建养一体化的钢桥面铺装结构优化与快速养护技术创新研究

钢桥面铺装是桥梁工程中的关键技术之一,同时也是一个世界性难题。由于我国特殊的交通、气候条件,钢桥面铺装问题尤为突出,目前大跨径钢桥面铺装使用寿命难以达到设计寿命,仍是亟须解决的一个技术难题。潮汕环线高速公路(含潮汕连接线)项目跨榕江特大桥,初步设计方案为双塔双索面半漂浮钢箱梁斜拉桥。桥区地处东南沿海,属南亚热带季风气候,夏季气温高,持续时间长,极端高温达到40℃,最热月平均气温接近30℃;降雨量大,年降雨量1300~1800mL;据交通预测,钢桥面使用期间交通量将达到5万辆/日。榕江特大桥的交通、气候及结构条件,使得钢桥面受力极为复杂,使用条件苛刻,因此为保证榕江特大桥钢桥面铺装的耐久性,开展基于建养一体化的钢桥面铺装结构优化与快速养护技术创新研究,本书针对钢桥面铺装设计、施工和养护等多个阶段统筹考虑,在设计阶段充分考虑钢桥面铺装的建设和养护问题,有利于提高钢桥面铺装的使用寿命,降低全寿命周期成本,经济和社会效益显著。主要开展了以下内容研究:

(1)铺装组合结构研究

以榕江特大桥为例,采用有限元分析软件建立面向钢桥面铺装的整桥桥梁结构模型,分析桥梁梁体结构受力、变形分布特点,分析加载位置、荷载分布及大小等对桥面铺装受力的影响。

(2)铺装结构优化

重点研究磨耗层沥青混合料性能,以及界面黏结材料与技术。在此基础上,结合力学分析结果,提出3~4种组合结构,进行组合结构性能研究与综合评价,推荐超高韧性混凝土(STC)铺装结构。

(3)养护材料及设备开发

开发直投式改性沥青混合料和沥青混合料小批量、快速拌和设备,满足钢桥面铺装快速维修的需要。

2

挤扩支盘桩基础技术创新

2.1 支盘挤扩成桩

2.1.1 支盘挤扩成桩机理

1)挤扩支盘桩受力机理

在桩基技术发展史上,一方面向长、大直径钻孔灌注桩发展,另一方面向短扩底墩和多节扩径桩发展,这些都是通过增加桩-土接触面积来提高单桩承载力的。其中,挤扩支盘桩从仿生学原理出发,把自然界树木生长的规律应用到工程上来,使用特制的设备可在支盘周围形成坚硬的土体,既有较大的承压能力,又有较大的抗拔能力,由于桩体周围有支和盘的存在,可增加桩的稳定性,克服了传统桩型承载力低、抗拔能力小、稳定性差的缺点,可以认为是夯扩桩和大直径桩的改进。挤扩支盘桩最早由张俊生在 20 世纪 80 年代末发明,随后在全国建筑、交通、电力等行业中推广应用。

由于挤扩机的挤扩作用,支盘上下端土体得到了压密,减少了压缩性,提高了内摩擦角和压缩模量,其物理力学性质高于原状土。在承力时,由于支盘周边土体预先得到压密,类似于"预应力"作用,减小了土体的压缩量,使土体的竖向承载力及抗拔力都成倍地提高,这是其他桩在承力时不可能实现的。

在挤扩过程中,弓压臂携带能量对四周土体做功,迫使土颗粒移动。根据土体中的孔隙水压力、挤压应力与应变的关系,弓压臂对土体的作用可分为挤压阶段和固结阶段。

(1)挤压阶段:挤扩初期,土体以水平向位移为主,挤密或推动前方土颗粒。随着

6

弓压臂的张开,土颗粒逐渐向前和向上、下方向移动。当弓压臂张开到最大时,弓压臂下端土体受挤压作用最强,挤密效果最好。在挤压应力作用下,孔隙水压力上升,但由于挤压应力大于孔隙水压力,有效应力将迫使土体产生塑性变形,原状结构被破坏。对于砂土,迫使土颗粒在移动过程中重新排列组合,达到紧密排列状态,土体的密度、强度也随之增大;对于黏性土,由于挤压应力大于土颗粒间的吸附能力,天然结构被破坏,并产生较大的孔隙水压力,但随着时间的推移,孔隙水压力逐渐消散,其强度逐渐恢复,并高于原状土。

(2)固结阶段:挤扩过程结束后,土体中仍保持一定的孔隙水压力,土体在此压力作用下排水固结。对于砂土,孔隙水压力消散很快,在挤压过程中基本完成排水固结,砂土进一步密实;对于黏性土,孔隙水压力消散很慢,在消散过程中,粒间重新形成新的水膜和连接结构,土的强度逐渐恢复和提高。在整个挤扩过程中,土体的运动方向及位移量十分复杂,与挤压力、弓压臂张开角及土体的压缩模量、泊松比等有关。正是由于这种挤密效应,支盘上下端土体才被压密,土体的内摩擦角、黏聚力、压缩模量及侧压力系数均有所增加,压缩性减小,其物理力学性质都高于原状土。

成桩机理上,挤扩支盘桩是利用中下部较好的土层,将荷载通过支盘传递到土层,即分层承载,逐一卸荷。支盘桩减小了桩端阻力,而且还扩大了承载面积,达到了提高承载力的目的。

在荷载传递上,当竖向荷载逐步施加于单桩桩顶时,桩身上部受到压缩而产生相对于土的向下位移,与此同时桩侧表面就会受到土的向上的摩阻力。桩顶荷载通过所发挥出来的摩阻力传递到桩周土层中去,致使桩身轴力和桩身压缩变形随深度递减。在桩-土相对位移等于零处,其摩阻力尚未开始发挥作用而等于零。随着荷载增加,桩身压缩量和位移量增大,桩身下部的摩阻力随之逐步调动起来,桩(盘)底土层也因受到压缩而产生桩端阻力。桩端土层的压缩加大了桩-土相对位移,从而使桩身摩阻力进一步发挥出来。当桩身摩阻力全部发挥达到极限后,若继续增加荷载,其荷载增量将全部由桩(盘)端阻力承担。由于桩(盘)端持力层的大量压缩和塑性挤出,位移增长速度显著加大,直至桩端阻力达到极限,位移迅速增大而破坏,此时桩所受的荷载就是桩的极限承载力。常规桩与支盘桩沉降机理对比如图 2-1 所示。

因此,挤扩支盘桩在受力机制上是非常科学的,完全符合荷载传递规律。

2)挤扩支盘桩破坏模式

灌注桩的破坏形式可以分为两种情况:一种为置于软弱土层中的摩擦桩或一般土层中的小直径桩,极限承载力对应变形量较小,为桩尖刺入破坏模式;另一种为大直径扩底桩,该桩端有较大的支承面积,以基底土的压密变形为主,伴有少量的侧向挤出。支承于砂、硬黏性土和粉土上的扩底桩，由于桩端破坏所需的位移量一般比较大，桩端阻力所占比例较大，其荷载-沉降（Q-S）曲线呈缓变型。

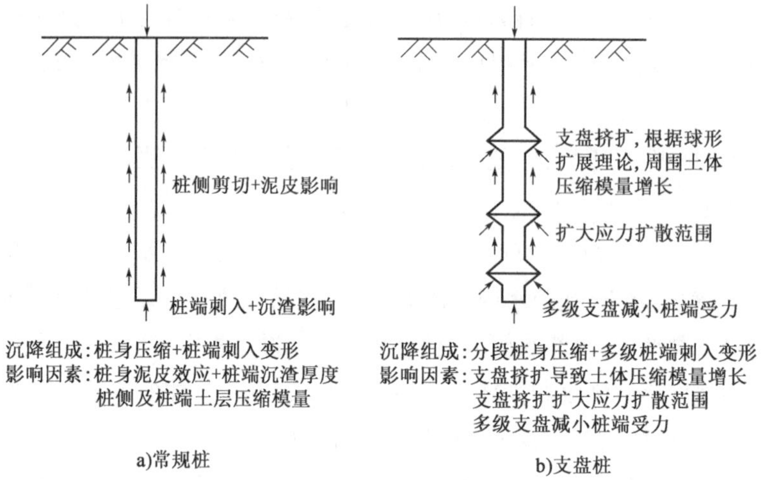

图 2-1　常规桩与支盘桩沉降机理对比

挤扩支盘桩的破坏机理类似于大直径扩底桩。当桩顶受荷较小时，桩底承力盘下部土体被挤密。由于施工时通过液压装置挤扩成孔，支盘下土体已经存在挤密效应，故盘底土承载力高于原状土，当荷载加大到一定程度时，盘体的上部斜面将出现临空面。随着荷载的进一步加大，上部盘体下的土体承载力达到极限，继续增加的荷载由下部的盘体承担，直到桩端产生相对土体的位移时，桩端的承载力将发挥出来，当桩端下土体被挤出时桩体破坏。

在设置承力盘时，合适的盘间距是一个非常关键的问题。如果盘间距太近，承力盘间的土体则有可能被剪裂，甚至塌落至下面承力盘的临空面缝隙中，从而影响这一段桩-土间的摩擦力的发挥，同时上盘的应力也将影响到下盘的应力分布，造成应力叠加，产生附加应力。分支的破坏机理和承力盘的不同之处在于分支与土体的接触面比较小，分支有可能产生剪切刺入破坏。其对承载力的贡献也在于部分增加桩侧摩阻力和桩端阻力。

2.1.2　挤扩支盘桩发展历程

挤扩支盘灌注桩是在扩孔桩的基础之上发展起来的。20 世纪 50 年代后期，印度开始在膨胀土中采用扩孔桩，20 世纪 60 年代和 70 年代，印度、英国以及苏联在黑棉土、黄土、亚黏土、黏土、砂土中采用多节扩孔桩。国外经验表明，多节扩孔桩和直孔桩相比，承载力高，沉降小，技术经济效果显著，但因采用旋切土体扩孔方法，土层适应性有限，因此应用范围不广。

从 1992 年开始，挤扩支盘灌注桩在工业与民用建筑中使用。此后十多年，在北京、天津、河南、河北、湖北、安徽、江苏、浙江、黑龙江、广东、海南、山东等十多个省市的 300 多项工程中应用。挤扩支盘灌注桩在提高桩基承载力、减少沉降、增加桩基安全性、降低工程造价和缩短工期等方面都取得了显著效果。

1998 年 4 月，国家科学技术委员会（现科技部）组织专家论证，将挤扩支盘桩技术纳入"重点国家级火炬计划项目"，并建议在全国推广应用。1998 年 11 月科技部、税务总局、对外贸易经济合作部、质量技术监督局、环保总局等单位将挤扩支盘桩及设备纳入"国家重点新产品"。在此之前，天津市建委、北京市科委、黑龙江省建委、河南省建委、广州市建委等都下达了文件或以会议纪要的形式推广这项新技术。2001 年，支盘扩底桩施工工法成为国家级工法。

2003 年，浙江省颁布了工民建与市政工程的技术规程，推动了该类型桩在浙江及周边地区科学有序地应用，在安全可靠的基础上，实现了显著的经济效益。近年来，挤扩支盘桩技术在宁波地区作为节能减排项目被推广应用。

1989—1993 年，在天津汉沽、塘沽，北京方庄、黑山扈，河北沧州等地进行了多次挤密成孔锤击多向挤扩工艺及桩型试验，1989 年，于塘沽首次试验测试一根直径 400mm、长 3m 的分支桩，其承载能力为同等直径桩的 3 倍。

1991—1994 年，针对干取土成孔挤扩多支盘桩结构及工艺，在北京黑山扈、西单，河南商丘与安阳电厂，河北秦皇岛等地进行了多次、多桩孔试验研究。北方交通大学（现北京交通大学）、清华大学和北京城建设计研究院共同对支盘桩展开了较系统的研究，开发了支、盘新结构基桩，并在北京西单复兴商业中心、北京大平湖城建院住宅 8 号楼及河南商丘、安阳、郑州等地的实际工程中成功应用。

1992—1995 年，泥浆护壁成孔多支盘桩结构及工艺在北京黑山扈、天津塘沽、河南郑州、安徽蚌埠、河北、武汉、哈尔滨、海口等地的具体工程中（如塘沽金宝大厦、郑州明鸿新城、安徽劳动大厦、淮河河套管理局大楼、海口欣安大厦、哈尔滨一面街地块等）得到广泛应用。天津大学、北京交通大学、安徽合肥大学、清华大学等通过大型室内模型试验、计算机模拟分析、工程试验测试等手段，进行广泛的研究。这一系列工作极大地拓展了支盘桩技术的应用地域，涵盖了大量的工业建筑项目。

1993—1999 年，专注于挤扩支盘桩结构设计、支盘工序、流程工艺、支盘机成型设备、支盘挤扩地质检测、成孔成桩检测，全面推动支盘系统科技的开发研究。在此期间，支盘桩技术广泛渗透至多行业、多地区，攻克多项复杂且系统的工程问题。取得的成果包括：挤扩成盘排挤工艺、交挤工艺和结构完成性研究及配套检测手段；挤扩成盘旁压地层检验系统。相关成果于 2003 年列入浙江省地方标准 [《挤扩支盘混凝土灌注桩技术规程》（DB33/T 1012—2003）]，并成为中国建设行业协会标准。

1995—1997 年,由天津市建委主导,成功编制并完成了支盘桩首部企业标准[《天津市挤扩灌注桩技术规程》(DB29-65—2004)],并通过了市建委认定。

1998—2003 年,先后在北京八王坟地铁车辆段、北京城市铁路轻轨工程(现北京地铁13 号线)中完成了轨道交通支盘桩设计施工应用研究,率先实现了支盘桩在较大动荷载工况下,超小沉降变形的理论设计和施工手段。此间还开发了挤扩支盘桩旋挖工艺工法及配套检测手段。

2001—2006 年,开发了支盘桩基础沉降分析系统,并在天津、浙江、江苏、北京等地超过三十项工程应用与咨询实践中不断完善此系统。通过总结归纳大量群桩工程的沉降问题,提出对该系统的工程管理方法。典型实例包括天津嘉海花园工程、环渤海地区四项火力发电厂工程、CCTV 新址 A 标群桩优化分析(国际合作项目)、杭州软件园 9 号楼短桩支盘桩超厚软弱下卧层分析、北京地铁 13 号线超小沉降控制分析等。

2.1.3　沉降分析方法

1)桩基础沉降理论

桩基础沉降理论研究方法主要有荷载传递法、弹性理论法、剪切变形传递法、有限元法及其他一些简化方法。

(1)荷载传递法

荷载传递法是把桩划分成许多弹性单元,每一单元与土之间用非线性弹簧联系,以模拟桩-土间的荷载传递关系,表示桩侧摩阻力与剪切位移间的关系,桩端处也用非线性弹簧与土联系。这些非线性弹簧的应力-应变关系即为荷载传递函数。目前根据求解微分方程的途径不同,可分为两种方法:

①解析法,由 Kezdi 和佐腾悟等提出;

②位移协调法,由 Seed 和 Reese、Coyle 和 Reese 等提出。

但荷载传递法在理论上有两个缺陷:

①利用桩身某点的荷载传递曲线时,只考虑了点剪应力的影响,未考虑桩身各单元间的相互影响;

②未考虑土体的连续性,因而荷载传递法不适用于分析群桩的荷载-沉降特性。

(2)弹性理论法

弹性理论法是研究桩基沉降理论用得最多的一种方法,主要原因是其数学推导过程简单,理论上比较严密。曾有许多学者对弹性理论法做过研究和改进,如 Geddes 根据弹性半空间中明德林(Mindlin)力解答,假定桩侧土的反力沿桩轴线按梯形分布,由此求解出单桩荷载作用下的应力系数,得出单桩应力解。这种方法中的土反力分布假定局限性

大,但计算过程简单。已有的弹性理论法中的主要区别在于对桩侧的剪应力分布做了不同的假定,大体上有三种:

①以作用在各单元桩段中点处圆截面上的均布荷载代替;

②以作用在各单元中点处桩轴线上的集中力代替;

③以作用在各单元桩段四周圆环面积上的均布荷载代替。

该方法的缺陷是:

①很难从室内土工试验中取得精确的弹性模量数值;

②考虑非均质土时,不得不采用一些近似的假设;

③不能进行非线性分析。

（3）剪切变形传递法

假定由于桩上荷载的作用使周围土发生剪切变形,而剪应力又通过桩侧周围连续环形上单元向四周传递。该方法原理简单,但忽略了桩端处的荷载传递作用,在计算短桩沉降时误差较大。

（4）有限元法

有限单元法虽然能考虑土的非均匀性、非线性特征,桩与土的应力历史、滑动等情况,能够更好地反映实际问题,但该方法要求较大的计算机容量,尤其是对群桩问题进行计算时。

2）基桩抗压刚度结构的建立

（1）单层基桩抗压刚度结构

图 2-2a) 为一根整桩,土为同一种土。图 2-1b)中 K_1 和 K_A^0 分别代表桩和桩底持力层及其抗压刚度,$\overline{K}_1$ 代表桩侧土及其剪切刚度,T_1 为极限摩阻力。在桩顶 1 处作用有压力 P,压力 P 经桩传给侧边土和桩底土,二者共同分担压力,是并联关系,但桩又与桩底土直接相串,因此图 2-2b) 可用图 2-2c)描述。

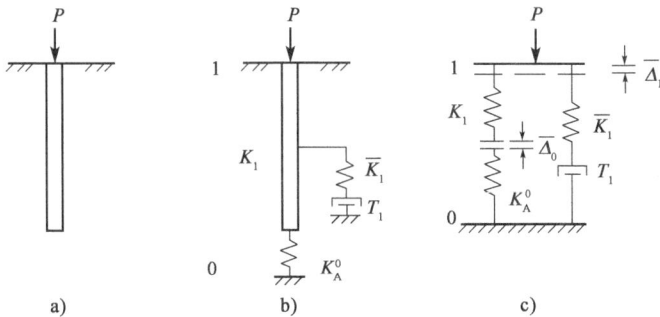

图 2-2 单层基桩抗压刚度结构示意图

图 2-2c) 属于"复合型"结构,也是最基本的基桩抗压刚度结构。图中粗线 1 代表桩顶,粗线 0 代表桩底,相应的 $\overline{\Delta}_1$ 和 $\overline{\Delta}_0$ 分别为桩顶和桩底的位移,同时桩顶位移 $\overline{\Delta}_1$ 也代表桩侧土的剪切变形(或桩、土相对位移)。图中描述的集成抗压刚度构架,由桩的抗压刚度 K_1 与桩底土 K_A^0 串联又与桩侧土 $\overline{K}_1$ 并联,其集成抗压刚度为:

$$K_A^1 = \frac{K_A^0 K_1}{K_A^0 + K_1} + \overline{K}_1 \tag{2-1}$$

式中: K_A^1——初始集成刚度,即刚度的集成,始自桩底持力层。

图 2-2c) 体现了桩-土体系是一个有机的整体,体现了荷载的传递规律和单元间刚度的组合关系。它表明荷载由桩侧土分担一部分,其余则经桩传给 K_A^0,刚度的组合关系及相对大小又决定了荷载的分配规则。图中也明示,桩顶沉降 $\overline{\Delta}_1$ 是桩 K_1 和桩底土 K_A^0 的压缩变形之和,其大小不仅与两者的刚度有关,还受到侧边土 $\overline{K}_1$ 的制约; $\overline{\Delta}_1$ 也是桩、土间最大的相对位移,当桩侧土处于弹性状态时, $\overline{\Delta}_1$ 为其弹性变形,当摩阻力 $\overline{P}_1 = \overline{\Delta}_1 \overline{K}_1$ 大于极限摩阻力 T_1 时,桩、土相对位移 $\overline{\Delta}_1$(桩顶下沉)则包含桩、土间的滑移。同样, K_1 与 K_A^0 对桩、土相对位移也具有约束作用,当它们都为刚性体时, $\overline{\Delta}_1$ 为零。

(2)双层及多层基桩的抗压刚度结构

如图 2-3 所示,两层土将桩相应分为两段,第一段及其周边土视为子系统 A_1, A_1 的集成刚度即 K_A^1;第二段桩在力 P 及周边土阻力作用下,视为弹性支承在 A_1 系统上并与其串联,又构成系统 A_2, A_2 的集成抗压刚度为:

$$K_A^2 = \frac{K_A^1 K_2}{K_A^1 + K_2} + \overline{K}_2 \tag{2-2}$$

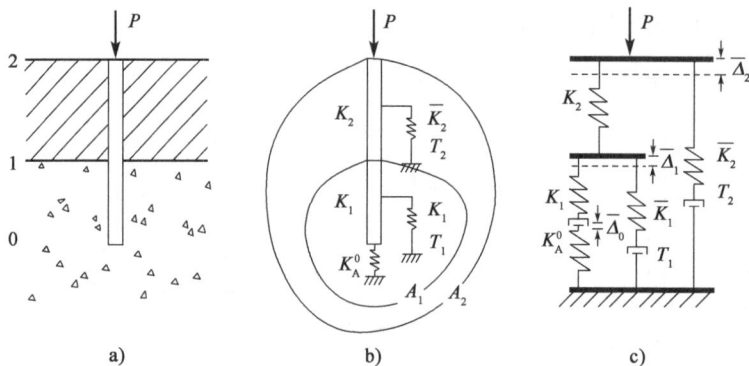

图 2-3 双层基桩抗压刚度结构示意图

如此类推,可得图 2-4 所示的 n 层基桩抗压刚度结构,其集成抗压刚度一般表达式为:

$$K_A^n = \frac{K_A^{n-1} K_n}{K_A^{n-1} + K_n} + \overline{K}_n \qquad (2-3)$$

(3)基桩沉降及力的传递计算

刚度结构明确直观地表达了基桩在压力作用下的受力机理,沉降和力的传递可依据形象的刚度结构直观地分析。

①桩-土 A_n 系统完全处在弹性状态

当各层土体均处于弹性状态时,则桩顶沉降(或第 n 段桩顶)可直接计算:

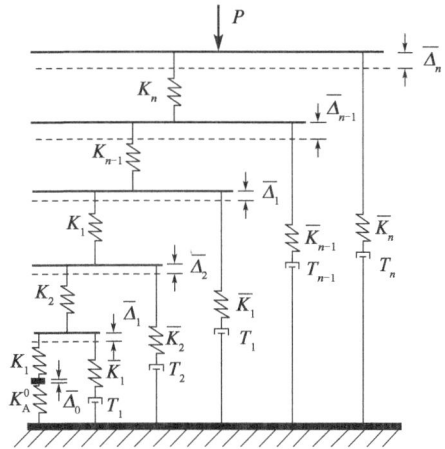

图 2-4　n 层基桩抗压刚度结构示意图

$$S_n = \overline{\Delta}_n = \frac{P}{K_A^n} \qquad (2-4)$$

式中:P——桩顶作用力或代表第 n 段桩顶的作用力 P_{n+1};

　　　$\overline{\Delta}_n$——n 段桩顶位移。

$$\overline{\Delta}_n = \Delta_n + \Delta_{n-1} + \cdots + \Delta_1 + \overline{\Delta}_0 \qquad (2-5)$$

式中:$\Delta_1, \cdots, \Delta_n$——各桩段压缩量;

　　　$\overline{\Delta}_0$——桩底的下沉量。

力的传递和各段顶沉降可按下述方法计算:

第 n 段摩阻力:　　　　　$\overline{P}_n = \overline{\Delta}_n \overline{K}_n$

式中:$\overline{K}_n$——第 n 段土的抗剪刚度。

第 n 段桩轴力:　　　$P_n = P - \overline{P}_n = P - \overline{\Delta}_n \overline{K}_n$

第 n 段桩压缩量:　　　　　$\Delta_n = \dfrac{P_n}{K_n}$

式中:K_n——第 n 段桩的抗压刚度。

第 $n-1$ 段桩顶下沉量:　　　$S_{n-1} = \overline{\Delta}_{n-1} = \dfrac{P_n}{K_A^{n-1}}$

②桩-土 A_n 系统中,部分子系统处于弹塑性状态

如前述,当 $\Delta_i > \Delta_{ui}$ 时,第 i 层土发生滑动,摩阻力不再增加。为充分利用土的抗剪能力,在桩基设计时,往往允许部分土层与桩发生相对滑动(处于弹塑性状态),这时沉降和力的传递仍按上述方法计算,但由桩传下去的力有所增加。例如 $\overline{\Delta}_n = \dfrac{P}{K_A^n} > \Delta_{un}$ 时,第 n 段

13

滑动,该土层摩阻力不再增加,此时桩轴力为:

$$P_n = P - T_n = P - \overline{K}_n \overline{\Delta}_{un} \tag{2-6}$$

式中:T_n——第 n 层极限摩阻力;

$\overline{\Delta}_{un}$——剪切位移临界值。此时该段的滑移量 Δ_{nT} 可由下式计算:

$$\Delta_{nT} = \overline{\Delta}_n{}' - \overline{\Delta}_n = \frac{P_n}{K_A^n - \overline{K}_n} - \frac{P_{n+1}}{K_A^n} \tag{2-7}$$

式中:$\overline{\Delta}_n$——原弹性状态下的位移,由于 $\Delta_n > \Delta_{un}$ 发生滑动,土的分担减少,因而通过桩段 K_n 传递的轴力加大(即 $P_n = P - T_n$),在 P_n 作用下的子系统(与 $\overline{K}_n$ 并联的子系统)的位移 $\overline{\Delta}_n{}'$ 比 $\overline{\Delta}_n$ 有所增加,其差值为刚度结构中滑动键的滑移量,P_{n+1} 则为第 n 段顶的作用力,而 $K_A^n - \overline{K}_n$ 为 K_n 及其相串结构子系统的刚度,由下式计算:

$$K_A^n - \overline{K}_n = \frac{K_A^{n-1} K_n}{K_A^{n-1} + K_n} \tag{2-8}$$

当 $\overline{\Delta}_{n-1} = \dfrac{P_n}{K_A^{n-1}} > \overline{\Delta}_{un-1}$ 时,该层的滑动计算同上,由于滑动量包含在桩和桩底持力层的变形中,因此不再重复计算。

(4)支盘桩的抗压刚度结构

支盘桩系统与普通桩的区别,在于组成该系统的元素增加了"支盘",相当于增加了一个或多个"子持力层"为桩的抗压提供支持。因此,它的抗压刚度结构相当于并联了一个或几个"子持力层"的抗压刚度。

图 2-5a)为两个盘的支盘桩,0 号支盘设在桩底,1 号支盘设在桩顶。桩径为 d,盘径为 D。图中 0 号支盘的抗压刚度 $C_0^0 F_D = K_A^0$,式中 C_0^0 为桩底持力层地基系数,F_D 为盘面积,1 号支盘的抗压刚度为 $C_1^0 F^0$,式中 C_1^0 为 1 号支盘持力层的地基系数,F^0 为盘环面积。图 2-5b)为该桩的抗压刚度结构。其集成抗压刚度为:

$$K_A^1 = \frac{K_A^0 K_1}{K_A^0 + K_1} + \overline{K}_1 + C_1^0 F^0 \tag{2-9}$$

图 2-5b)也是两个支盘的集成刚度结构。支盘桩及抗压刚度结构如图 2-6 所示。

依此类推,可得支盘桩集成抗压刚度的一般式为:

$$K_A^n = \frac{K_A^{n-1} K_n}{K_A^{n-1} + K_n} + \overline{K}_n + C_n^0 F^0 \tag{2-10}$$

根据刚度结构可知,力的传递和桩的压缩都是自上而下进行递减。

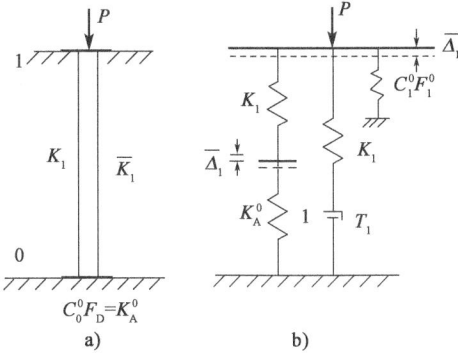

图 2-5　支盘桩及抗压刚度结构示意图　　　　图 2-6　支盘桩及抗压刚度结构示意图(刚度K_A^0概括)

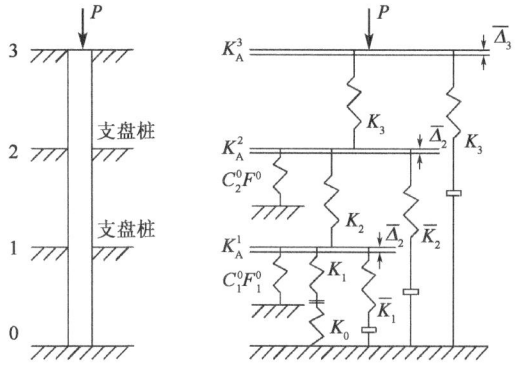

3)单桩沉降量计算

(1)弹性理论 Mindlin 法

当荷载较小时,支盘下土体处于弹性变形阶段,支盘和桩侧摩阻力共同承担桩顶荷载,桩端阻力较小;当荷载较大时,支盘力增大,支盘下土体产生明显压缩和剪切位移,桩侧摩阻力承担荷载比例相对提高,桩端阻力相对增大,桩端土体以压缩变形为主,支盘桩的沉降也因此增大。

支盘桩沉降由两部分组成:桩身材料压缩引起的桩顶沉降 S_e 和桩端对土的压缩量 S_r。两部分求和即为支盘桩的单桩沉降量,其计算过程如下:

①支盘桩的桩顶位移计算

支盘桩属于多支点端承摩擦桩,由于分支和承力盘的端承作用,桩侧摩阻力较小,桩身轴力沿桩长分布变化很小,故桩身材料的压缩变形也可考虑按轴向受压杆件计算,计算公式如下:

$$S_e = \frac{Ql}{E_h A_p} = \frac{4Ql}{\pi E_h d^2} \tag{2-11}$$

式中:S_e——桩身压缩量;

　　Q——作用于桩顶的总荷载;

　　E_h——桩身材料变形模量;

　　A_p——桩身截面积;

　　l——桩身有效长度,即分支或承力盘之间的有效桩长;

　　d——桩身直径。

②支盘桩的桩端位移

因为支盘的存在,桩身不同截面处扩大了桩径,在荷载传递上表现为多支点摩擦型端承桩,故采用分段计算方法,将各支盘截面处的附加应力叠加起来,再按分层总和法计算桩端以下压缩层范围内的地基土沉降。

15

分段计算简图如图 2-7 所示,支盘桩单桩在竖向荷载 Q 作用下,第 $k = 1 \sim (n-1)$ 桩段长度为 L_{1k},承担荷载为 Q_{1k},桩端底面荷载作用面取直径为 $2L_{1k}\tan\theta_k + d$ 的圆形减去桩身截面,则其上附加应力为:

$$\sigma_{1sk} = \frac{Q_{1k}}{0.25\pi(2L_{1k}\tan\theta_k + d)^2 - 0.25\pi d^2} \quad (2\text{-}12)$$

式中: Q_{1k}——单桩第 k 桩段承担的荷载;

$\quad\quad d$——主桩直径;

$\quad\quad L_{1k}$——第 k 桩段长度;

$\quad\quad \theta_k$——第 k 桩段范围内地基土应力扩散角。

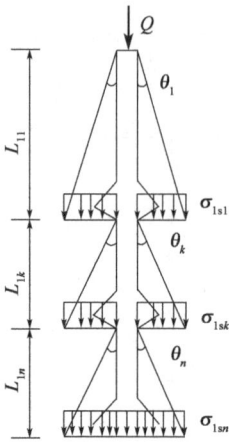

图 2-7　单桩荷载分段传递简图

第 n 桩段(底段)长度为 L_{1n},承担荷载为 Q_{1n},桩段底面荷载作用面取直径为 $2L_{1n}\tan\theta_n + d$ 的圆形,则其上附加应力为:

$$\sigma_{1sn} = \frac{Q_{1n}}{0.25\pi(2L_{1n}\tan\theta_n + d)^2} \quad (2\text{-}13)$$

式中各符号意义同前。

地基中附加应力采用 Mindlin 解计算,则桩端土层沉降量 S_r 为:

$$S_r = \sum_{i=1}^{r_1}\frac{\overline{\sigma}_{zi}}{E_{si}}h_i = \sum_{i=1}^{\tau_i}\frac{h_i}{E_{si}}\sum_{k=1}^{n}\overline{\sigma}_{zik} \quad (2\text{-}14)$$

式中: r_1——计算深度范围内土层的层数;

$\quad\quad n$——支盘桩分段的桩段数;

$\quad\quad \overline{\sigma}_{zik}$——第 k 桩段在第 i 层土产生的平均附加应力;

$\quad\quad \overline{\sigma}_{zi}$——第 i 层土平均附加应力;

$\quad\quad E_{si}$——第 i 层土的压缩模量;

$\quad\quad h_i$——第 i 层土的厚度。

计算出桩身材料压缩引起的桩顶沉降 S_e 和桩端对土的压缩量 S_r,两者求和,即为支盘桩在竖向荷载作用下的总沉降量。

(2)弹性理论 Geddes 法

作为弹性理论法之一的 Geddes 法,融合了桩-土相互作用与我国工程界广泛采用的分层总和法概念,从而大大有利于工程应用。但这些方法一般针对直桩,对挤扩支盘桩沉降的研究还处在探索阶段。

Geddes 在 Mindlin 课题的基础上把桩顶荷载 P 分解为三种形式:桩端阻力、沿深度矩形分布的桩侧摩阻力、沿深度三角形分布的桩侧摩阻力。考虑到挤扩支盘桩承载力的特性，盘处的受力可用集中力近似代替，其理论依据是吴永红等认为挤扩支盘桩属于摩擦多支点端承桩，盘处主要承受端承力。在 Geddes 的基础上，把作用在挤扩支盘桩上的桩顶荷载 P 分解为五部分：上盘中心处（以最大盘径处记）作用集中荷载 $P_u = \gamma P$、下盘中心处（以最大盘径处记）作用集中荷载 $P_d = \omega P$、桩端阻力 $P_b = (1 - \alpha - \beta - \gamma - \omega)P$、沿深度矩形分布的桩侧摩阻力 $P_r = \alpha P$、沿深度三角形分布的桩侧摩阻力 $P_s = \beta P$。γ、ω、$1 - \alpha - \beta - \gamma - \omega$、$\alpha$、$\beta$ 分别为上盘集中力、下盘集中力、桩端阻力、桩侧矩形分布摩阻力和桩侧三角形分布摩阻力的荷载分担系数，挤扩支盘桩荷载分解如图 2-8 所示。

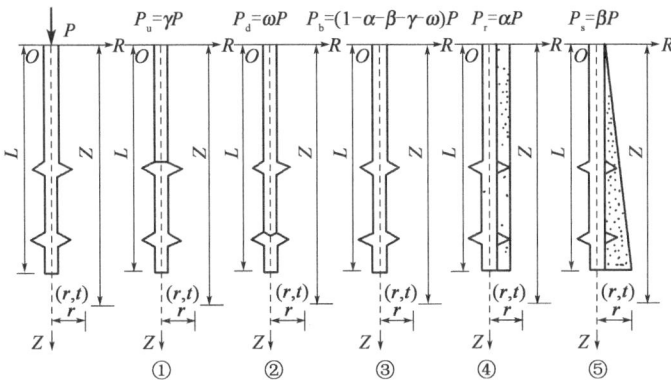

图 2-8　挤扩支盘桩荷载分解示意图

一般情况下，竖向荷载下单桩的沉降由以下两部分组成：

①桩身弹性压缩引起的桩顶沉降 S_e。

②桩端沉降 S_b。它包括桩侧荷载传递到桩端平面以下引起土体压缩，桩端随土体压缩而产生的沉降；桩端荷载引起土体压缩而产生的桩端沉降。因此，单桩沉降可表示为：$S = S_e + S_b$。

确定了上盘阻力、下盘阻力、桩端阻力、桩侧矩形分布摩阻力和桩侧三角形分布摩阻力的荷载分担系数后，便可根据上面给出的 $S = S_e + S_b$ 求得单桩的沉降，因此准确地求解 α、β、γ、ω 是得到符合实际情况的单桩沉降的关键。求解桩的荷载分担系数的理论依据：桩身范围内，桩上任意点的竖向位移与该桩侧相邻土体的压缩变形相互协调，即桩-土之间不产生相对滑动。

从桩身任取一微元体 dz 进行计算，则根据桩身竖向力平衡条件，桩身弹性压缩量：$P(z) + dP(z) - P(z) = -2\pi R \tau(z) dz$，即 $dP(z) = -2\pi R \tau(z) dz$，微元体受力平衡如图 2-9 所示。

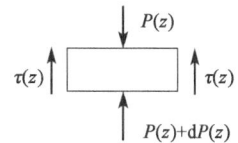

图 2-9　微元体受力平衡图

由于假定了桩侧摩阻力为两种分布形式的叠加，可知：

17

$$\tau(z) = \frac{\alpha P}{2\pi RL} + \frac{\beta P}{\pi RL^2}z$$

代入求解可知:

$$dP(z) = -\left(\frac{\alpha P}{L} + \frac{2\beta P}{L^2}z\right)dz = -\frac{P}{L}\left(\alpha + \frac{2\beta}{L}z\right)dz$$

两边同时积分得:

$$\int_p^{P(z)} dP(z) = -\frac{P}{L}\int_0^z \left(\alpha + \frac{2\beta}{L}z\right)dz$$

因此, $P(z) = P\left(1 - \alpha\frac{z}{L} - \beta\frac{z^2}{L^2}\right)$。

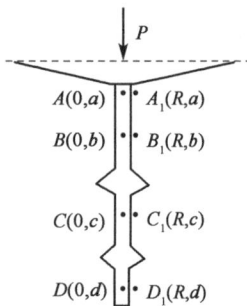

图 2-10　桩-土位移协调示意图

任取桩轴线上的四点 $A(0,a)$、$B(0,b)$、$C(0,c)$、$D(0,d)$, 桩-土位移协调如图 2-10 所示。

则 A、B、C、D 点相对于桩端的沉降分别为:

$$
\begin{aligned}
S_{AO} &= \int_a^l \frac{P(z)}{E_p A_p}dz = \frac{P}{E_p A_p}\int_a^l \left(1 - \alpha\frac{z}{L} - \beta\frac{z^2}{L}\right)dz \\
&= \frac{P}{E_p A_p}\left(L - a - \alpha\frac{L^2 - a^2}{2L} - \beta\frac{L - a^3}{3L^2}\right)
\end{aligned}
\tag{2-15}
$$

$$S_{BO} = \frac{P}{E_p A_p}\left(L - b - \alpha\frac{L^2 - b^2}{2L} - \beta\frac{L^3 - b^3}{3\,L^2}\right) \tag{2-16}$$

$$S_{CO} = \frac{P}{E_p A_p}\left(L - c - \alpha\frac{L^2 - c^2}{2L} - \beta\frac{L^3 - c^3}{3L^2}\right) \tag{2-17}$$

$$S_{DO} = \frac{P}{E_p A_p}\left(L - d - \alpha\frac{L^2 - d^2}{2L} - \beta\frac{L^3 - d^3}{3L^2}\right) \tag{2-18}$$

采用有限压缩层地基模型, 按单向压缩计算单桩的桩端沉降为:

$$S_b = \int_L^{L+H} \frac{\sigma_z}{E_s}dz \tag{2-19}$$

则桩身中 A、B、C、D 点的沉降为:

$$
\begin{aligned}
S_A &= S_{AO} + \int_L^{L+H} \frac{\sigma_z}{E_s}dz \\[4pt]
S_B &= S_{BO} + \int_L^{L+H} \frac{\sigma_z}{E_s}dz \\[4pt]
S_C &= S_{CO} + \int_L^{L+H} \frac{\sigma_z}{E_s}dz \\[4pt]
S_D &= S_{DO} + \int_L^{L+H} \frac{\sigma_z}{E_s}dz
\end{aligned}
\tag{2-20}
$$

式中：L——桩长；

H——桩端下压缩层计算厚度，可按规范确定。从桩土接触面上取相应于 A、B、C、D 四点的另外四点 $A_1(R,a)$、$B_1(R,b)$、$C_1(R,c)$、$D_1(R,d)$，如图 2-10 所示。按土体压缩计算，则 A_1、B_1、C_1、D_1 点的沉降分别为：

$$
\begin{aligned}
S_{A_1} &= \int_a^{L+H} \frac{\sigma_z}{E_s} \mathrm{d}z \\
S_{B_1} &= \int_b^{L+H} \frac{\sigma_z}{E_s} \mathrm{d}z \\
S_{C_1} &= \int_c^{L+H} \frac{\sigma_z}{E_s} \mathrm{d}z \\
S_{D_1} &= \int_d^{L+H} \frac{\sigma_z}{E_s} \mathrm{d}z
\end{aligned}
\tag{2-21}
$$

利用桩-土界面竖向位移协调的条件，可得：

$$
S_{A_1} = S_A ; \quad S_{B_1} = S_B ; \quad S_{C_1} = S_C ; \quad S_{D_1} = S_D ;
$$

从而可知：

$$
\frac{P}{E_p A_p}\left(L - a - \alpha\frac{L^2 - a^2}{2L} - \beta\frac{L^3 - a^3}{3L^2} \right)
$$
$$
= \frac{P}{E_s L^2} \int_a^L \left[x^2\gamma k_u + y^2 w k_d + (1 - \alpha - \beta - \gamma - w) k_b + \alpha k_r + \beta k_t \right] \mathrm{d}z
$$

$$
\frac{P}{E_p A_p}\left(L - b - \alpha\frac{L^2 - b^2}{2L} - \beta\frac{L^3 - b^3}{3L^2} \right)
$$
$$
= \frac{P}{E_s L^2} \int_b^L \left[x^2\gamma_u + y^2 w k_d + (1 - \alpha - \beta - \gamma - w) k_b + \alpha k_r + \beta k_t \right] \mathrm{d}z
$$

$$
\frac{P}{E_p A_p}\left(L - c - \alpha\frac{L^2 - c^2}{2L} - \beta\frac{L^3 - c^3}{3L^2} \right)
$$
$$
= \frac{P}{E_s L^2} \int_c^L \left[x^2\gamma_u + y^2 w k_d + (1 - \alpha - \beta - \gamma - w) k_b + \alpha k_r + \beta k_t \right] \mathrm{d}z
$$

$$
\frac{P}{E_p A_p}\left(L - d - \alpha\frac{L^2 - d^2}{2L} - \beta\frac{L^3 - d^3}{3L^2} \right)
$$
$$
= \frac{P}{E_s L^2} \int_d^L \left[x^2\gamma_u + y^2 w k_d + (1 - \alpha - \beta - \gamma - w) k_b + \alpha k_r + \beta k_t \right] \mathrm{d}z
\tag{2-22}
$$

式（2-22）实际上是关于未知数 α、β、γ、ω 的方程，这样，从桩身上取不同的 a 值、b 值、c 值和 d 值分别代入式（2-22），联立方程组，就可以得到 α、β、γ、ω 的值。

令 $a = 0$,则桩端的沉降量为:

$$S_b = \int_L^{L+H} \frac{\sigma_z}{E_s} dz = \frac{P}{E_s L^2} \int_L^{L+H} \left[x^2 \gamma_u + y^2 w k_d + (1 - \alpha - \beta - \gamma - w) k_b + \alpha k_r + \beta k_t \right] dz$$

(2-23)

因而,进一步得到桩顶在荷载作用下的沉降量为:

$$S = \frac{PL}{6 E_p A_p} (6 - 3\alpha - 2\beta) + \frac{P}{E_s L^2} \int_L^{d+H} \left[x^2 \gamma_u + y^2 w k_d + (1 - \alpha - \beta - \gamma - w) k_b + \alpha k_r + \beta k_t \right] dz$$

(2-24)

4)群桩沉降量计算

群桩沉降因受群桩几何尺寸(桩数、桩长、桩间距等)、成桩工艺、土层性质、土层分布等因素影响,计算非常复杂。传统的计算方法是在不考虑桩间土压缩变形对沉降影响的条件下,采用等效作用法或等代墩基法。支盘桩由于桩身多级扩径,群桩中相邻基桩的应力叠加会导致桩端平面以下应力水平的提高和压缩层的加深,群桩的沉降量加大,综合考虑后,取以下两种模式计算较为合理。

(1)考虑群桩外围侧摩阻力的扩散作用

将群桩桩顶外围按 $\varphi/3$ 向下扩散,与假想实体基础底平面相交的面积作为实体基础的底面积 F,以考虑群桩外围侧摩阻力的扩散作用,考虑扩散作用的计算模式如图 2-11 所示。

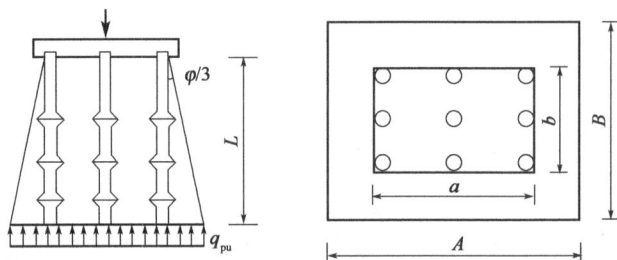

图 2-11 考虑扩散作用的计算模式

对于矩形基础,F 的计算公式如下:

$$F = A \times B = \left(a + 2L\tan\frac{\varphi}{3} \right) \left(b + 2L\tan\frac{\varphi}{3} \right)$$

(2-25)

式中:a、b——分别为群桩桩顶外围矩形面积的长度和宽度;

A、B——分别为假想实体基础底面的长度和宽度;

φ——群桩侧面土层内摩擦角的加权平均值。

假想实体基础底面处的附加应力为 $P_0 = \dfrac{N + G}{F} - \sigma_{cz}$。式中,$N$ 为荷载效应标准组合下,作用于承台顶面的竖向力;G 为实体基础自重,包括承台自重和承台上土重以及承台底面至实体基础底面范围内的土重与桩重;F 为将群桩桩顶外围按 $\varphi/3$ 向下扩散与假想实体基础底平面相交的面积;σ_{cz} 为桩端平面以上土体自重应力之和。

群桩基础最终沉降量 S 的计算采用单向压缩分层总和法:

$$S = \psi_p \sum_{j=1}^{m} \sum_{i=1}^{n_j} \frac{\sigma_{j,i} \Delta h_{j,i}}{E_{sj,i}} \qquad (2\text{-}26)$$

式中:ψ_p——桩基沉降计算经验修正系数,根据各地区当地的静载试验成果估算,$\psi_p = S_{实}/S_{理}$;

    m——桩端平面以下压缩层范围内土层总数;

    n_j——桩端平面下第 j 层土的计算分层数;

    $\Delta h_{j,i}$——桩端平面下第 j 层土的第 i 个分层厚度;

    $\sigma_{j,i}$——桩端平面下第 j 层土的第 i 个分层的竖向附加应力;

    $E_{sj,i}$——柱端平面下第 j 层土的第 i 个分层在自重应力至自重应力加附加应力作用段的压缩模量;

    $S_{实}$——试桩在柱顶荷载为 Q 时的实测沉降;

    $S_{理}$——对应于桩顶荷载时的单桩理论公式计算的沉降值,或选用表 2-1 中的数值。

实体深基础计算桩基沉降经验系数 ψ_p 表 2-1

$\overline{E}_s$（MPa）	$\overline{E}_s < 15$	$15 \leqslant \overline{E}_s < 30$	$30 \leqslant \overline{E}_s < 40$
ψ_p	0.5	0.4	0.3

（2）不考虑群桩外围侧摩阻力的扩散作用

将群桩桩顶外围与假想实体基础底平面相交的面积作为实体基础的底面积 F,以不考虑群桩外围侧摩阻力的扩散作用,不考虑扩散作用的计算模式如图 2-12 所示。

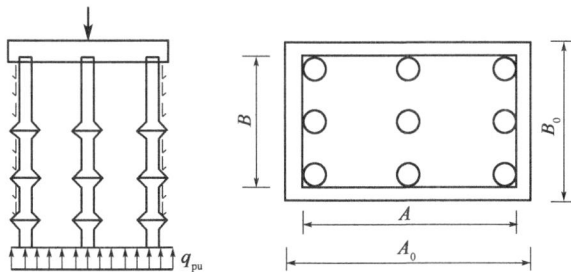

图 2-12 不考虑扩散作用的计算模式

对于矩形基础,F 的计算公式如下:

$$F = A \times B = a \times b \qquad (2\text{-}27)$$

21

式中：a、b——分别为群桩桩顶外围矩形面积的长度和宽度；

A、B——分别为假想实体基础底面的长度和宽度。

假想实体基础底面处的附加应力为：

$$P_0 = \frac{N+G}{F} - \sigma_{cz}$$

群桩基础最终沉降量 S 的计算采用单向压缩分层总和法：

$$S = \psi_p \sum_{j=1}^{m} \sum_{i=1}^{n_j} \frac{\sigma_{j,i} \Delta h_{j,i}}{E_{sj,i}} \tag{2-28}$$

式中：ψ_p——桩基沉降计算经验修正系数，根据各地区当地的静载试验成果估算，$\psi_p = S_实/S_理$；

m——桩端平面以下压缩层范围内土层总数；

n_j——桩端平面下第 j 层土的计算分层数；

$\Delta h_{j,i}$——桩端平面下第 j 层土的第 i 个分层厚度；

$\sigma_{j,i}$——桩端平面下第 j 层土的第 i 个分层的竖向附加应力；

$E_{sj,i}$——柱端平面下第 j 层土的第 i 个分层在自重应力至自重应力加附加应力作用段的压缩模量；

$S_实$——试桩在柱顶荷载为 Q 时的实测沉降；

$S_理$——对应于桩顶荷载时的单桩理论公式计算的沉降值。

2.2 多支盘荷载分担机理与群桩效应试验

2.2.1 现场试桩及工艺总结

潮汕环线高速公路(含潮汕联络线)路线全长约 82.23km(不含暂不实施的汕梅共线段 10.84km)，其中主线 58.66km、潮汕联络线 15.72km、澄海连接线 7.85km。主线起点位于汕头市澄海区隆都镇，终点位于潮南区井都镇，设牛路互通与既有的深汕高速公路相接。项目共设桥梁 59777.1m/46 座，其中特大桥 51262.9m/27 座，大中桥 7801.1m/19 座，设隧道 5177.6m/4 座，主线桥隧工程比例高达 87.3%。项目区域地质情况复杂，桥梁所在地属高地震基本烈度区，软基覆盖层普遍深厚，设计桩较长。为确保日后桩基施工的顺利开展，保证基桩承载能力满足要求，进而保障桥梁工程的长久使用，有必要进行试桩试验。全线桥梁及其桩基数量较多，线路分布较广，为确保试桩试验成果的代表性和准确性，选取桑田高架桥、兴潮大道跨线桥、关埠 2 号高架特大桥三座桥址进行试桩试验，其中，桑田高架桥布设 3 根常规基桩和 2 根支盘桩，兴潮大道跨线桥布设 3 根常规基桩和 2

根支盘桩,关埠2号高架特大桥布设2根支盘桩。本章仅对桑田高架桥的检测情况及检测成果进行描述。

2.2.2　测试对象及要求

1) 测试对象

根据《潮汕环线高速公路(含潮汕联络线)桥梁基桩承载能力测试招标文件》及《潮汕环线高速公路(含潮汕联络线)项目桥梁基桩承载能力测试实施方案评审会专家组意见》的要求,桑田高架桥试桩参数应遵循以下三点原则:①由于采用常规堆载法,限于场地条件,考虑到试验的安全性,确定最大加载值为20000kN;②对于常规桩,试桩桩长尽量覆盖原设计桩所覆盖的土层;③对于支盘桩,在满足设计桩顶荷载的条件下进行设计。由此确定的试桩参数见表2-2、表2-3。

桑田高架桥常规桩试桩参数　　　　　表2-2

试桩序号	地质勘探孔	试桩中心坐标	桩径(m)	桩长(m)	桩底高程(m)	设计基桩承载力容许值 $[R_a]$ (kN)	预估最大加载值(kN)	预估最大堆载值(kN)	施工工艺
SZ2	ZK2	(489277.51, 2582531.92)	1.2	60.4	−60.03	7023	20000	24000	回旋钻(反循环)+水下灌注
SZ3	ZK2	(489268.33, 2582529.10)	1.2	63.0	−62.63	6631	20000	24000	
SZ6	ZK1	(489240.80, 2582520.63)	1.2	66.0	−65.53	7068	20000	24000	

桑田高架桥支盘桩试桩参数　　　　　表2-3

试桩序号	地质勘探孔	试桩中心坐标	桩径(m)	支盘段桩径(m)	支盘外径(m)	盘、支数	桩长(m)	桩底高程(m)	设计基桩承载力容许值 $[R_a]$ (kN)	预估最大加载值(kN)	预估最大堆载值(kN)	施工工艺
SZ4	ZK2	(489259.15, 2582526.28)	1.6	1.2	2.3	3+3	46.0	−45.53	6600	20000	24000	回旋钻(反循环)+挤扩支盘+水下灌注
SZ5	ZK1	(489249.98, 2582523.45)	1.6	1.2	2.3	3+3	46.0	−45.53	6600	20000	24000	

2）试桩点场地布置

试桩点场地平面布置如图 2-13 所示。

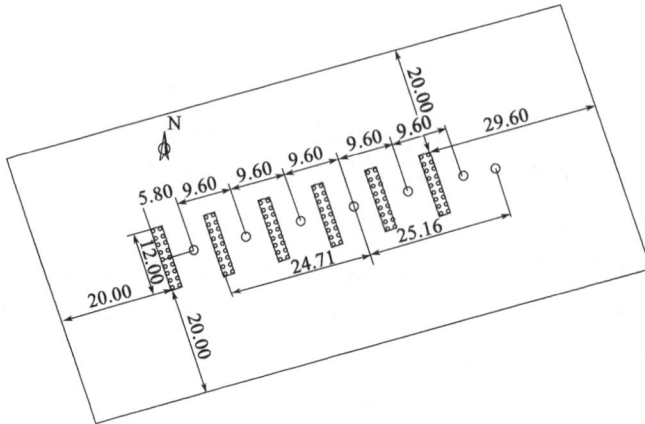

图 2-13　桑田高架桥试桩点场地平面布置示意图（尺寸单位：m）

3）试桩地质条件

桑田高架桥试桩场地位于河西互通 CK0＋097 附近，试桩前对场地地质情况进行了钻孔勘探，总共布设 3 个钻孔 ZK1、ZK2、ZK3。土层情况见表 2-4。

桑田高架桥 SZ2、SZ3、SZ6 土层情况　　　　　　　　　　表 2-4

SZ2（ZK2）				SZ3（ZK2）				SZ6（ZK1）			
土层分界面高程（m）	土层类型	桩侧土摩阻力标准值（kPa）	层厚（m）	土层分界面高程（m）	土层类型	桩侧土摩阻力标准值（kPa）	层厚（m）	土层分界面高程（m）	土层类型	桩侧土摩阻力标准值（kPa）	层厚（m）
0.37（孔口高程）	—	—	—	0.37（孔口高程）	—	—	—	0.47（孔口高程）	—	—	—
−8.73	淤泥③	20	9.1	−8.73	淤泥③	20	9.1	−12.03	淤泥③	20	12.5
−17.73	淤泥质土③₁	25	9.0	−17.73	淤泥质土③₁	25	9.0	−15.23	淤泥质土③₁	25	3.2
−18.43	中砂③₆	45	0.7	−18.43	中砂③₆	45	0.7	−21.43	粉质黏土③₂	60	6.2
−20.93	粉质黏土③₂	60	2.5	−20.93	粉质黏土③₂	60	2.5	−22.63	中砂③₆	45	1.2
−21.93	中砂③₆	45	1.0	−21.93	中砂③₆	45	1.0	−25.83	粉质黏土③₂	60	3.2
−24.43	粉质黏土③₂	60	2.5	−24.43	粉质黏土③₂	60	2.5	−27.33	细砂③₅	40	1.5
−26.43	细砂③₅	40	2.0	−26.43	细砂③₅	40	2.0	−30.03	中砂③₆	45	2.7

续上表

SZ2（ZK2）				SZ3（ZK2）				SZ6（ZK1）			
土层分界面高程（m）	土层类型	桩侧土摩阻力标准值（kPa）	层厚（m）	土层分界面高程（m）	土层类型	桩侧土摩阻力标准值（kPa）	层厚（m）	土层分界面高程（m）	土层类型	桩侧土摩阻力标准值（kPa）	层厚（m）
-29.53	中砂③$_6$	45	3.1	-29.53	中砂③$_6$	45	3.1	-32.23	粗砂③$_7$	60	2.2
-39.03	粉质黏土④$_2$	60	9.5	-39.03	粉质黏土④$_2$	60	9.5	-47.53	粉质黏土④$_2$	65	15.3
-40.23	砾砂④$_8$	100	1.2	-40.23	砾砂④$_8$	100	1.2	-48.43	粗砂④$_7$	80	0.9
-48.43	粉质黏土④$_2$	65	8.2	-48.43	粉质黏土④$_2$	65	8.2	-50.53	粉质黏土④$_2$	65	2.1
-49.73	细砂④$_5$	50	1.3	-49.73	细砂④$_5$	50	1.3	-51.53	粗砂④$_7$	80	1.0
-51.13	粗砂④$_8$	100	1.4	-51.13	粗砂④$_8$	100	1.4	-52.23	粉质黏土④$_2$	65	0.7
-52.13	中砂④$_6$	60	1.0	-52.13	中砂④$_6$	60	1.0	-53.23	砂砾⑤$_8$	110	1.0
-54.03	粉质黏土⑤$_2$	65	1.9	-54.03	粉质黏土⑤$_2$	65	1.9	-54.63	粗砂⑤$_7$	100	1.4
-55.83	粗砂⑤$_8$	110	1.8	-55.83	粗砂⑤$_8$	110	1.8	-59.63	粉质黏土⑤$_2$	65	5.0
-58.83	粉质黏土⑤$_2$	65	3.0	-58.83	粉质黏土⑤$_2$	65	3.0	-60.33	细砂⑤$_2$	65	0.7
-60.03（桩底）	粗砂⑤$_7$	100	1.2（层厚1.9）	-60.73	粗砂⑤$_7$	100	1.9	-62.03	粉质黏土⑤$_2$	65	1.7
—	砂质黏土⑦$_2$	70	2.4	-62.63（桩底）	砂质黏土⑦$_2$	70	1.9（层厚2.4）	-62.53	中砂⑤$_6$	70	0.5
—	全风化花岗岩⑨$_1$	80	4.6	—	全风化花岗岩⑨$_1$	80	4.6	-64.43	粉质黏土⑤$_2$	65	1.9
—	强风化花岗岩⑨$_2$	100	7.4	—	强风化花岗岩⑨$_2$	100	7.4	-65.53（桩底）	砂质黏性土⑦$_2$	70	1.1（层厚1.8）
—	—	—	—	—	—	—	—		全风化花岗岩⑨$_1$	80	2.2
—	—	—	—	—	—	—	—		强风化花岗岩⑨$_2$	100	5.1

注：1. SZ2 桩底在粗砂⑤$_7$，桩端土承载力基本容许值取为 500kPa，计算时，k_2 取 6.0，m_0 取 0.7，λ 取 0.85。

2. SZ3 桩底在砂质黏土⑦$_2$，桩端土承载力基本容许值取为 250kPa，计算时，k_2 取 2.0，m_0 取 0.7，λ 取 0.85。

4）支盘桩支、盘位设置

桑田高架桥支盘桩 SZ4、SZ5 由北京支盘地工科技开发中心进行设计计算确定，两根桩均设置 3 支 +3 盘，右上之下依次为六星支 1、上盘、中盘、六星支 2、下盘、六星支 3，对应的土层分别为中砂③$_6$、细砂③$_5$、粗砂③$_7$、粉质黏土④$_2$、粉质黏土④$_2$、粉质黏土④$_2$。支、盘布设如图 2-14 所示。两支盘桩各支、盘布设土层及相关指标见表 2-5。

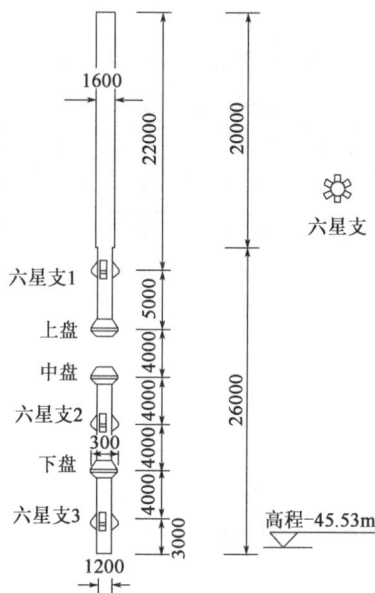

图 2-14　桑田高架桥 SZ4、SZ5 支盘桩支、盘布设示意图（尺寸单位：mm）

桑田高架桥支盘桩支、盘布设土层及相关指标　　表 2-5

支盘名称	支、盘位高程（m）	SZ4 挤扩压力值（kPa）	SZ5 挤扩压力值（kPa）	对应土层	土层标准贯入击数
六星支 1	−21.53	10	13	中砂③$_6$	—
上盘	−26.53	20	23	细砂③$_5$	19
中盘	−30.53	25	25	粗砂③$_7$	—
六星支 2	−34.53	11	11	粉质黏土④$_2$	26
下盘	−38.53	12	12	粉质黏土④$_2$	35
六星支 3	−42.53	12	12	粉质黏土④$_2$	36

5）试桩成果

（1）支盘桩承载及变形特性研究

以桑田高架桥试桩成果为例，对挤扩支盘桩与常规桩沉降和承载力进行对比分析，桑田高架桥桥 SZ2、SZ3、SZ6 均为常规桩，而 SZ4、SZ5 为挤扩支盘桩，试桩试验揭示表明：

①桑田高架桥桥 SZ2（常规桩）最大加载 16920kN，总沉降 80.05mm，回弹率 20.62%，达到破坏性试验的目的，当加载至 15510kN 时沉降急剧增大，极限承载力取 14100kN，满足设计要求；

②桑田高架桥桥 SZ3（常规桩）最大加载 14630kN，总沉降 82.47mm，回弹率 19.69%，达到破坏性试验的目的，当加载至 13300kN 时沉降急剧增大，极限承载力取 11970kN，不满足设计要求；

③桑田高架桥桥 SZ6（常规桩）最大加载 18460kN，总沉降 80.95mm，回弹率 21.05%，达到破坏性试验的目的，当加载至 17040kN 时沉降急剧增大，极限承载力取 15620kN，比设计富余 10%；

④桑田高架桥桥 SZ4（支盘桩）最大加载 21120kN，总沉降 33.40mm，回弹率 58.80%，极限承载力取 21120kN，比设计富余 60%；

⑤桑田高架桥桥 SZ5（支盘桩）最大加载 21120kN，总沉降 41.58mm，回弹率 44.90%，极限承载力取 21120kN，比设计富余 60%。

由以上数据分析得知，相比常规桩，在相同设计安全储备前提下，挤扩支盘桩具有更高的承载能力，其沉降曲线缓慢增长，在施加相同桩顶反力时沉降明显小于常规桩，常规桩与支盘桩试桩沉降对比如图 2-15 所示。

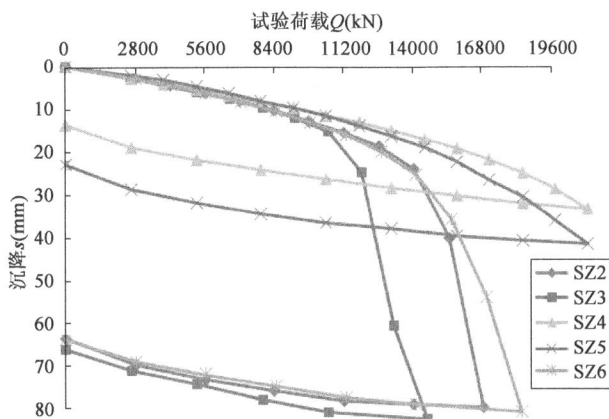

图 2-15　桑田高架桥常规桩与支盘桩试桩沉降对比

（2）支盘桩荷载分担特性研究

以桑田高架桥 SZ4 支盘桩为例，对支盘桩荷载分担规律进行分析。桑田高架桥 SZ4 支盘桩在极限荷载 21120kN 作用下，支盘贡献的承载力为 12243.8kN，占比为 57.97%。

①每级荷载下各支盘贡献支撑力占总支盘力的百分比变化曲线见图 2-16。由图可知，在荷载较小的情况下，靠近桩顶的支、盘贡献的承载力占总支盘力百分比较高，远离桩

顶的支、盘贡献的承载力百分比较低；随着荷载的增加，支盘之间贡献的承载力占总支盘力的百分比不断变化，最终趋向于一个较稳定的比值。如在极限荷载 21120kN 作用下，六星支(-21.53m)、上盘、中盘、六星支(-34.53m)、下盘、六星支(-42.53m)贡献的承载力分别为 5.13%、28.50%、22.95%、11.02%、22.66%、9.73%。

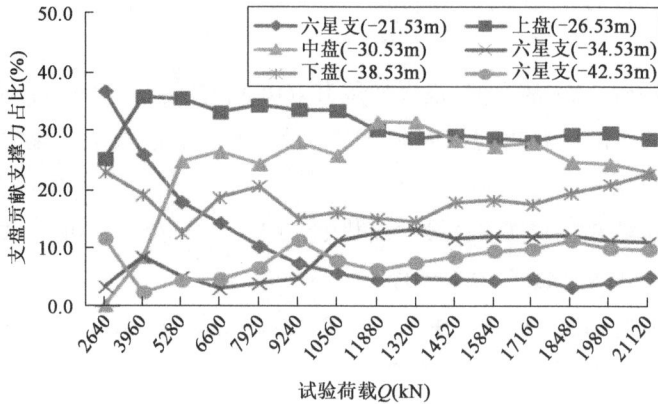

图 2-16　每级荷载下各支盘贡献支撑力占总支盘力的百分比变化曲线

②各支盘端承力随桩顶位移变化曲线见图 2-17。由图可知，各盘发挥端承力大小为上盘 > 中盘 > 下盘，这是由于上盘位移大，激发的端承力较充分；各六星支发挥端承力大小为六星支(-34.53m) > 六星支(-42.53m) > 六星支(-21.53m)。

③每级荷载下各支盘端承力变化曲线见图 2-18。在整个荷载施加过程中(由 0 至极限荷载 21120kN)，各支、盘端承力均处在不断增长的趋势中，其中 3 个盘增长幅度远大于 3 个六星支的增长幅度，且支盘端承力由上至下逐渐发挥。

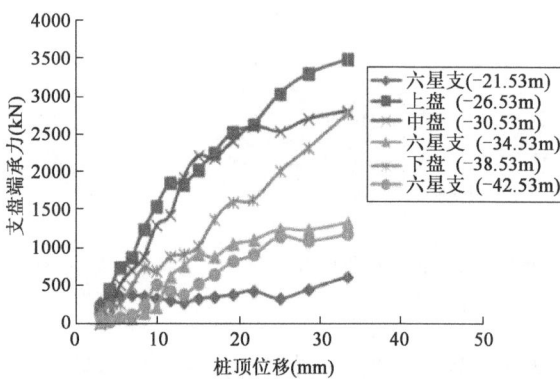

图 2-17　各支盘端承力随桩顶位移变化曲线

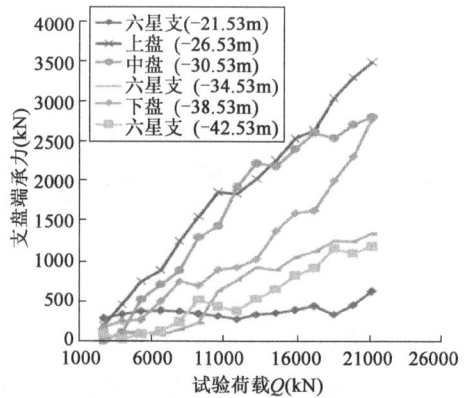

图 2-18　支盘端承力随桩顶位移变化曲线

由试验可知，支、盘单位面积端阻力高，在该土层设置支、盘对支盘桩承载力提升作用明显，且施工过程中的挤扩压力值与支盘桩承载力变化一致。

此外,桑田高架桥两根支盘桩还揭示了以下规律:

桑田高架桥两根支盘桩 SZ4、SZ5 贡献的承载力占比在 57.97% ~62.71% 范围内,各支盘力由上至下逐渐发挥,随着荷载的增加,支盘之间贡献的承载力占总支盘力的百分比不断变化,最终趋向于一个较稳定的比值。

支盘桩的支盘端承力发挥需要一定的盘底位移,在极限荷载之前,上盘、中盘的承载力发挥效率比下盘高。

2.2.3 群桩效应试验

为了研究桩基沉降变形规律,结合现场桩基内力监测和长期沉降监测,开展挤扩支盘桩多支盘荷载分担机理与群桩效应试验,获得群桩效应系数。

1)模型设计

(1)模型相似比的确定原则

①几何相似比

进行地基基础模型试验时,模型相似比应考虑以下方面:

任何模型试验都是按一定几何比例关系设计的。设原基础尺寸为 B,地基土深度为 T,可设:

$$\frac{B_P}{B_M} = i = \frac{T_P}{T_M} \tag{2-29}$$

式中:下角标 P——原体工程几何相似准数;

　　下角标 M——模型的几何相似准数;

　　　　i——几何比例系数,即为 π 定律中的 π_1,它反映几何相似准数的特征。

②地基的模拟

地基的模拟包括两方面:一是地基土材料性能的模拟问题,二是地基的力学相似问题。许多学者进行地基基础模型试验倾向于采用真实材料。德国 Gudehus 教授对圆形颗粒粉细砂和中砂的自相似特征进行了研究,提出了以下方法:地基土的材料宜控制内摩擦角 φ、剪胀角 ν、孔隙率 n(或孔隙比 e),即模型试验的三项指标与实体工程的三项指标完全相同。基于 π 定律,假定:

$$\left(\frac{E_s}{\gamma t}\right)_P = \pi_2 = \left(\frac{E_s}{\gamma t}\right)_M \tag{2-30}$$

式中:E_s——土的压缩模量;

　　γ——土的重度;

t——土颗粒尺寸；

π_2——土性参数，为力学相似准数。

③基础的模拟

基础的模拟，除了考虑几何相似以外，也要考虑力学相似，其相似准数的建立较地基相似准数建立容易，主要借助结构试验研究的结果。

$$\frac{EI_\text{P}}{EI_\text{M}} = \frac{\gamma_\text{SP}}{\gamma_\text{SM}} i^4 \qquad (2\text{-}31)$$

式中：EI_P——原型材料的刚度；

$\quad\ EI_\text{M}$——模型材料的刚度；

$\quad\ i$——几何比例系数。

令 $\alpha = \dfrac{\gamma_\text{SP}}{\gamma_\text{SM}} = 1$，则 $\dfrac{EI_\text{P}}{EI_\text{M}} = i^4$。

根据以上对地基和基础的几何与力学相似分析，现将抗弯刚度、弯矩、集中力、线性分布力、应力的换算关系列于表 2-6。

相似比关系表 表 2-6

名称	单位	条件 $\alpha = \dfrac{\gamma_\text{SP}}{\gamma_\text{SM}} = 1$	条件 $\alpha = \dfrac{\gamma_\text{SP}}{\gamma_\text{SM}} \neq 1$
长度 L	m	$L_\text{M} = L_\text{P}/i$	$L_\text{M} = L_\text{P}/i$
位移	m	$W_\text{M} = W_\text{P}/i$	$W_\text{M} = W_\text{P}/i$
刚度 EI	kN·m²	$EI_\text{M} = EI_\text{P}/i^4$	$EI_\text{M} = EI_\text{P}/\alpha \cdot i^4$
弯矩 M	kN·m	$M_\text{M} = M_\text{P}/i^3$	$M_\text{M} = M_\text{P}/\alpha \cdot i^3$
集中力 P	kN	$P_\text{M} = P_\text{P}/i^2$	$P_\text{M} = P_\text{P}/\alpha \cdot i^2$
线性力 q	kN/m	$q_\text{M} = q_\text{P}/i$	$q_\text{M} = q_\text{P}/\alpha \cdot i$
应力 σ	kN/m²	$\sigma_\text{M} = \sigma_\text{P}$	$\sigma_\text{M} = \sigma_\text{P}/\alpha$
重度 γ	kN/m³	$\gamma_\text{m} = \gamma_\text{P}$	$\gamma_\text{m} = \gamma_\text{P}/\alpha$

（2）试验模型方案的确定

①模型几何比尺的确定

为揭示支盘桩荷载传递规律及群桩效应，采用几何缩尺室内模型开展试验研究，由于地基基础模型试验较常规结构试验存在试验周期长、工作量大、制备困难等特点，地基与基础模型试验合理比尺建议选择为 1:20～1:5。综合考虑本次试验槽尺寸、试验数量规模,尽可能选用大比尺模型以更好揭示试验规律,因此选用1:10的几何比尺制作模型,模型单桩直径0.2m、支盘直径0.45m、桩长4.2m,用以模拟直径2m、支盘直径4.5m、桩长42m的钻孔灌注挤扩支盘桩。

本次试验模拟高承台桩基,为便于加载,所有试验桩基均浇筑承台,承台高出地面10cm,实际桩长为4.3m,有效桩长为4.2m。根据《建筑地基基础设计规范》(GB 50007—2011)中第8.5.17条有关承台构造规定,承台厚度取400mm、边桩中心至承台边缘的距离取200mm、桩的外边缘至承台边缘的距离取150mm(规范规定承台厚度不小于300mm、边桩中心至承台边缘的距离不宜小于桩的直径或边长,且桩的外边缘至承台边缘的距离不小于150mm)。

此外,根据相似关系比列表可知,当模型试验和原型试验采用相同地基土和桩体材料时,可以得到垂直荷载的相似比$P_M = P_P/100$和位移相似比$W_M = W_P/10$。

②模型材料的确定

模型试验的材料选择应按抗弯刚度等效换算,保证模型和原型的抗弯刚度等效。本次试验直接采用和原型一致的材料,即桩体选用钢筋混凝土材料,桩身采用与潮汕环线挤扩支盘桩相同的C30混凝土现场浇筑,钢筋采用二级钢筋HRB335,为制作方便,受力筋和箍筋均采用直径为20mm的钢筋,由于挤扩支盘桩为摩擦型桩,桩身强度不会发生破坏(估算的含三个承力盘的挤扩支盘桩最大单桩极限承载力约为310kN,不考虑钢筋受力的素混凝土桩身正截面受压承载力可达380kN),因此配筋率对桩基承载力没有影响,但为了测得桩身轴力分布,需通过在钢筋笼相应截面安装钢筋计,每个截面拟安装3个钢筋计,因此,综合考虑混凝土保护层厚度、钢筋计安装需求,并参考树根桩相关构造规定(尺寸与本试验桩相近,其直径通常为100~300mm,钢筋笼外径宜小于设计桩径40~60mm,主筋不宜少于3根),设置3根通长纵向钢筋。

③土体的模拟

潮汕环线挤扩支盘桩地层以黏性土和砂土交替分布为主,为尽可能接近实际地层分布情况,同时降低模拟难度,本次试验土层采用粉质黏土进行模拟。

④试验组数的确定

本次模型试验主要对不同的单桩、2桩、4桩、9桩进行试验(试验布置见图2-19~图2-21、表2-7),对比研究群桩的支盘、桩端、桩侧阻力、桩顶荷载分布、群桩的破坏模式、群桩的沉降及其随荷载的变化规律,揭示挤扩支盘桩群桩效应。试验组数包括单桩4组(研究直桩、不同盘数和间距对承载性能的影响)、2桩3组(研究2根支盘桩、不同的桩间距、不同桩错盘设置对承载性能的影响)、4桩和9桩各1组(研究桩数对群桩承载性能的影响)。为保证试验稳定性,当试验数据出现异常时,该组试验增加一次平行试验。

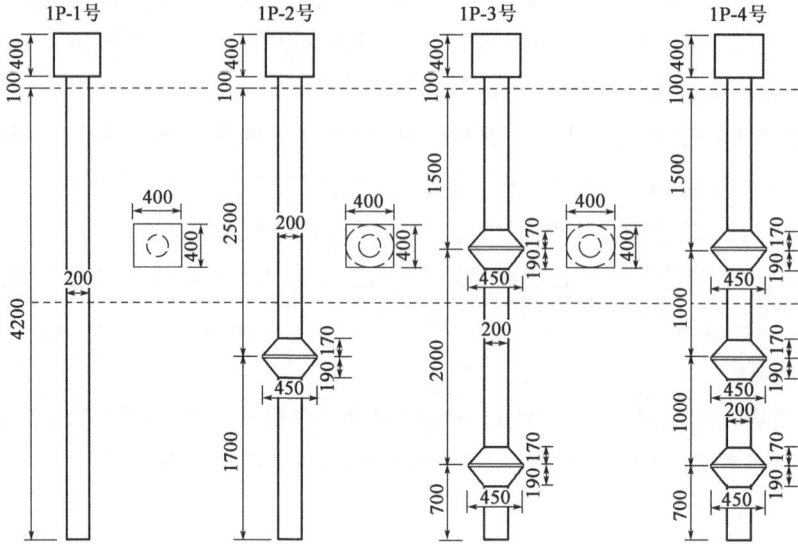

图 2-19 单桩系列试验布置示意图(尺寸单位:mm)

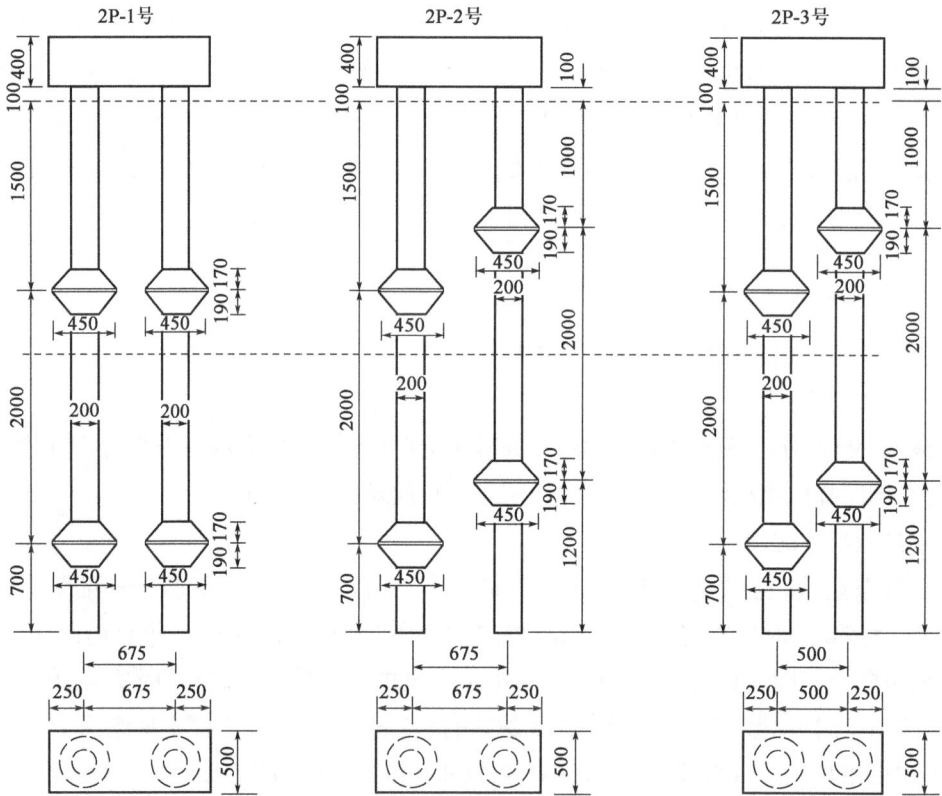

图 2-20 挤扩支盘桩 2 桩系列试验布置示意图(尺寸单位:mm)

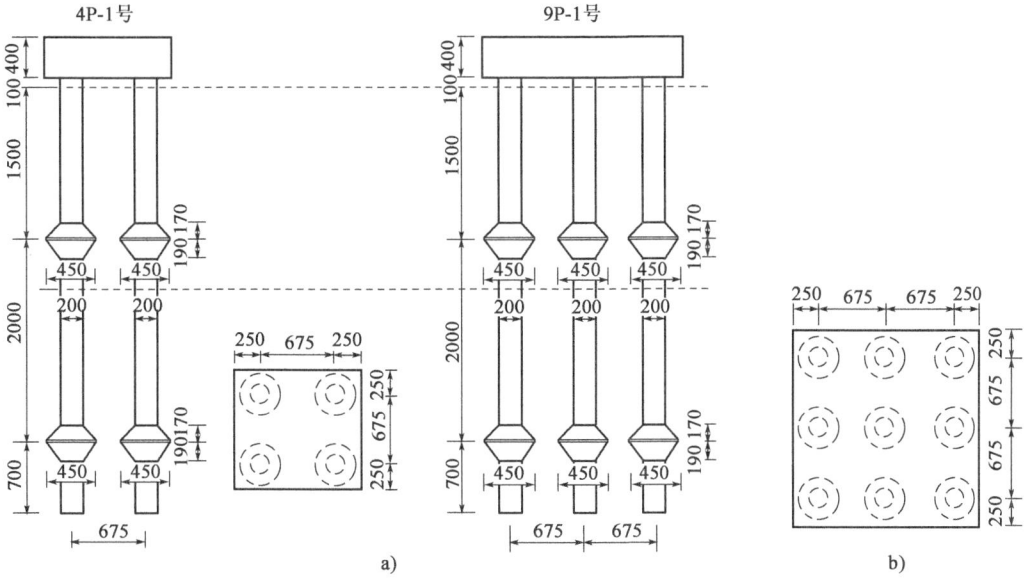

图 2-21　挤扩支盘桩 4 桩、9 桩系列试验布置示意图(尺寸单位:mm)

室内模型试验分组及设计方案　　　　　　　　　　　　　表 2-7

分组	编号	泥面以下桩长（mm）	桩径（mm）	盘径（mm）	盘数	备注
单桩	1P-1	4200	200	—	—	直桩
	1P-2	4200	200	450	1	泥面以下 -2.5m 设盘
	1P-3	4200	200	450	2	泥面以下 -1.5m、-3.5m 设盘
	1P-4	4200	200	450	3	泥面以下 -1.5m、-2.5m、-3.5m 设盘
2桩	2P-1	4200	200	450	2	泥面以下 -1.5m、-3.5m 设盘,桩距 675mm
	2P-2	4200	200	450	2	1 号桩泥面以下 -1.5m、-3.5m 设盘;2 号桩泥面以下 -1m、-3m 设盘;桩距 675mm
	2P-3	4200	200	450	2	1 号桩泥面以下 -1.5m、-3.5m 设盘;2 号桩泥面以下 -1m、-3m 设盘;桩距 500mm
4桩	4P-1	4200	200	450	2	泥面以下 -1.5m、-3.5m 设盘,桩距 675mm
9桩	9P-1	4200	200	450	2	泥面以下 -1.5m、-3.5m 设盘,桩距 675mm

33

群桩试验的桩中心距 2 桩分别为 500mm（桩径的 2.5 倍）和 675mm（盘直径的 1.5 倍），其余群桩试验的桩中心距均为 675mm。

⑤承台钢筋的确定

承台钢筋配置满足《建筑桩基技术规范》（JGJ 94—2008）要求，承台钢筋构造如图 2-22 ~ 图 2-25 所示。

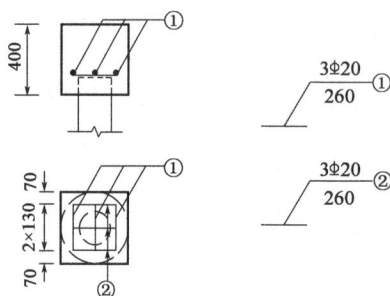

图 2-22　单桩承台配筋构造（尺寸单位：mm）

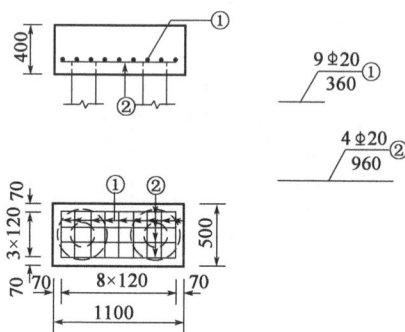

图 2-23　2 桩承台配筋构造（尺寸单位：mm）

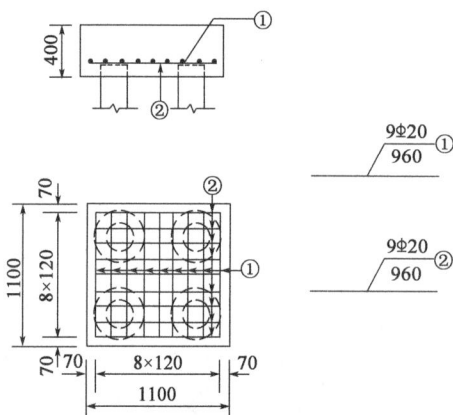

图 2-24　4 桩承台配筋构造（尺寸单位：mm）

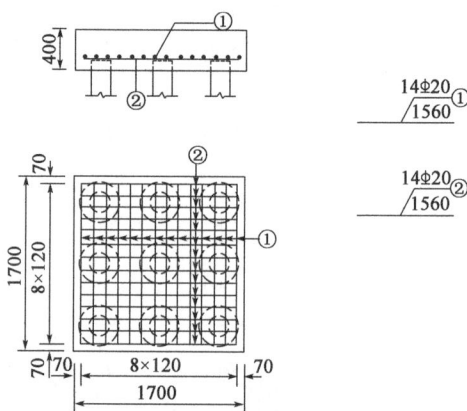

图 2-25　9 桩承台配筋构造（尺寸单位：mm）

⑥钢筋计布置方案

本系列试验主要测试指标为桩顶位移和桩身轴力变化，通过在承台顶面布置电子位移传感器自动监测每一级荷载下的位移，通过沿桩长设置钢筋计测试桩身轴力的变化。钢筋计与钢筋笼的主筋以焊接的方式连接，设置部位为泥面、各承力盘的上下两端、靠近桩端位置以及土层分界面。每一层布置 3 只钢筋计，本系列试验共分 9 组，为保证试验稳定性，当试验数据出现异常时，该组试验增加一次平行试验，因此最多使用 810 只钢筋计，每组试验钢筋计布置方案如图 2-26 ~ 图 2-28 所示。

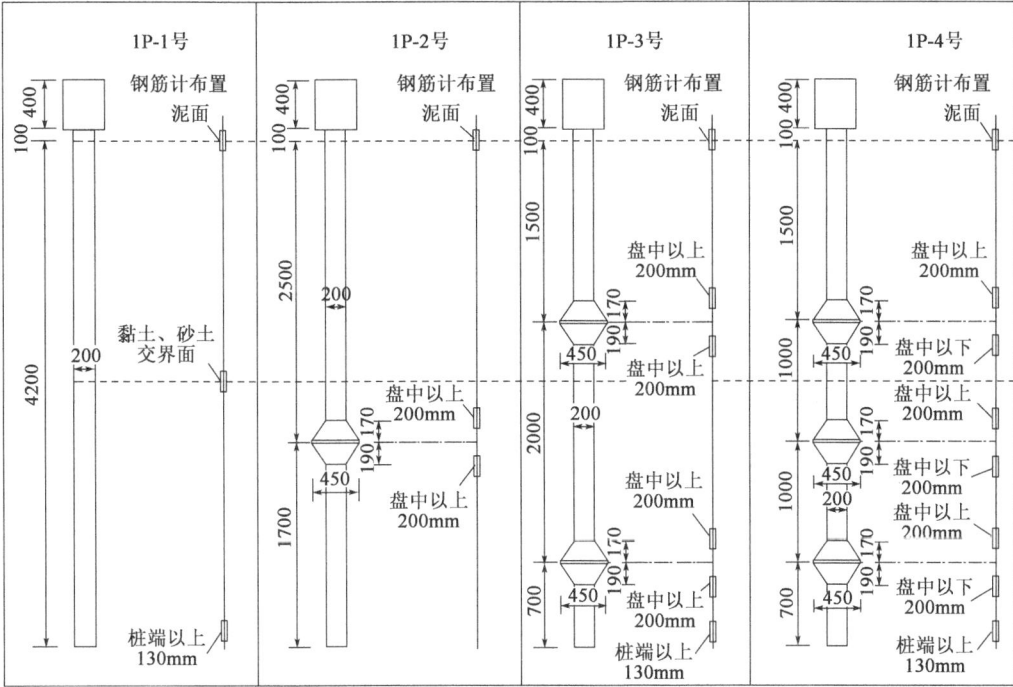

图 2-26　单桩系列试验钢筋计布置示意图(尺寸单位:mm)

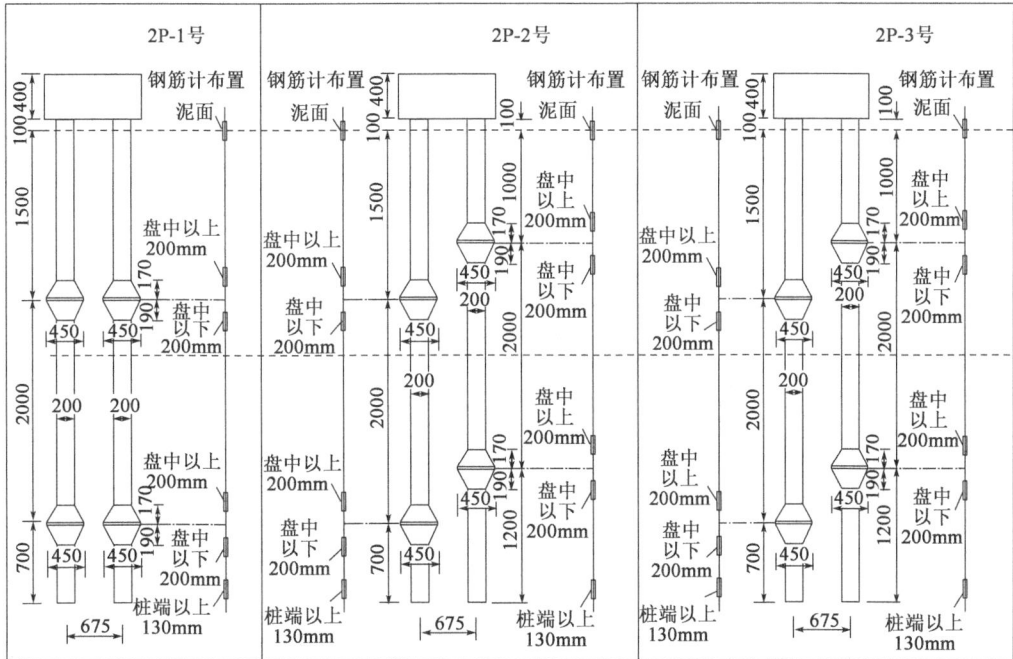

图 2-27　挤扩支盘桩 2 桩系列试验钢筋计布置示意图(尺寸单位:mm)

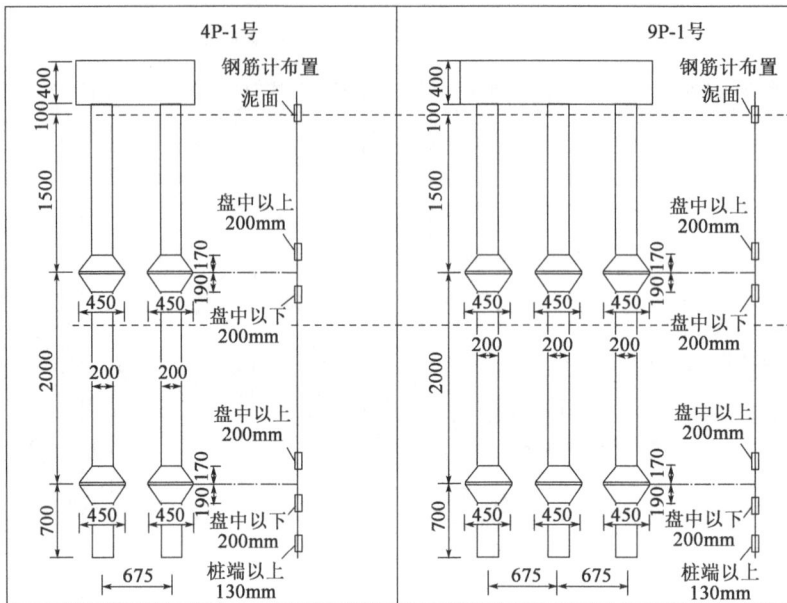

图 2-28　挤扩支盘桩 4 桩、9 桩系列试验钢筋计布置示意图(尺寸单位：mm)

2) 试验实施

(1) 土体制备和填筑

本次试验所用土体全部为粉质黏土，土层厚度 4.8m，土体来自河北固安某建筑工地基坑开挖处。由土石方运输车运至试验基地后，运至试验坑进行填筑。每填 15cm 后人工将土体平整，然后使用农用旋耕机将土体搅碎，最后采用重锤夯击、电动蛙式夯进行夯实，严格控制土的压实度、含水率，每层填土的虚铺高度与夯实后的高度在整个填土过程中均保持同样标准，以保证土样的均匀密实性。填土制备及填筑过程如图 2-29 所示。

| a)人工散土平摊 | b)旋耕机旋耕 |

图　2-29

c)农用耙子整平

d)人工整平后效果

e)蛙式夯和单腿跳夯机夯实

f)微耕机实物照片

g)填土高程找平线

h)人工挑拣碎石

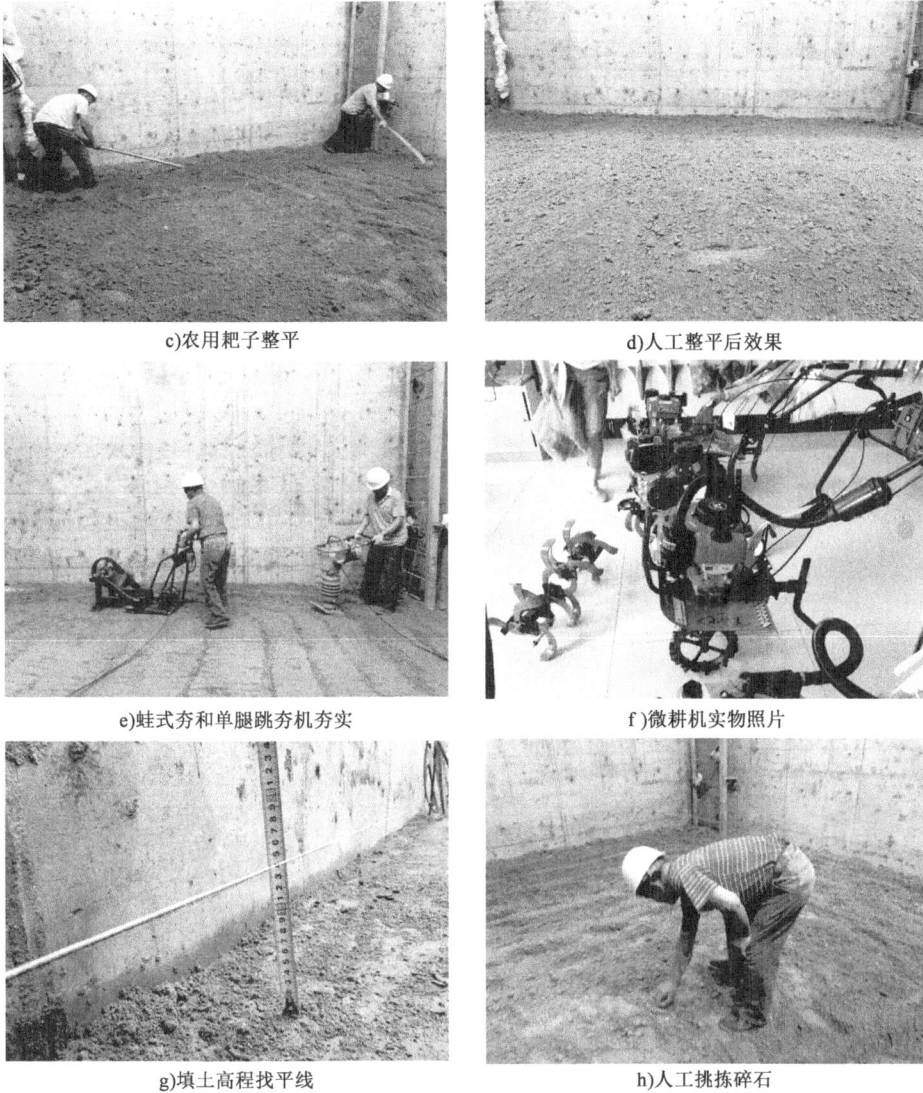

图 2-29 填土制备及填筑过程

（2）静力触探检测土体

①第一次填土 CPT 测试

1P-1 试验取点与试验数据如图 2-30、图 2-31 所示。

②第二次填土 CPT 测试

为了更好地探究试验桩与试验填土的关系，在试验土体填筑后，开展静力触探试验，获取试验桩周围的土体的锥尖阻力与摩阻力，判断土体填筑质量。鉴于 CPT 施打过程中阻力较大，压入困难，室内主要针对埋深 0～2.0m 范围内的土体进行检测。

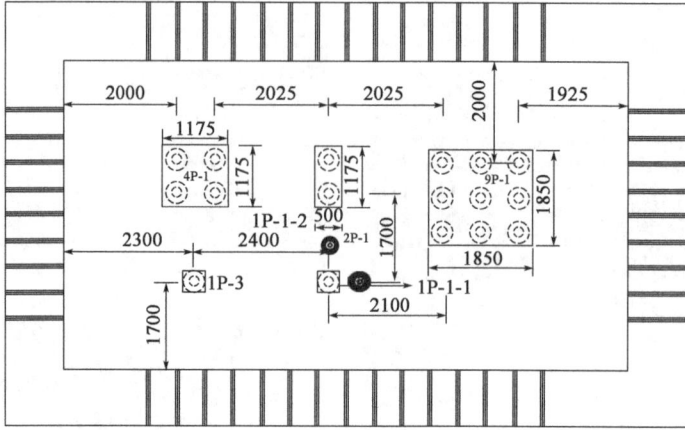

a)试验取点位置

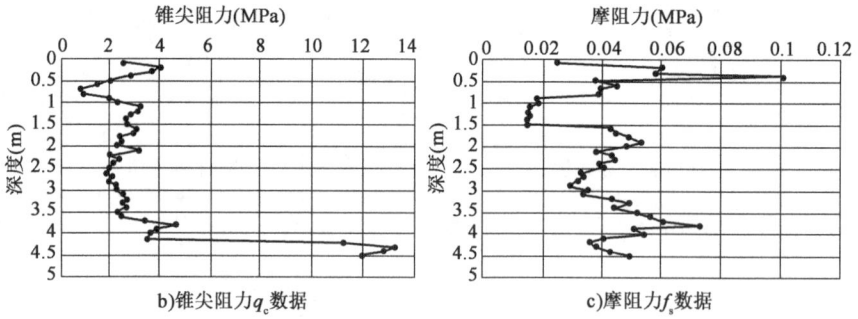

b)锥尖阻力q_c数据

c)摩阻力f_s数据

图2-30　1P-1-1号测点端阻及摩阻值(尺寸单位:mm)

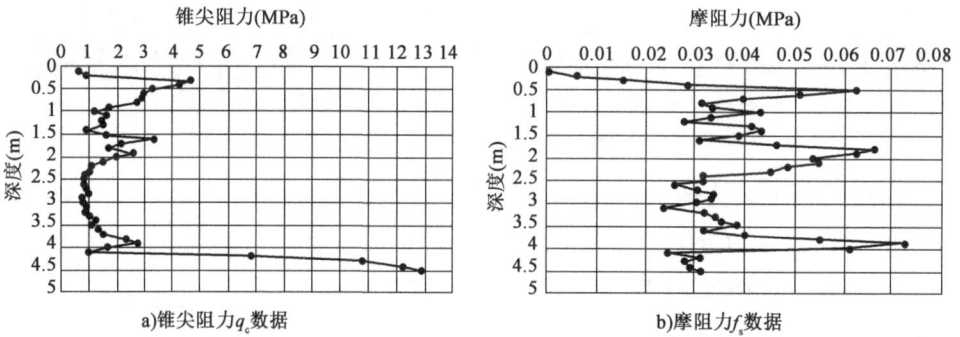

a)锥尖阻力q_c数据

b)摩阻力f_s数据

图2-31　1P-1-2号测点端阻及摩阻值

原状未扰动土体测试曲线如图2-32所示。

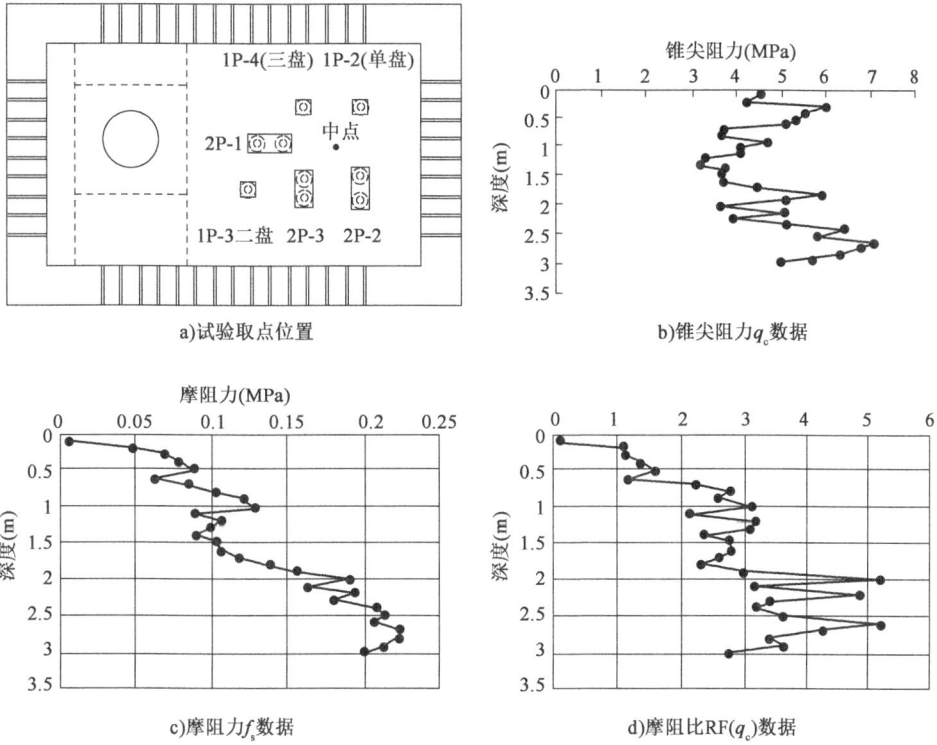

a)试验取点位置

b)锥尖阻力q_c数据

c)摩阻力f_s数据

d)摩阻比RF(q_c)数据

图 2-32 原状未扰动土体测试曲线

（3）钢筋笼制作及钢筋计安装

按照基桩钢筋构造图现场制作钢筋笼。本系列试验沿桩长设置钢筋计以测试桩身轴力的变化。钢筋计与预先焊接在钢筋笼主筋的安装块进行连接。钢筋笼制作与钢筋计安装如图 2-33 所示。

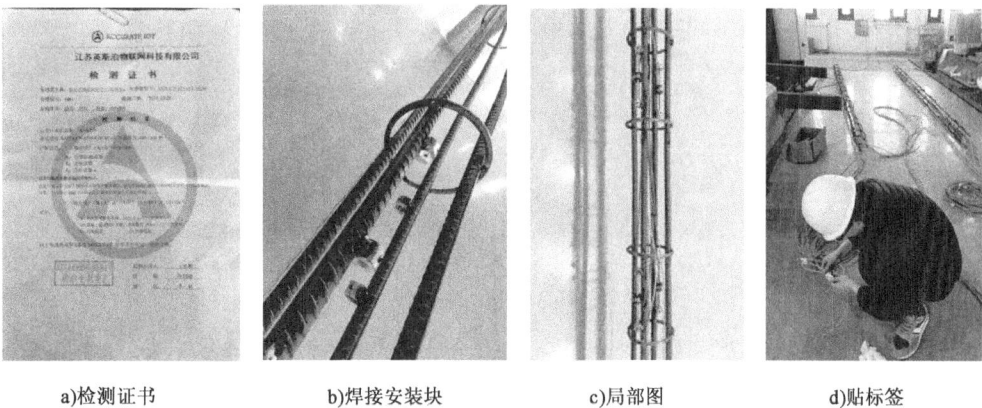

a)检测证书

b)焊接安装块

c)局部图

d)贴标签

图 2-33

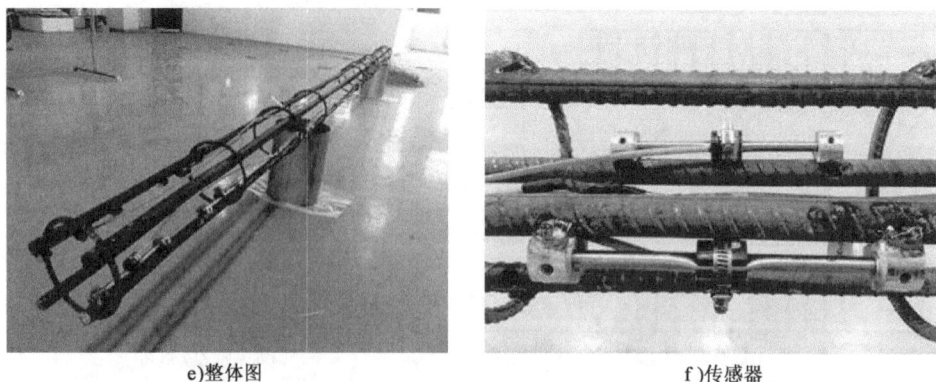

e)整体图   f)传感器

图2-33 钢筋笼制作与钢筋计安装

每个断面2个钢筋计焊接在钢筋笼对称的2根主筋,为确保钢筋计沿轴向受力,钢筋与钢筋计连接杆应沿中心线对齐,并采用水平尺测定钢筋计水平及垂直度,避免其沿桩轴线偏位。此外,为了防止焊接时温度过高产生温度应力,进而影响钢筋计精度,待焊接在钢筋计上的安装块完全冷却后,再安装钢筋计。由于每根桩基试验所需钢筋计数量较多,传输线所占面积较大,而模型桩基直径只有20cm,为防止浇筑混凝土时阻碍混凝土正常灌注,将传输线固定绑扎在钢筋笼内侧,同时标记每个钢筋计的率定系数及编号。

(4)成桩施工

①护筒埋设

本次试验过程中,为防止表层土在钻孔和挤扩过程中由于人员和机械设备作业扰动引起浅层坍塌,并对螺旋钻杆起导向作用,在拟成孔的桩位处首先压入内径220mm、壁厚2mm的钢护筒,埋设深度为0.4m,模型桩顶高程以护筒顶部高程为准进行控制,钢护筒埋设如图2-34所示。

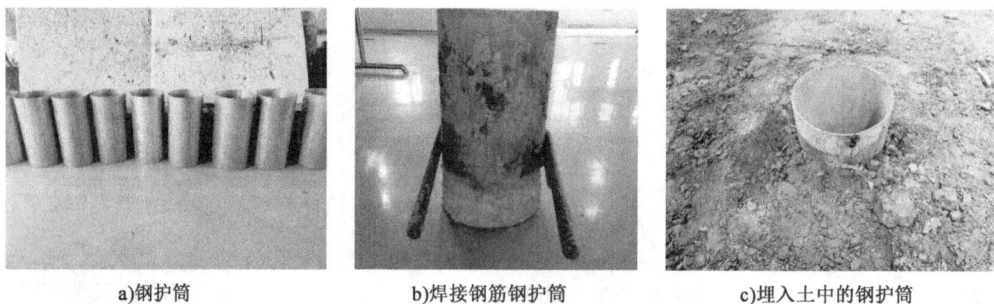

a)钢护筒   b)焊接钢筋钢护筒   c)埋入土中的钢护筒

图2-34 钢护筒埋设

②模型桩成孔及挤扩

由于试验模型桩径较小,无法采用常规的施工机械来进行作业。因此,成孔采用自行设计研发的螺旋钻孔设备。成孔完成后,采用北京支盘地工科技开发中心研制的小型挤扩设备,对土体进行挤扩成盘腔。挤扩过程中,孔口及挤扩周围土体掉落至孔底,形成较厚的浮土,为此在挤扩完成后,下放钢筋笼之前,采用长螺旋钻杆旋转至孔底设计高程,对钻孔进行清孔。并借助影像设备对盘腔完整性进行钻孔窥视和检测验收。钻孔挤扩施工、清孔和挤扩设备及辅助工具如图2-35～图2-37所示。

a)吊动钻孔设备

b)设备微调

c)设备侧视

d)设备俯视

e)正在进行钻孔

f)钻杆上移

g)钻杆清土

h)人工清土

i)观察钻杆

图2-35 钻孔施工

a)吊动挤扩设备

b)操作设备

c)进行挤扩

图 2-36

41

d)观察挤扩

e)人工清孔

f)上移钻杆

图 2-36　挤扩施工与清孔

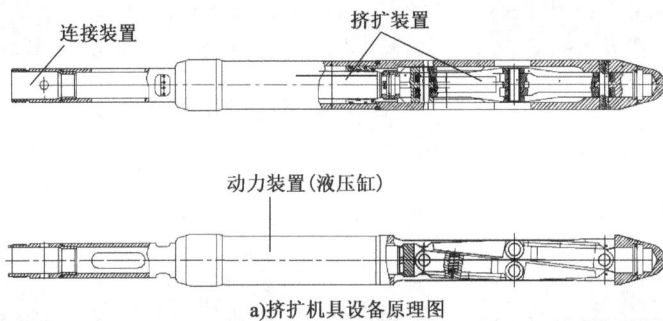

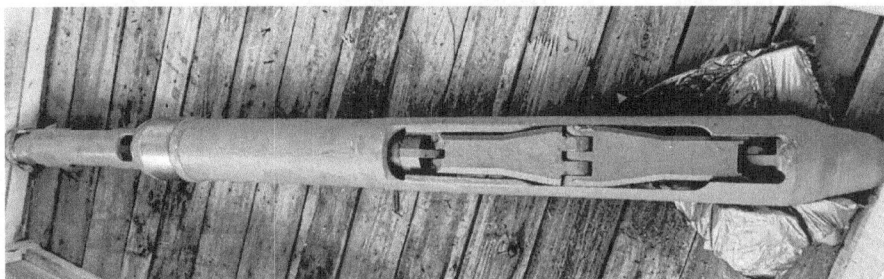

a)挤扩机具设备原理图

b)挤扩机具设备实物图

c)挤扩设备叠加率控制标尺板

d)钻孔及盘腔窥视设备

图 2-37　挤扩设备及辅助工具

本次针对 4P-1-3、4P-1-4 以及 9P-1-6 ~ 9P-1-9 钻孔的上下两个盘腔挤扩情况进行完整性窥视检测，共计 6 个钻孔。因篇幅所限，现展示其中 4 个，检测情况如图 2-38 ~ 图 2-41 所示。

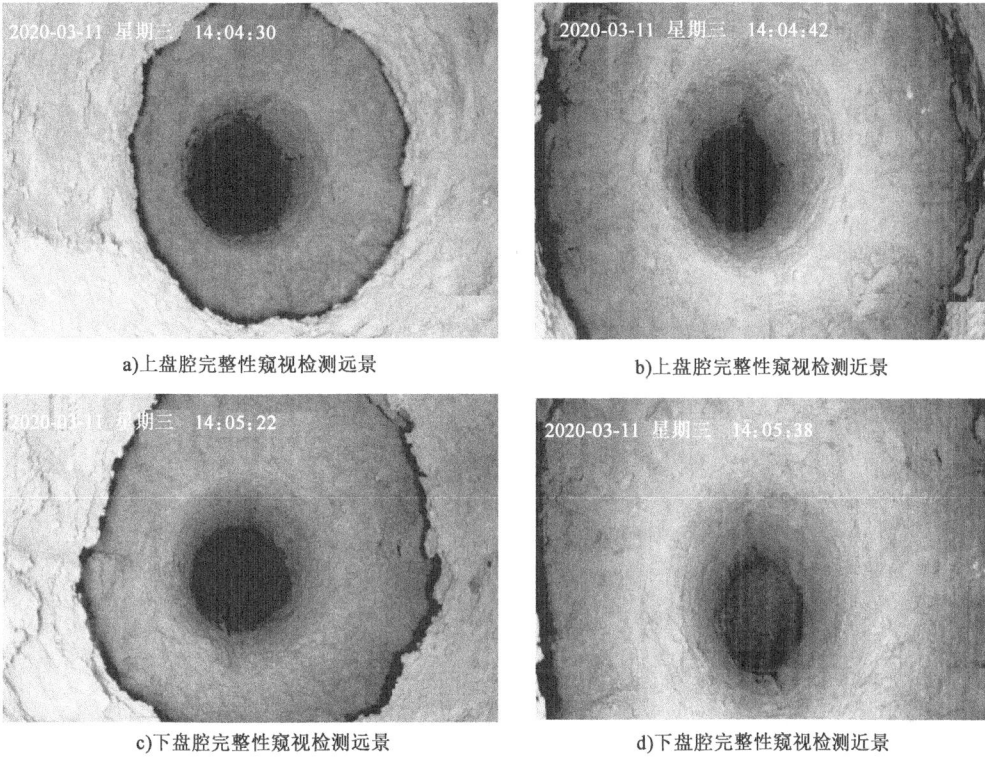

a) 上盘腔完整性窥视检测远景

b) 上盘腔完整性窥视检测近景

c) 下盘腔完整性窥视检测远景

d) 下盘腔完整性窥视检测近景

图 2-38　4P-1-3 号钻孔盘腔完整性检测窥视

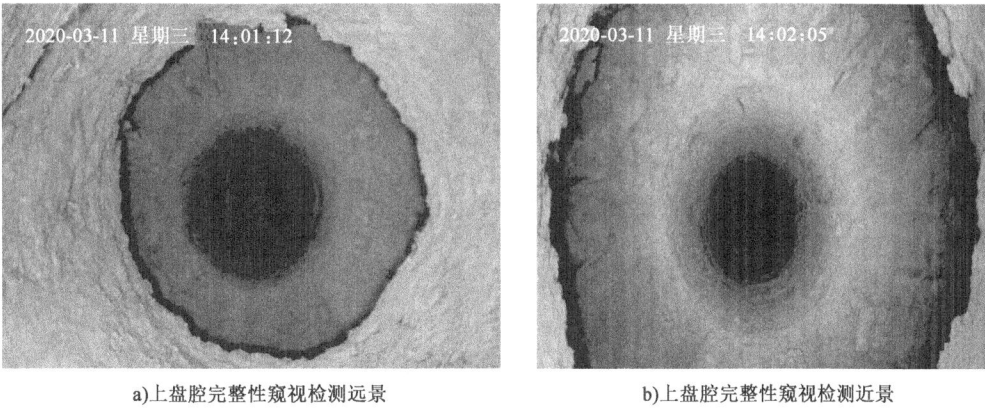

a) 上盘腔完整性窥视检测远景

b) 上盘腔完整性窥视检测近景

图　2-39

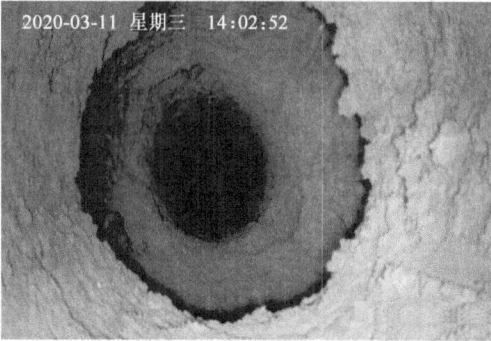

c)下盘腔完整性窥视检测远景

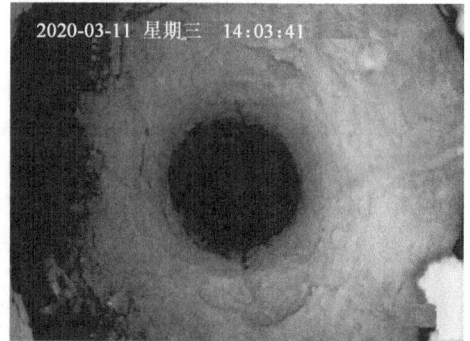

d)下盘腔完整性窥视检测近景

图2-39　4P-1-4号钻孔盘腔完整性检测窥视

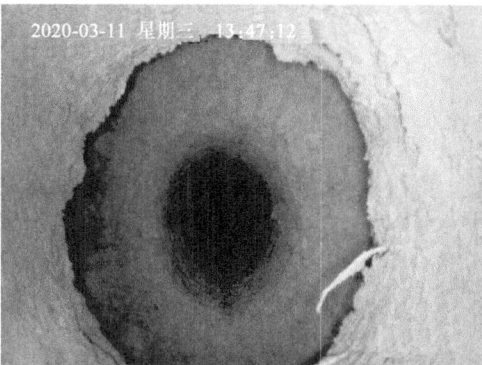

a)上盘腔完整性窥视检测远景

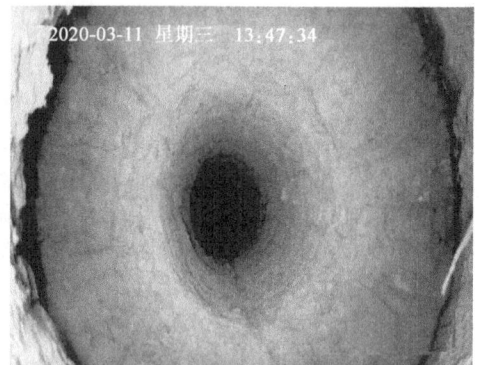

b)上盘腔完整性窥视检测近景

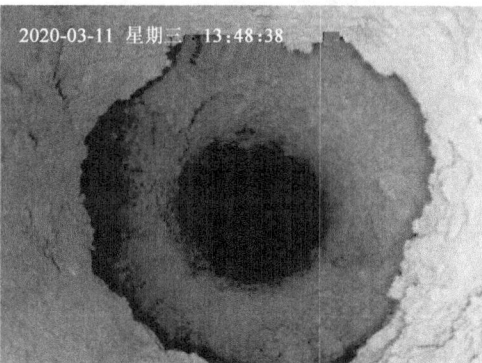

c)下盘腔完整性窥视检测远景

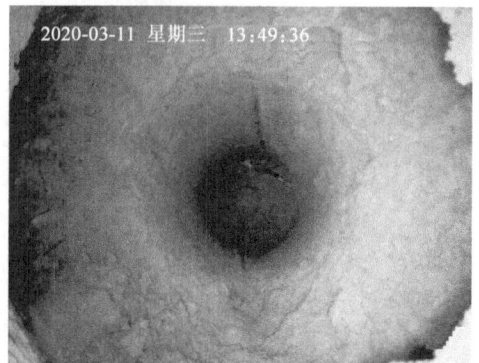

d)下盘腔完整性窥视检测近景

图2-40　9P-1-6号钻孔盘腔完整性检测窥视

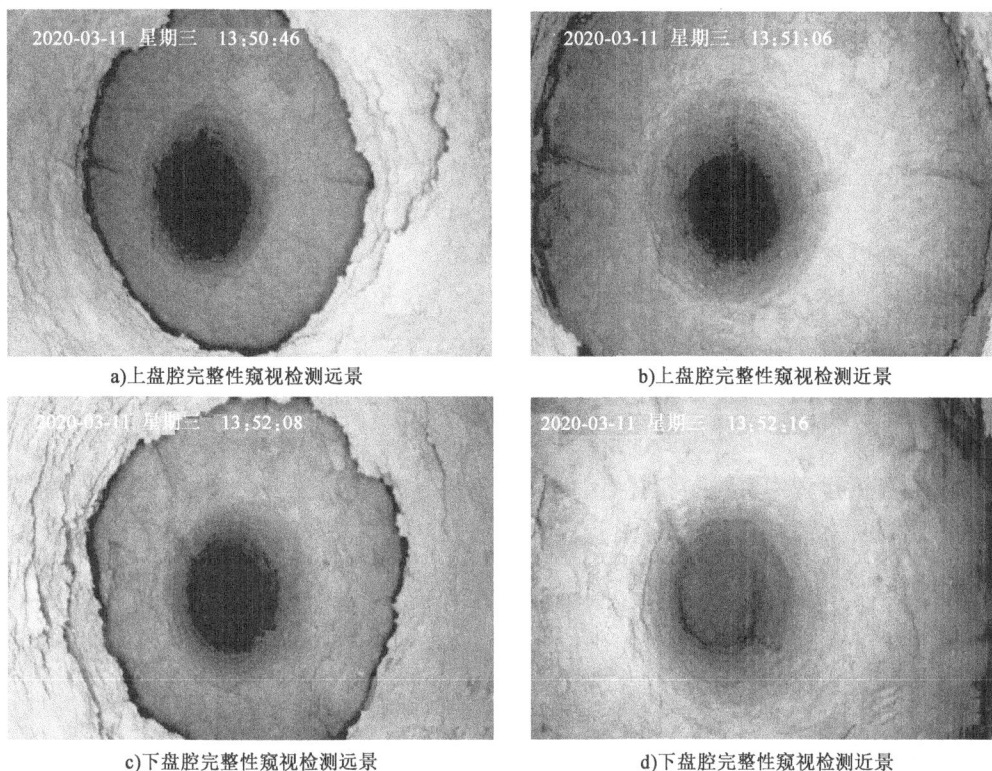

a)上盘腔完整性窥视检测远景

b)上盘腔完整性窥视检测近景

c)下盘腔完整性窥视检测远景

d)下盘腔完整性窥视检测近景

图 2-41 9P-1-7 号钻孔盘腔完整性检测窥视

③钢筋笼下放

挤扩与清孔工序完成后,在基桩钢筋笼制作及钢筋计安装完成,经检查验收合格后,开始下放钢筋笼,由室内桁吊吊至设计孔位。吊运时宜慢吊慢放,避免由于起吊导致钢筋变形进而对钢筋计造成受力和变形影响,钢筋笼放入孔内到达设计高程后,在钢筋笼上部采用钢筋临时固定装置确定钢筋笼高程位置,并调整钢筋笼至居中位置,保证桩基保护层厚度。钢筋笼下放现场图如图 2-42 所示。

a)吊装钢筋笼

b)下放钢筋笼

图 2-42 钢筋笼下放过程

④混凝土制备及浇筑

桩基及承台设计采用 C30 混凝土进行浇筑,采用租赁小型搅拌机按配合比水泥:水:砂子:石子 = 66kg:25kg:113kg:165kg 进行混凝土拌制,混凝土坍落度控制在 180 ~ 220mm。同时考虑到轴力计算时要用到桩身混凝土弹性模量,在每一批次灌注混凝土成桩时预留混凝土制作 6 个尺寸为 150mm × 150mm × 300mm 的试块,以及 3 个边长 150mm 的立方体试块,养护 28d 后进行弹模和强度试验。

混凝土灌注前,首先再次检查孔底浮土及孔壁稳定情况,如有塌孔现象则需进行清孔。混凝土搅拌均匀后装入料斗,用叉车及桁吊运输至桩位上方 50cm 处,采用漏斗状工具,将混凝土灌入钻孔内。为保证混凝土灌注密实,采用振动棒进行振捣,振捣过程中采取质量控制措施,避免破坏钢筋计。桩身混凝土灌注完毕,待 7d 达到设计强度后,由人工进行桩头截除,过程中要控制和避免由于振动对桩身内部传感器产生的不利影响,并使用气泵进行清理。混凝土制备及浇筑如图 2-43 所示。

a)材料准备　　　　　　b)混凝土装入料斗　　　　　c)伸入振动棒

d)移动料斗　　　　　　　e)吊起　　　　　　　　f)浇筑桩体

g)观察浇筑情况　　　　　　　　　h)凿头及气泵清理

图 2-43

i)第一批混凝土试块　　　　j)第二批混凝土试块　　　　k)第三批混凝土试块

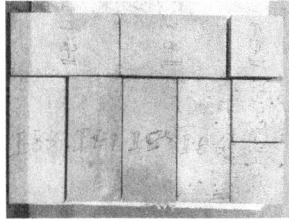

图 2-43　混凝土制备及浇筑

第一批次试件力学参数见表 2-8。

第一批次试件力学参数　　　　　　　　　　　　　　　　表 2-8

批次	同等养护		标准养护		轴心抗压强度		弹性模量	
	编号	强度值（MPa）	编号	强度值（MPa）	编号	强度值（MPa）	编号	模量值（GPa）
第一批次	I-CT-1	33.6	I-CB-1	37.5	I-E-1	35.3	I-E-4	28.8
	I-CT-2	36.6	I-CB-2	38.1	I-E-2	37.0	I-E-5	25.9
	I-CT-3	37.0	I-CB-3	40.0	I-E-3	35.5	I-E-6	25.9
平均值	—	35.7	—	38.5	—	35.9	—	26.9

（5）承台浇筑

桩头凿毛清理完成以后，采用竹胶板制作承台模板、立模并绑扎承台钢筋网，随后浇筑混凝土，浇筑时需保证数据线预留孔处密闭，以防混凝土溢出。此外由于四桩、九桩承台较大，混凝土浇筑后模板容易发生侧胀变形，因此需要对模板进行加固处理，同时预留混凝土立方体试块进行强度测试，确保试验时承台混凝土强度满足强度要求，避免集中加载作用下混凝土局部受压破坏。承台模板、配筋及混凝土浇筑如图 2-44 所示。

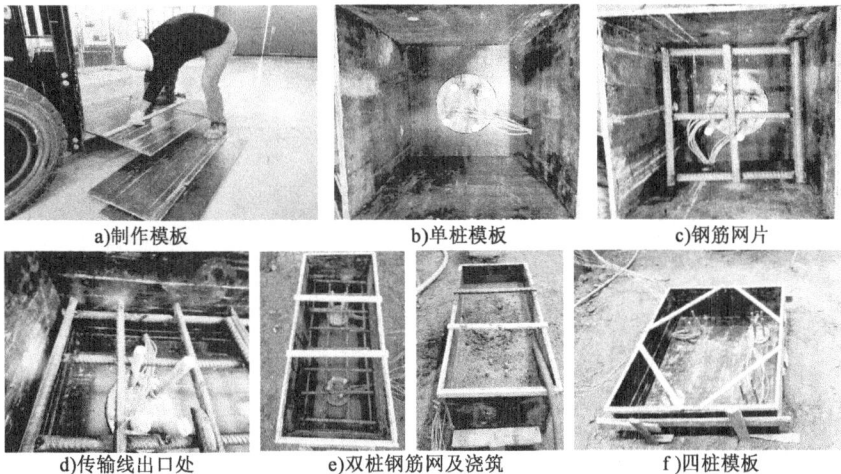

a)制作模板　　　　　　　b)单桩模板　　　　　　　c)钢筋网片

d)传输线出口处　　　　　e)双桩钢筋网及浇筑　　　f)四桩模板

图　2-44

47

g)九桩钢筋网　　　　　h)九桩浇筑混凝土　　　　　i)浇筑完成后

图 2-44　承台模板、配筋及混凝土浇筑

（6）设备连接

①传感器及接线连接

正式试验开始前，需开展数据线连接及设备调试等准备工作。本次试验涉及测量内容主要包括桩顶（承台）位移、桩身轴力、力加载值。其中，桩顶（承台）位移采用应变式电子位移传感器测试、桩身轴力采用振弦式钢筋计测试，位移数据采集采用 DH3816N 静态应变采集仪采集，轴力使用基康 BGK-Micro-40 采集，加载值由加载设备软件自动采集。钢筋计与数据采集仪连接如图 2-45 所示。

a)位移采集仪　　　　　b)钢筋计应变采集仪　　　　　c)测试数据

图 2-45　钢筋计与数据采集仪连接

位移测量采用量程 100mm、精度 0.01mm 的电子位移传感器 2 只，采用量程 200mm、精度 0.01mm 的电子位移传感器 2 只，通过磁性表座固定在基准钢梁上，用于量测桩顶（对于单桩）或承台顶部（对于群桩）向下的位移，位移测量用传感器及平衡梁现场如图 2-46 所示。

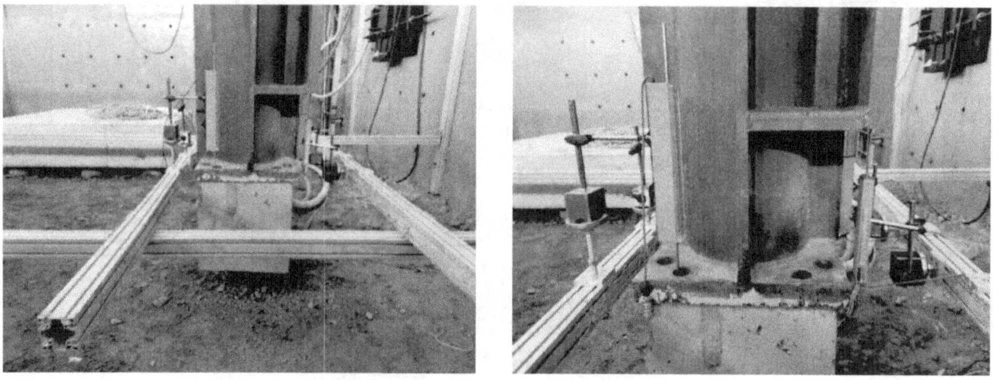

图 2-46　位移测量用传感器及平衡梁

②接长杆连接

由于竖向加载作动器位置较高,模型与作动器之间采用加长杆进行连接,接长杆经设计可承受300t压力作用,满足加载需求。至此,完成所有试验前准备工作,可开展加载试验。试验准备就绪状态如图2-47所示。

(7)加卸载方案

①规范依据

本次试验加载卸载程序按照《建筑桩基检测技术规范》(DB37/T 5044—2015)有关单桩竖向抗压静载试验规定进行。

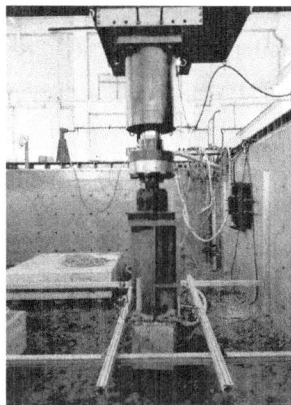

图2-47 试验准备就绪状态

②加卸载控制程序

a.加卸载分级

对于单桩,每级加载值为预估极限承载力的1/10。按10级9次加载,第一次按两倍荷载分级加载;对于群桩,每级加载值为预估极限承载力的1/15。按15级14次加载,第一次按两倍荷载分级加载。

b.位移量测

每级加载完毕后在5min、10min、15min、30min、45min、60min各测读一次;累计1h后每隔30min测读一次。

c.稳定标准

每级加载作用下1h内桩顶位移量小于0.1mm,且连续出现两次。

d.终止加载条件及加载极限取值

总位移量大于或等于40mm,本级荷载的位移量大于或等于前一级荷载位移量的5倍,加载即终止。取此终止时荷载小一级的荷载为加载极限值。

总位移量大于或等于40mm,本级荷载加上后24h未达稳定,加载即终止。取此终止时荷载小一级的荷载为加载极限值。

绘制荷载-位移(Q-s)曲线进行综合比较,确定加载极限值。

e.卸载

卸载分5级,每级卸载量为2倍荷载分级。每级卸载维持1h,按第15min、30min、60min测读位移后,即卸下一级荷载。

卸载到零后,维持3h,在第15min、30min各测读一次,以后每隔30min测读一次。

f.抗压承载力确定

根据沉降随荷载变化的特征确定:对于陡降型Q-s曲线,若陡降起始点沉降小于

40mm,取其发生明显陡降的起始点对应的荷载值;若陡降起始点沉降量大于40mm,则取$s=40$mm对应的荷载值。

对于缓变型$Q\text{-}s$曲线可根据沉降量确定,取$s=40$mm对应的荷载值。

③试验实施安排

试验槽净平面尺寸为长10m、宽6m,为避免边界效应对试验结果的影响,9组试验需要分2批次实施,大量试验研究结果表明,超过6倍桩径距离,边界条件对试验结果影响较小,通过设计,所有试验群桩间、群桩与试验槽边界间距均在10倍桩径以上。

为保证每一批次试验条件尽可能接近,以对比分析不同参数变化对挤扩支盘桩受力性能影响,第一批次实施的试验模型包括1P-1、1P-3、2P-1、4P-1、9P-1,对比研究直桩、挤扩支盘桩单桩、2桩、4桩、9桩随桩数变化带来的群桩效应影响。第一批次试验实施完毕,挖出模型和试验槽内土,重新按相同的控制标准填筑夯实,然后施工第二批次试验模型,包括1P-2、1P-4、2P-2、2P-3,对比研究支盘数量变化、群桩中基桩支盘布置在不同深度以及桩距变化对支盘桩承载性能的影响。试验模型如图2-48～图2-51所示。

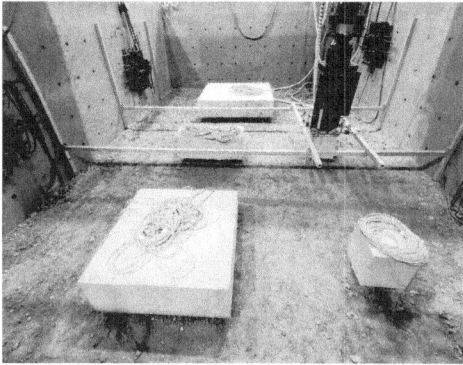

图2-48　第一批次试验所包含的模型

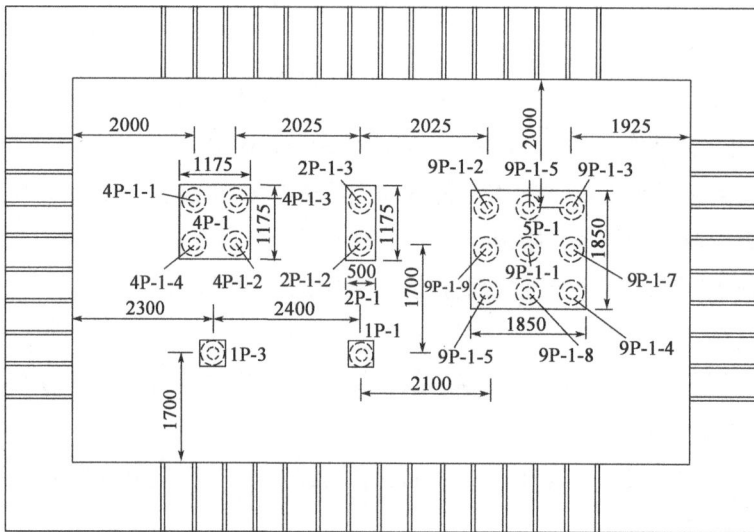

图2-49　第一批试验模型桩的具体编号(尺寸单位:mm)

a)单根直桩1P-1 b)单根支盘桩1P-3(2个盘) c)双桩支盘桩2P-1

d)四桩支盘桩4P-1 e)九桩支盘桩9P-1

图 2-50 第一批次支盘桩开挖模型

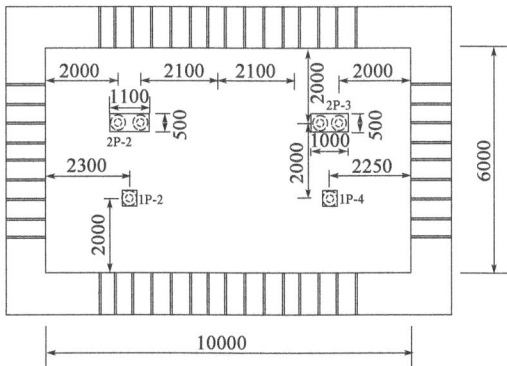

图 2-51 第二批次试验所包含的模型(尺寸单位:mm)

51

3）试验结果分析

通过开展 1P-1 常规桩单桩、1P-3 支盘桩单桩、2P-1 支盘桩两桩、4P-1 支盘桩四桩及 9P-1 支盘桩九桩室内模型试验，获得 Q-s 曲线、桩身轴力分布等数据（具体数据由于篇幅省略），得到以下结论：

（1）相比 1P-1 常规桩，由于盘体承载作用，1P-3 支盘桩具有更高的承载能力和抵抗沉降变形特性，在同等桩长条件下，1P-3 支盘桩承载力为 1P-1 常规桩的 2.58 倍，同等桩顶反力下，其桩顶沉降更小。

（2）由于盘体承载能力的发挥，桩身内力呈阶梯形分布，且桩端荷载分担比常规桩小。对于支盘群桩，随着桩数增多，桩端荷载分担比越大。其中，1P-1 桩端荷载分担比在 30% 左右，而 1P-3、2P-1、4P-1 桩端分担比分别约为 6.5%、13%、16%，9P-1 桩端荷载分担平均约为 16.7%。

（3）盘体结构的设置，对提高支盘桩承载能力具有显著作用，并随着竖向荷载增大，盘体荷载分担比例提高。1P-3 单根支盘桩，盘体承载占比约 65%，2P-1 双根支盘桩盘体占比约 70%，4P-1 四桩支盘桩盘体占比约 63%，9P-1 九桩试验的角桩、边桩及中桩，盘体荷载占比分别约 64%、60%、63%。

（4）通过对 1P-3、2P-1、4P-1 及 9P-1 荷载分担规律进行分析，上盘、下盘及桩端荷载分担比例，均随着荷载增加而逐步提高；受群桩效应影响，随着桩数增多，相同平均桩顶反力作用下，桩侧荷载分担比降低。

（5）由于盘体的应力叠加，挤扩支盘桩具有一定的群桩效应，随着桩数、桩顶荷载及沉降值的增加，群桩效应越发显著。以 23.85mm 沉降为极限承载力控制指标，与挤扩支盘桩单桩相比，挤扩支盘桩两桩、四桩、九桩综合群桩效应系数分别为 0.94、0.88、0.79。

（6）分别统计在 10mm、20mm 和 23.85mm 相同承台顶部沉降作用下，各组模型试验的上盘、下盘、桩端和桩侧的群桩效应系数值。上下盘及桩侧群桩效应系数均小于 1.0，其中上盘群桩效应系数在 0.8 左右，下盘群桩效应系数在 0.8~0.9 之间，桩侧折减显著，效应系数在 0.6 左右，桩端受边载效应影响，群桩效应数值达到 2.0 左右。

（7）通过对 1P-2、1P-3、1P-4 三组试验对比发现，在满足 8 倍盘环宽间距要求前提下，随着盘数增加，桩基承载力越高，且相同桩顶反力时桩顶沉降越小。此外，随着沉降增加，桩身上部侧摩阻力发挥最早，而盘体埋深越深，承载力发挥滞后效应越加显著，相反埋深越浅，承载力发挥越早。

（8）对于错盘高程设计方案，$1.5D$（D 为桩径）与 $1.0D$ 桩间距相比，受相邻桩相互影响作用，随着桩间距减小，相同桩顶反力作用下，桩顶沉降有所增加，承载力特征值降低，且受相邻盘体应力传递影响，上盘的高程较低的盘位荷载分担占比有所增加。

2.3 挤扩支盘桩施工关键技术

2.3.1 施工工艺流程

潮汕环线一共布设了 795 根挤扩支盘桩,首次实现了挤扩支盘桩在我国公路行业的大规模应用,填补了桥梁挤扩支盘桩施工工艺的空白,形成了一套完整的桥梁挤扩支盘桩施工工艺与质量保证系统。施工工艺及施工质量控制是挤扩支盘桩成功应用的前提和保证,相比于普通灌注桩,挤扩支盘桩重点关注挤扩压力值、支盘的盘径、盘高等施工参数。挤扩支盘桩的盘径、挤扩压力值检测结果见表 2-9、表 2-10。

潮汕环线高速公路支盘桩盘径检测结果汇总表　　表 2-9

标段	已施工盘个数	盘径大于或等于设计值盘个数	盘径小于设计值但在误差允许范围内盘个数	盘径不满足设计要求值盘个数
2 标	325	323	2	0
3 标	533	531	2	0
4 标	631	631	0	0
6 标	404	404	0	0

潮汕环线高速公路支盘桩支盘挤扩压力值检测结果汇总表　　表 2-10

标段	已施工支盘个数	支盘挤扩压力值大于或等于设计值支盘个数	支盘挤扩压力值小于设计值但在误差允许范围内支盘个数	挤扩压力值不满足设计要求值盘个数
2 标	391	322	69	0
3 标	650	576	74	0
4 标	930	738	192	0
6 标	596	446	150	0

由检测结果可知,挤扩支盘桩桩身 I 类桩的占比为 94.91%;已经施工结束的 1893 个盘,盘径大于或等于设计要求的有 1889 个,比例为 99.8%;小于设计值但在允许偏差范围内的有 4 个,比例为 0.2%,不满足设计要求的有 0 个,比例为 0%。已经施工结束的 2567 个支盘,支盘挤扩压力值大于或等于设计要求的有 2082 个,比例为 81.1%,小于设计值但在误差允许范围内的有 485 个,比例为 18.9%,不满足设计要求的有 0 个,占比 0%。由检测结果可知,支盘桩整体施工质量较高,施工工艺与质量的控制具有不可或缺的重要性。

施工工艺是保证桩基质量的前提,普通钻孔灌注桩的施工流程为:桩位测放→埋设钢护筒→复核桩位→钻机就位→钻进成孔→第一次清孔→检验钻孔→绑扎并下放钢筋笼→下放混凝土导管→二次清孔→灌注水下混凝土→拆除导管→成桩。

挤扩支盘桩的施工工艺流程与普通钻孔灌注桩相比较复杂，在普通钻孔灌注桩的基础上增加了变孔径桩钻孔、挤扩支盘、扫孔-清孔-检测程序等工艺。

2.3.2 施工关键技术

1）关键技术要点

挤扩支盘桩是一种新型桩基础，国内外工程经验较少，通过对潮汕环线795根桩的施工技术进行分析，总结出了挤扩支盘桩的施工要点。

（1）桩基在施工前，应检查进场的设备、施工工艺及技术要求是否满足工程的要求。施工过程中，根据地层起伏变化，盘与支的高程允许做调整，但最小盘间距、盘支间距、支间距应满足规范要求。

（2）在施工过程中，对于不同的土层需采用不同的挤扩压力值与挤扩设备。挤扩工艺可检验土层力学参数，若发现地质情况与地质勘察报告不符或有异常情况，应及时向设计、监理反馈，对桩承载力做出判断，提出承载力调控措施。

（3）桩成孔护壁泥浆建议采用优质泥浆，具体泥浆指标宜经工艺试桩确定，其相对密度一般控制在1.05～1.25；当穿过易塌孔土层时，可增大至1.20～1.35；主桩终孔时泥浆相对密度一般土层要求不小于1.2，易塌孔土层要求大于1.25；混凝土灌注前要求泥浆相对密度控制在1.1～1.15，泥浆胶体率不小于98%，含砂率应小于2%，黏度为18～22s。

（4）钻孔进入设置支盘土层时，如遇复杂地层应根据钻孔要求严格控制。成孔后，应对其孔壁稳定性做出判断。在渗透性较好、地下水丰富的土层中设置支盘时，应在成孔过程中采取有效措施，避免塌孔，减少泥浆流失。

（5）成盘作业后，二次清孔必须采用反循环泵吸方式清孔，将沉渣厚度清至10cm以下。

（6）成盘清孔完毕后立即进行成孔质量的检查验收，及时检查每一根桩的孔位、孔深、孔径和沉渣并填写施工记录，孔底沉渣厚度不得大于100mm，桩孔倾斜不大于1%（沿轴线和垂直轴线方向），检查成孔质量合格后，应尽快浇筑水下混凝土，灌注高程宜超过设计桩桩顶高程0.5m，当剔除桩顶软弱混凝土层和浮浆后能保证达到设计桩顶高程，水下混凝土灌注应连续进行不得中断。浇筑至盘位时，适当加强振捣，保证盘体内混凝土的充盈，保证桩身混凝土强度和密实性，沿桩长无颈缩现象。

（7）增加对桩身水下混凝土配合比设计要求，具体要求如下：为了防止易塌孔地层在成桩之前出现局部坍塌等不利现象，除护壁泥浆严格控制失水率、胶体率、黏度、含砂率等指标外，泥浆相对密度比常规反循环成孔方式略大。混凝土施工配合比设计方面，除了确保混凝土强度外,应严格控制混凝土的坍落度(18~22cm),同时应增加混凝土的和易性(如掺加优质粉煤灰掺合料)和优质减水剂,以防止出现桩身夹泥、断桩等质量事故。

挤扩支盘桩施工工艺流程如图 2-52 所示,挤扩支盘桩施工如图 2-53 所示。

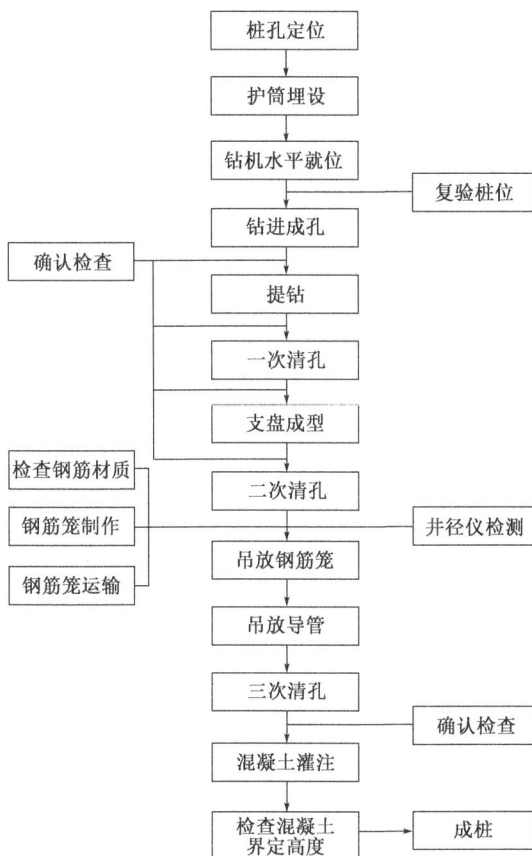

图 2-52　挤扩支盘桩施工工艺流程

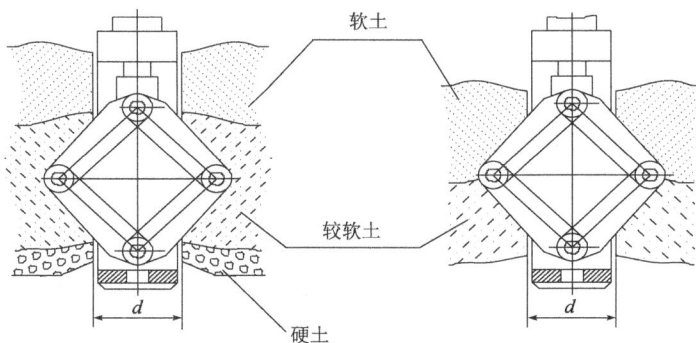

图 2-53　挤扩支盘桩施工示意图

2）支盘设备

（1）根据设计盘径的不同，目前匹配的支盘设备及型号见表2-11。

不同盘径的支盘设备及型号 　　　　　　　　　　表2-11

序号	设备型号	适用盘径(mm)	适用桥型	说明
1	YZJ-1600	1400	路基桩	根据软土地基的厚度、不良地质的情况验算而定
2	YZJ-1700	1600	路基桩	
3	YZJ-2300	2100	中小桥	设备选型盘径设计要根据桥桩的设计规格及桩顶承载力的要求，通过详勘地质资料中不同地层的所有参数验算而定
4	YZJ-2600	2200～2400	大桥	
5	YZJ-2700	2300～2500	大桥	
6	YZJ-2800	2400～2600	大桥	
7	YZJ-3000SA	2500～2800	大桥	
8	YZJ-3000SC	2600～2900	特大桥	
9	YZJ-3400	3000～3200	特大桥	
10	YZJ-3600	3200～3400	特大桥	

（2）正反循环成孔设备一般适用于主桩桩径1000～2500mm的支盘桩，水上作业施工，管桩支盘桩的沉管宜采用锤击、振动沉入设备，地面管桩支盘桩宜采用振动、静压和锤击沉入设备，管桩到位后，宜采用旋挖、正反循环成孔设备完成下部的成孔，管桩桩径1000～1800mm。

（3）在硬塑～坚硬黏性土、密实粉土、砂土、砂砾(标准贯入度$N > 30$击)，中密～密实碎石土和强风化软质岩($N > 30$击)挤扩支、盘时，应采用增压型挤扩支盘机；常规动力支盘机遇硬土层应设置在表面。

（4）在塑性指数大于15的黏性土、含水率大于30%的黏性土、软可塑黏性土、中密以下粉土砂土、中密碎石土中挤扩时，应采用巨臂挤扩支盘机，且挤扩叠加率应大于10%。

（5）针对潮汕环线遇到的一些硬地层如标准贯入度大于50击小于70击的圆砾土、卵石土、砂砾层、强风化土层在挤扩过程经过几次设备损伤报废失败后，研发出了超高压320强挤工艺。另外针对相对软弱的黏性土总结研制了柔性挤扩成盘工艺，有效提高了成盘质量及盘周土体的压硬效应增强承载力。

3）成孔及清孔

（1）桩的中心距≤2.5D时，宜间隔施工，也可在相邻支盘桩灌注完成6h后进行施工。钻进中应认真鉴别并记录各土层的层位和厚度变化,确定各支、盘位置是否需要调整;确需调整应严格执行施工图或现场支盘工程师的要求(钻进过程中如遇土层塌孔,应认真鉴别塌落土层状况并记录,如遇支盘位土层塌孔,应向监理提出调整建议)。

(2)钻孔进入设置支盘土层时,如遇复杂地层应根据钻孔要求严格控制。成孔后,应对其孔壁稳定性做出判断。在渗透性较好、地下水丰富的土层中设置支盘时,应在成孔过程中采取有效措施,避免塌孔,减少泥浆流失。

(3)终孔后应检查孔深、孔径、钻孔垂直度、泥浆性能指标和沉渣厚度。

(4)管桩支盘桩的成孔部分是在管桩定位后管内取土钻孔形成,水上作业搭设平台应兼顾沉桩和成孔两套设备的作业,进行流水交替作业。

(5)水工作业成孔,护筒的设置应考虑支盘机作业过程对其稳定性的要求,要求内容包括最小内径、护筒壁厚、外壁刚度加强、垂直度和入土深度等。

(6)遇软弱土层等复杂地质,成孔作业后应对支盘作业可能造成的影响提出事前要求,内容包括:判断上部软土层或支盘位土层有塌孔扩径时,应提出由支盘工程师对孔径进行检测;当出现桩孔严重扩孔或缩径时,应提出补救方案,并要求支盘工程师多次进行孔径检测,并明示由此可能对支盘工序造成的影响。

(7)成孔过程穿越不同土层时,应不断调整泥浆指标、钻机转速、钻头进尺速度,并控制钻机稳定。必要时,调整钻机型号,以此保证成孔质量及确保支盘工序作业条件。

(8)根据地质条件的不同,成孔可采用正反循环钻机、旋挖钻机、冲击反循环钻机以及冲击钻机等设备,上述设备均可实现挤扩支盘技术。

4)二次清孔

(1)主桩施工方进行二次清孔,清孔完成后进行井径仪孔径、盘径、支盘高度、支盘中心深度以及孔深检测,若检测的数据和图形不合格,应采取再次清孔或复挤等措施,直至支腔和盘腔满足设计要求。检测合格后,报送"挤扩支盘工序交接单"进入下道工序。

(2)支盘作业完成后,应对孔深和孔径用井径仪等先进仪器进行检查,符合要求后及时清孔,清孔工作直至泥浆及孔径盘径检查合格。

(3)无论采用哪种钻机成孔工艺,在挤扩支盘作业完成后,二次回钻扫孔清孔均宜采用反循环回旋钻清孔。

(4)在清孔排渣时,必须注意保持孔内水头,防止塌孔。

(5)下钢筋笼后如测得沉渣不合格,应采用导管进行气举或泵吸反循环清孔,清孔合格后应及时灌注桩身水下混凝土。混凝土灌注前要求泥浆相对密度控制在 1.1~1.15,泥浆胶体率不小于98%、含砂率小于2%、黏度为 18~22Pa·s,孔底沉渣厚度应符合设计规定,如设计无规定时,不应超过 30cm。

（6）清孔后、下钢筋笼前的井径扫描数据图形资料作为工程桩孔、支盘质量检查验收依据。

5）泥浆制备

泥浆在施工中起到护壁、浮渣、初判土层、保障成孔质量及支盘腔质量的作用。循环泥浆可将地质原状土粒、土块带至孔口，可供鉴别。科学的泥浆制备可降低塌孔风险，提高成孔施工质量水平，泥浆制备主要包括以下关键技术要点：

（1）挤扩成盘时，泥浆面应高于护筒底边，支盘作业泥浆下降明显时，应及时补浆。施工期间，泥浆面应高出地下水面 1m 以上，在受水位涨落影响时，应适当调整泥浆配合比，泥浆面应高出最高水位 1m 以上。

（2）主桩成孔护壁泥浆建议采用优质泥浆，其相对密度一般控制在 1.05~1.25；当穿过易塌孔土层时，可增大至 1.20~1.35；主桩终孔时泥浆相对密度一般土层要求不小于1.2，易塌孔土层要求大于 1.25；混凝土灌注前要求泥浆相对密度控制在 1.1~1.15，泥浆胶体率不小于 98%、含砂率应小于 2%、黏度为 18~22Pa·s。具体泥浆指标宜经工艺试桩确定。

（3）在较厚的砂土、碎石土中钻进时，应采用高塑性黏土、膨润土、蒙脱土制备泥浆；备泥浆应采取措施尽可能少掺入化学物质，以降低被排放的泥浆造成的环境污染。

（4）支盘机出孔时，泥浆面应高于护筒底边 1m 以上，泥浆下降明显时，应及时补浆。施工期间，泥浆面应高出地下水位 1m 以上，在受水位涨落影响时，应适当调整泥浆配合比，泥浆面应高出最高水位 1.5m 以上。

6）支盘挤扩及稳定性验证

（1）支盘桩施工企业应具备该技术的专业施工检测能力，并具有相关资质的工程技术人员。支盘作业工序是保障基桩承载性能和支盘桩孔稳定性能的主要手段。某一支盘的质量问题不同于一段侧阻力的损失，因此支盘作业工序质量需一整套保障系统，包括：支盘桩施工企业专业能力、支盘施工的工艺措施、支盘挤扩设备功能及选型、支盘腔质量检查、支盘周土物理力学性检验、盘腔稳定性保障、盘腔与孔施工的交叉要求和措施、桩灌注质量要求等。

（2）根据施工方案由支盘技师对施工班组进行不同区域和不同桩型的挤压方法交底，进行挤扩成支或盘作业，成盘时应保证每次挤扩叠加率不低于 10%，以确保承力盘的完整性和同心度。成盘作业不得少于 9 次挤压，一般不超过 12 次。

（3）支盘作业时，应同时观察挤扩支盘设备的运行状况，听到有异响或看到有异常情况时要及时停止作业，提升设备进行检查。

（4）成盘时应保证挤扩叠加率，以确保承力盘的完整性和同心度；需现场调大盘径时,应满足桩间距、支盘间距要求。

(5)如果挤扩压力值达不到设计要求,介于 −10 ~ −3MPa 之间,则在设计图纸中标注的预设支盘位置和数量增设支盘,以确保承载力满足设计要求,并上报监理;如果首次压力值小于设计图纸要求的压力值 10MPa,则需通知监理上报设计,重新核算承载力进行设计变更。

(6)土层反力上升值可直接判断成支盘土层界面和软硬状况,也可作为旁压值的借鉴数据。

(7)如果挤扩压力值达不到设计要求并超出允许偏差范围值时,要及时按程序上报至设计部门,由设计人员确认并按设计文件执行调控措施,以确保承载力满足设计要求。

(8)支盘挤扩过程应对支腔盘腔稳定性进行检查,获取支腔盘腔压硬值并做好记录。设置有支盘的不稳定土层,在获取挤扩压力值同时获取孔壁压硬值并做好记录。

(9)支盘作业完成,同时完成勘察复核、承载性能检测、支盘调控以及桩孔、支盘腔稳定性检测工作,并填报数据,之后方能从孔中提出设备。

2.3.3 挤扩支盘桩质量保证体系

在施工工艺流程的基础上,潮汕环线形成了一整套挤扩支盘桩的质量保证体系,贯穿整个项目的设计阶段、施工阶段和成桩检测阶段。

设计阶段的要求:

(1)支盘位置需对土层进行选择,以保证成盘盘腔的稳定性;

(2)对支盘承载性能进行检验,确保支盘承载力和盘周土体强度;

(3)使结构的可靠度提高 10%,以提高桥梁结构工程安全度,有效控制桥梁工后沉降。

施工阶段需检查的项目为:

(1)检查挤扩压力值,保证盘周土体的稳定性,保证盘腔的稳定性,保证盘体的完整性;

(2)检查盘腔,控制盘端沉渣,保证盘径尺寸,保证盘体完整性;

(3)检查盘高,保证盘体抗剪强度,保证盘腔混凝土填充质量。

成桩检测阶段需检测的项目为:

(1)采用超声波对主桩桩身检测;

(2)采用跨孔超声检测、热异常检测的方法检测支盘桩全桩身的质量;

(3)采用取芯的方法,对盘体进行检测,保证支盘桩的强度。

通过这一系列的支盘桩质量评价,有效保证了挤扩支盘桩整个施工过程中的质量,潮汕环线挤扩支盘桩的检验方法以及质量评价结果见表2-12。

挤扩支盘桩的检验方法及质量评价结果 表2-12

设计		
设计要求	目的	项目成果
土层选择	保证成盘盘腔稳定	盘径与盘腔检测全部合格
支盘承载性能检查	确保支盘承载能力 保证盘周土体强度	挤扩压力值标准较行业标准提高10%,检验全部合格 支盘承载性能提高10%,支盘承载力全部合格
安全可靠度提高10%	提高桥梁结构工程安全度 有效控制桥梁工后沉降	静载结果安全可靠度提高10%以上,承载性检验挤扩压力值标准提高10%,沉降减小30%
施工		
检查项目	目的	项目成果
挤扩压力值	保证盘周土体稳定,保证盘腔稳定性,保证盘体完整性	全部合格
盘腔	控制盘端沉渣,保证盘径尺寸,保证盘体完整性	盘腔形状尺寸规格井径仪检测全部合格
盘高	保证盘体抗剪强度,保证盘腔混凝土填充质量	井径仪盘高检测全部合格
成桩检测		
检查项目	检测方法	项目成果
主桩桩身	超声波检测	一类桩比例94.91%,较灌注桩提高6.9%
支盘桩全桩身	跨孔超声检测、热异常检测(试验性应用)	支盘桩全部合格
盘体检测	取芯(试验段)	30个盘体取样,盘体完全合格

2.3.4 挤扩支盘设备智能化发展展望

桥梁挤扩支盘桩已经形成了一套完整的挤扩支盘设备,挤扩支盘设备主要包括起重机、刻度盘、液压工作站、支盘挤扩机和接长杆等,各个设备的主要作用如下。

（1）起重机

由于现场挤扩支盘桩施工是先用反循环钻孔机钻孔，然后再放入支盘挤扩机进行挤扩，起重机用于支盘挤扩机的起重出入孔，并且对挤扩机在钻孔中的位置进行控制和调整，此外，还兼有施工场地设备组装拆卸的作用，目前现场主要用的起重设备是汽车起重机或履带式起重机。

（2）刻度盘

进行支的挤扩时，支盘挤扩臂需要旋转一定的角度，刻度盘用来确定支盘挤扩机的旋转角度。

（3）液压工作站

液压工作站又称泵站，主要作用是在挤扩过程中为支盘挤扩机提供工作动力。包括为主机液压缸提供液压动力，控制两臂的伸出与回缩，同时还可在挤扩过程中实时监测挤扩状况，为操作者提供挤扩过程中的动态信息等。

（4）支盘挤扩机

支盘挤扩机是支盘桩施工设备的核心构件，主要由机架、弓臂工作机构（四连杆机构）和液压驱动缸组成，在施工过程中，由液压工作站为其提供液压动力，通过液油压管将动力传至支盘挤扩机，推动上臂挤扩。当液压站供油时，液压站内活塞杆推出，致使弓臂径向外伸，直至达到最大行程。当液压缸反向供油时，活塞杆回缩，拖动弓臂回缩复位，即为一次挤扩。

（5）接长杆

接长杆起的是一个连接作用，上端与起重设备的挂钩相连接，下端与支盘挤扩机连接。挤扩机的出入孔、在孔内的上下移动、旋转以及定位都是通过接长杆来完成的。

目前挤扩支盘桩的施工主要还是依靠人力与机械设备相结合，人力操控机械设备进行施工，机械智能化程度不高，随着我国的交通运输行业的不断发展，汽车通行量不断加大，桥梁规模不断地增大，施工工期需不断地优化，挤扩支盘设备还有很大的提升空间，具体有以下几个特点。

（1）挤扩设备的大型化：随着我国汽车保有量的不断增加，对公路桥梁的通行要求不断提高，原来的双向两车道已经不适应当前的交通行情，桥梁的规模在不断扩大，目前新建的桥梁已经出现双向三车道、双向四车道和双向六车道，随着上部荷载的增加，桩基的桩径需不断地加大，对桥梁的基础是一个很大的挑战，目前潮汕环线最大的盘径为 2.5m，若桥梁规模再次扩大，则盘径还需继续加大，因此还需继续开发巨臂科技，研制超强动力缸，研发 3500 型、3800 型支盘设备，开发二代超大盘科技。

（2）配套设备的智能机械化：目前挤扩工序是在钻机钻孔后提出钻孔设备，然后采用起重机把挤扩设备放入孔中完成挤扩成盘,随着后期挤扩设备的不断增大,挤扩设备的吊装更加困难,因此需要进一步研发机械智能化绞盘、机械智能化作业平台、孤石滚石机械智能化探测技术,以保证施工质量与未来施工对工期的要求。此外,目前挤扩支盘桩的施工钻孔与挤扩是两道工序,需进一步研发反循环挤扩一体技术、冲击挤扩一体技术,实现钻孔与挤扩工序的一体化。

(3)承载调控系统智能化:现场挤扩成盘时需先在桩位附近开展一组乃至多组试成孔试验,用以确定土体的挤扩压力值以及设备的上抬量,指导施工,并且挤扩压力值通过人工在压力表上读取的,设备上抬量是通过人工用尺子量取的,容易出现误差,为了消除这些误差的影响,可以进一步开发支盘承载数据技术、支盘承载智能调控技术、支盘液压智能盘腔稳定技术、支盘承载系统分析平台,实现挤扩控制、挤扩数据采集的自动化,挤扩数据分析的智能化。

2.4 灌注桩及挤扩支盘桩全桩身完整性检测技术研究

2.4.1 基于管波法的单管检测技术研究

1)管波原理

管波探测法是在钻孔中利用"管波"这种特殊的弹性波,探测孔旁一定范围内的溶洞、溶蚀裂隙、软弱夹层等不良地质体的具有自主知识产权的新型孔中物探方法,是"中国创造"的物探方法。

管波探测法主要应用于灰岩地区嵌岩桩基础的探测,一般是在桩位超前钻探或详细勘探阶段进行。它利用桩位中心的一个钻孔,通过在孔液中产生管波,接收并记录其经过孔液和孔旁岩土体传播的振动波形,来探测孔旁一定范围内的岩溶、软弱夹层及裂隙带的发育分布情况,可快速查明基桩直径范围内的地质情况、评价基桩持力层的完整性,指导基桩设计和施工。其有效探测半径可达2.0m。管波探测法具有可靠性高、异常明显、分辨能力强、精度高、工期短、易于解释、仪器设备投资少、探测费用低等优点。

管波探测法由饶其荣、李学文在长期从事岩溶勘察的工作实践中发明,于2006年获得国家发明专利(专利号:ZL200310112325.0),2007年被广东省建设厅列入"广东省建设行业科技成果推广项目"。

根据波动传播空间的不同,可将弹性波分为体波和界面波两类。体波包括横波(剪切波)、纵波(压缩波)等,在无限或半空间中传播。界面波包括瑞利波、斯通莱波、勒夫波等,仅在波阻抗界面附近传播。

当相互接触的两种介质一种是流体另一种是固体时,流体的振动会在两种介质的分界面附近产生沿界面传播的界面波,称作广义的瑞利波(Rayleigh wave)。

在液体填充的孔内及孔壁上,广义的瑞利波沿孔的轴向传播,称作管波(Tube wave)。常见的管波有两种类型:斯通莱波(Stoneley wave)和准瑞利波(或称伪瑞利波)。管波探测法使用的波动为斯通莱波。

斯通莱波沿钻孔的轴向传播,具有前推式质点运动轨迹,质点运动轨迹为椭圆。其径向位移是连续的,在井壁处最大,在井壁外呈指数衰减。其轴向位移不连续,孔液中很大,在井壁外呈指数衰减。根据研究,管波能量集中在以钻孔中心为圆心、半径为 1.5 个波长的范围内。管波质点的运动轨迹及振动幅度和管波探测法的探测装置如图 2-54 和图 2-55 所示。

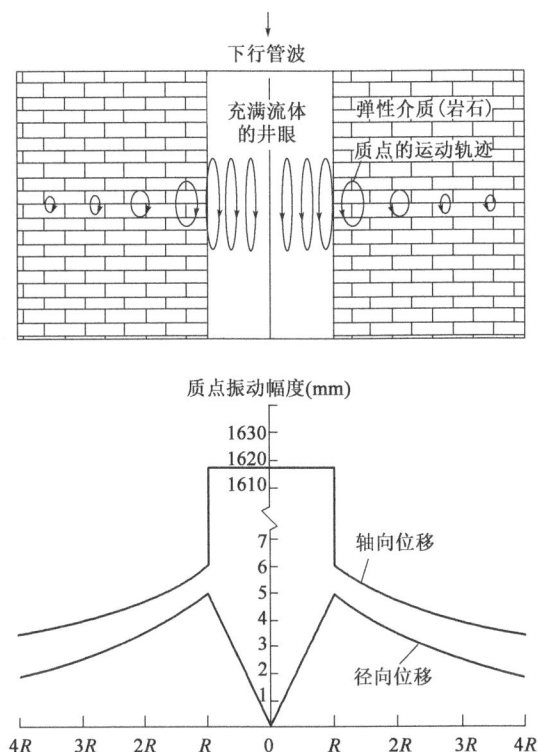

图 2-54　管波质点的运动轨迹及振动幅度
R-井眼半径

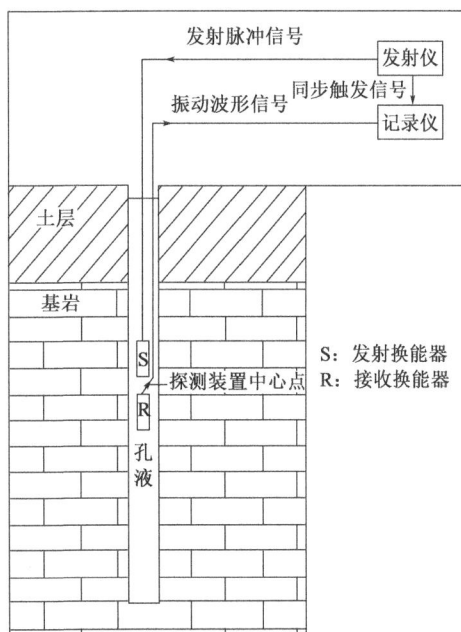

图 2-55　管波探测法的探测装置

管波探测法的基本原理是:在钻孔中利用"管波"作为探测物理场,根据管波的时间剖面来判断地质情况或桩基完整性情况。当岩土层中不存在波阻抗差异界面或界面两侧波阻抗差异不大时,管波时间剖面中只有与(平行于钻孔轴线的)空间轴平行的直达波组,无明显的反射波组(剖面中的倾斜波组)。当岩土层中存在明显的波阻抗差异界面时,管波扫描剖面(时间剖面)中除存在明显的直达波组外,还存在明显的反射波组,即剖面中的倾斜波组。也就是说,在剖面中存在明显的倾斜反射波组的位置,必定存在波阻抗差异界面。对检测挤扩支盘桩,波阻抗差异界面即为桩中缺陷的顶底界面。通过分析反射管波的波幅特征,探测波阻抗差异界面,可推断桩内的完整性情况。

2)检测设备

根据本项目采用的物探方法选择仪器设备(选择广州量米勘探科技有限公司研制的TTS3-B型管波探测仪),投入的设备为当今国际上先进的主流物探设备,其性能指标均满足(或超过)相应规范的要求,均满足(或超过)本项目技术要求中对勘察精度的要求。所有方法均有备用设备,备用设备为相同型号或相同性能的设备。

3)检测方案

本次物探检测工作配合施工单位的生产进度进行,其中6标于2019年6月20日进场,2019年6月24日结束外业工作;2标于2019年7月7日进场,2019年7月10日结束外业工作。本次检测工作完成实物工作量如下:管波探测法6孔,6标检测桩基平面示意如图2-56所示,折合物探工作量为2487检波点·炮(表2-13)。

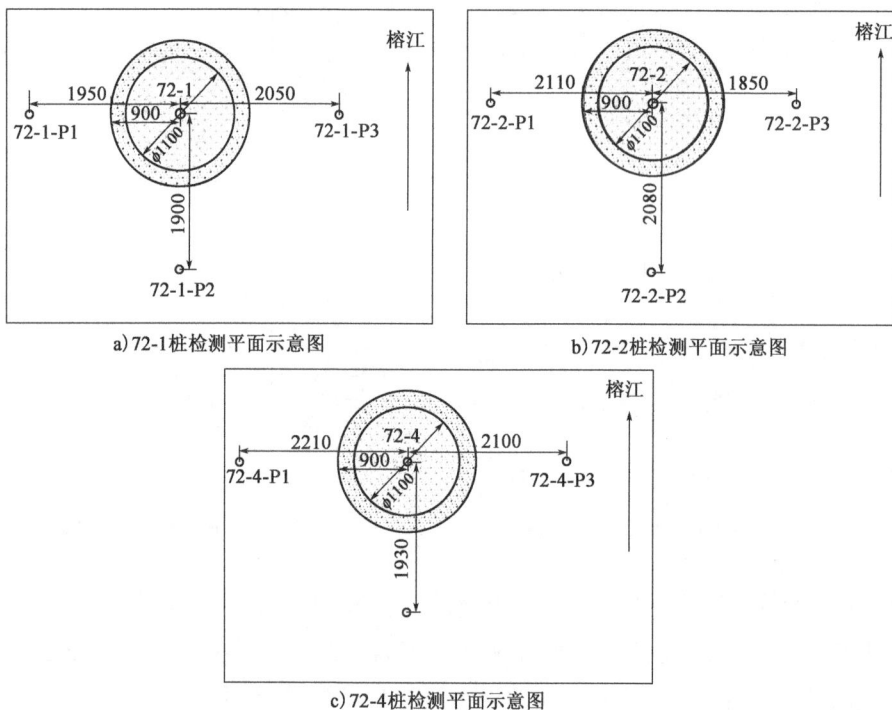

a)72-1桩检测平面示意图

b)72-2桩检测平面示意图

c)72-4桩检测平面示意图

图2-56 六标检测桩基平面示意图(尺寸单位:mm)

管波探测法完成实物工作量一览表 表2-13

序号	标段及桩号	探测孔编号	起点深度（m）	终点深度（m）	测试长度（m）	物探工作量（检波点·炮）
1	2标16-4	16-4	0.9	40.6	39.7	398
2	2标17-1	17-1	0.9	40.8	39.9	400
3	2标23-4	23-4	3.0	41.1	38.1	382
4	6标72-1	72-1	0.0	45.5	45.5	456
5	6标72-2	72-2	0.1	42.9	42.8	429
6	6标72-4	72-4	0.3	42.4	42.1	422
合计					248.1	2487

经过多年的应用，管波探测法已经是一种非常成熟的孔中物探方法，其采用自激自收观测系统，收发探头间距0.6m，测点间距0.1m，测试方式按从下至上进行。

主要的野外试验包括发射能量试验、采样频率试验及前放增益试验，管波探测法现场测试如图2-57所示。经现场试验确定，本次工作采用发射能量14J、采样频率50kHz、前放增益1倍。野外数据采集过程中，对采集的管波信号进行实时监控，所采集的波形要求初至清晰、波形正常，发现波形畸变即进行重复观测，两次观测相对误差小于2%。并做好野外班报填写，检测长度为全孔检测。

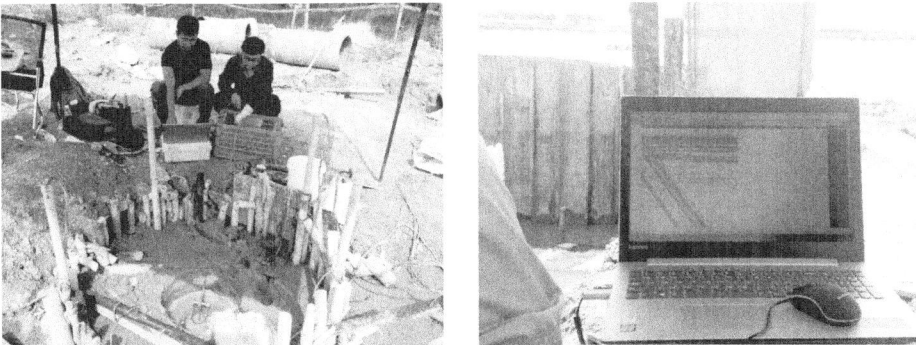

图2-57 管波探测法现场测试图

4）资料处理与解析

（1）资料处理

将观测得到的数据从仪器传输到电脑中，使用广东省地质物探工程勘察院开发并经过大量工程应用验证的专门处理软件(TWP3.0 管波探测法处理解释系统)进行处理,生成管波探测时间剖面图。最后进行资料推断解释,并绘制管波探测解释成果图。

(2)资料解析

根据管波探测法的探测原理,结合桩基及揭露的岩土分层情况,对发现的波阻抗差异界面进行解释。其判别准则如下:

①无倾斜反射波组的基岩段为完整混凝土段。

②存在振幅较小的倾斜反射波组的位置,当直达波速度较小时(直达波同相轴向下弯曲),一般为穿过桩基段存在波阻抗差异较小的轻微混凝土段或变径段。

③存在振幅较小的倾斜反射波组的位置,当直达波速度较大时(直达波同相轴平直),一般为支盘桩的位置。

5)检测成果

检测结果如图 2-58 ~ 图 2-63 所示。

2.4.2 跨孔弹性波 CT 检测法

1)检测原理

跨孔弹性波 CT 法是通过观测地震波穿越地质体时走时、能量(幅值)和波形等的变化,经计算机处理重建地质体内部结构图像的一种跨孔物探方法,是现代地震数字观测技术与计算机技术相结合的产物,因其分辨率高,主要用于地下精细结构和目标的探测。走时反演方法的使用前提是地下目的物与周围的岩土体有明显的波速差异。

跨孔弹性波 CT 法的数学基础是 Radon 变换,在平面上经典的 Radon 变换可简单描述为函数 $f(x,y)$ 沿平面上任意一直线 ι 的积分 $Rf = \int_{\iota} f(x,y)\,\mathrm{d}\iota$。

地震射线走时可以表示为:

$$T_{(s,r)} = \int_{\iota[W(x),t,r]} W(x)\,\mathrm{d}l + \delta T_{(s,r)} \tag{2-32}$$

式中:W——慢度(速度的倒数定义);

x——目标区点的坐标;

s、r——震源和接收点;

ι——射线路径;

δT——噪声。

钻孔编号	16-4	工程名称	潮汕环线高速公路项目桥梁挤扩支盘桩检测技术研究		
孔口高程	8.538m	孔口坐标	$X=$ $Y=$	里程	K9+147.42
桩直径		推荐持力层顶高程		测试日期	2019年07月08日

钻孔柱状图			管波探测时间剖面	管波解释结果				

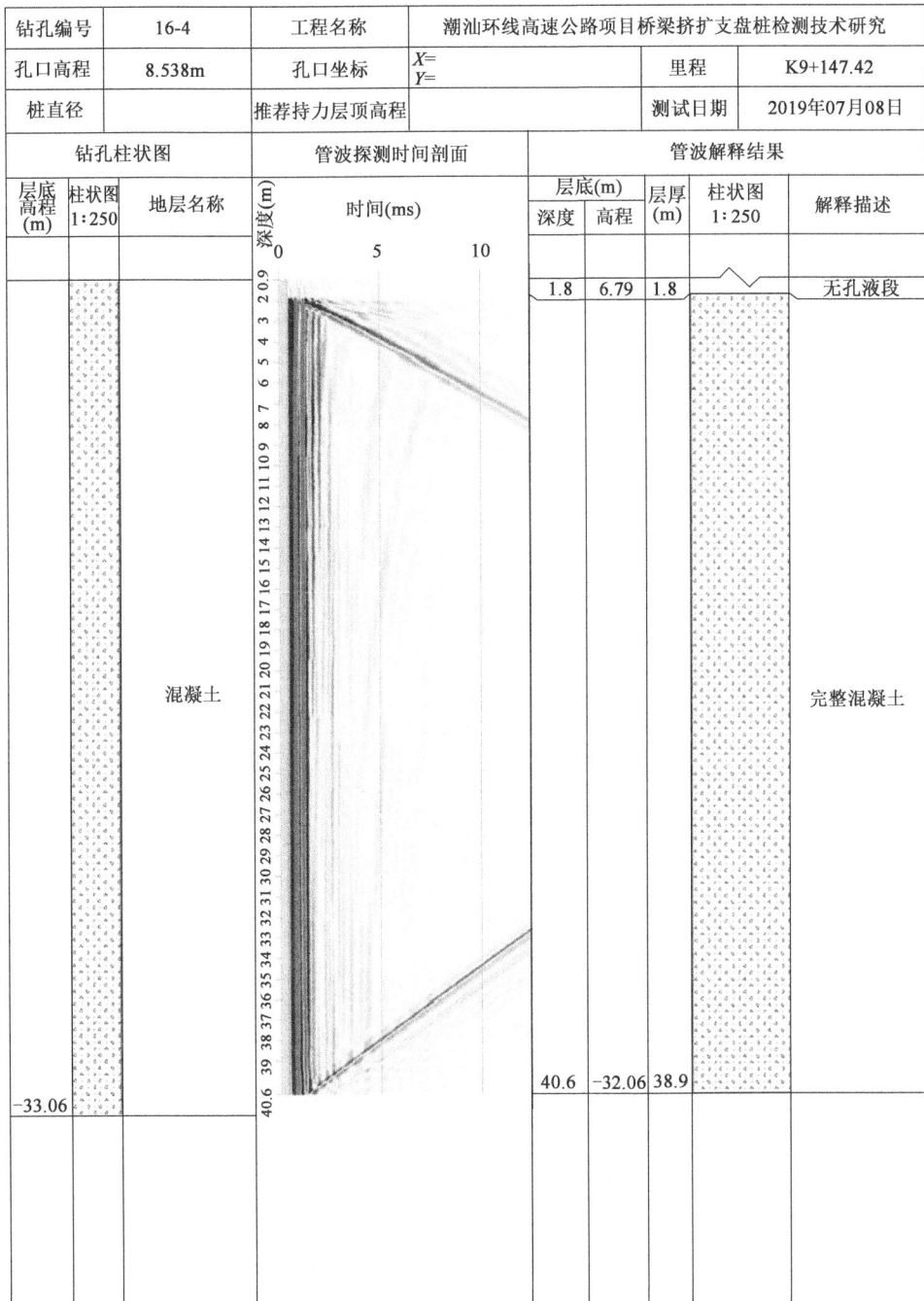

图 2-58　2 标江东互通主线桥 16-4 管波探测成果

67

钻孔编号	17-1	工程名称	潮汕环线高速公路项目桥梁挤扩支盘桩检测技术研究		
孔口高程	7.900m	孔口坐标	X= Y=	里程	
桩直径		推荐持力层顶高程		测试日期	2019年07月08日

钻孔柱状图			管波探测时间剖面	管波解释结果				
层底高程(m)	柱状图1:250	地层名称	深度(m) 时间(ms) 0　5　10	层底(m)		层厚(m)	柱状图1:250	解释描述
				深度	高程			
				1.1	6.75	1.1		无孔液段
		混凝土						完整混凝土
-34.10				40.8	-32.90	39.6		

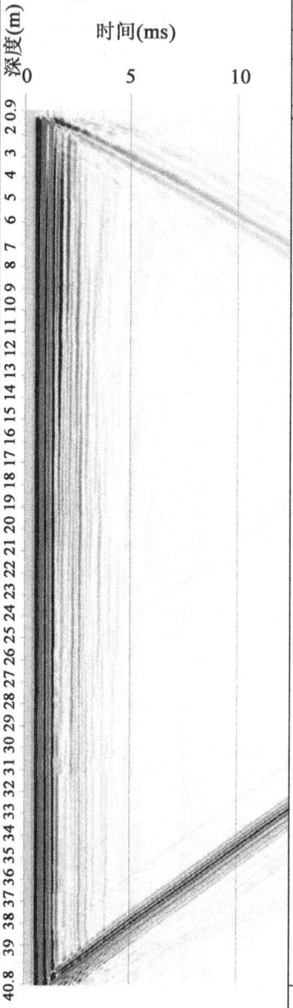

图 2-59　2标江东互通主线桥 17-1 管波探测成果

钻孔编号	23-4	工程名称	潮汕环线高速公路项目桥梁挤扩支盘桩检测技术研究			
孔口高程	8.862m	孔口坐标	X= Y=		里程	K9+345.97
桩直径		推荐持力层顶高程			测试日期	2019年07月09日

钻孔柱状图			管波探测时间剖面	管波解释结果				
层底高程（m）	柱状图 1：200	地层名称	深度(m) 时间(ms)	层底(m)		层厚(m)	柱状图 1：250	解释描述
				深度	高程			
				4.3	4.56	4.3		无孔液段
		混凝土						完整混凝土
-33.14				41.1	-32.24	36.8		

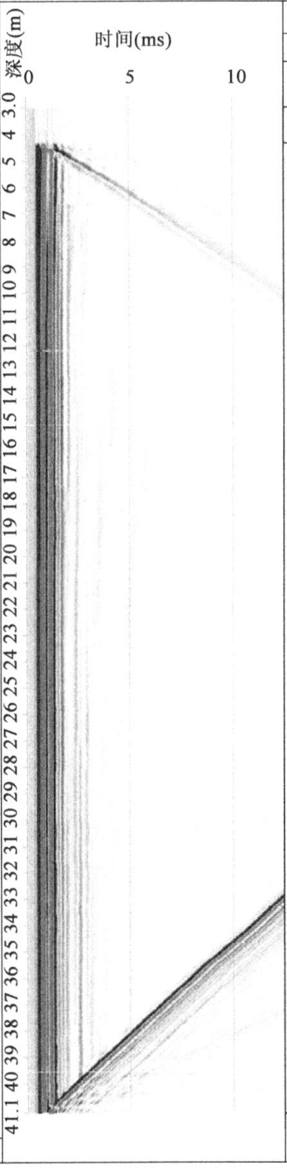

图 2-60　2 标江东互通主线桥 23-4 管波探测成果

69

钻孔编号	72-1		工程名称	潮汕环线高速公路项目桥梁挤扩支盘桩检测技术研究			
孔口高程	0.700m		孔口坐标	$X=$ $Y=$		里程	
桩直径			推荐持力层顶高程			测试日期	2019年06月21日

钻孔柱状图			管波探测时间剖面	管波解释结果				
层底高程(m)	柱状图 1:250	地层名称	深度(m) 时间(ms)	层底 深度(m)	层底 高程	层厚(m)	柱状图 1:250	解释描述
		混凝土	0 5 10					完整基岩段
				8.1	−7.40	8.1		
				9.2	−8.55	1.1		轻微缺陷混凝土或变径
−23.60								完整混凝土
−24.40		混凝土(六星支)						
		混凝土						
−27.60								
−28.40		混凝土(六星支)						
		混凝土						
−32.60								
−33.40		混凝土(上盘)						
		混凝土						
−37.10								
−37.90		混凝土(中盘)						
		混凝土						
−41.60								
−42.40		混凝土(下盘)						
		混凝土		45.5	−44.80	36.2		
−47.30								

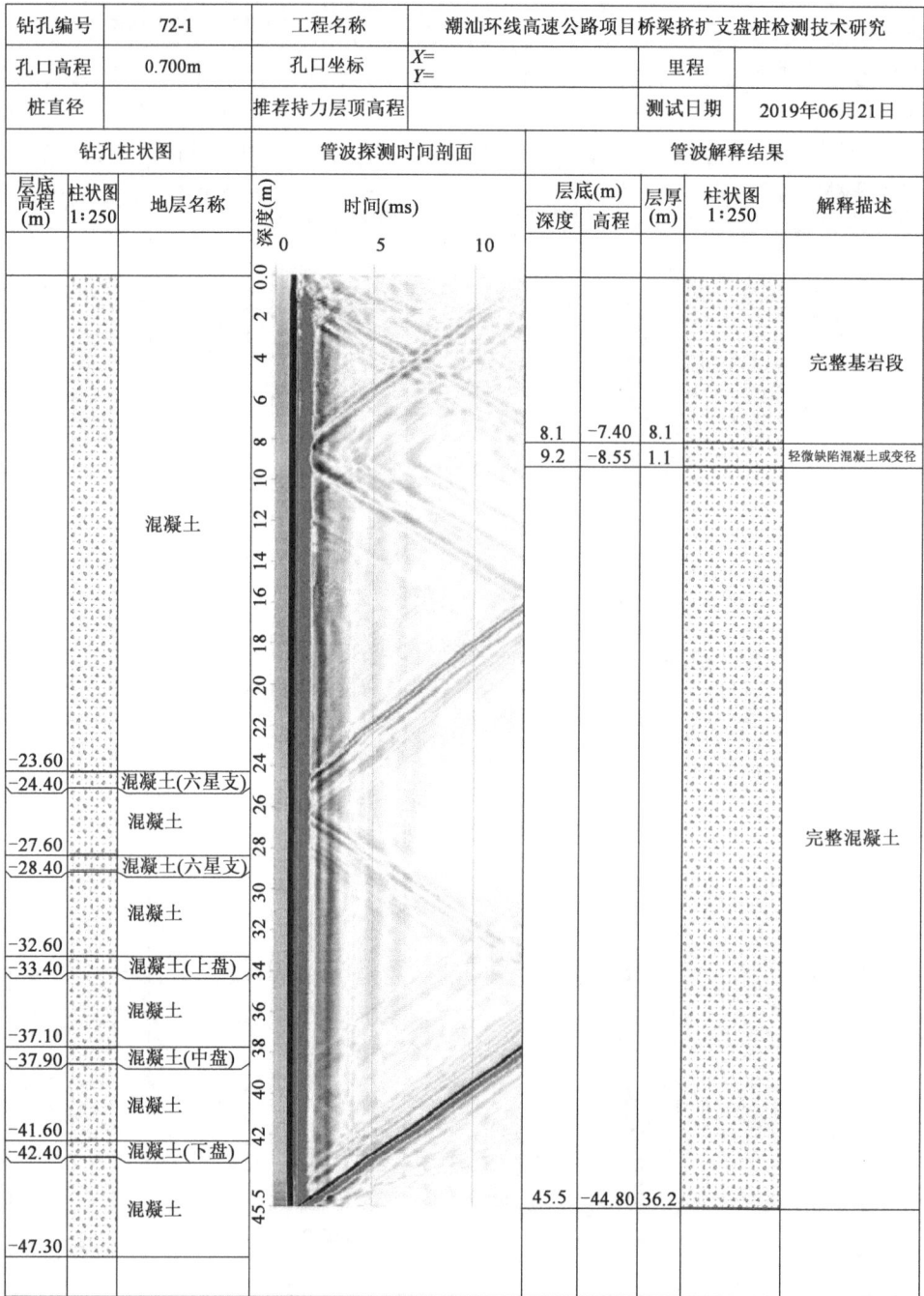

图 2-61 6 标榕江北岸常规引桥 72-1 管波探测成果

钻孔编号	72-2		工程名称	潮汕环线高速公路项目桥梁挤扩支盘桩检测技术研究			
孔口高程	0.700m		孔口坐标	X= Y=		里程	
桩直径			推荐持力层顶高程			测试日期	2019年06月21日

钻孔柱状图			管波探测时间剖面	管波解释结果				
层底高程(m)	柱状图 1:250	地层名称	时间(ms) 深度(m) 0 5 10	层底(m)		层厚(m)	柱状图 1:250	解释描述
				深度	高程			

钻孔柱状图层底高程(m):
-23.60
-24.40 混凝土(六星支)
-27.60 混凝土
-28.40 混凝土(六星支)
-32.60 混凝土
-33.40 混凝土(上盘)
-37.10 混凝土
-37.90 混凝土(中盘)
-41.60 混凝土
-42.40 混凝土(下盘)
-47.30 混凝土

地层名称: 混凝土(六星支)

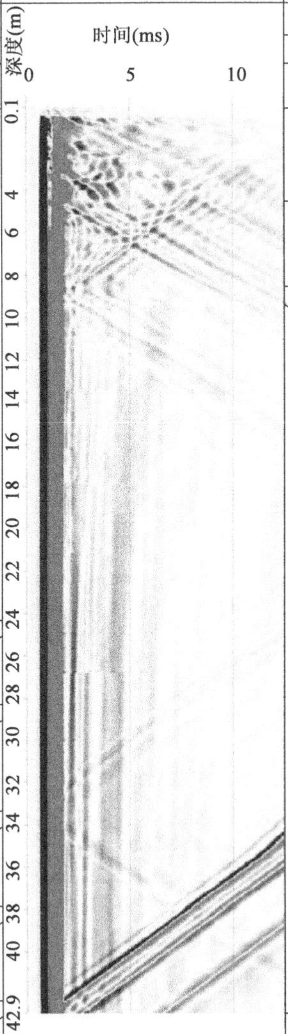

管波解释结果:
深度	高程	层厚	解释描述
4.6	-3.85	4.6	轻微缺陷混凝土
8.6	-7.85	4.0	完整混凝土
9.4	-8.70	0.9	轻微缺陷混凝土或夹杂
43.0	-42.25	33.6	完整混凝土

图 2-62 6 标榕江北岸常规引桥 72-2 管波探测成果

71

钻孔编号	72-4		工程名称	潮汕环线高速公路项目桥梁挤扩支盘桩检测技术研究				
孔口高程	0.700m		孔口坐标	$X=$ $Y=$			里程	
桩直径			推荐持力层顶高程				测试日期	2019年06月22日

钻孔柱状图			管波探测时间剖面	管波解释结果				
层底高程(m)	柱状图1:250	地层名称	深度(m) 时间(ms)	层底(m) 深度	层底(m) 高程	层厚(m)	柱状图1:250	解释描述

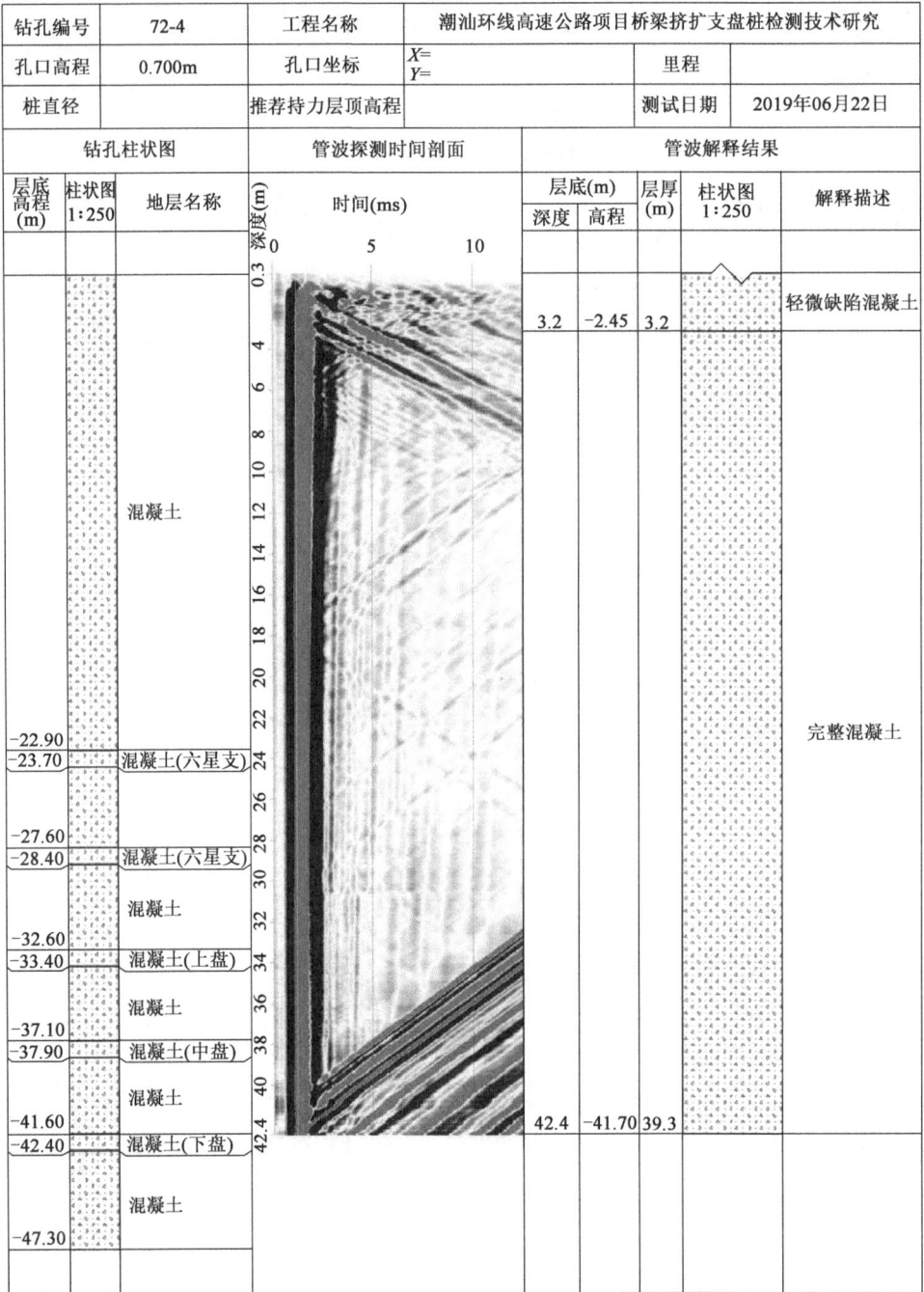

钻孔柱状图数据:

混凝土

-22.90
-23.70 混凝土(六星支)

-27.60
-28.40 混凝土(六星支)

混凝土
-32.60
-33.40 混凝土(上盘)

混凝土
-37.10
-37.90 混凝土(中盘)

混凝土
-41.60
-42.40 混凝土(下盘)

混凝土
-47.30

管波解释结果:
3.2 | -2.45 | 3.2 | 轻微缺陷混凝土
42.4 | -41.70 | 39.3 | 完整混凝土

图 2-63　6 标榕江北岸常规引桥 72-4 管波探测成果

令

$$\lim_{k \to \infty} W_k(x) = W(x)$$

$$W_k(x) = W_{k-1}(x) + \mu \Delta W k(x), k = 1, 2, \cdots, \infty$$

$$\Delta W k(x) \leqslant W_{k-1}(x)$$

式中：ΔW_k——修正量；

μ——松弛因子；

k——迭代次数。

则有

$$T - T_{k-1} \approx \int_{lk-1} \Delta W_k(x) \mathrm{d}l + \delta T_{(s,r)} \tag{2-33}$$

上式可表示成

$$\Delta T_k = A_{k-1} \Delta W_k + e_k \tag{2-34}$$

式中：A_{k-1}——射线段长度组成的系数矩阵；

ΔT_k——走时差；

e_k——观测和迭代误差。

如图 2-64 所示，跨孔弹性波计算机断层扫描（CT）法观测系统的设计原则是：在使投影数据尽可能完全的前提下，保证对探测目标成像的分辨率。完全的投影数据指的是探测区每一个像元都有从 0°～180°范围内的多条射线通过，对于本检测技术研究项目，由于观测目标极小，观测角度宜不大于 15°。震源间距和检波器间距决定了成像时像元的大小。在成像时，为便于计算机处理多采用矩形网格划分探测区域，形成一个个尺寸大致相同的像元，像元的宽度是可分辨尺度的极限，为了提高成像的分辨率，希望像元越小越好，但像元的尺寸受震源间距和接收器间距的限制。因为一个像元至少要有一条射线通过，否则这个像元就没有意义。

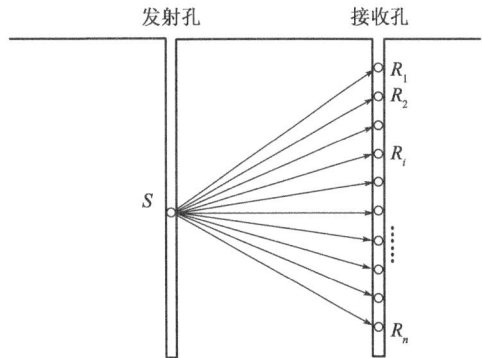

图 2-64 跨孔弹性波 CT 观测系统
S-震源；R-检波点

与常规的地震勘探一样，跨孔弹性波 CT 法的数据采集系统主要包括三部分：震源、检波器和数据采集器，但跨孔弹性波 CT 法对数据采集的高分辨率需要，要求采集系统具有优越的性能。

跨孔弹性波 CT 法要求震源能量大、重复性好、计时精确，并且发射的震动信号频带宽、高频成分丰富，目前最常用的是电火花震源。检波器一般采用压电陶瓷传感器，压电陶瓷具有高灵敏度、宽频带、大动态范围、相位一致性好、谐波失真小、抗干扰能力强等特性。

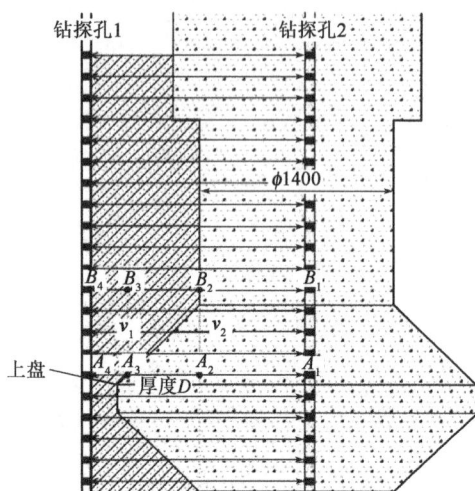

图 2-65　跨孔弹性波 CT 法水平同步透射示意图
（尺寸单位：mm）

如图 2-65 所示，跨孔弹性波 CT 法采用水平同步透射时，在支盘桩上盘 $A_1 \sim A_4$ 处地震波的旅行路径为：$A_1A_2 + A_2A_3 + A_3A_4$，未在支盘桩上盘的 $B_1 \sim B_4$ 处地震波的旅行路径为：$B_1B_2 + B_2B_3 + B_3B_4$，假设地震波在混凝土中的传播速度为 v_2，在桩周土层中的传播速度为 v_1，支盘承力盘外扩厚度 D（A_2A_3 之间的距离），通过几何及速度关系可计算 $A_1 \sim A_4$ 路径与 $B_1 \sim B_4$ 路径的时间差为：

$$\Delta T = \frac{D}{v_2} - \frac{D}{v_1} \tag{2-35}$$

可计算出支盘外扩厚度：$D = \dfrac{v_1 v_2}{v_1 - v_2} \Delta T$；

v_1、v_2、ΔT 可通过检测得出，从而计算出 D。

2）检测设备

根据本项目采用的物探方法选择仪器设备（表 2-14），投入的设备为当今国际上先进的主流物探设备，其性能指标均满足（或超过）相应规范的要求，均满足（或超过）本项目技术要求中对勘察精度的要求。所有方法均有备用设备，备用设备为相同型号或相同性能的设备。

投入本项目的设备一览表　　　　　　　　　　　　　　　　表 2-14

序号	设备名称	基本情况
1	美国 Geode 浅层地震仪	（1）用于跨孔弹性波 CT 法、单孔地震法数据采集。 （2）由外置计算机控制的高分辨率、大动态范围、宽通频带的工程物探专用浅层地震仪器。 （3）该仪器有相互独立的 24 道地震信道，每道的数据采集部分由采用 Δ-Σ 技术的 24 位 A/D 转换器构成
2	高灵敏度多道水听器	用于跨孔弹性波 CT 法、单孔地震法数据接收
3	岳阳奥成科技有限公司大功率电火花发射系统	震源系统，用于跨孔弹性波 CT 法震源激发

3）检测方案

本次物探检测工作配合施工单位的生产进度进行，其中 6 标于 2019 年 6 月 20 日进场，2019 年 6 月 24 日结束外业工作；2 标于 2019 年 7 月 7 日进场，2019 年 7 月 10 日结束外业工作。本次检测工作完成实物工作量见表 2-15。

跨孔弹性波 CT 法完成实物工作量一览表 表 2-15

序号	标段及桩号	发射孔编号	深度范围（m）	接收孔编号	深度范围（m）	物探工作量（检波点·炮）
1	2 标 16-4	16-4	40～15	16-4-P1	40～15	2500
2		16-4	39～15	16-4-P2	39～15	2304
3		16-4	36～15	16-4-P3	36～15	1764
4	2 标 17-1	17-1	33～15	17-1-P1	33～15	1296
5		17-1	39～15	17-1-P2	39～15	2304
6		17-1	29～15	17-1-P3	29～15	784
7	2 标 23-4	23-4	39～20	23-4-P1	39～20	1444
8		23-4	40～20	23-4-P2	40～20	1600
9		23-4	39～20	23-4-P3	39～20	1444
10	6 标 72-1	72-1	45～5	72-1-P1	54.5～7	7600
11		72-1	45～5	72-1-P2	53～5.5	7600
12		72-1	45～5	72-1-P3	53～5.5	7600
13	6 标 72-2	72-2	43～5	72-2-P1	55～7.5	7220
14		72-2	43～5	72-2-P2	54.5～18.5	5472
15		72-2	43～5	72-2-P3	54～6.5	7220
16	6 标 72-4	72-4	43～6	72-4-P1	58～10.5	7030
17		72-4	43～6	72-4-P2	55～7.5	7030
18		72-4	43～6	72-4-P3	57～9.5	7030
合计						79242

跨孔弹性波 CT 法 18 剖面，折合物探工作量 79242 检波点·炮，不包括跨孔弹性波 CT 法水平同步透射工作量。

本次跨孔弹性波 CT 法使用跨孔 CT 观测系统，即以一个钻孔为发射孔，另一个钻孔为接收孔，在发射孔按 0.5m 间距设置激发点，在接收孔按 0.5m 间距设置接收点，对于每一个激发点，在全部接收点进行接收。另外，根据跨孔弹性波 CT 法还采用了水平同步透射观测系统进行了试验，收发同步间隔 0.2m，跨孔弹性波 CT 法现场测试如图 2-66 所示。

图 2-66　跨孔弹性波 CT 法现场测试图

4）资料处理与解析成果解释

（1）资料处理

野外测试完成后，按下列流程进行处理。

①抽道集：根据野外测试班报，将每对跨孔弹性波CT的全部原始资料（电子波形文件）重排成共激发点道集。

②共激发点道集检查：检查记录质量，发现问题，分析原因，及时发出重测通知，交野外测试组重测。

③初至时间拾取：对全部共激发点道集拾取各接收点的初至时间。

④初至时间检查：检查全部共激发点道集和共接收点的初至时间，发现误拾道集，返回第3步重新拾取。

⑤射线平均波速计算：初步计算各射线的平均波速，发现平均波速偏离正常范围，分析原因。如为初至时间误拾，返回第3步重新拾取。如为因钻孔倾斜导致钻孔间距变化，根据共激发点道集时距曲线计算钻孔间距，做孔斜校正。

⑥初始速度模型预测：根据钻孔揭露地质资料和射线平均波速，作出初步预测速度模型。

⑦CT反演：根据初始速度模型和初至时间，应用国内最成熟的CT反演软件，选择$0.25m \times 0.25m$的节点间隔，进行迭代计算，反演跨孔剖面的波速影像。对迭代误差曲线不收敛或迭代误差较大的剖面，返回第3步。

⑧波速影像图绘制：根据反演得到的速度模型，以100m/s速度间隔进行色分，叠加工程地质剖面图，制作波速影像图。

⑨跨孔弹性波CT反演波速影像及解释剖面图绘制：以波速影像图为背景，解释支盘桩位置及厚度。

（2）资料解析

跨孔弹性波CT法资料解释主要基于桩基混凝土与桩周土层的波速差异，从检测图像可发现，桩基、支盘与周围土层之间存在明显的波速差异，在反演的波速影像图中十分容易识别，红色区域为桩基，蓝色区域为周围土层。采用水平透射时，在相同的距离下弹性波穿越的混凝土厚度越大所用的走时越短，因此可以根据弹性波的初至时间直接判断支盘的位置及计算挤扩厚度。

5）检测成果

CT法成果汇总见表2-16，试验成果如图2-67～图2-72所示。

潮汕环线高速公路(含潮汕联络线)项目桥梁挤扩支盘桩跨孔 CT 法成果汇总表

表 2-16

构筑物	位置	检测方向	跨孔弹性波 CT 法			
			深度范围 (m)	中心高程 (m)	平均挤扩厚度 (cm)	最大挤扩厚度 (cm)
2 标 16-4	上盘	16-4-P1	29.4~31.2	−22.2	26	44.1
		16-4-P2	28.8~30.8	−21.7	12	22.6
		16-4-P3	28.8~31.2	−21.9	45	71.8
	下盘	16-4-P1	35.0~36.4	−27.6	19	33.6
		16-4-P2	34.6~36.0	−27.2	23	37.9
		16-4-P3	34.4~36.0	−27.1	57	73.8
2 标 17-1	上盘	17-1-P1	30.0~31.4	−22.8	20	27.8
		17-1-P2	30.0~31.8	−23.0	40	52.3
		17-1-P3	未检测	未检测	未检测	未检测
	下盘	17-1-P1	未检测	未检测	未检测	未检测
		17-1-P2	34.8~37.0	−28.0	45	59.9
		17-1-P3	未检测	未检测	未检测	未检测
2 标 23-4	上盘	23-4-P1	30.4~31.8	−22.9	22	34.2
		23-4-P2	30.2~31.6	−22.7	22	34.1
		23-4-P3	29.8~31.4	−22.4	36	55.3
	下盘	23-4-P1	34.4~36.8	−27.4	58	92.1
		23-4-P2	34.8~36.2	−27.3	21	28.2
		23-4-P3	34.6~36.0	−27.1	13	18.9
6 标 72-1	上六星支	72-1-P1	23.4~26.8	−24.4	25	54.3
		72-1-P2	23.2~26.6	−24.2	41	66.2
		72-1-P3	23.2~26.2	−24.1	23	35.4
	下六星支	72-1-P1	27.4~28.8	−27.4	20	35.2
		72-1-P2	27.4~28.8	−27.4	40	64.3
		72-1-P3	27.6~29.4	−27.8	41	66.6
	上盘	72-1-P1	31.6~33.2	−31.7	25	42.2
		72-1-P2	31.8~33.4	−31.9	47	78.3
		72-1-P3	31.6~33.6	−31.8	38	60.8
	中盘	72-1-P1	36.2~37.6	−36.2	22	45.6
		72-1-P2	36.4~37.6	−36.3	25	35.6
		72-1-P3	36.2~37.8	−36.3	34	49.6

续上表

构筑物	位置	检测方向	跨孔弹性波 CT 法			
			深度范围（m）	中心高程（m）	平均挤扩厚度（cm）	最大挤扩厚度（cm）
6 标 72-1	底盘	72-1-P1	40.2～42.0	−40.4	27	44.2
		72-1-P2	40.6～42.0	−40.6	31	45.4
		72-1-P3	40.6～42.2	−40.7	32	51.3
6 标 72-2	上六星支	72-2-P1	23.4～24.6	−23.3	49	69.6
		72-2-P2	23.0～24.6	−23.1	41	61.6
		72-2-P3	23.4～24.6	−23.3	36	54.6
	下六星支	72-2-P1	27.4～28.8	−27.4	51	72.2
		72-2-P2	27.4～28.8	−27.4	28	40.1
		72-2-P3	27.4～29.2	−27.6	32	52.6
	上盘	72-2-P1	31.4～33.2	−31.6	49	79.3
		72-2-P2	32.0～33.4	−32.0	38	53.3
		72-2-P3	31.8～33.8	−31.8	45	70.8
	中盘	72-2-P1	35.8～37.4	−35.9	37	52.5
		72-2-P2	36.2～37.2	−36.0	24	39.3
		72-2-P3	35.8～37.4	−35.9	40	62.4
	底盘	72-2-P1	40.6～41.8	−40.5	29	43.1
		72-2-P2	40.4～42.0	−40.1	37	57.9
		72-2-P3	40.6～42.4	−40.8	41	65.5
6 标 72-4	上六星支	72-4-P1	25.0～26.4	−24.9	52	77.1
		72-4-P2	23.6～25.6	−23.9	49	73.7
		72-4-P3	24.0～25.8	−24.2	31	49.8
	下六星支	72-4-P1	28.6～30.2	−28.7	24	36.8
		72-4-P2	27.6～29.8	−28.0	34	53.7
		72-4-P3	27.8～29.6	−28.0	48	67.6
	上盘	72-4-P1	33.4～35.2	−33.6	33	56.9
		72-4-P2	32.8～34.4	−32.9	46	72.9
		72-4-P3	33.0～34.6	−33.1	25	47.2
	中盘	72-4-P1	37.4～39.2	−37.6	48	75.7
		72-4-P2	37.2～38.4	−37.1	25	40.2
		72-4-P3	37.4～38.8	−37.4	61	88.2
	底盘	72-4-P1	41.6～43.0	−41.6	39	72.4
		72-4-P2	41.8～42.8	−41.6	41	61.4
		72-4-P3	41.6～43.0	−41.6	36	56.4

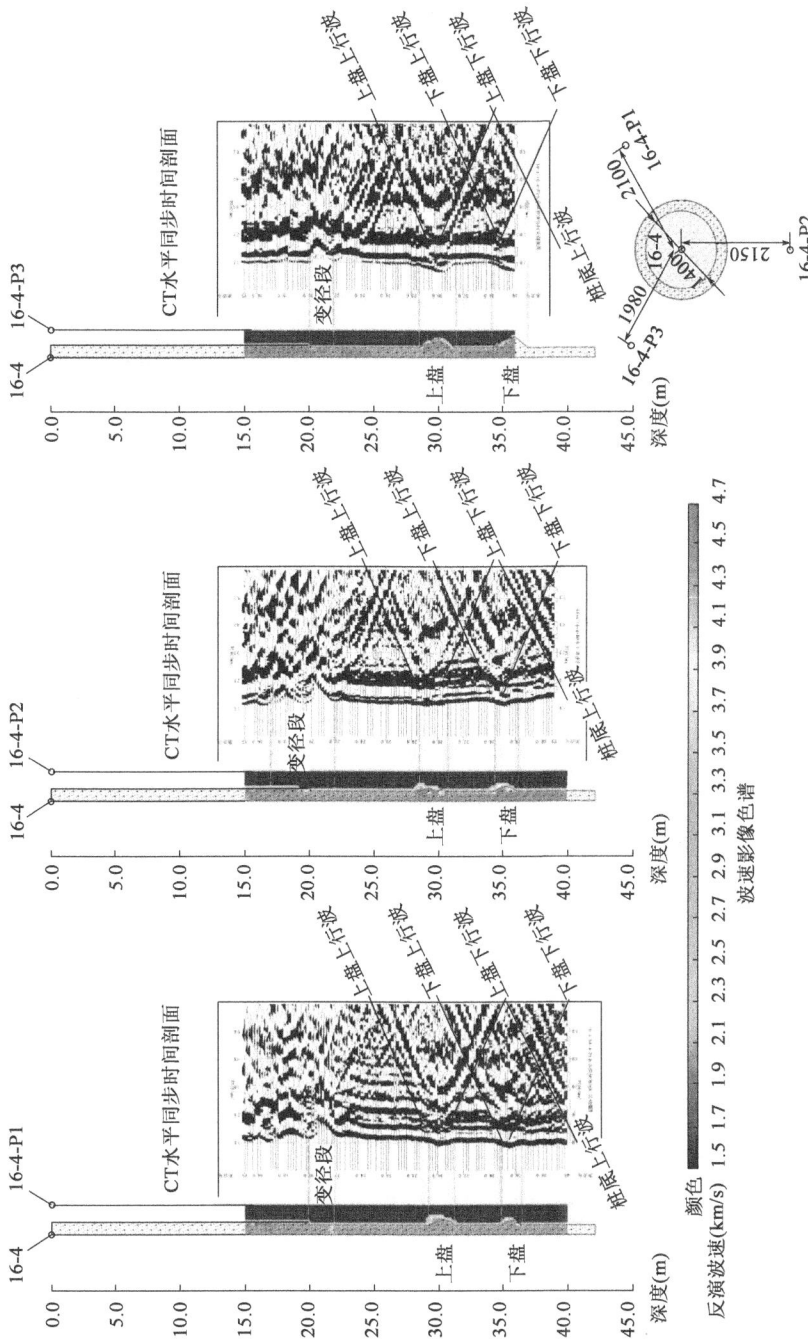

图2-67　2标江东互通主线桥16-4桩基跨孔弹性波CT及水平透射试验成果

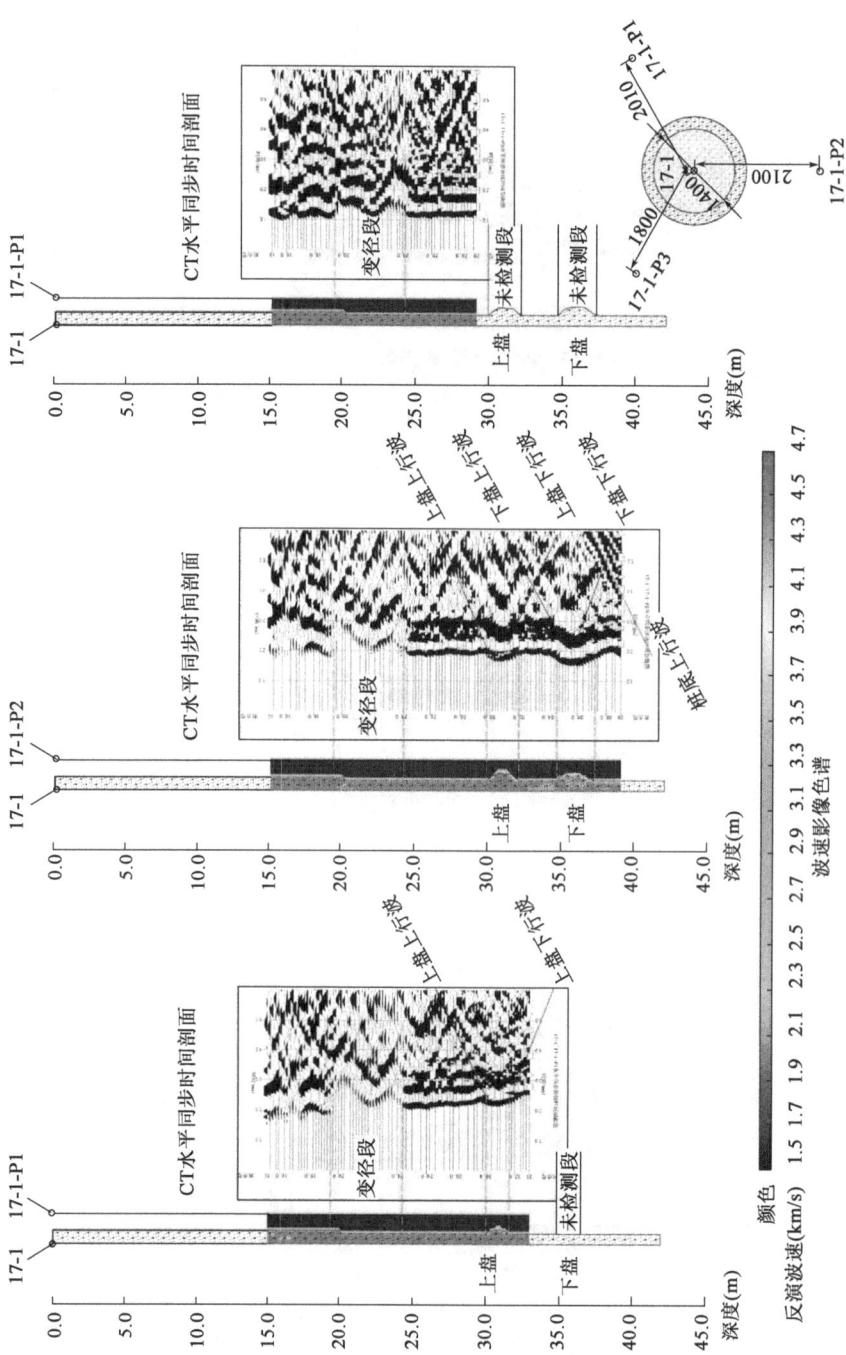

图2-68　2标江东互通主线桥17-1桩基跨孔弹性波CT及水平透射试验成果

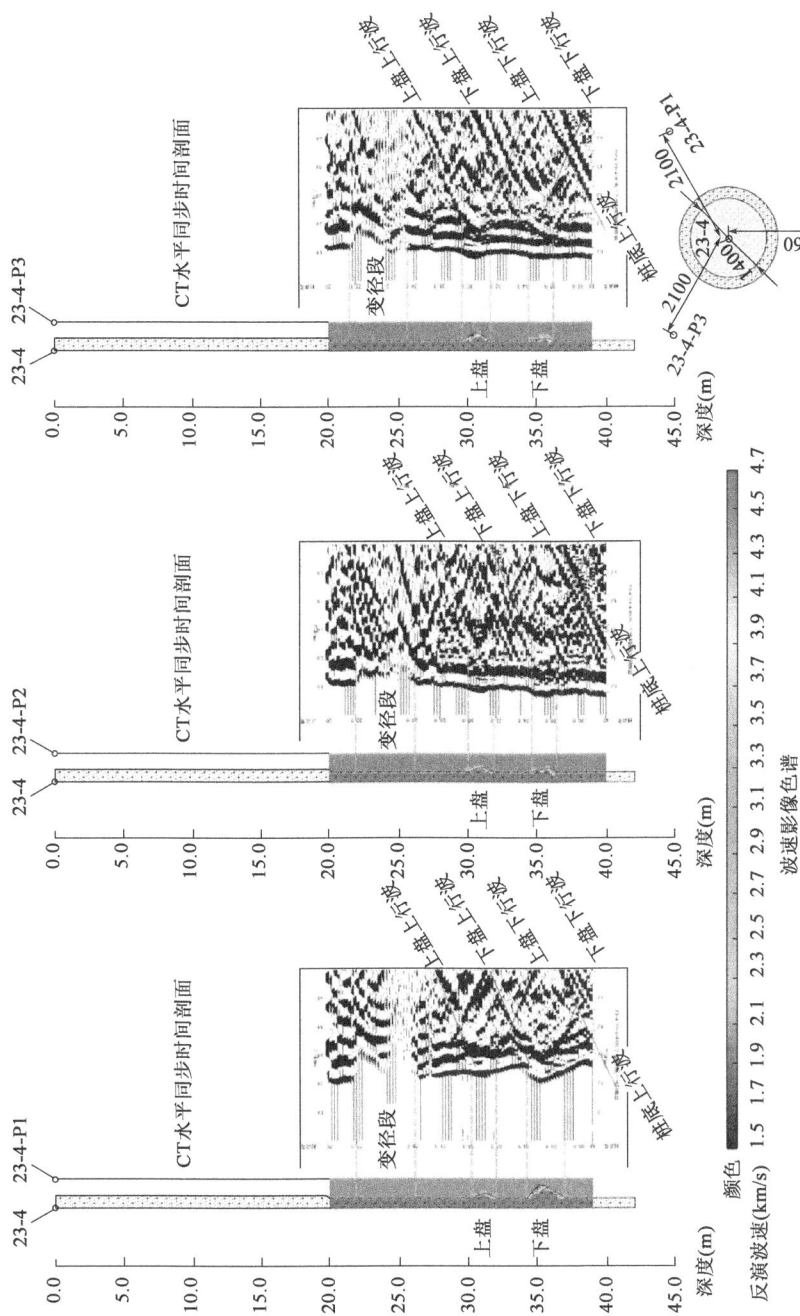

图 2-69　2标江东互通主线桥23-4桩基跨孔弹性波CT及水平透射试验成果

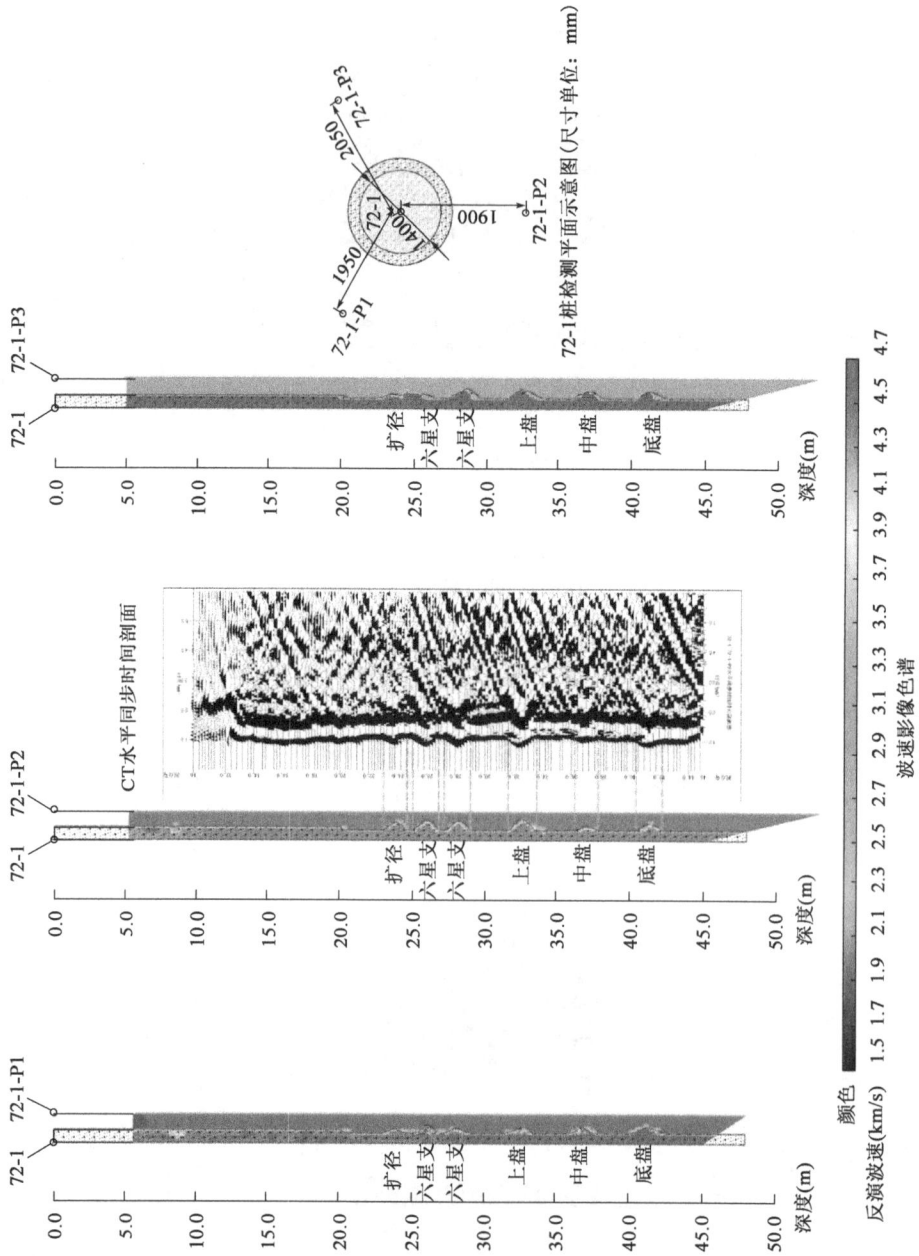

图 2-70 6标榕江北岸常规引桥72-1桩基跨孔弹性波CT及水平透射试验成果

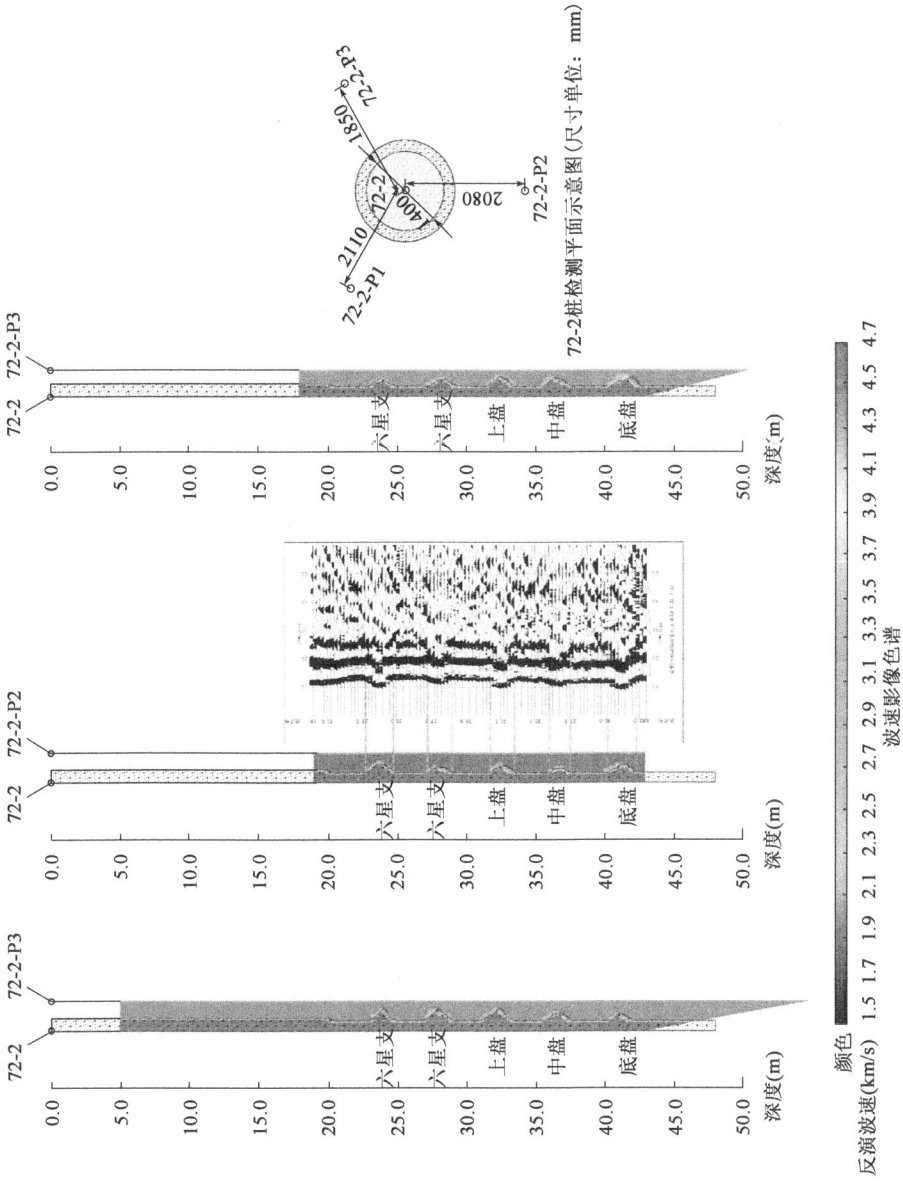

图 2-71　6标榕江北岸常规引桥72-2桩基跨孔弹性波CT及水平透射试验成果

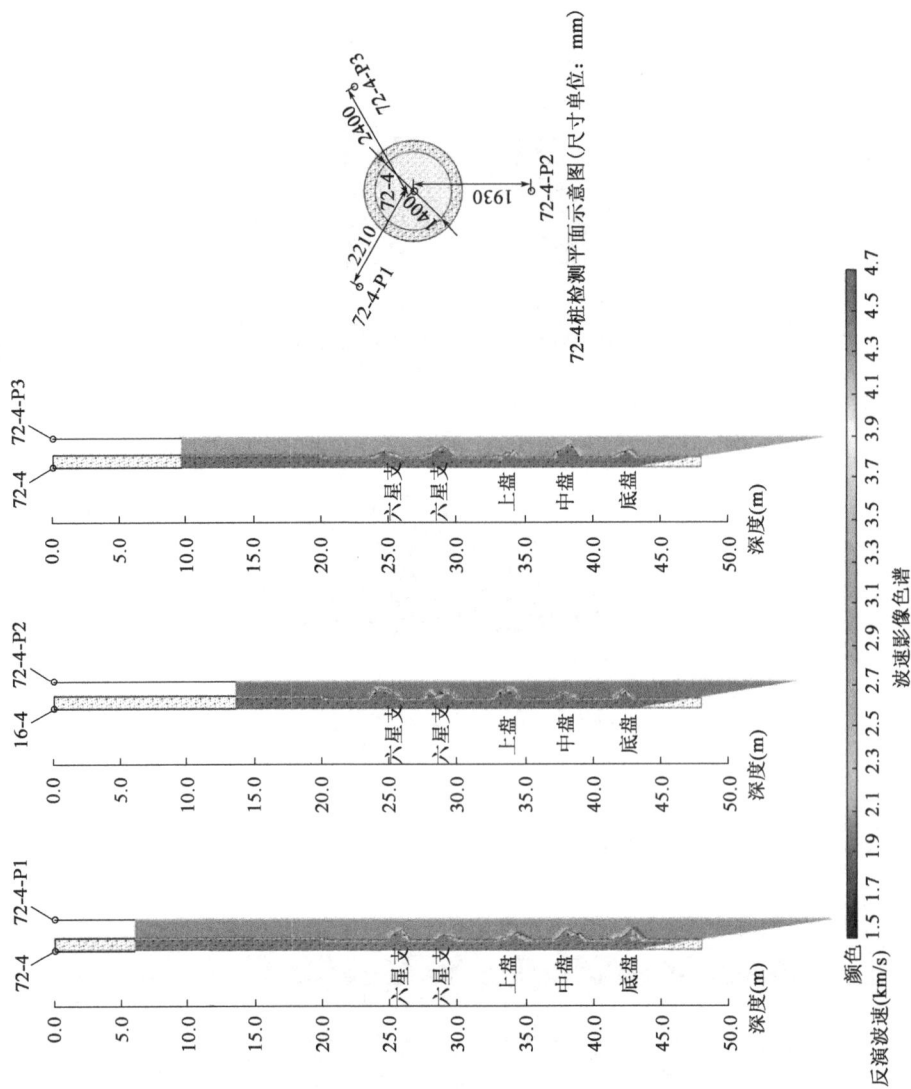

图 2-72 6标榕江北岸常规引桥72-4桩基跨孔弹性波CT及水平透射试验

2.4.3 跨孔超声波完整性检测技术研究

1）检测原理

超声波从一种介质到另外一种介质,在介质存在波阻抗差异的情况下,会产生透射、反射及折射。在支盘桩的检测中,支盘桩桩身为混凝土构件,桩外为桩周土层;超声波作为一种超高频的地震波,根据费马原理,地震波沿射线传播的旅行时间和沿其他任何路径传播的旅行时间相比为最小,即在黏弹性均匀介质中两点传播时间最短的路径是连接两点的直线。如图 2-73 所示的跨孔超声波法观测系统,利用超声波的水平透射波的初至时间 t、混凝土构件纵波波速 v_2 及桩周土的纵波波速 v_1 三者之间的关系可计算支盘桩的挤扩厚度。

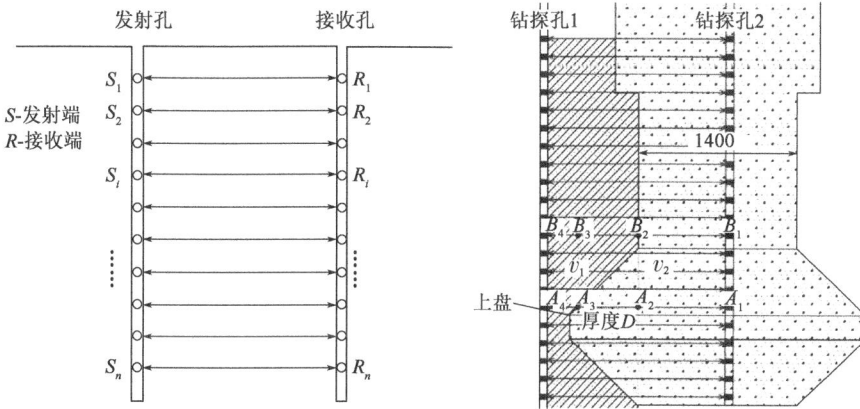

图 2-73　跨孔超声波法观测系统及水平同步透射示意图(尺寸单位:mm)

注:$S_1,S_2,\cdots,S_n$ 为发射端编号;$R_1,R_2,,\cdots,R_n$ 为接收端编号。

与常规的地震勘探一样,跨孔超声波法的数据采集系统主要包括三部分:震源、检波器和数据接收系统,跨孔超声波法对数据采集具有高分辨率的要求,要求采集系统具有优越的性能。由于桩基挤扩厚度检测目标小(小于 150cm),一般要求分辨率小于 2cm,因此采用的检测技术必须具有较高的分辨率。根据地震勘探方法原理,对目标体的分辨能力为地震波波长四分之一。波长计算公式 $\lambda = v/f$(v 为介质波速,单位为 m/s;f 为地震波频率,单位为 Hz),在介质波速基本稳定的前提下,激发地震波的频率越高分辨率也越高;根据采样定理,仪器要有足够小的时间空间采样率才能确保信号不失真。位于地下水水位以下的桩周土,其内介质的纵波波速 v_p 一般大于 1500m/s,主频率为 30000Hz 的超声波,计算其最小波长为 0.05m,最大分辨率可达 1.25cm。

(1)支盘承力盘外扩厚度 D 的计算

如图 2-74 所示,跨孔超声波法采用水平同步透射时,在支盘桩上盘 $A_1 \sim A_4$ 处超声波

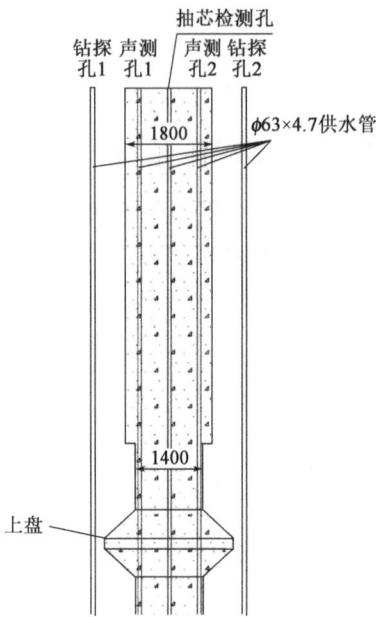

图 2-74　测试剖面示意图(尺寸单位:mm)

的旅行路径为:$A_1A_2 + A_2A_3 + A_3A_4$,未在支盘桩上盘的 $B_1 \sim B_4$ 处超声波的旅行路径为:$B_1B_2 + B_2B_3 + B_3B_4$,假设超声波在混凝土中的传播速度为 v_2,在桩周土层中的传播速度为 v_1,支盘承力盘外扩厚度 D(A_2A_3 之间的距离),通过几何及速度关系可计算 $A_1 \sim A_4$ 路径与 $B_1 \sim B_4$ 路径的时间差,ΔT 可通过检测得出,v_1、v_2 可利用经验值,从而计算出 D。

(2)钻孔中心至盘外边缘混凝土厚度 d(盘半径)的计算

如图 2-75 所示,跨孔超声波法采用水平同步透射时,超声波在 B_1B_4(假设长度为 L)段的旅行路径为:$B_1B_2 + B_2B_4$,假设超声波在混凝土中的传播速度为 v_2,路径长度为 d;在桩周土层中的传播速度为 v_1,路径长度为 $L-d$;通过距离和速度的关系可计算总旅行时间 t:

$$t = \frac{L-d}{v_1} + \frac{d}{v_2} \tag{2-36}$$

t 可通过检测得出,v_1、v_2 可采用经验值,从而计算出 d。

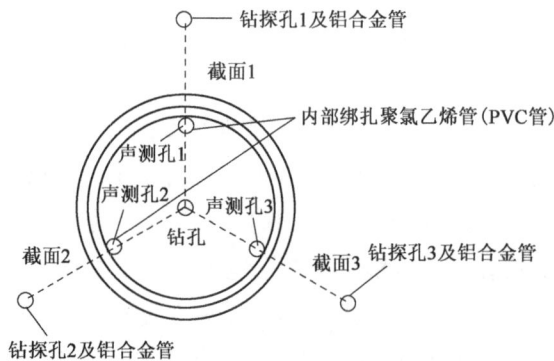

图 2-75　声波透射法工作示意图

2)检测方案

挤扩支盘桩内为混凝土浇筑体,桩周为土层,据榕江特大桥北岸地层揭露情况,桩周土层主要为细砂、粉质黏土、粗砂及砾砂等。为检测支盘桩承力盘的厚度及基础完整性需在基础内预留 2 个声测孔,在支盘桩外侧 0.5 ~ 1.0m 范围打 2 个钻探孔。声测孔、钻探

孔的倾斜小于1%。如图2-76所示,声测孔捆绑在加强箍筋边缘。声测孔、钻探孔成孔要求如下:

(1)材料采用$\phi 63\text{mm} \times 4.7\text{mm}$规格的供水管,保证有一定的抗压强度,防止管破裂。

(2)孔内注满水。

(3)孔底采用地漏封底。

a)盘体模型埋入前

b)盘体模型埋入后

c)盘体测试过程中

图2-76 跨孔超声波法完整性检测验证

布置3个检测剖面,分别为截面1剖面(钻探孔1-声测孔1-钻孔)、截面2剖面(钻探孔2-声测孔2-钻孔)、截面3剖面(钻探孔3-声测孔3-钻孔),如图2-71所示。

3)工艺验证

现场检测开始前,河海大学李国维、贺冠军科研团队于2019年1月3—4日,使用康科瑞多通道声波透射法自动测桩仪(KON-NM12),对潮汕环线支盘模型桩进行声波透射法检测,将预制好的支盘模型桩埋入地下,桩长1.5m,并在支盘直径处预埋2根声测管,底部和支盘桩底部一致。具体如图2-77所示。

在基桩施工前,根据桩直径的大小预埋一定数量的声测管,同时在桩周直径方向上预埋两根声测管,作为换能器的通道。测试的每两根声测管为一组,通过水的耦合,超声脉冲信号从一根声测管中的换能器发射出去,在另一根声测管中的换能器接收信号,超声仪测定有关参数并采集存储,换能器由桩底同步往上提升,检测遍及整个截面。

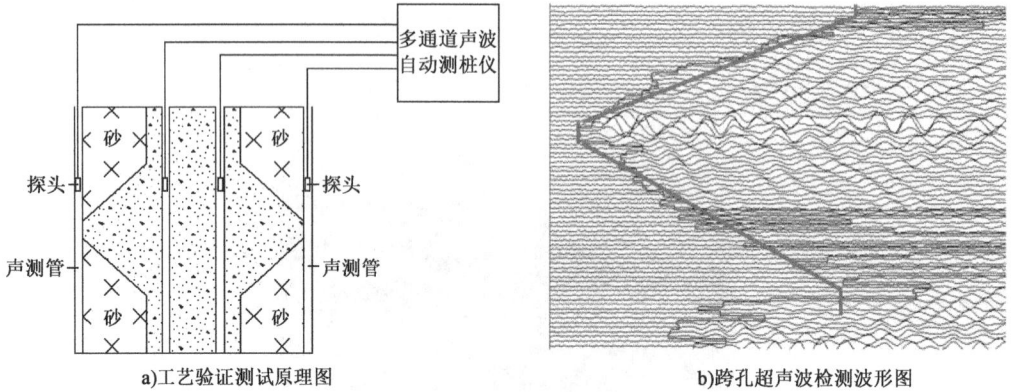

a)工艺验证测试原理图　　　　　　b)跨孔超声波检测波形图

图 2-77　验证性测试成果图

验证性测试结果表明,从上述波形图可以看出,声波透射法可以检测支盘桩支盘处混凝土的分布;通过与模型实际尺寸的比较,检测结果具有较高的精度;不足之处在于需要在桩外打孔,且评价只能进行单方向的、不能进行全方向的评价。

4)测试成果

在现场采用跨孔超声波法对支盘尺寸进行了检测,并且与井径仪的结果进行了对比分析,检测结果如图 2-78 所示。

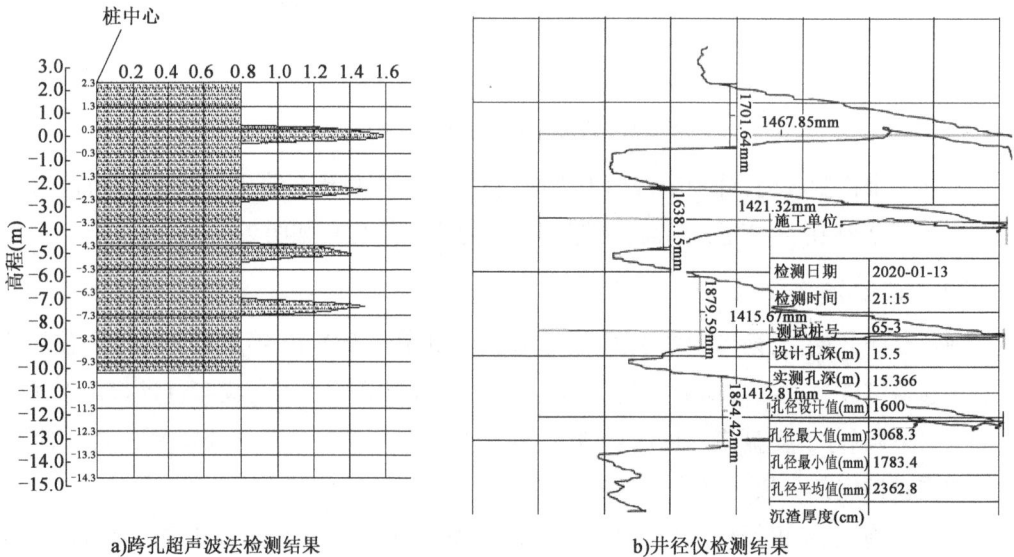

a)跨孔超声波法检测结果　　　　　　b)井径仪检测结果

图　2-78

88

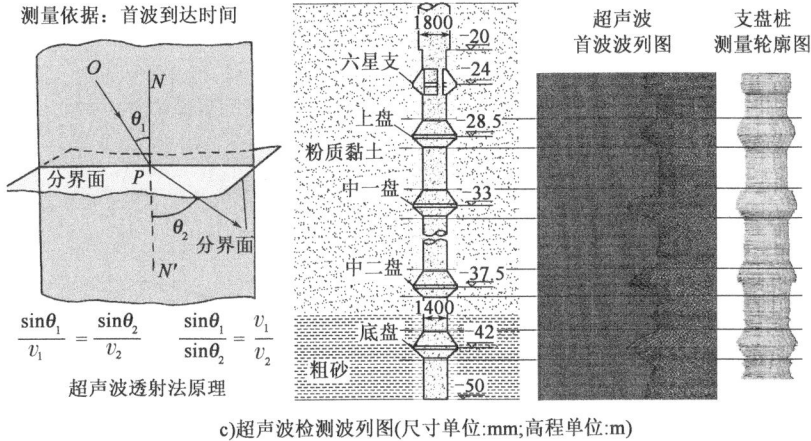

c)超声波检测波列图(尺寸单位:mm;高程单位:m)

图 2-78 跨孔超声波完整性检测测试成果图

θ_1、θ_2-入射角、折射角;v_1、v_2-入射速度、折射速度

由检测结果可知,跨孔超声波法检测所得到的最大盘半径为 78.2cm,最小盘半径为 60.3cm;井径仪检测的最大盘腔半径为 66.79cm,最小盘腔半径为 61.28m。

2.4.4 单孔地震波法

1) 检测原理

单孔地震法又叫平行地震法,该方法最早由法国人提出,主要用来评估既有建筑物基础的深度,利用建筑基础的纵波波速与周围岩土层的纵波波速差异计算波速拐点深度,从而判断基础深度;另外,通过单孔地震法的全剖面时间波列图频率和能量变化可判断桩中垂向缺陷分布情况。

如图 2-79 所示,理论上,挤扩支盘桩内为 C35 混凝土浇筑体,C35 混凝土的纵波波速 v_p 在 3600 ~4500m/s 之间;桩外土层的纵波波速 v_p 在 1500 ~2000m/s 之间。桩内外两种介质存在极为明显的波速差异。当在混凝土桩头激震,地震波先沿混凝土传播,再以折射波的形式传播到钻孔的检波器当中。正常的建筑物基础(条形桩)的时间-深度曲线[时间-深度曲线为小锤敲击形成的纵波(压缩波)沿桩身向下传播的直达波的走时与深度之间关系曲线]应为一条直线段(其斜率为混凝土速度的倒数),当条形桩存在扩径时(如挤扩支盘桩),其时间-深度曲线在直线段中会出现突变段,突变段的走时时间要小于直线段正常走时;当条形桩存在缩径时,其时间-深度曲线在直线段中也会出现突变段,突变段的走时时间要大于直线段正常走时。通过时间-深度曲线的关系、混凝土纵波速度及桩周土层的纵波速度可推导计算扩径或缩径的厚度。

89

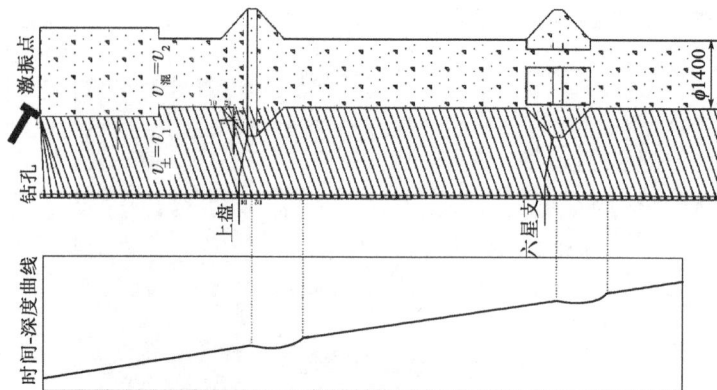

图 2-79　单孔地震法检测挤扩支盘桩示意图

单孔地震法检测挤扩支盘桩的公式推导过程为：将垂直孔中模式旋转 90° 到地面模式，如图 2-80 所示。设土层纵波波速为 v_1，混凝土纵波波速为 v_2，挤扩支盘桩挤扩厚度为 d。从 T（激震点）到 D_1 接收检波器地震波的旅行路径为：$TB_1 + B_1C_1 + C_1D_1$，从 T（激震点）到 D_2 接收检波器地震波的旅行路径为：$TB_1 + B_1B_2 + B_2C_2 + C_2D_2$，通过几何关系及速度关系可计算两条路径时间差 ΔT。

$$\Delta T = \left(\frac{TB_1}{v_2} + \frac{B_1B_2}{v_2} + \frac{B_2C_2}{v_2} + \frac{C_2D_2}{v_1} \right) - \left(\frac{TB_1}{v_2} + \frac{B_1C_1}{v_1} + \frac{C_1D_1}{v_1} \right)$$

$$= \frac{B_1B_2}{v_2} + \frac{B_2C_2}{v_2} - \frac{B_2C_2}{v_1} \tag{2-37}$$

其中，$B_2C_2 = \dfrac{d}{\cos i}$，$\cos i = \dfrac{\sqrt{v_2^2 - v_1^2}}{v_2}$（根据折射波临界角关系计算）。

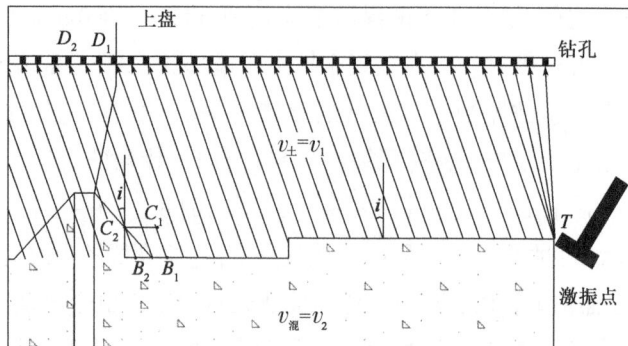

图 2-80　单孔地震法计算挤扩支盘桩挤扩厚度计算示意图

90

推导计算得出：$d = \dfrac{v_1 \sqrt{v_2^2 - v_1^2}}{v_2 - v_1} \Delta t$，$\Delta t = \Delta T - \dfrac{B_1 B_2}{v_2}$。$v_1$、$v_2$、$\Delta T$ 可通过检测得出，$B_1 B_2$ 可根据深度得出，从而计算出 d。

挤扩支盘桩位置的深度计算公式如下：

$$H_p = H_g - \frac{D v_1}{\sqrt{v_2^2 - v_1^2}} \qquad (2\text{-}38)$$

式中：H_p——挤扩支盘桩位置深度；

$\quad\ H_g$——时间-深度曲线突变点的深度，从时间-深度曲线可以读取；

$\quad\ D$——激震点与钻孔之间的距离。

2）检测设备

根据本项目采用的物探方法选择仪器设备（表 2-17），投入的设备为当今国际上先进的主流物探设备，其性能指标均满足（或超过）相应规范的要求，均满足（或超过）本项目技术要求中对勘察精度的要求。所有方法均有备用设备，备用设备为相同型号或相同性能的设备。

投入本项目的设备一览表　　　　　　　　　　　　　　　　表 2-17

序号	设备名称	基本情况
1	美国 Geode 浅层地震仪	（1）用于跨孔弹性波 CT 法、单孔地震法数据采集。 （2）由外置计算机控制的高分辨率、大动态范围、宽通频带的工程物探专用浅层地震仪器。 （3）该仪器有相互独立的 24 道地震信道，每道的数据采集部分由采用 Δ-Σ 技术的 24 位 A/D 转换器构成
2	高灵敏度多道水听器	用于跨孔弹性波 CT 法、单孔地震法数据接收
3	岳阳奥成科技有限公司大功率电火花发射系统	震源系统，用于跨孔弹性波 CT 法震源激发

3）检测方案

本次物探检测工作配合施工单位的生产进度进行，其中 6 标于 2019 年 6 月 20 日进场，2019 年 6 月 24 日结束外业工作；2 标于 2019 年 7 月 7 日进场，2019 年 7 月 10 日结束外业工作。本次检测工作完成实物工作量为单孔地震法 18 孔，折合物探工作量 8034 检波点·炮，见表 2-18。

单孔地震法完成实物工作量一览表 表2-18

序号	标段及桩号	探测孔编号	起点深度（m）	终点深度（m）	测试长度（m）	物探工作量（检波点·炮）
1	2标16-4	16-4-P1	5.1	41.0	35.9	360
2		16-4-P2	3.1	39.0	35.9	360
3		16-4-P3	0.1	36.0	35.9	360
4	2标17-1	17-1-P1	0.0	33.0	33.0	331
5		17-1-P2	3.1	39.0	35.9	360
6		17-1-P3	5.1	29.0	23.9	240
7	2标23-4	23-4-P1	3.1	39.0	35.9	360
8		23-4-P2	4.1	40.0	35.9	360
9		23-4-P3	3.1	39.0	35.9	360
10	6标72-1	72-1-P1	0.0	55.0	55.0	551
11		72-1-P2	0.1	53.0	52.9	530
12		72-1-P3	0.0	53.0	53.0	531
13	6标72-2	72-2-P1	0.0	54.5	54.5	546
14		72-2-P2	0.0	54.5	54.5	546
15		72-2-P3	0.0	53.5	53.5	536
16	6标72-4	72-4-P1	0.0	58.0	58.0	581
17		72-4-P2	0.0	55.0	55.0	551
18		72-4-P3	0.0	57.0	57.0	571
合计					801.6	8034

单孔地震法检测时，采用小锤敲击挤扩支盘桩顶部的混凝土激发，测试段从孔口至孔底。采集参数为：

（1）采样间隔：20.833μs；记录长度：64ms。

（2）滤波器：140Hz 低切数字滤波。

（3）测点间隔：0.1m；检测长度为全孔。

单孔地震法现场测试图如图2-81所示。

图 2-81　单孔地震法现场测试图

4）资料处理与解析

（1）资料处理

单孔地震法处理流程为：初至时间拾取→混凝土纵波波速、桩周土层波速的取值→钻孔中心至盘外边缘混凝土厚度 d 的计算→成果输出。

（2）资料解析

当在混凝土桩头激震，根据费马原理，地震波先沿混凝土传播，再以折射波的形式传播到钻孔的检波器当中，该路径为沿桩走时最短路径。正常的建筑物基础的时间-深度曲线应为一条直线段（其斜率为混凝土速度的倒数），当条形桩存在变径时（如挤扩支盘桩），其时间-深度曲线在直线段中会出现突变段，相对走时变短段为支盘桩位置，相对走时变长段为缩径段。

5）检测成果

检测结果汇总见表 2-19，试验成果如图 2-82 ~ 图 2-87 所示。

单孔地震法检测结果汇总　　　　　　　　　　　　　　表 2-19

构筑物	位置	检测方向	单孔地震法			
			深度范围 （m）	中心高程 （m）	平均挤扩厚度 （cm）	最大挤扩厚度 （cm）
2 标 16-4	上盘	16-4-P1	29.3 ~ 31.3	−21.8	36	51.4
		16-4-P2	27.0 ~ 29.7	−20.8	27	38.9
		16-4-P3	29.1 ~ 31.1	−21.6	43	74.4

续上表

构筑物	位置	检测方向	单孔地震法			
			深度范围 （m）	中心高程 （m）	平均挤扩厚度 （cm）	最大挤扩厚度 （cm）
2标16-4	下盘	16-4-P1	34.4～36.7	−27.1	39	63.9
		16-4-P2	32.8～35.0	−25.8	32	44.1
		16-4-P3	34.8～35.5	−26.7	38	65.6
2标17-1	上盘	17-1-P1	30.8～32.6	−23.8	17	29.1
		17-1-P2	30.1～32.6	−23.4	30	47.0
		17-1-P3	未检测	未检测	未检测	未检测
	下盘	17-1-P1	未检测	未检测	未检测	未检测
		17-1-P2	35.1～37.7	−28.5	35	52.7
		17-1-P3	未检测	未检测	未检测	未检测
2标23-4	上盘	23-4-P1	30.4～32.7	−23.3	26	36.7
		23-4-P2	30.1～31.8	−22.8	26	39.8
		23-4-P3	29.7～32.2	−22.8	41	60.5
	下盘	23-4-P1	36.1～37.7	−28.7	49	72.1
		23-4-P2	35.1～37.1	−27.9	28	41.5
		23-4-P3	35.0～37.4	−28.0	24	33.6
6标72-1	上六星支	72-1-P1	23.4～26.5	−24.2	30	52.6
		72-1-P2	23.1～26.7	−24.1	37	50.1
		72-1-P3	24.1～26.8	−24.7	23	37.8
	下六星支	72-1-P1	27.4～29.7	−27.8	30	45.9
		72-1-P2	27.8～29.4	−27.9	44	60.9
		72-1-P3	27.7～29.6	−27.9	33	51.5
	上盘	72-1-P1	31.4～34.1	−32.0	31	47.1
		72-1-P2	31.8～34.0	−32.2	53	75.4
		72-1-P3	31.9～34.0	−32.2	44	55.6
	中盘	72-1-P1	35.4～38.2	−36.1	32	48.1
		72-1-P2	36.3～38.6	−36.7	30	49.8
		72-1-P3	36.7～38.2	−36.7	30	43.7
	底盘	72-1-P1	40.6～43.4	−41.3	32	44.2
		72-1-P2	39.6～42.7	−40.5	26	40.1
		72-1-P3	40.6～42.3	−40.7	28	56.2

构筑物	位置	检测方向	单孔地震法			
			深度范围（m）	中心高程（m）	平均挤扩厚度（cm）	最大挤扩厚度（cm）
6标72-2	上六星支	72-2-P1	22.8~24.7	−23.1	47	69.9
		72-2-P2	22.6~25.2	−23.2	59	83.6
		72-2-P3	22.6~24.8	−23.0	41	63.8
	下六星支	72-2-P1	26.9~29.1	−27.3	53	79.7
		72-2-P2	27.0~29.2	−27.4	37	55.9
		72-2-P3	27.2~29.2	−27.5	40	65.4
	上盘	72-2-P1	31.6~33.3	−31.7	31	43.9
		72-2-P2	31.6~33.6	−31.9	42	60.9
		72-2-P3	31.6~33.6	−31.9	34	50.8
	中盘	72-2-P1	35.4~38.0	−36.0	46	74.1
		72-2-P2	35.7~37.7	−36.0	39	55.1
		72-2-P3	35.6~37.7	−35.9	41	60.6
	底盘	72-2-P1	40.7~42.7	−41.0	38	61.9
		72-2-P2	40.4~42.4	−40.7	54	82.9
		72-2-P3	40.5~42.6	−40.8	39	58.2
6标72-4	上六星支	72-4-P1	23.3~25.4	−23.6	39	61.6
		72-4-P2	23.7~26.0	−24.1	45	74.2
		72-4-P3	23.7~25.7	−24.0	27	40.7
	下六星支	72-4-P1	27.9~30.3	−28.4	49	77.4
		72-4-P2	28.1~30.6	−28.6	50	77.9
		72-4-P3	28.2~30.3	−28.5	35	47.9
	上盘	72-4-P1	32.3~34.7	−32.8	48	74.5
		72-4-P2	32.8~34.9	−33.1	40	57.6
		72-4-P3	32.7~35.2	−33.2	38	64.5
	中盘	72-4-P1	36.4~39.0	−37.0	56	89.1
		72-4-P2	37.8~39.7	−38.0	35	57.1
		72-4-P3	36.8~39.4	−37.4	46	67.6
	底盘	72-4-P1	40.5~43.7	−41.4	53	75.9
		72-4-P2	41.4~43.7	−41.8	42	61.2
		72-4-P3	41.5~44.1	−42.1	41	76.8

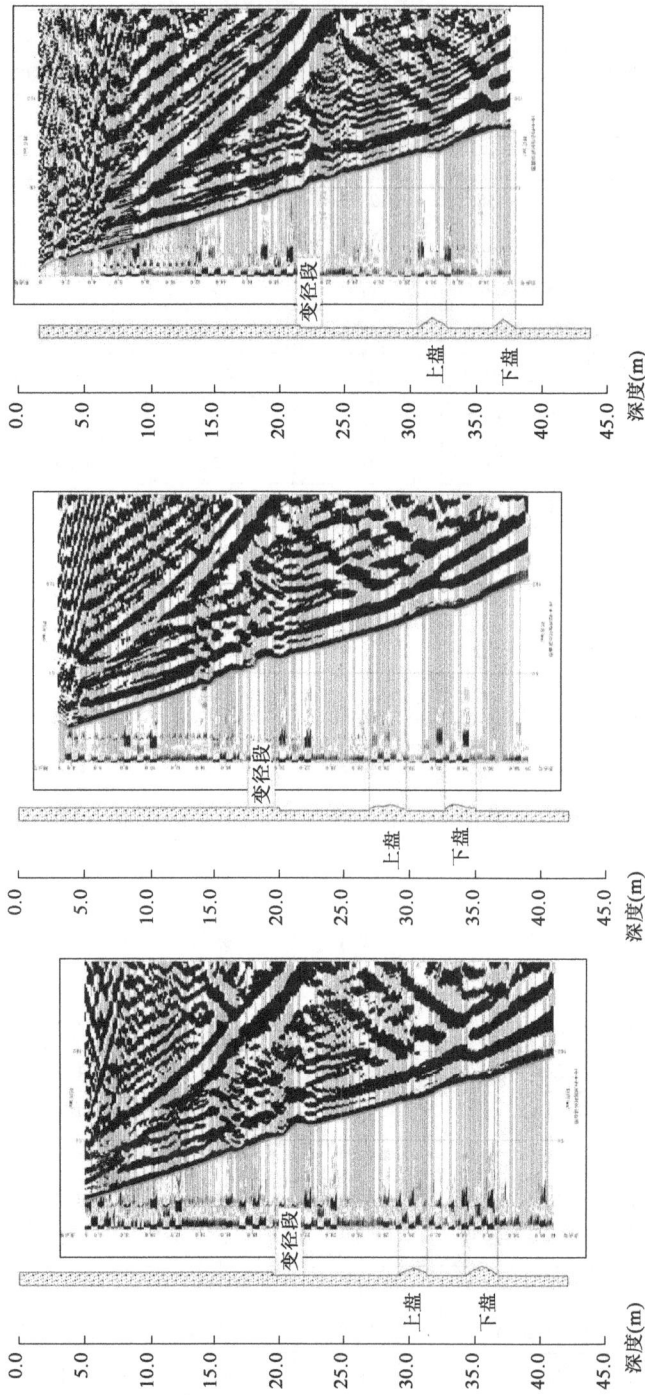

a)16-4-P1单孔地震法时间剖面

b)16-4-P2单孔地震法时间剖面

c)16-4-P3单孔地震法时间剖面

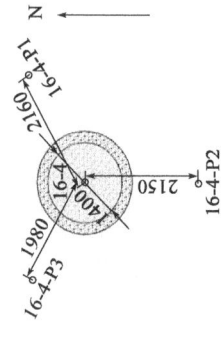

d)16-4桩检测平面示意图(尺寸单位：mm)

图2-82　2标江东互通主线桥16-4桩基单孔地震法试验成果

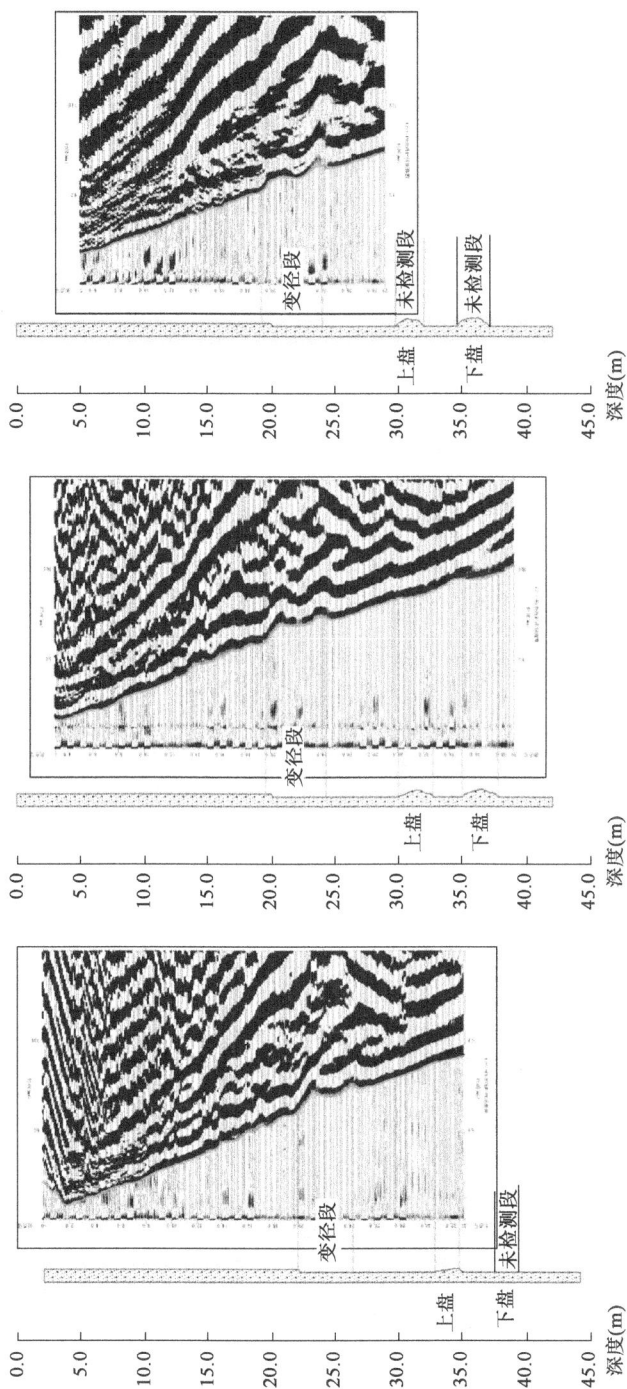

a)17-1-P1单孔地震法时间剖面

b)17-1-P2单孔地震法时间剖面

c)17-1-P3单孔地震法时间剖面

d)17-1桩检测平面示意图(尺寸单位：mm)

图2-83　2标江东互通主线桥17-1桩基单孔地震法试验成果

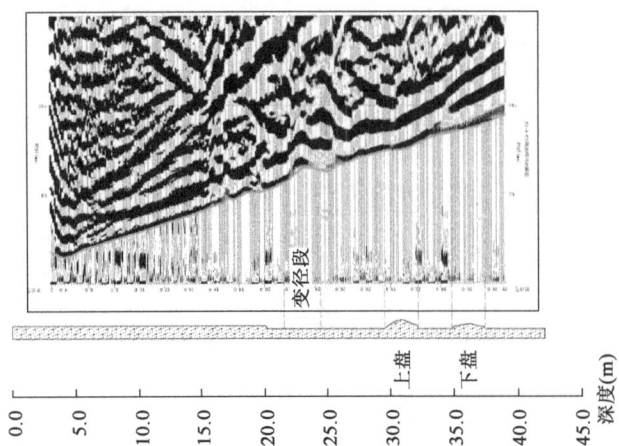

a)23-4-P1单孔地震法时间剖面

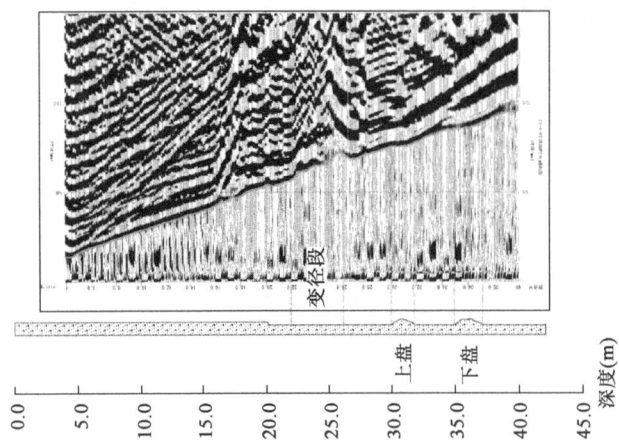

b)23-4-P2单孔地震法时间剖面

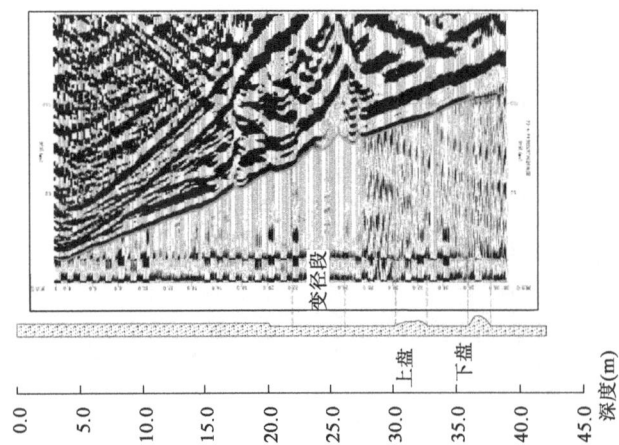

c)23-4-P3单孔地震法时间剖面

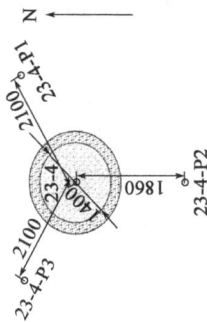

d)23-4桩检测平面示意图（尺寸单位：mm）

图2-84　2标江东互通主线桥23-4桩基单孔地震法试验成果

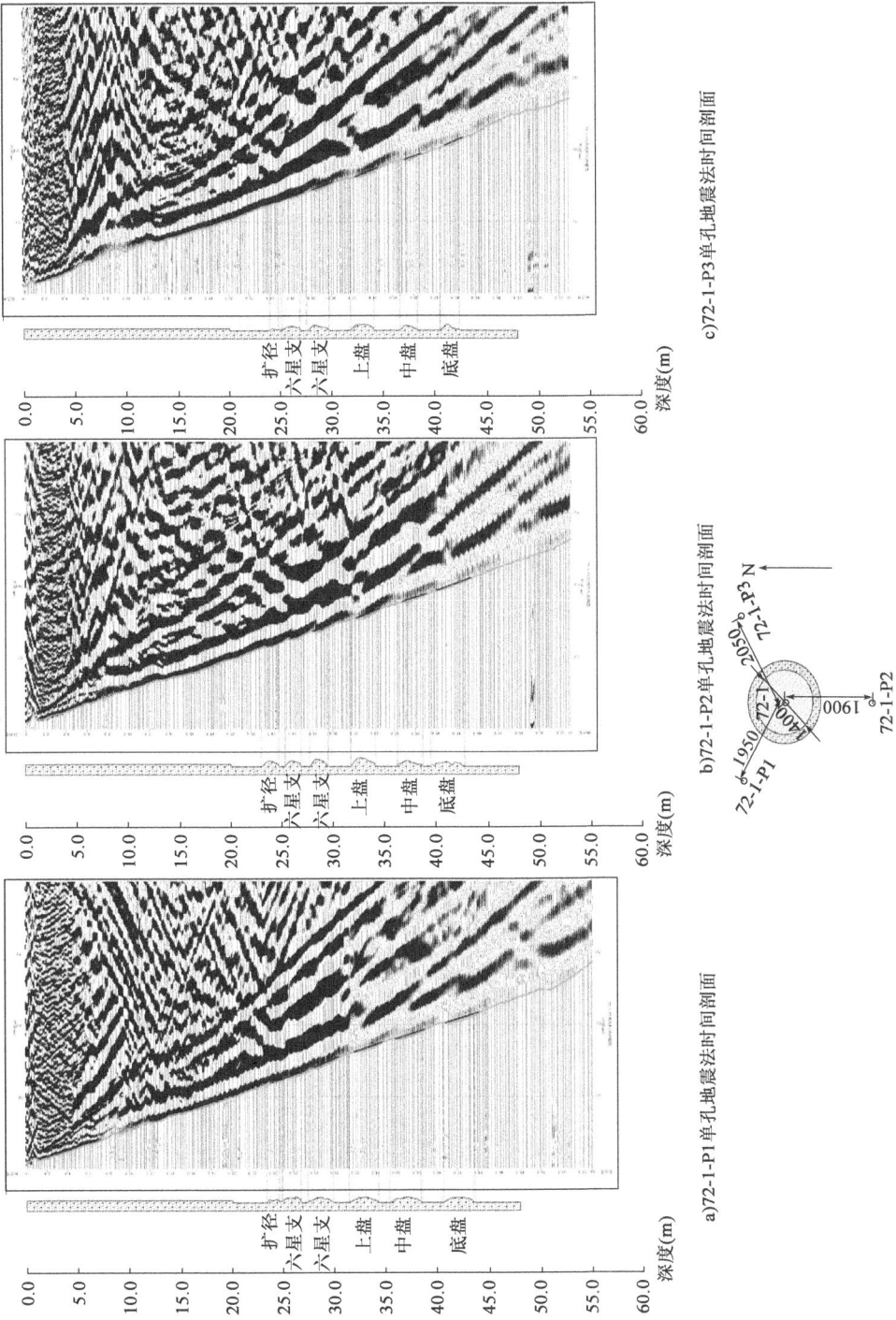

a)72-1-P1单孔地震法时间剖面

b)72-1-P2单孔地震法时间剖面

c)72-1-P3单孔地震法时间剖面

d)72-1桩检测平面示意图（尺寸单位：mm）

图2-85　6标榕江北岸常规引桥72-1桩基单孔地震法试验成果

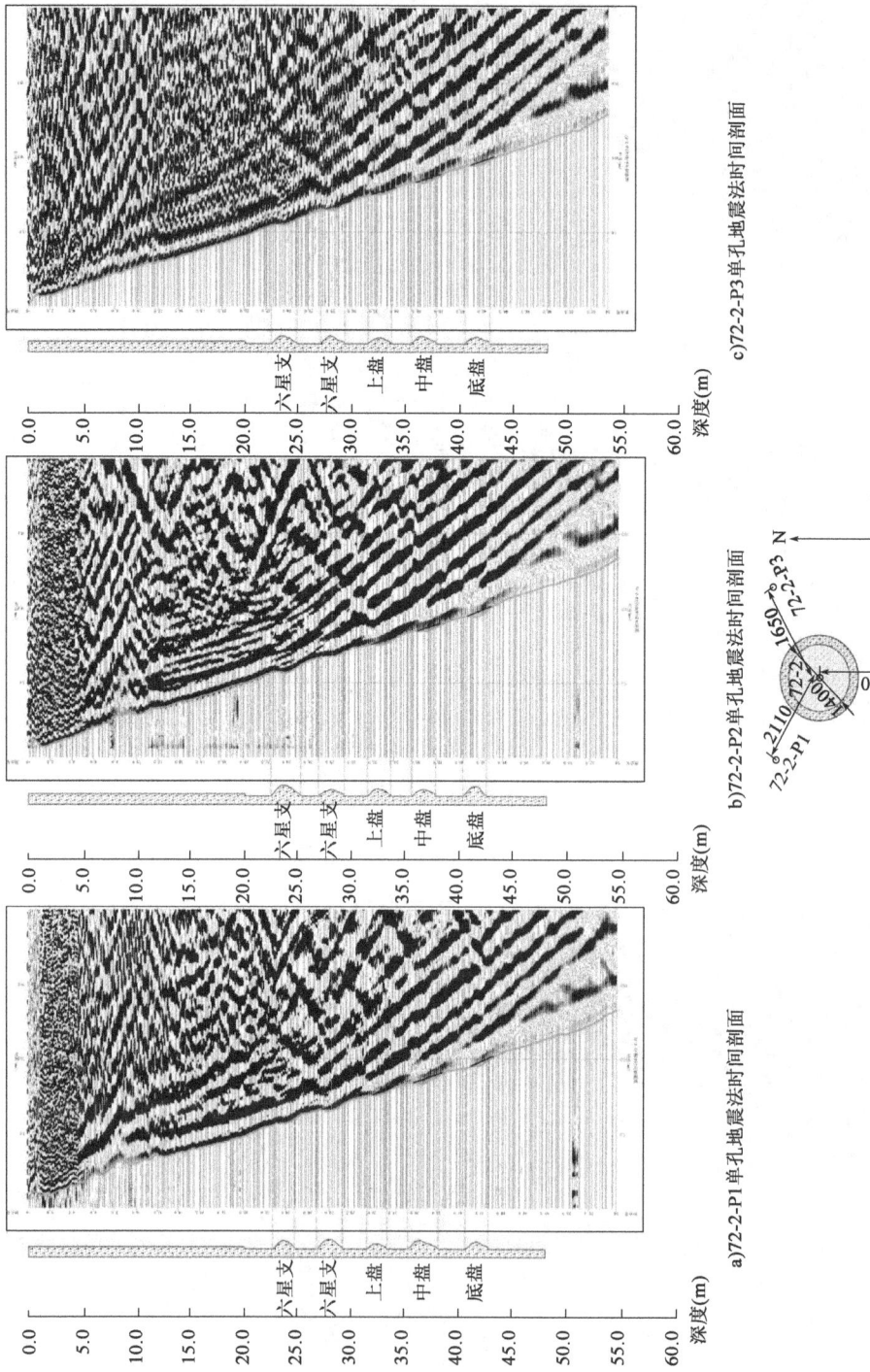

a)72-2-P1单孔地震法时间剖面

b)72-2-P2单孔地震法时间剖面

c)72-2-P3单孔地震法时间剖面

d)72-2桩检测平面示意图（尺寸单位：mm）

图2-86　6标榕江北岸常规引桥72-1桩基单孔地震法试验成果

a)72-4-P1单孔地震法时间剖面

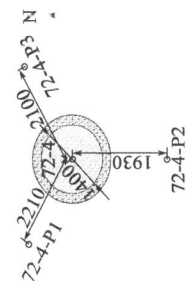

b)72-4-P2单孔地震法时间剖面

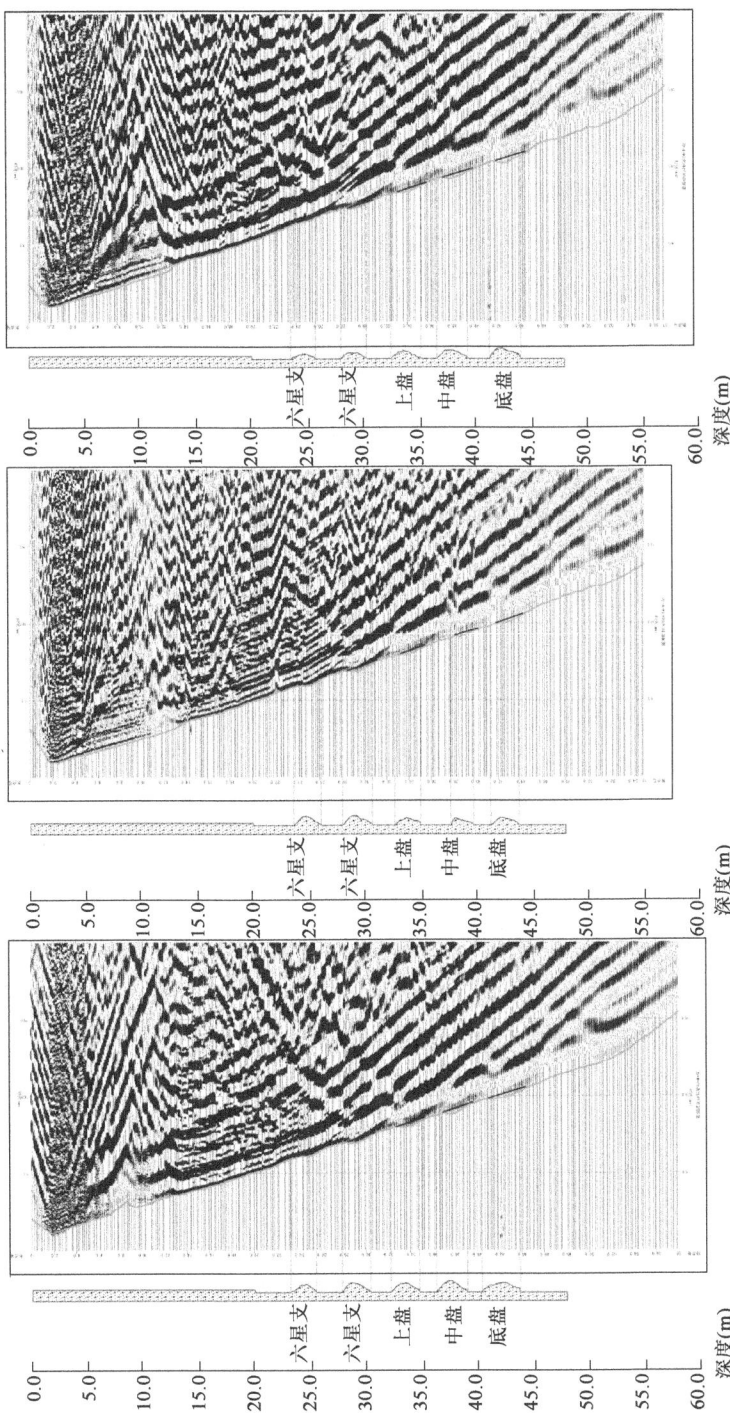

c)72-4-P3单孔地震法时间剖面

d)72-4桩检测平面示意图（尺寸单位：mm）

图2-87 6标榕江北岸常规引桥72-4单孔地震法试验成果

2.4.5 热异常桩身完整性检测技术研究

1）检测原理

现浇桩的桩身混凝土在凝固过程中会产生热化学反应。反应产生热量的多少及散热比例与桩身混凝土量的多少及桩身形状与尺寸关系极大。因此，我们可以通过测量桩身温度来绘制桩身热剖面图，并以此来解释桩身材料是否连续，形状是否符合要求。钢筋笼位置，尤其是桩周边位置的温度要低于桩身中心的温度，因为越靠外的热量向周边环境（如土壤、岩石、水或者空气）散发速度越快。如果钢筋笼与桩身轴线偏离，那么，靠近桩周边的钢筋笼位置温度较低，越靠近桩中心的部分温度越高。如果桩身存在缺陷，如孔洞、缩颈、夹泥或者混凝土质量差，则缺陷附近的混凝土产生的热量就会少于正常混凝土产生的热量；相反，如果桩身存在扩径，则扩径部位附近温度就会较高。温度测点沿桩周均匀分布，沿桩身等间距布置，这样，可以通过测得的温度曲线来识别潜在的混凝土缺陷，以此估计桩基础的有效尺寸，以及检查钢筋笼外包层厚度及钢筋笼的垂直度。

沿桩身轴向的现浇混凝土，除桩身两端外，混凝土产生的热量基本上都是沿径向消散的。然而，在大约一倍桩径的桩端范围内，热量既沿径向消散，也沿桩身轴向消散，因而冷却速度更快，温度相对更低。对桩底处的热剖面进行分析，可帮助用户估计桩长，以及分析桩底处桩身形状。

2）检测目的及依据

试验目的是通过桩身热异常完整性测试评估挤扩支盘桩承力盘完整性及混凝土质量。试验依据包括：

（1）Standard test methods for thermal integrity profiling of concrete deep foundations（ASTM D7949-14）（《混凝土深基础热完整性分析的标准试验方法》）。

（2）潮汕环线高速公路（含潮汕联线线）项目二期工程-两阶段施工图设计-第4标段（K17+280.822～K22+242.676）-桥梁挤扩支盘桩设计（试验段）。

3）检测方案

受广东潮汕环线高速公路有限公司委托，广州港湾工程质量检测有限公司于2018年1月14日至27日对25-0、7-2、24-2三根挤扩支盘桩进行热异常桩身完整性测试。

受测的3根挤扩支盘桩其主要设计参数见表2-20、表2-21；受测挤扩支盘桩的桩身立面图，钢筋笼立面图如图2-88、图2-89所示。

受测挤扩支盘桩的主要设计参数　　　　　　　　　表2-20

序号	桩号	设计桩顶高程（m）	设计桩底高程（m）	混凝土强度等级	桩孔孔底高程（m）	护筒顶高程（m）	护筒直径（mm）	成孔工艺
1	25-0	−0.728	−49.728	C30	−49.94	+2.83	2000	回旋钻
2	27-2	−1.055	−50.055	C30	−50.61	+3.14	2000	回旋钻
3	24-2	−0.878	−49.878	C30	−49.89	+2.89	2000	回旋钻

受测挤扩支盘桩支盘位置设计高程（单位:m）　　　　表2-21

序号	桩号	上盘	中1盘	六星支	六星支	中2盘	下盘
1	25-0	−23	−28	−33	−36	−41	−46
2	27-2	−23	−28	−32	−36	−41	−46
3	24-2	−23	−28	−33	−36	−41	−46

注:24-2桩由上而下第1个六星支变更为盘,设计尺寸与其他盘相同,由上而下中间二个承力盘依次为中1盘、中2盘、中3盘。

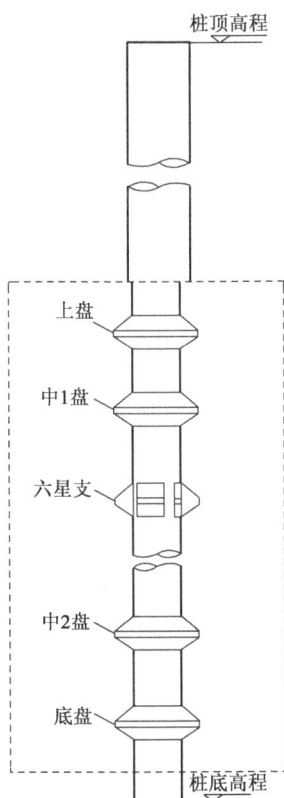

图2-88　桩身立面图

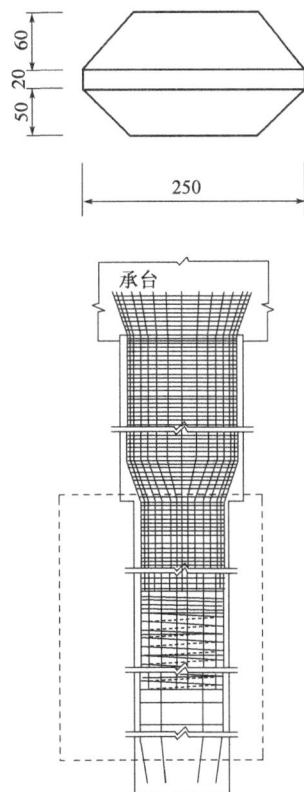

图2-89　钢筋笼立面图(尺寸单位:cm)

103

根据设计文件，承力盘直径 D 的容许偏差为：砂性土 $\leqslant 0.05D$，黏性土 $\leqslant 0.1D$；承力盘盘高容许偏差为 -300mm。

4）检测流程

（1）温度电缆绑扎

本次测试沿纵向布设 4 根温度电缆，沿钢筋笼纵向绑扎，钢筋笼径向对称布置。温度传感器间隔约为 30cm，25-0 桩和 27-2 桩最下方传感器距钢筋笼底约 1.3m，24-2 桩最下方传感器距钢筋笼底约 0.1m。25-0 桩和 27-2 桩覆盖桩段长度为 27.4m，24-2 桩覆盖桩段长度为 28.6m。每根桩的温度电缆按图 2-90 所示绑扎，绑扎至钢筋笼内侧并随之下放至桩孔。温度电缆绑扎及随钢筋笼下放现场如图 2-91 所示。

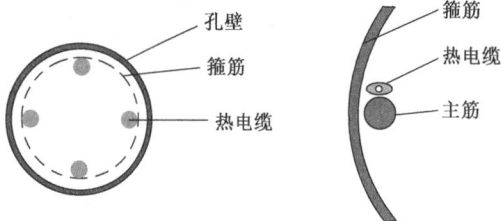

图 2-90　温度电缆平面布置及绑扎示意图

图 2-91　温度电缆绑扎及随钢筋笼下放

（2）混凝土温度采集

浇筑混凝土数小时后，利用温度数据采集盒对 4 根温度电缆进行数据采集。25-0 桩混凝土浇筑时间段为 2018 年 1 月 14 日 11：47—13：50。浇筑完成后于 2018 年 1 月 14 日 18：43 安装温度采集盒并开始全天候采集温度电缆数据，采集频率为每 15min 一次（3 号温度电缆间隔 1min 采集一次）。数据采集持续至 2018 年 1 月 19 日 9：52 结束。

27-2 桩混凝土浇筑时间段为 2018 年 1 月 19 日 17：38—19：23。浇筑完成后于 2018 年 1 月 20 日 10：21 安装温度采集盒并开始全天候采集温度电缆数据，采集频率为每 15min 一次。数据采集持续至 2018 年 1 月 27 日 15：01 结束。

24-2 桩混凝土浇筑时间段为 2018 年 1 月 23 日 10：54—13：10。浇筑完成后于 2018 年 1 月 23 日 22：51 安装温度采集盒并开始全天候采集温度电缆数据，采集频率为每 15min 一次。数据采集持续至 2018 年 1 月 27 日 15：19 结束。数据采集现场如图 2-92 所示。

a)温度数据全天候采集　　b)采集数据读取

图 2-92　数据采集现场

5）测试结果

（1）25-0桩测试结果

图2-93a）所示的是25-0桩4根温度电缆采集的温度数据及平均温度数据随深度的变化曲线。图2-93b）绘制的是25-0桩实测温度横向展开图。图2-93c）为根据实测温度计算的盘半径值。

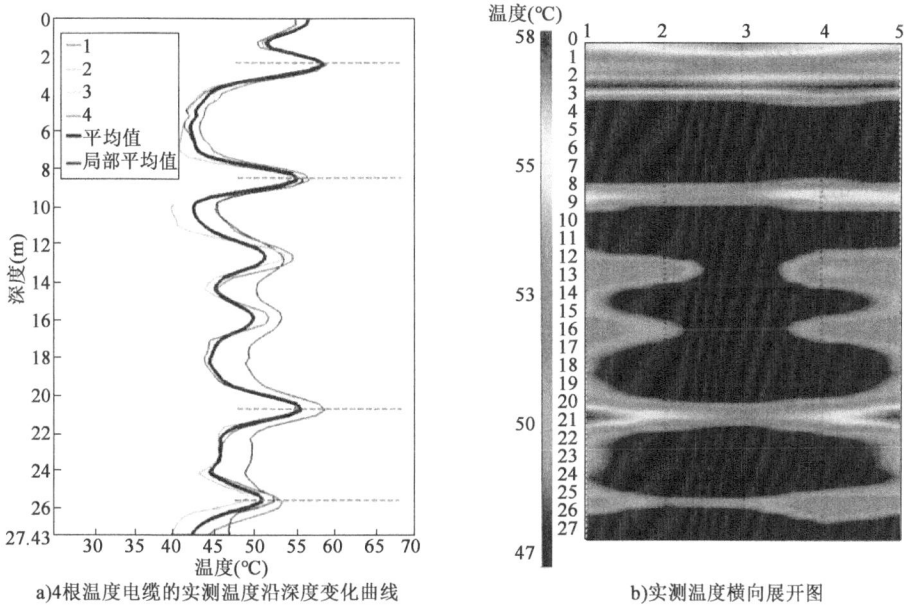

a)4根温度电缆的实测温度沿深度变化曲线

b)实测温度横向展开图

c)根据实测温度计算的25-0桩承力盘

图2-93 25-0桩测试结果

①根据实测温度分析可知,上盘位置4根温度电缆的平均温度最高,平均温度峰值达58℃,中1盘和中2盘位置平均温度接近,平均温度峰值为54℃,下盘位置平均温度最低,平均温度峰值为50℃,根据实测温度分析确定的盘高及最大盘半径见表2-22。

25-0桩依据实测温度数据的分析结果 表2-22

盘位	设计值		实测值	
	盘高(m)	最大盘半径(m)	盘高(m)	最大盘半径(m)
上盘	1.3	1.25	1.63	1.35
中1盘	1.3	1.25	1.52	1.30
中2盘	1.3	1.25	1.53	1.31
下盘	1.3	1.25	1.51	1.21

注:本次测试温度传感器覆盖范围为支盘段,表中深度从-20.9m高程起算。

由表2-23数据对比可知,实测盘高略大于设计值0.2～0.3m;下盘半径略小于设计值,但盘径在设计允许偏差之内。

②根据实测温度数据分析,检测覆盖桩段内(高程-48.3～-20.9m)未见明显混凝土质量缺陷,高程约-21.2m位置存在扩径。该桩段内中1盘以下钢筋笼中心与桩孔中心有一定偏离(约60mm),偏离1号温度电缆侧,偏向3号温度电缆侧。

③4根温度电缆的采集数据显示,距混凝土浇筑完约30h混凝土温度达到峰值。

(2)27-2测试结果

图2-94绘制的分别是27-2桩4根温度电缆采集的温度数据及平均温度数据随深度的变化曲线、实测温度横向展开图,以及根据实测温度计算的盘半径值。

①根据实测温度分析可知4个承力盘4根温度电缆的平均温度峰值较为接近,上盘平均温度峰值为57℃,中1盘平均温度峰值为56℃,中2盘平均温度峰值为56℃,下盘平均温度峰值为55℃。根据实测温度分析确定的盘高及最大盘半径见表2-23。

27-2桩依据实测温度数据的分析结果 表2-23

盘位	设计值		实测值	
	盘高(m)	最大盘半径(m)	盘高(m)	最大盘半径(m)
上盘	1.3	1.25	1.63	1.33
中1盘	1.3	1.25	1.62	1.31
中2盘	1.3	1.25	1.53	1.32
下盘	1.3	1.25	1.53	1.30

注:本次测试温度传感器覆盖范围为支盘段,表中深度从-21.06m高程起算。

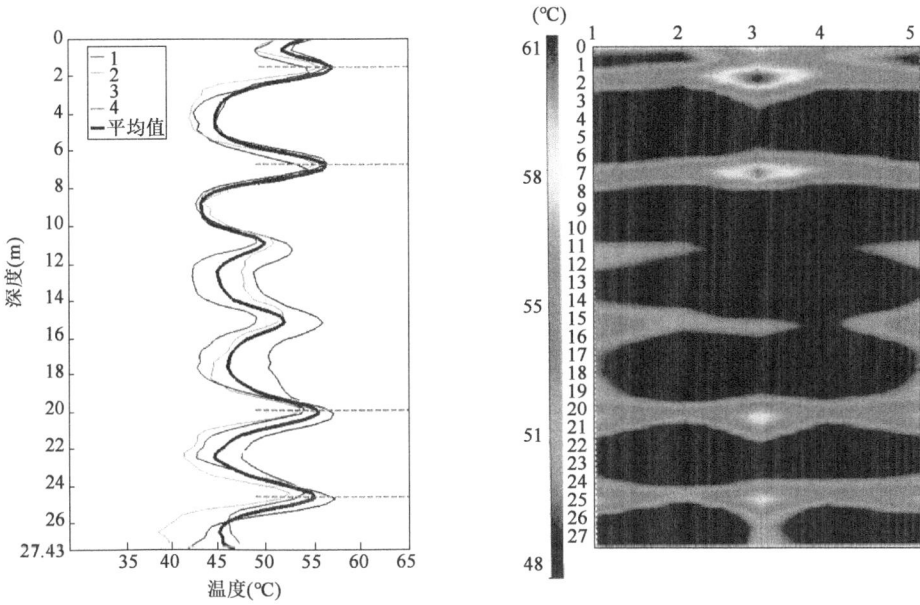

a)4根温度电缆的实测温度沿深度变化曲线

b)实测温度横向展开图

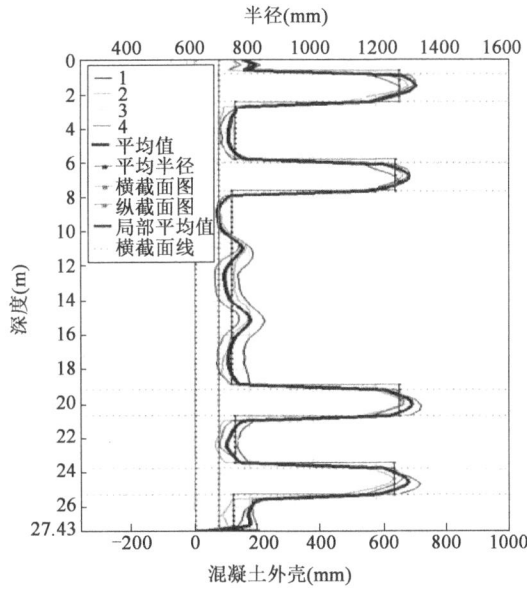

c)根据实测温度计算的27-2桩承力盘

图2-94 27-2桩身热异常检测结果

由对比结果可知,实测盘高略大于设计值0.2~0.3m;4个承力盘的盘径较为接近。

②根据实测温度数据分析,检测覆盖桩段内(高程-48.36~-21.06m)未见明显混凝土质量缺陷,高程约-21.2m位置存在扩径。

③4 根温度电缆的采集数据显示,距混凝土浇筑完约 30h 混凝土温度达到峰值。

（3）24-2 桩测试结果

图 2-95 分别是 24-2 桩 4 根温度电缆采集的温度数据及平均温度数据随深度的变化曲线、实测温度横向展开图,以及根据实测温度计算的盘半径值。

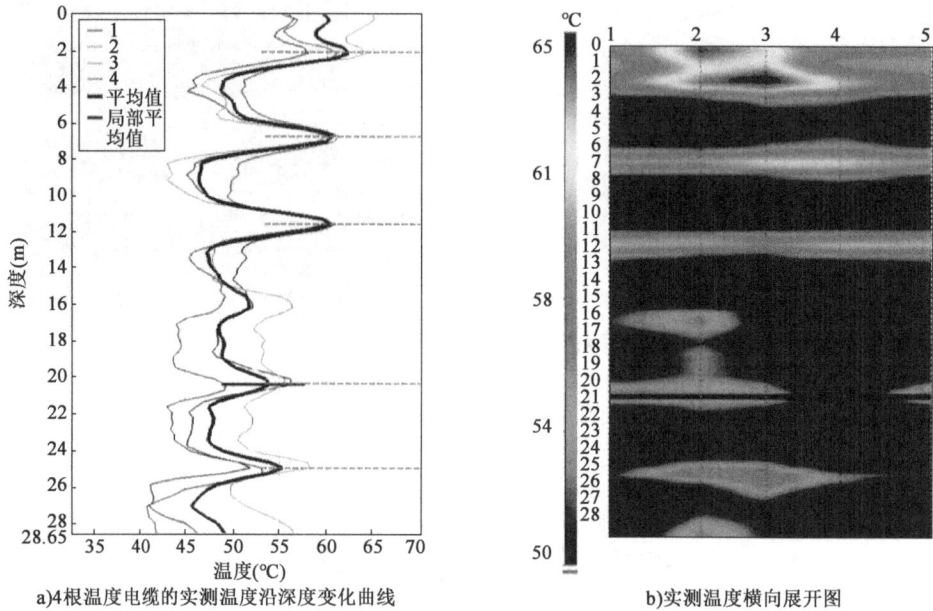

a)4根温度电缆的实测温度沿深度变化曲线

b)实测温度横向展开图

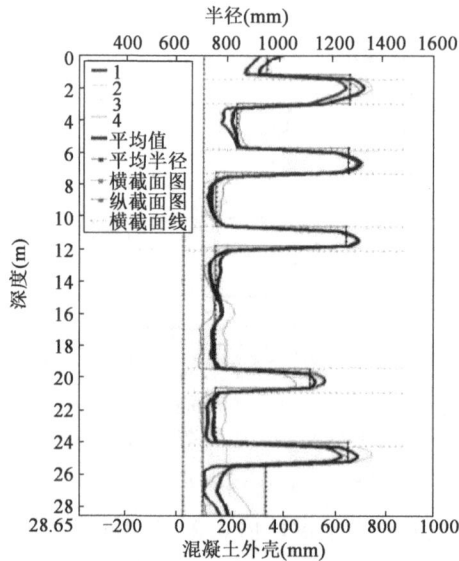

c)根据实测温度计算的27-2桩承力盘

图 2-95　24-2 桩身热异常检测结果

①根据实测温度分析可知,上盘位置4根温度电缆的平均温度峰值达62℃。中1盘和中2盘位置的平均温度接近,平均温度峰值为61℃;中3盘平均温度峰值为54℃;下盘位置的平均温度峰值为55℃。根据实测温度分析确定的盘高及最大盘半径见表2-24。

24-2桩依据实测温度数据的分析结果 表2-24

盘位	设计值		实测值	
	盘高(m)	最大盘半径(m)	盘高(m)	最大盘半径(m)
上盘	1.3	1.25	1.53	1.33
中1盘	1.3	1.25	1.50	1.32
中2盘	1.3	1.25	1.52	1.31
中3盘	1.3	1.25	1.52	1.14
下盘	1.3	1.25	1.30	1.31

注:本次测试温度传感器覆盖范围为支盘段,表中深度从 –20.9m 高程起算。

由数据对比可知,上盘、中1盘、中2盘、中3盘实测盘高略大于设计值约0.2m;中3盘半径小于设计值,但盘径在设计允许偏差之内。

②根据实测温度数据分析,检测覆盖桩段内(高程 –49.5 ~ –20.9m)未见明显混凝土质量缺陷,支盘桩段直桩段平均桩径较25-0桩和27-2桩大,其中1盘以上位置扩径显著。该桩段内 –35.9m 以下钢筋笼中心与桩孔中心有一定偏离(约50mm),偏离2号温度电缆侧,偏向4号温度电缆侧。

③4根温度电缆的采集数据显示,距混凝土浇筑完约24h混凝土温度达到峰值。

通过对24-2桩、25-0桩、27-2桩开展热异常检测,得出如下结论:

(1)3根挤扩支盘桩的承力盘混凝土均未见明显缺陷问题,完整性满足要求。

(2)砂层中最小盘半径为1.21m,满足砂性土≤0.05D(D为最大盘径)的偏差要求。

(3)黏性土中最小盘半径为1.14m,满足黏性土≤0.1D的偏差要求。

(4)所有承力盘径均满足设计及允许偏差要求。

2.4.6 超低频电磁波测试技术

1)检测原理

超低频电磁波原理可从天然电磁波概念出发进行介绍。一般自然界的天然电磁波的频率范围相当广,电磁波的形成系来自大气中因远方雷电所产生的电磁场,或因太阳风中的带电粒子与地球磁场作用所产生的电磁场,在电离层与地表间重复反射之后,以横波形式(transverse wave)入射进入地球内部。本探勘原理系以被动式方法接收地下反射回来的超低频段(SYT 物性探勘仪小于 3000Hz)的电磁波,再转换为电压值 V(单位为 mV)与视电阻率 ρ(单位为 $\Omega \cdot m$)。来自高空的电磁波到达地面后,一部分进入地下,一部分又反射回去。

本研究方法是将地下反射回来的不同频率之电磁波通过接收放大,转变成电压值 V_{fi}(mV),以获取地下物质信息。由于大地电磁波综合了地下物性参数的结果,这些参数包括了低频电磁波反射地下的深度值 H、中心频率之电压值 V_{f_0}、视电阻率 ρ、温度 T 以及地下物质的反射系数 γ。因此,借由地下物质的电性差异,从而分辨地下探勘物质为何种物质。

2)检测目的

挤扩支盘桩属于变截面异形桩,与常规直杆桩桩身质量检测的不同之处在于,传统预埋式的声测管跨孔检测技术难以获得挤扩支盘桩承力盘的灌注三维形态及内部缺陷,尤其对于支结构的检测则不适用。分支与承力盘作为挤扩支盘桩的主要受力结构,其混凝土灌注质量的好坏直接影响到桩身的承载性能及工程的可靠性。

3)检测设备

检测工具包括主机盒、天线、自动滑台、控制箱、软件外,以及 220V 转 110V 变压器、USB 公对公数据线、Type-C 或安卓转接头线 USB 3.1 等辅助工具,见表 2-25,实物如图 2-96 ~ 图 2-98 所示。

投入本项目的设备一览表 表 2-25

序号	名称	规格及数量
1	接收天线	频率 1Hz 到几百赫兹不等
2	主机盒	专利产品,用于接收天线电磁波信号数据并传输至手机存储设备
3	220V 转 110V 变压器	1.8m 美标电器变压器插座,国内使用 220V/110V 互转额定功率 60W 内适用 GN-P1W(美国、日本)
4	USB 公对公数据线	2 条 0.5m 长
5	Type-C 转接头线 USB 3.1	2 套 A8165
6	行走电源	1 个
7	手机	需具备 OGT 反向充电功能

注:OGT 即 On-The-Go 的缩写,是一种允许便携式设备进行数据交换的技术。

4)测试方法

(1)榕江北引桥 72-3 号参数设置

采用 4m×4m 载具平台,解像力 2cm×5cm,即天线 Y 方向移动速度 2cm/s(频率 1Hz),导轨移动 X 方向每次间隔 5cm,可探测 4cm×10cm 缺陷,即测试精度为 4cm×10cm。

图 2-96　220V 转 110V 变压器

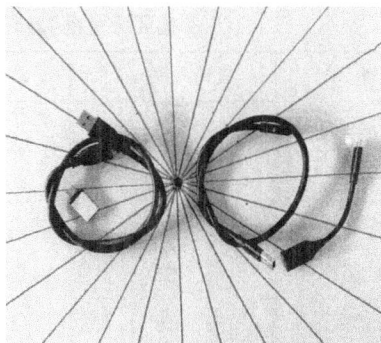

图 2-97　公对公 USB 接线及 otg 转接线

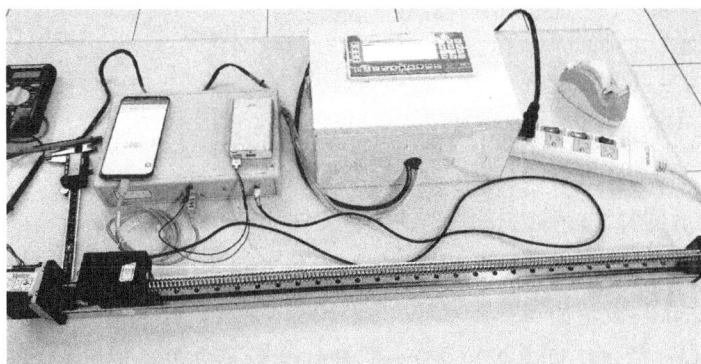

图 2-98　天线、主机盒及滑台控制系统

Record Files：即每按一次"Start"键要录制文件数量，设定为 1。

Record Seconds：每次录制秒数，依试验设定，本次设定值 200。

Interval Seconds：设定为 0。

72-3 桩检测点位选择见表 2-26，72-3 支盘桩参数及设置见表 2-27，支盘所在土层参数见表 2-28。

榕江北引桥 72-3 桩检测点位选择　　　　　　　　　　　　表 2-26

测试标段	桩号	高程	状况描述
6 标	榕江北引桥 72-3	桩顶高程：+0.7m 路面高程：+16.970m	原位工程桩试桩，压桩测试数据完善，便于综合对比分析承载力及实际尺寸关系

榕江北引桥 72-3 支盘桩参数及支盘设置　　　　　　　　表 2-27

项目	桩径（m） （不变桩径）	挤扩支盘桩			
		支盘外（m）	盘及支数	顶/底高程（m）	桩长（m）
72-3 支盘桩	1.8/1.4	2.5	4 盘 1 支	+0.7/ -49.3	50

榕江北引桥72-3支盘桩支盘所在土层参数   表2-28

位置	设计高程(m)	所在地层	含水量(参考)	孔隙比(参考)
桩顶	0.7	—		
上盘	−22	⑨₅ 中砂	—	—
六星支	−27	⑤₁ 粉质黏土	33.6%	0.93
中1盘	−32	⑦₁ 粉质黏土	48.6%	1.33
中2盘	−38	⑦₁ 粉质黏土	48.6%	1.33
底盘	−43	⑨₅ 中砂	—	—
桩底	−49.3	⑭₁ 粉质黏土	26.8%	0.74

参考钻孔编号：RJQK6。

（2）榕江北引桥65-4号参数设置

天线 Y 方向移动速度5cm/s，导轨移动 X 方向间隔5cm。

Record Files：即每按一次"Start"键要录制文件数量，设定为1。

Record Seconds：每次录制秒数，依试验设定，本次设定值80。

Interval Seconds：设定为0。

65-4桩检测点位选择见表2-29，65-4支盘桩参数及支盘设置见表2-30，支盘桩支盘所在土层参数见表2-31。

榕江北引桥65-4桩检测点位选择   表2-29

测试标段	桩号	高程	状况描述
6标	榕江北引桥65-4	桩顶高程：+0.5m 路面高程：+14.514m	临江区域内软土深厚，检测核实软土内支盘体成型状态及完整性

榕江北引桥65-4支盘桩参数及支盘设置   表2-30

项目	桩径(m) (不变桩径)	挤扩支盘桩			
		支盘外径(m)	盘及支数	顶/底高程(m)	桩长(m)
65-4支盘桩	1.8/1.4	2.5	4盘1支	+0.5/−49.5	50

榕江北引桥65-4支盘桩支盘所在土层参数   表2-31

位置	设计高程(m)	所在地层	含水量(参考)	孔隙比(参考)
桩顶	0.5	—		
上盘	−22	⑥₆ 粗砂	—	—
六星支	−27	⑥₀ 粉质黏土	33.1%	0.909

位置	设计高程(m)	所在地层	含水量(参考)	孔隙比(参考)
中1盘	−32	⑦₁ 粉质黏土	48.6%	1.33
中2盘	−38	⑨₆ 粗砂	—	—
底盘	−43	⑨₆ 粗砂	—	—
桩底	−49.5	⑩₁ 粉质黏土	28.7%	0.842

参考钻孔编号:RJBY-SQZK29。

实际检测过程中,导轨移动距离400cm,间隔5cm,理论应含81条测线,导轨皮带单次移动有0.05cm误差,最后一次距离终点仅剩1cm,不足5cm,因此,实际获得了80条测线,导轨实际移动距离间隔为5.05cm。

测试过程如图2-99、图2-100所示。

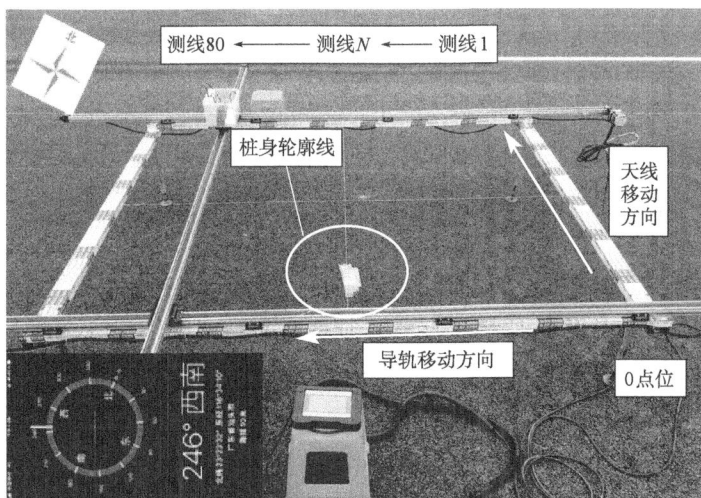

图2-99 榕江北引桥72-3桩测试过程说明示意图

图2-100 榕江北引桥65-4桩测试过程说明示意图

5）测试成果

（1）榕江北引桥72-3桩测试结果

以 $(x,y)=(2,2)$ 勾勒支盘桩外形，将模型内的水泥视电阻 R 值与地应力 S 值分别依分层强化，统计每点资料得出 R 与 S 的平均值 μ 与标准差 δ，使用 μ 和 δ 决定阈值。在 $\mu\pm1.2816\delta$ 时可得20%非均值点，在 $\mu\pm1.6449\delta$ 时可得10%非均值点，将 R 与 S 的阈值联集后，得到非均值点的位置，用以判断缺失（图2-13），其值见表2-32。

榕江北引桥72-3桩缺失判断 表2-32

数值	视电阻 $R(\Omega)$	地应力 $S(Pa)$
平均	66.4315	65.1180
标准差	32.8692	4.0562
$\mu\pm1.2816\delta$ 阈值 A	$24.3064<R<108.5567$	$59.9195<S<70.3164$
$\mu\pm1.6449\delta$ 阈值 B	$12.3650<R<120.4981$	$58.4459<S<71.7901$

取各结构表层1个资料格为buffer，在每一结构buffer中计算缺失率；较大认定缺失率指 R 与 S 值都在常态分配集中趋势 $\mu\pm1.2816\delta$ 以外；较小认定缺失率指 R 与 S 值都在常态分配集中趋势 $\mu\pm1.6449\delta$ 以外。缺失率统计见表2-33。桩盘3缺陷分布如图2-101所示，缺陷统计见表2-34。

实体桩各节段缺失率统计表 表2-33

结构	结构上界(m)	结构下界(m)	阈值 A	阈值 B
桩1	−0.001	−38.3	1.98%	0.53%
盘1	−38.301	−39.45	3.45%	1.04%
桩2	−39.451	−43.3	2.68%	0.83%
六星支2	−43.301	−44.45	3.73%	1.28%
桩3	−44.451	−48.3	3.57%	1.15%
盘3	−48.301	−49.45	5.68%	2.29%
桩4	−49.451	−54.3	4.22%	1.48%
盘4	−54.301	−55.45	4.12%	1.32%
桩5	−55.451	−59.3	3.85%	1.41%
盘5	−59.301	−60.45	4.51%	1.88%
桩6	−60.451	−67	4.14%	1.53%
统计值	—	—	3.00%	0.98%

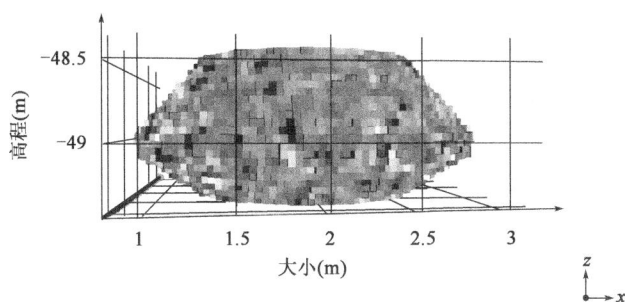

图 2-101 榕江北引桥 72-3 桩盘 3 缺陷分布图

桩盘 3 缺陷统计   表 2-34

结构	结构上界(m)	结构下界(m)	阈值 A	阈值 B
桩盘 3	-48.301	-49.45	5.68%	2.29%

(2)榕江北引桥 65-3 桩测试结果

以 $(x,y)=(2,2)$ 勾勒支盘桩外形,将模型内的水泥视电阻 R 值与地应力 S 值分别依分层强化,统计每点资料得出 R 与 S 的平均值 μ 与标准差 δ,使用 μ 和 δ 决定阈值。在 $\mu\pm1.2816\delta$ 时可得 20% 非均值点,在 $\mu\pm1.6449\delta$ 时可得 10% 非均值点。将 R 与 S 的阈值联集后,得到非均值点的位置,用以判断缺失,其值见表 2-35。

榕江北引桥 65-3 桩缺失判断   表 2-35

数值	视电阻 $R(\Omega)$	地应力 $S(Pa)$
平均	67.0677	65.0807
标准差	30.6987	1.5863
$\mu\pm1.2816\delta$ 阈值 A	$27.7242<R<106.4111$	$63.0477<R<67.1138$
$\mu\pm1.6449\delta$ 阈值 B	$16.5714<R<117.5639$	$62.4714<R<67.6901$

取各结构表层 1 个资料格为 buffer,在每一结构 buffer 中计算缺失率,较大认定缺失率指 R 与 S 值都在常态分配集中趋势 $\mu\pm1.2816\delta$ 以外,较小认定缺失率指 R 与 S 值都在常态分配集中趋势 $\mu\pm1.6449\delta$ 以外。缺失率统计见表 2-36。

实体桩各节段缺失率统计表   表 2-36

结构	结构上界(m)	结构下界(m)	阈值 A	阈值 B
桩 1	-0.001	-38.3	2.20%	0.77%
盘 1	-38.301	-39.45	1.62%	0.66%
桩 2	-39.451	-43.3	1.79%	0.67%
六星支 2	-43.301	-44.45	1.74%	0.73%

结构	结构上界(m)	结构下界(m)	阈值A	阈值B
桩3	−44.451	−48.3	1.57%	0.57%
盘3	−48.301	−49.45	1.85%	0.72%
桩4	−49.451	−54.3	1.34%	0.57%
盘4	−54.301	−55.45	1.32%	0.48%
桩5	−55.451	−59.3	1.21%	0.44%
盘5	−59.301	−60.45	1.24%	0.52%
桩6	−60.451	−67	1.33%	0.50%
统计值	—	—	1.83%	0.67%

桩盘3缺陷统计见表2-37,缺陷分布如图2-102所示。

桩盘3缺陷统计 表2-37

结构	结构上界(m)	结构下界(m)	阈值A	阈值B
桩盘3	−48.301	−49.45	1.85%	0.72%

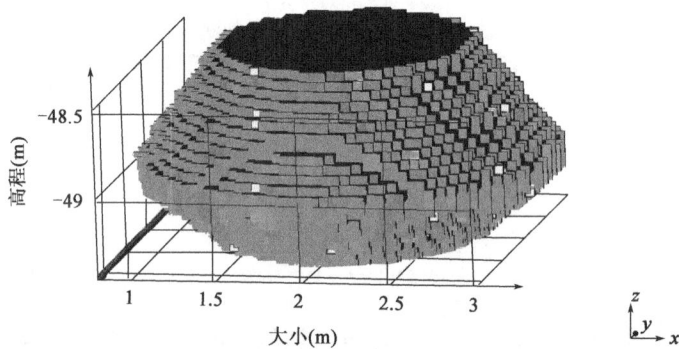

图2-102 榕江北引桥65-3桩盘3缺陷分布图

2.4.7 检测技术的有效性及可靠性分析

1)有效性分析

从本次采用的跨孔弹性波CT法、跨孔超声波法(试验)、管波探测法、单孔地震法4种方法检测结果分析,可以从以下三个方面分析检测支盘桩的有效性。

(1)支盘位置定位有效性;

(2)支盘挤扩厚度计算有效性;

（3）桩基缺陷检测有效性。

以6标段榕江北岸常规引桥72-2桩为例进行分析。

（1）跨孔弹性波CT法、跨孔超声波法及单孔地震法均能定位支盘桩的位置，三种方法计算的支盘中心位置基本一致，跨孔超声波直达波形态与计算结果形态一致。跨孔弹性波CT法反演结果及单孔地震法计算结果稍有差异，单孔地震法计算的支盘桩在垂直方向上的长度稍大；但管波探测法只对部分支盘位置有一定的反应，其检测结果对比如图2-101所示。

6标榕江北岸常规引桥72-2挤扩支盘桩检测成果表见表2-38。

6标榕江北岸常规引桥72-2挤扩支盘桩检测成果表　　　表2-38

位置	检测方向	跨孔弹性波CT法			单孔法		
		深度范围（m）	中心高程（m）	最大挤扩厚度（cm）	深度范围（m）	中心高程（m）	最大挤扩厚度（cm）
上六星支	P1	23.4~24.6	−23.3	69.6	22.8~24.7	−23.1	69.9
	P2	23.0~24.6	−23.1	61.6	22.6~25.2	−23.2	83.6
	P3	23.4~24.6	−23.3	54.6	22.6~24.8	−23.0	63.8
下六星支	P1	27.4~28.8	−27.4	72.2	26.9~29.1	−27.3	79.7
	P2	27.4~28.8	−27.4	40.1	27.0~29.2	−27.4	55.9
	P3	27.4~29.2	−27.6	52.6	27.2~29.2	−27.5	65.4
上盘	P1	31.4~33.2	−31.6	79.3	31.6~33.3	−31.7	43.9
	P2	32.0~33.4	−32.0	53.3	31.6~33.6	−31.9	60.9
	P3	31.8~33.8	−31.8	70.8	31.6~33.6	−31.9	50.8
中盘	P1	35.8~37.4	−35.9	52.5	35.4~38.0	−36.0	74.1
	P2	36.2~37.2	−36.0	39.3	35.7~37.7	−36.0	55.1
	P3	35.8~37.4	−35.9	62.4	35.6~37.7	−35.9	60.6
底盘	P1	40.6~41.8	−40.5	43.1	40.7~42.7	−41.0	61.9
	P2	40.4~42.0	−40.1	57.9	40.4~42.4	−40.7	82.9
	P3	40.6~42.4	−40.8	65.5	40.5~42.6	−40.8	58.2

（2）跨孔弹性波CT法的测点间距为0.5m，由于地震波射线密度低，反演计算只能按0.25m×0.25m网格进行计算，支盘挤扩厚度的计算误差大；单孔地震法主要基于初至时间变化量进行计算支盘挤扩厚度，与地震波的转播路径的大小有较大关系，传播距离越远，随机误差越大；跨孔超声波法就避免了前两者方法的缺陷，计算结果准确可靠，支盘挤扩厚度和形态直接与跨孔超声波法的空间采样密度直接相关，采样密度越小，计算结果越精确；而管波探测法无法计算支盘的挤扩厚度。

（3）跨孔弹性波CT法地震波射线密度低，反演计算只能按0.25m×0.25m网格进行计算,桩基轻微缺陷可能无明显反应;单孔地震法及跨孔超声波法则和桩基轻微缺陷所在的位置与实施钻孔的位置密切相关,若缺陷远离钻孔一侧,单孔地震法及跨孔超声波法无法查明是否存在缺陷,若缺陷靠近钻孔一侧,单孔地震法及跨孔超声波法可以查明缺陷;而管波探测法可以准确查明缺陷的垂向分布。

2) 可靠性分析

跨孔弹性波CT法、跨孔超声波法、单孔地震法均基于地震波理论,在不均匀介质条件下,岩土层波速受平均效应的影响,约等于岩土层真波速。本项目采用土层和混凝土纵波波速基于单孔地震法实测剖面波速,混凝土的边界计算值存在一定误差。同时,跨孔弹性波CT法、跨孔超声波法、单孔地震法计算过程中将实际三维空间按二维空间处理,会导致一定误差。另外,三种计算是基于两个钻孔垂直度有保障的情况下展开的,但由于钻孔间距较小,细微的孔距变化会影响计算结果,计算支盘桩的轮廓的形态是可靠的,局部地段可能受孔斜的影响存在一定的误差。

管波探测法主要通过地震波直达波的走时、能量、频率的变化及界面倾斜反射波组判断垂向界面分布情况,无方向性,对于桩基垂向缺陷判断有一定的优势,但桩身存在变径时易引起误判。跨孔弹性波CT法、跨孔超声波法、单孔地震法这3种方法主要通过沿桩直达波的纵波波速、振幅强弱、频率变化研究桩身情况,具有方向性。若靠近钻孔侧仅跨越了部分支结构,会导致计算尺寸偏小。

3) 技术推广

(1) 汕头凤东路

依托凤东路挤扩支盘桩,先后对10-3、11-3工程桩及12-0试桩开展盘体完整性检测工作(图2-103)。检测计算挤扩支盘桩承力盘的高度和厚度,评价挤扩支盘桩盘结构混凝土完整性,为竖向承载力及抗拔承载力验算提供基础资料。

图2-103 凤东路现场跨孔超声波检测

根据潮汕二环单孔地震法的记录,C35混凝土的纵波波速v_2在$4000 \sim 4200$m/s之间,v_1在$1600 \sim 1800$m/s之间。本项目v_2取值4100m/s,v_1取值1700m/s。

根据超声波的走时规律,即在黏弹性均匀介质中两点传播时间最短的路径是连接两点的直线,在相同的距离下超声波穿越的混凝土厚度越大所用的走时越短,因此可以根据超声波的初至时间直接判断支盘的位置,如图2-104所示。检测结果见表2-39。

深度(m)

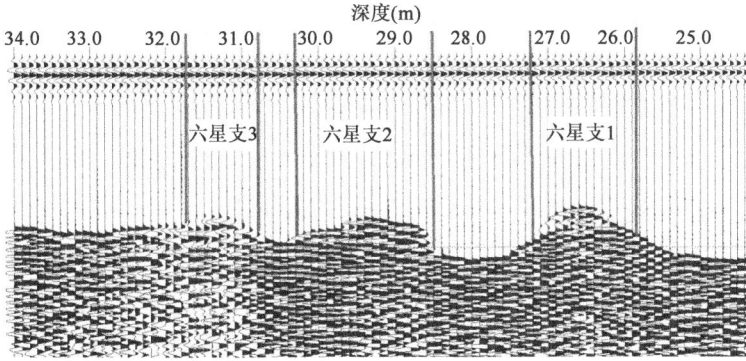

图 2-104 跨孔超声波法 10-3B 原始波列中支盘桩初至凸起特征

汕北大道(凤东路)工程支盘桩检测结果汇总表　　　　　　表 2-39

桩号	支盘位置	剖面号	设计中心高程 （m）	中心高程 （m）	高程范围 （m）	最大盘厚度 d （cm）
10-3	上盘	剖面 A	-14.0	-13.2	-12.4 ~ -13.7	144.8
		剖面 B		-13.0	-12.4 ~ -13.6	129.7
		剖面 C		-13.1	-12.5 ~ -13.5	137.1
	中盘	剖面 A	-20.0	-19.5	-19.0 ~ -19.9	140.1
		剖面 B		-18.4	-18.1 ~ -18.8	115.7
		剖面 C		-18.6	-18.3 ~ -19.0	114.4
	六星支1	剖面 A	-24.0	-23.3	-23.0 ~ -23.6	118.4
		剖面 B		-23.8	-23.5 ~ -24.1	119.1
		剖面 C		-23.9	-18.3 ~ -19.0	120.4
	六星支2	剖面 A	-27.0	-27.2	-26.6 ~ -27.8	127.0
		剖面 B		-26.6	-26.2 ~ -26.8	115.7
		剖面 C		-26.6	-18.3 ~ -19.0	112.8
	六星支3	剖面 A	-30.0	-28.7	-28.3 ~ -28.9	119.2
		剖面 B		-28.6	-28.3 ~ -28.8	126.5
		剖面 C		-28.7	-28.5 ~ -28.9	113.7
11-3	上盘	剖面 A	-14.0	-12.7	-12.3 ~ -13.1	121.7
		剖面 B		-13.1	-12.4 ~ -13.5	130.0
		剖面 C		-12.9	-12.4 ~ -13.4	134.6
	中盘	剖面 A	-20.0	-19.4	-18.7 ~ -19.7	123.6
		剖面 B		-19.4	-18.8 ~ -19.7	134.7
		剖面 C		-19.4	-18.6 ~ -20.0	132.3

续上表

桩号	支盘位置	剖面号	设计中心高程（m）	中心高程（m）	高程范围（m）	最大盘厚度 d（cm）
11-3	八星支1	剖面A	−25.5	−23.7	−23.4～−23.9	77.8
		剖面B		−24.5	−24.1～−25.2	103.9
		剖面C		−24.1	−23.7～−24.4	117.5
	八星支2	剖面A	−31.0	−29.1	−28.6～−30.1	121.4
		剖面B		−29.1	−28.5～−29.9	131.1
		剖面C		−29.3	−28.6～−30.0	136.0
12-0	上盘	剖面A	−11.0	−11.7	−11.3～−12.1	136.0
		剖面B		−11.4	−11.0～−11.7	133.2
		剖面C		−11.5	−11.1～−11.8	117.0
	底盘	剖面A	−16.0	−16.6	−16.3～−17.1	115.8
		剖面B		−16.4	−15.8～−17.1	131.1
		剖面C		−16.6	−16.0～−17.3	135.1
	八星支1	剖面A	−21.0	−21.7	−21.1～−22.1	112.7
		剖面B		−21.6	−21.0～−22.2	134.3
		剖面C		−21.4	−20.9～−21.9	124.1
	六星支2	剖面A	−28.0	−28.3	−27.9～−28.5	112.7
		剖面B		−27.5	−27.2～−27.8	104.4
		剖面C		−28.8	−28.5～−29.1	114.8
	六星支3	剖面A	−31.5	−32.6	−32.3～−32.9	79.8
		剖面B		−31.8	−31.4～−32.0	103.3
		剖面C		−33.5	−33.2～−33.7	94.4
	六星支4	剖面A	−34.0	−35.1	−34.8～−35.3	120.1
		剖面B		−35.4	−35.2～−35.7	105.1
		剖面C		−35.2	−34.9～−35.5	87.3
	六星支5	剖面A	−36.5	−37.2	−36.8～−37.5	129.9
		剖面B		−37.0	−36.7～−37.4	135.2
		剖面C		−37.3	−37.1～−37.5	80.2

（2）坦洲快线

坦洲快线挤扩支盘桩采用了声波透射法检测，现场检测如图 2-105 所示。声波透射法采用水平同步施工，检测范围根据挤扩支盘桩的施工记录调整，检测点距 0.1m，采样间隔0.4s,记录长度2048点,检测长度按14m估算,每剖面检测工作量为140检波点·炮。超声波检测结果如图2-106所示。

图2-105　坦洲快线现场跨孔检测

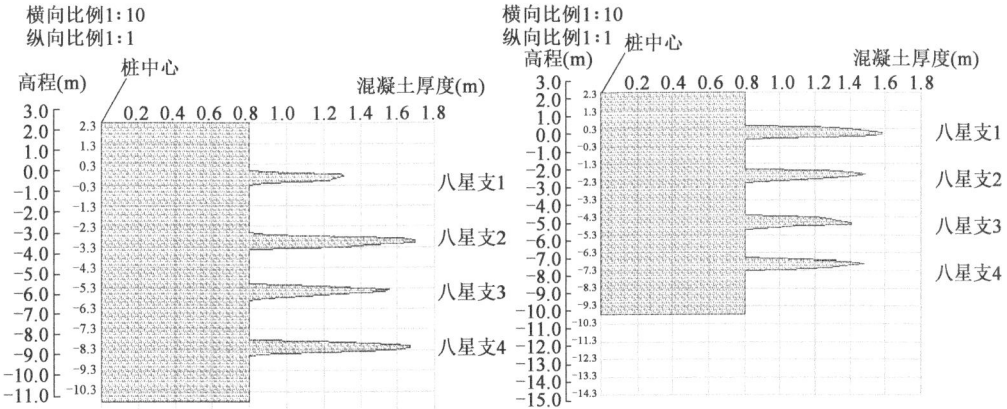

图2-106　2号和3号超声波检测结果

2.5　挤扩支盘桩经济效益分析及合理定额研究

2.5.1　挤扩支盘桩经济效益分析

1)常规桩造价组成

常规桩的造价是依据当前公路行业规范约定,结合设计施工图纸、合理的施工组织方案及省交通厅造价管理机构发布的相关文件编制。陆上桩与水中桩的编制过程一致,本节以陆上桩的控制价编制为例进行介绍。

(1)编制依据与费率

潮汕环线高速公路项目在制定招标控制价时,按照《公路工程基本建设项目概算预算编制办法》(JTG B06—2007)、《公路工程预算定额》(JTG/T B06-02—2007)、《公路工程机械台班费用定额》(JTG/T B06-03—2007)、广东省交通运输工程造价事务中心发布的月信息价、粤交基函〔2008〕548 号文、粤交基〔2009〕210 号文、粤交基〔2010〕435 号文、粤交基函〔2010〕1915 号文、粤交基〔2011〕1464 号文、粤交基〔2016〕562 号文等文件组价。

建筑安装工程费的组成如图 2-107 所示。

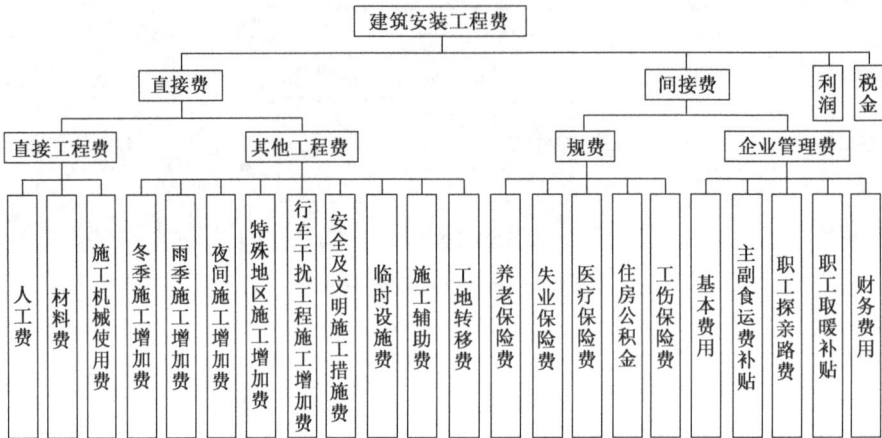

图 2-107　建筑安装工程费的组成

（2）编制定额水平

公路工程定额是按照合理的施工组织和正常的施工条件编制的,定额中已包含了施工工艺中绝大部分的工料机消耗,其余的工作费用（如检测费、安全文明施工费）在费率中体现。

（3）常规桩的预算价（下浮前）

各标段同类单价略有差异,预算价一览表见表 2-40。

预算价一览表（单位:元）　　　　　　　　　　　　　　　　表 2-40

清单编号	名称	单位	SG02	SG03	SG04	SG06
403-1-2	带肋钢筋（HRB335、HRB400）	kg	5.63	5.63	5.63	4.59
405-1	陆上钻孔灌注桩					
405-1-3	孔深 $L \leq 55m$ 的陆上钻孔灌注桩					
405-1-3-9	桩径180cm	m	3197.80	2656.16	—	—
405-1-4	孔深 $55m < L \leq 60m$ 的陆上钻孔灌注桩					
405-1-4-7	桩径160cm	m	2012.14	—	—	—
405-1-4-9	桩径180cm	m	3169.90	2650.97	—	—
405-1-5	孔深 $60m < L \leq 65m$ 的陆上钻孔灌注桩					
405-1-5-7	桩径160cm	m	2487.09	—	—	—
405-1-5-9	桩径180cm	m	3163.20	2873.72	—	—
405-1-6	孔深 $65m < L \leq 70m$ 的陆上钻孔灌注桩					
405-1-6-7	桩径160cm	m	2485.30	—	2326.54	—

清单编号	名称	单位	SG02	SG03	SG04	SG06
405-1-6-9	桩径180cm	m	—	2871.02	—	—
405-1-7	孔深70m<L≤80m的陆上钻孔灌注桩					
405-1-7-7	桩径160cm	m	2484.28	—	—	—
405-1-7-9	桩径180cm	m	3157.27	2871.21	3002.50	2833.35
405-1-8	孔深80m<L≤90m的陆上钻孔灌注桩					
405-1-8-7	桩径160cm	m	—	2323.38	—	—
405-1-8-9	桩径180cm	m	3154.73	2900.69	2999.79	2831.34
405-1-9	孔深90m<L的陆上钻孔灌注桩					
405-1-9-9	桩径180cm	m	—	—	2997.00	—

2)挤扩支盘桩造价组成

目前,挤扩支盘桩的单价没有定额套用参考,一般是以常规钻孔灌注桩费用定额组价,加上市场协商价的支、盘、基础费用,盘混凝土抽芯费用及支盘桩施工辅助费用,如图2-108所示。

(1)常规桩部分(20m)预算价

挤扩支盘桩中,常规桩部分(20m)的预算价见表2-41。

常规桩(20m)预算价一览表(单位:元) 表2-41

清单编号	名称	单位	SG02	SG03	SG04	SG06
403-1-2	带肋钢筋(HRB335、HRB400)	kg	5.63	5.63	5.63	4.59
405-1	陆上钻孔灌注桩					
405-1-3	孔深L≤55m的陆上钻孔灌注桩					
405-1-3-9a	桩径180cm(支盘桩)	m	2206.23	2230.34	—	—
405-1-4	孔深55m<L≤60m的陆上钻孔灌注桩					
405-1-4-7a	桩径160cm(支盘桩)	m	1806.40	—	—	—
405-1-4-9a	桩径180cm(支盘桩)	m	2210.72	2248.80	—	—
405-1-5	孔深60m<L≤65m的陆上钻孔灌注桩					
405-1-5-7a	桩径160cm(支盘桩)	m	1767.40	—	—	—
405-1-5-9a	桩径180cm(支盘桩)	m	2244.41	2217.03	—	—
405-1-6	孔深65m<L≤70m的陆上钻孔灌注桩					
405-1-6-7a	桩径160cm(支盘桩)	m	1747.42	—	1719.96	—
405-1-6-9a	桩径180cm(支盘桩)	m	—	2174.55	—	—
405-1-7	孔深70m<L≤80m的陆上钻孔灌注桩					
405-1-7-7a	桩径160cm(支盘桩)	m	1747.47	—	—	—
405-1-7-9a	桩径180cm(支盘桩)	m	2218.95	2132.84	2152.43	2012.95
405-1-8	孔深80m<L≤90m的陆上钻孔灌注桩					
405-1-8-7a	桩径160cm(支盘桩)	m	—	1701.28	—	—
405-1-8-9a	桩径180cm(支盘桩)	m	2180.18	2154.16	2166.26	2014.01
405-1-9	孔深90m<L的陆上钻孔灌注桩					
405-1-9-9a	桩径180cm(支盘桩)	m	—	—	2139.12	—
405-1-9-13a	桩径220cm(支盘桩)	m	—	—	3567.19	—

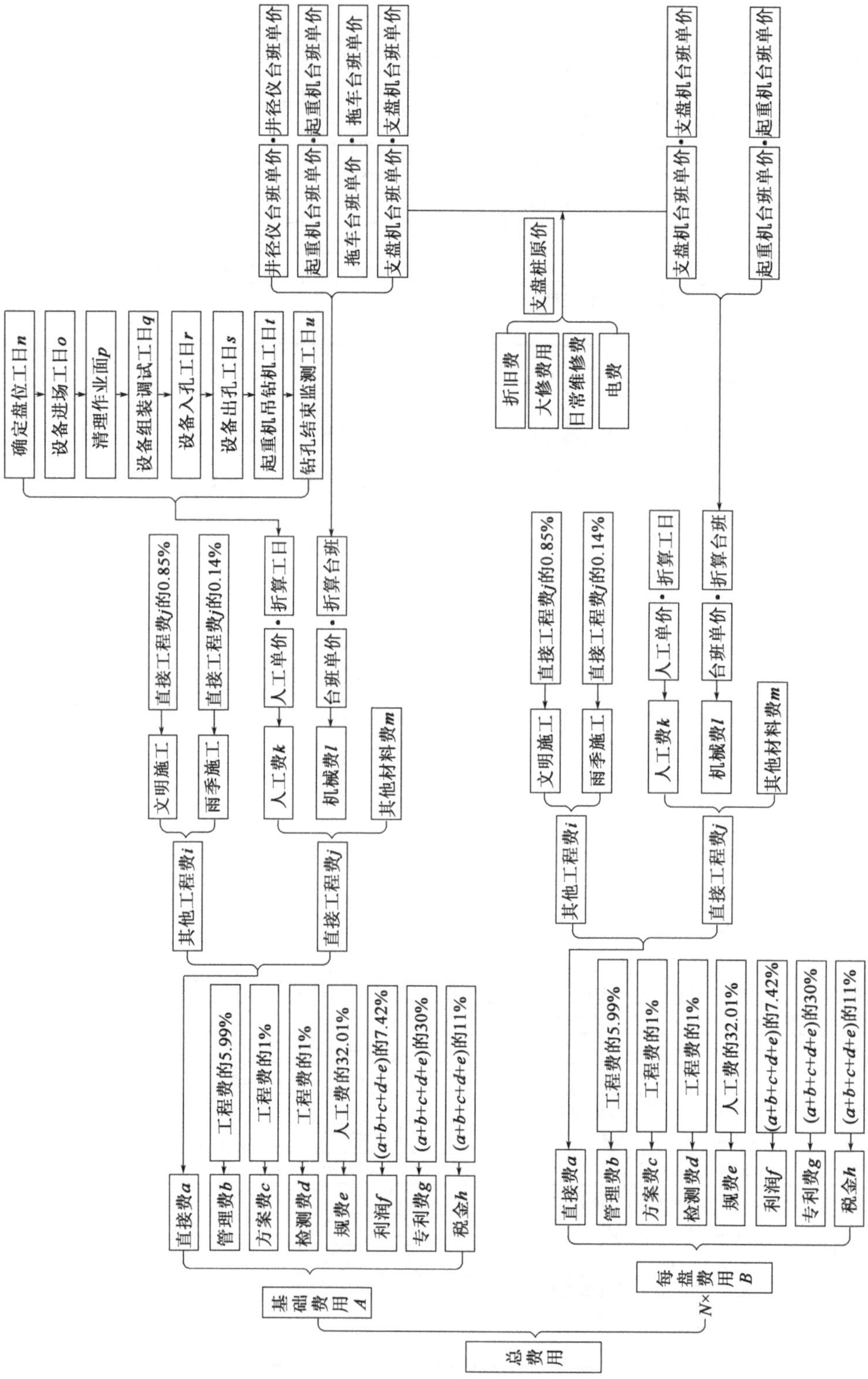

图2-108 挤扩支盘桩单价

(2)支、盘、基础费用,盘混凝土抽芯费用及支盘桩施工辅助费用

挤扩支盘预算价一览表见表2-42。

挤扩支盘预算价一览表(单位:元)　　　　表2-42

序号	名称	单位	SG02	SG03	SG04	SG06
一、桩径160cm(挤扩支盘桩)						
	支、盘、基础费用	m	1171.37	950.30	1101.37	
1	支盘桩基础费	个桩	17126.24	17115.18	17297.65	—
2	基础专利费	个桩	5170.18	5166.85	5221.93	—
3	盘费用	个	6247.31	6243.27	6309.84	—
4	盘专利费	个	1938.82	1937.57	1958.23	—
5	六星支费用	个	2585.09	2583.42	2610.97	—
6	支专利费	个	753.98	753.50	761.53	—
	盘混凝土抽芯费用	m	290.00	289.97	290.02	
7	盘混凝土抽芯	m	290.00	290.00	290.00	
	支盘桩施工辅助费用	根	4700.00	4700.00	4700.00	
8	更换钻头费用	次	1100.00	1100.00	1100.00	
9	扩支盘后清孔费用	次	1800.00	1800.00	1800.00	—
10	变直径钢筋笼加工与下放	根	1800.00	1800.00	1800.00	
二、桩径180cm(挤扩支盘桩)						
	支、盘、基础费用	m	1103.89	1035.76	1202.87	1229.34
1	支盘桩基础费	个桩	18849.63	18837.46	19038.29	18413.30
2	基础专利费	个桩	5708.75	5705.06	5765.88	5576.60
3	盘费用	个	7001.29	6996.77	7071.37	6839.23
4	盘专利费	个	2154.24	2152.85	2175.80	2104.38
5	六星支费用	个	2908.23	2906.35	2937.34	2840.91
6	支专利费	个	861.70	861.14	870.32	841.75
	盘混凝土抽芯费用	m	289.97	290.04	290.01	290.34
7	盘混凝土抽芯	m	290.00	290.00	290.00	290.00
	支盘桩施工辅助费用	根	4700.00	4700.00	4700.00	4700.00
8	更换钻头费用	次	1100.00	1100.00	1100.00	1100.00
9	扩支盘后清孔费用	次	1800.00	1800.00	1800.00	1800.00
10	变直径钢筋笼加工与下放	根	1800.00	1800.00	1800.00	1800.00

3)经济效益分析

挤扩支盘桩技术带来的经济效益主要体现在以下三个方面:一是工程费用较常规桩有节省,二是能够有效缩短施工工期,三是直接或间接地保护了生态环境。

（1）工程费用的效益

①变更前设计方案及工程量

第 2 标段、第 3 标段、第 4 标段以及第 6 标段桥梁桩基础均采用常规等截面钻孔灌注桩基础方案。

变更前后设计方案及工程量见表 2-43。

变更前后设计方案及工程量 表 2-43

序号	项目名称	单位	变更前	变更后	增（减）量
1	带肋钢筋（HRB335、HRB400）	kg	9466574.1	6910619.9	−2555954.2
2	陆上 ϕ1.6m 桩基础	m	4222	2855	−1367
3	陆上 ϕ1.8m 桩基础	m	52220.4	33112.4	−19108
4	陆上 ϕ2.2m 桩基础	m	0	59	59
5	水上 ϕ1.8m 桩基础	m	1324	913	−411

②变更后设计方案及工程量

将第 2 标段、第 3 标段、第 4 标段以及第 6 标段桥梁桩基础变更为常规等截面 + 变截面钻孔灌注桩基础方案。

a. 变更增减工程量

由表 2-43 看出，全线四个标段共 790 根桩采用了挤扩支盘桩技术，工程量的节省主要体现在陆上 ϕ1.6m 桩减少了 1367m，占原设计桩长的 32.38%；陆上 ϕ1.8m 桩减少了 19108m，占原设计桩长的 36.59%；水上 ϕ1.8m 桩减少了 411m，占原设计桩长的 31.04%。桩长缩减率均超过了 30%，效果显著。

b. 变更增减工程费用

采用挤扩支盘桩技术后，由于增加了支盘挤扩工序，单桩费用单价有所提高，但由于桩长大幅度缩减，桥梁桩基础工程设计变更预算建安费从约 22134 万元降至约 16466 万元，减少约 5668 万元，总体节省费用率为 25.6%。经过费用测算，对于不同桩长来说，节省费用率是不一样的。由表 2-44 可看出，ϕ1.6m 桩基在桩长 60m 以上和 ϕ1.8m 桩基在桩长 70m 以上，节省费用率才能达到或超过 25.6%。

造价初步测算分析表 表 2-44

桩长（m）	桩径（m）	根数	桩长（m）	原造价（万元）	支盘桩节余比例（%）（按定额预算）	节余造价（千万元）（按原合同单价）	节余造价（千万元）（按定额预算）
60 及以内	1.6	62	3494.4	887.85		80.51	92.37
						0.09	0.10
	1.8	302	16517.8	5540.26		655.47	711.06

续上表

桩长 （m）	桩径 （m）	根数	桩长 （m）	原造价 （万元）	支盘桩节余比例 （%） （按定额预算）	节余造价 （千万元） （按原合同单价）	节余造价 （千万元） （按定额预算）
					节余比例	11.83%	12.83%
60～70	1.6	291	19384.4	5328.28		1541.68	1524.47
					节余比例	28.93%	28.61%
	1.8	512	34203	11450.95		2394.59	2463.04
					节余比例	20.91%	21.51%
70～80	1.6	315	23218	6148.32		1704.98	1509.18
					节余比例	27.73%	24.55%
	1.8	526	40031	13174.46		3870.29	3786.09
					节余比例	29.38%	28.74%
80～90	1.6	92	7704	2046.38		616.69	552.05
					节余比例	30.14%	26.98%
	1.8	177	14841.6	4765.64		1553.66	1536.52
					节余比例	32.60%	32.24%
90以上	1.8	12	1197.6	380.24		136.85	136.66
					节余比例	35.99%	35.94%
总节约比例						25.25%	24.76%

注：1. 以1～4标、6～8标2289根桩作为分析基数。

2. 成桩的支盘桩分别按照合同单价和重新预算单价分析，重新预算单价中的钢筋采用合同单价。

3. 该费用只考虑了设计费（暂估）、施工单位配合费（暂估）、因支盘桩引起的补钻费用（暂估）及支盘检测费用（暂估），未考虑施工单位的组织协调等费用。

（2）施工工期与规避施工风险的效益

①工期缩短的连锁反应效益

挤扩支盘桩技术对工期的直接影响是通过合理布置支、盘，在达到同等地基支撑力的水平上，能够显著地缩短桩长，或者以群桩代替单桩，从而优化设计方案，节省钻孔灌注桩的施工时间，大幅加快施工进度。对于通车时间要求严格的项目，该技术不仅能够节约大笔赶工费用，还能确保按时通车。此外，工期提前能够节省建设期的贷款利息，并在项目通车后提前收费回本。

②规避施工风险的间接效益

a. 软土地质对长桩、超长桩影响显著；

b. 流塑层容易冲刷泥浆护壁造成坍孔；

c. 穿越溶洞地质时，泥浆流失造成坍孔；

d. 钻进越长，泥浆循环速度越慢，泥渣没有及时排出，泥浆黏稠度高，容易发生卡钻、堵塞钻机现象，而且钻进方向也难以控制，在地下水蠕动下容易发生倾斜；

e. 遇到孤石会损坏回旋钻头，严重阻碍施工进度，需要判断孤石区范围大小，采取应对措施；

f. 钻进时间越长，成孔质量会越低，在地下水的渗透作用下，容易产生缩孔现象；

g. 钻进越深，一旦发生钻头掉落事件，则需要动用潜水人员下水摸查情况打捞钻头；

h. 长桩、超长桩的钢筋笼运输困难，需要现场焊接组装，同时下放钢筋笼的时间延长，稍有操作不当就会损坏孔壁；

i. 灌注混凝土的过程中，桩身越长，发生离析、泥沙夹层、断桩的概率翻倍；

j. 混凝土凝结的时间延长，桩基沉降的时间不定。

挤扩支盘桩技术通过对土体的强力挤压作用，使得支、盘腔一定范围内的土体密实度增加，从而有利于提高泥浆护壁的稳定性；当遇到孤石、溶洞地质时，可以结合挤扩支盘桩技术作一定的优化，达到降本增效的目的。

（3）环境保护的生态效益

挤扩支盘桩技术能够显著缩短桩长，直接带来工、料、机的节约，有力保护了生态环境。目前，潮汕环线高速公路项目预计陆上 $\phi1.6m$ 桩减少桩长 13.67m，陆上 $\phi1.8m$ 桩减少桩长 19.519m，主要节省材料消耗表 2-45。

主要节省材料消耗表　　　　　　　　　　　　　　　　　　　　表 2-45

序号	名称	单位	SG02	SG03	SG04	SG06	汇总
1	带肋钢筋	t	−370	−835	−886	−529	−2620
2	32.5 级水泥	t	−6750	−13087	−10887	−6172	−36896
3	柴油	kg	−51911	−89536	−75457	−43191	−260095
4	电	kW·h	−2634684	−3525633	−3346290	−2012571	−11519178
5	水	m³	−56626	−97458	−90248	−43745	−288077
6	中（粗）砂	m³	−7603	−14732	−12259	−6948	−41542
7	黏土	m³	−9843	−16955	−15631	−7501	−49929
8	碎石（4cm）	m³	−9836	−19061	−15863	−8989	−53750

水泥、钢铁是高污染行业，尽管有一定的环保措施，但是不可避免会对大气产生污染；碎石、砂、黏土的开采直接破坏了地形地貌，容易造成水土流失、堤坝松动，而产区的保护不当，又会引起水的二次污染；柴油、水更是珍贵的自然资源。另外，在回旋钻孔灌注桩的过程中，钻渣处于悬浮状态，需经历一定时间的沉降，但渣土仍然会带走一部分泥浆。据了解，淤泥质黏土层产生的泥浆是桩体混凝土量的 2.5~3 倍。本项目减少桩长后，预计

减少制造泥浆 7.8 万 m^3，环境效益显著。

2.5.2 挤扩支盘桩合理定额研究

1) 研究思路及工艺分析

(1) 研究思路

比较挤扩支盘桩与普通灌注桩施工的工艺流程，其显著区别在于引入了支盘挤扩工序。因此，支盘挤扩工序的定额研究在参考《公路工程建设项目概算预算编制办法》(JTG 3830—2018)、《公路工程预算定额》(JTG/T 3832—2018)及《公路工程机械台班费用定额》(JTG/T 3833—2018)中灌注桩工程费用的基础上，通过分析支盘挤扩工序所涉及的工料机组成，结合挤扩支盘桩工程项目施工，对现场支盘挤扩工序的实际人工、材料、机械等消耗进行收集。分析实际过程数据，得出完成桩基支盘挤扩工序的各项消耗，并结合实际发生费用对指标进行验算修正，最终归纳出合理的定额成果。

(2) 工艺分析

为了支撑支盘挤扩工序定额的子目划分，结合挤扩支盘桩施工工艺，对现场挤扩工序施工的各步骤进行详细分解，并对涉及的人、材、机进行统计，其详细参数见表 2-46。

挤扩支盘桩施工工艺分析 表 2-46

序号	施工工序	工作内容说明	涉及的人、材、机	现场图片
1	施工图会审及地质复核	(1) 结合现场地质勘察报告，设计验算各墩台基础支盘桩施工工艺参数(桩长、桩径、变径位置、支盘数量、盘位高程)； (2) 编制专项设计施工方案，报监理工程师审核	—	
2	孔口平台及刻度盘安放	(1) 支盘挤扩设备运输至现场； (2) 根据设备重量采用起重机进行设备吊卸； (3) 人工清理作业面(钻杆、导管、钻头等)以及辅助安放孔口平台及刻度盘	孔口板、枕木、卡盘、方管、钢板、起重机、挖掘机等	

序号	施工工序	工作内容说明	涉及的人、材、机	现场图片
3	挤扩设备安装调试	（1）施工人员将支盘成型主机与液压泵站之间的油管进行连接； （2）检查系统压力稳定性、液压油管密封性、压力表空载压力值、挤扩弓臂的最大值，并进行地面试机	起重机、油管绞盘等	
4	设备入孔	（1）安设孔口辅助设备（孔口方钢、卡盘和圆钢等）； （2）起重机起吊支盘主机，通过孔口圆钢将主机临时固定于孔口； （3）将接长杆与支盘主机连接，撤去设备临时固定圆钢，将支盘主机缓慢入孔	卡盘、接长杆、起重机、油管绞盘、载货汽车等	
5	支腔盘腔成型挤扩	（1）参考设计施工图纸将支盘主机下放到预设盘位高程位置； （2）支盘机进行挤扩作业，由下往上依次支盘启动液压泵，进行盘位挤扩	水泵、水管、挤扩支盘机、起重机、井径仪等	
6	设备出孔、工作平台及拆卸归位	（1）起重机起吊支盘主机，将挤扩主机设备提离孔口； （2）清理设备泥沙，逐节拆卸接长杆； （3）拆除孔口辅助设备	起重机、载货汽车等	
7	钻孔孔径及盘径检测	（1）对桩位进行二次清孔，检查泥浆相对密度及沉渣厚度； （2）通过井径仪对桩径及盘径进行检测	井径仪、载货汽车等	

（3）定额定义

根据挤扩支盘桩施工工艺特点，其基价费用由常规钻孔灌注桩费用、支盘挤扩费用、施工辅助费用三部分组成。其中，支盘挤扩工序基础费用是研究的重点。拟定费用研究范围：设备进场、设备组装调试、设备吊装入孔与出孔、支盘机挤扩、成孔检测等。结合现行定额及编制办法规定，同时吸取相关专家意见，针对支盘挤扩工序编制补充定额。定额框架如下：

①定额名称：挤扩支盘桩支盘挤扩

由于挤扩支盘桩施工工艺流程涉及的环节较多，其中桩基钻孔、钢筋笼制作及下放、混凝土灌注、桩基检测等常规桩施工工艺部分，可以直接套用公路工程预算定额；而形成支腔、盘腔的支盘挤扩施工工序则属于新增内容，以挤扩成型为核心，其他工序作为辅助。本定额名称能够准确反映工序核心内容。

②工程内容

a. 孔口平台及刻度盘、挤扩支盘机及辅助设施（接长杆、油管绞盘）安拆调试；

b. 入孔前压力泵设备压力值、设备稳定性、油管密封性及挤扩弓臂最大值检查；

c. 挤扩支盘机吊装入孔，支盘挤扩成型、地质复核勘查，支盘机出孔；

d. 桩孔二次扫孔清孔，采用井径仪进行孔径、支腔、盘腔成型检测。

③定额子目

a. 推荐定额方案。

定额子目划分以挤扩工序为核心，同时拓展支盘组合。根据潮汕环线高速公路挤扩支盘桩实施情况，采用挤扩支盘桩工艺后桩基下部支盘桩设计桩径由160cm调整为120cm，由180cm调整为140cm，并结合部颁定额子目特点，制定本课题定额子目。补充定额子目划分见表2-47。

补充定额子目划分 表2-47

子目等级	子目名称	备注
一级子目	支盘径230cm	对应主桩径120cm
	支盘径250cm	对应主桩径140cm
二级子目	黏土、砂砾	挤扩工艺适用地层
三级子目	基本承力盘、基本六星支	主定额，与设计标准一致
	每增1盘、每增1支	辅助定额
四级子目	子定额的序列号：1~16	

b. 补充定额子目划分，见表2-48。

挤扩支盘桩支盘挤扩补充定额框架

表2-48

工程内容：1) 安、拆孔口平台及刻度盘；2) 安、拆挤扩支盘机，装、拆接长杆及油管绞盘；3) 支盘挤扩和支盘调控

单位：1个

顺序号	项目	单位	代号	支盘径 230cm								支盘径 250cm							
				黏土				砂砾				黏土				砂砾			
				基本承力盘	每增1盘	基本六星支	每增1支	基本承力盘	每增1盘	基本六星支	每增1支	基本承力盘	每增1盘	基本六星支	每增1支	基本承力盘	每增1盘	基本六星支	每增1支
				1	2	3	4	5	6	7	8	9	10	11	12	13	14	15	16
1	人工	工日	1001001																
2	枕木	m³	4003003																
3	钢板	t	2003005																
4	孔口板	套	2020001 粤																
5	卡盘	套	2020002 粤																
6	方管	t	2020003 粤																
7	其他材料费	元	7801001																
8	2.0m³以内履带式液压单斗挖掘机	台班	8001030																
9	2t以内载货汽车	台班	8007001																
10	75t以内汽车式起重机	台班	8009034																
11	YZJ-2700挤扩支盘机	台班	8011088 粤																
12	YZJ-3000挤扩支盘机	台班	8011089 粤																
13	小型机具使用费	元	8099001																
14	基价	元	9999001																

④工、料、机

a. 推荐定额方案。

定额材料为水、枕木、钢板、孔口板(新增)、卡盘(新增)、方管(新增)。

定额机械为 2.0m³ 以内履带式液压单斗挖掘机、2t 以内载货汽车、75t 以内汽车起重机、YZJ-2700 挤扩支盘机(新增)、YZJ-3000 挤扩支盘机(新增)。

挤扩支盘桩支盘挤扩补充定额框架,见表 2-48。

b. 比较定额方案。

定额材料为水、枕木、钢板、孔口板(新增)、卡盘(新增)、方管(新增)。

定额机械为 2.0m³ 以内履带式液压单斗挖掘机、2t 以内载货汽车、75t 以内汽车式起重机、YZJ-2700 挤扩支盘机(新增)、YZJ-3000 挤扩支盘机(新增)。

挤扩支盘桩支盘挤扩补充定额框架,见表 2-49。

挤扩支盘桩支盘挤扩补充定额框架　　　　　表 2-49

工程内容:1)安、拆孔口平台及刻度盘;2)安、拆挤扩支盘机,装、拆接长杆及油管绞盘;3)支盘挤扩和支盘调控										
单位:1 个										
顺序号	项目	单位	代号	支盘径 230cm				支盘径 250cm			
				黏土		砂砾		黏土		砂砾	
				承力盘	六星支	承力盘	六星支	承力盘	六星支	承力盘	六星支
				1	2	3	4	5	6	7	8
1	人工	工日	1001001								
2	枕木	m³	4003003								
3	钢板	t	2003005								
4	孔口板	套	2020001 粤								
5	卡盘	套	2020002 粤								
6	方管	t	2020003 粤								
7	其他材料费	元	7801001								
8	2.0m³ 以内履带式液压单斗挖掘机	台班	8001030								
9	2t 以内载货汽车	台班	8007001								
10	75t 以内汽车式起重机	台班	8009034								
11	YZJ-2700 挤扩支盘机	台班	8011088 粤								
12	YZJ-3000 挤扩支盘机	台班	8011089 粤								
13	小型机具使用费	元	8099001								
14	基价	元	9999001								

2）资料整理与分析

根据前期工作的计划安排,各标段施工单位积极配合,对现场挤扩支盘桩施工过程资料进行了收集记录。通过对资料数据进行整理与分析,得到补充定额框架的工料机消耗。

（1）建立台账

将收集的各标段挤扩支盘桩施工过程资料根据定额类别划分录入至同一个数据表中,形成数据汇总,统一格式,方便后续数据查找和分析,考虑主要地层、次要地层占比,挤扩次数,盘（支）间歇时间等。台账一览表见表2-50~表2-52。

台账一览表（一） 表2-50

标段	桩位编号	施工日期	桩长（m）	盘（个）	支（个）	挤扩次数（次）					
2标江东	2-0	2018.8.1	50	3	1	16	16	16	4		
2标江东	2-1	2018.9.17	50	3		16	16		3		
2标江东	2-2	2018.9.22	50	3	1	16			3		
2标江东	2-4	2018.9.11	50	3	1	16	16	16	4		
2标江东	3-0	2018.7.25	42	3	1	16	16	16	4		
2标江东	3-1	2018.8.8	50	3	1	11	11	11	3		
2标江东	3-2	2018.9.29	50	3	1	16	16	16	3		
2标江东	3-4	2018.9.21	50	3	1	16	16	16	3		
2标江东	3-5	2018.8.4	50	3	1	16	16		4		
2标江东	4-0	2018.8.2	50	3	1	16	16	16	4		

台账一览表（二） 表2-51

一次挤扩循环时间（s）	纯挤扩时间（h）	单盘挤扩时间（h）	单支挤扩时间（h）	间歇时间（h）	盘（支）间歇时间（h）	工作时间（h）
160	2.31	0.71	0.18	3.36	1.12	5.67
160	2.27	0.71	0.13	3.40	1.13	5.67
160	2.27	0.71	0.13	3.40	1.13	5.67
160	2.31	0.71	0.18	3.36	1.12	5.67
160	2.31	0.71	0.18	3.30	1.12	5.67
160	1.60	0.49	0.13	4.07	1.36	5.67
160	2.27	0.71	0.13	3.40	1.13	5.67
160	2.27	0.71	0.13	3.40	1.13	5.67
160	2.3	0.71	0.18	3.36	1.12	5.67
160	2.31	0.71	0.18	3.36	1.12	5.67
160	2.27	0.71	0.13	3.40	1.13	5.67

台账一览表(三)　　　　　　　　　　　　　表 2-52

主要地层	主要地层比例	次要地层	次要地层比例	盘(支)径(m)	编码	工作内容
淤泥质粉质黏土	36%	圆砾土	30.2%	2.3	2	挤扩支盘机
淤泥质粉质黏土	36%	圆砾土	30%	2.3	2	挤扩支盘机
淤泥质粉质黏土	36%	圆砾土	30%	2.3	2	挤扩支盘机
淤泥质粉质黏土	36%	圆砾土	30%	2.3	2	挤扩支盘机
淤泥质粉质黏土	36%	圆砾土	30%	2.3	2	挤扩支盘机
淤泥质粉质黏土	36%	圆砾土	30%	2.3	2	挤扩支盘机
淤泥质粉质黏土	36%	圆砾土	30%	2.3	2	挤扩支盘机
淤泥质粉质黏土	36%	圆砾土	30%	2.3	2	挤扩支盘机
淤泥质粉质黏土	36%	圆砾土	30%	2.3	2	挤扩支盘机
粉质黏土	85%	0	0	2.3	2	挤扩支盘机
粉质黏土	85%	0	0	2.3	2	挤扩支盘机

(2)数据筛选

数据筛选的逻辑关系如图 2-109 所示。

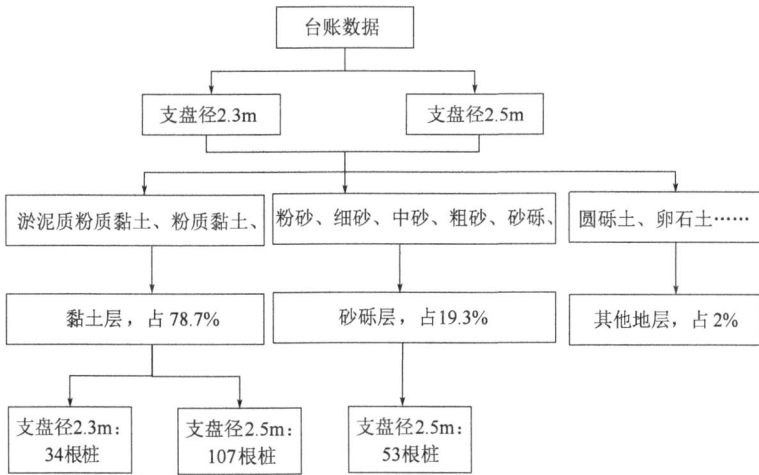

图 2-109　数据筛选逻辑图

由于黏土层、砂砾层占比较大,样本丰富,满足分析要求,故选取了黏土层支盘径 2.3m 的 34 根桩、支盘径 2.5m 的 107 根桩、砂砾层支盘径 2.5m 的 53 根桩,总共 194 根桩进行分析。

(3)数据分析

①挤扩设备机械台班测定

"挤扩"工作受支盘所处的地质情况、挤扩盘径影响较大。通过对不同地层、不同桩径的支盘挤扩时间(挤扩次数)数据的分析,测定挤扩支盘机的台班消耗量。结合"挤扩支盘施工记录表"记录的相关数据,构建科学的处理方法。

a. 选择合适的数学模型

采用机械台班测时法,对项目各标段统计数据的粗大误差进行识别与处理。根据不同样本数据个数 n,采取不同准则分别进行数据识别与处理。当数据 $n \leqslant 30$ 时,采用狄克逊准则;当数据 $n > 30$ 时,采用格拉布斯准则。研究样本个数均大于30。

b. 分析过程与数据处理

挤扩支盘机的工作时间包括准备时间、下放或提升设备时间、作业时间等,在收集的数据中,"挤扩支盘施工记录表"的数据记录详细,有助于分析得到合理的机械台班。

黏土层-支盘径2.3m-挤扩支盘机机械台班分析(每增1盘或1支)见表2-53。

分析表

表2-53

测时法	单盘挤扩时间(h)	单支挤扩时间(h)	盘(支)间歇时间(h)
样本数(>30)	34	34	34
粗大误差的识别与处理:采用格拉布斯准则			
算术平均值	0.65	0.14	1.38
最大残值绝对值	0.21	0.04	0.94
标准差	0.10	0.02	0.47
粗大误差判别	0	0	0
	无	无	无
观测次数检验	10	6	45
	满足	满足	不满足
算术平均值	0.65	0.14	1.38
99%置信区间 C 值	2.58	2.58	2.58
控制上限	0.70	0.15	1.59
控制下限	0.60	0.13	1.17
修正后取值	0.70	0.13	1.17
测时法	单盘挤扩时间(h)	单支挤扩时间(h)	平均时间(h)
挤扩支盘机机械台班			
定额纯工作时间	1.87	1.30	
定额纯工作1h正常生产率	0.53	0.77	
机械产量定额	4.28	6.14	
机械时间定额	0.23	0.16	
配合机械人工时间定额	3.04	2.12	2.58

取值:黏土层-支盘径2.3m,单盘挤扩的机械台班为0.23,单支挤扩的机械台班为0.16,机械工工日为2.58。

黏土层-支盘径2.3m-挤扩支盘机机械台班分析(基本承力盘、基本六星支),见表2-54。

分析表　　　　　　　　　　　　　　　　　　　　　　　表2-54

测时法	单盘挤扩时间(h)	单支挤扩时间(h)	平均时间(h)
挤扩支盘机机械台班			
定额纯工作时间	2.84	2.27	
定额纯工作1h正常生产率	0.35	0.44	
机械产量定额	2.82	3.52	
机械时间定额	0.36	0.28	
配合机械人工时间定额	4.62	3.69	4.15

取值:黏土层-支盘径2.3m,基本承力盘挤扩的机械台班为0.36,基本六星支挤扩的机械台班为0.28,机械工工日为4.15,考虑了首盘或支的间隙等待时间。

黏土层-支盘径2.5m-挤扩支盘机机械台班分析(每增1盘或1支),见表2-55。

分析表　　　　　　　　　　　　　　　　　　　　　　　表2-55

测时法	单盘挤扩时间(h)	单支挤扩时间(h)	盘(支)间歇时间(h)
样本(>30)	107	95	107
粗大误差的识别与处理:采用格拉布斯准则			
算术平均值	0.53	0.14	0.93
最大残值绝对值	0.18	0.04	0.65
标准差	0.09	0.01	0.39
粗大误差判别	0	0	0
	无	无	无
观测次数检验	11	5	70
	满足	满足	满足
算术平均值	0.53	0.14	0.93
99%置信区间C值	2.58	2.58	2.58
控制上限	0.56	0.143	1.03
控制下限	0.51	0.135	0.84
修正后取值	0.56	0.14	1.03
测时法	单盘挤扩时间(h)	单支挤扩时间(h)	平均时间(h)
挤扩支盘机机械台班			
定额纯工作时间	1.59	1.17	
定额纯工作1h正常生产率	0.63	0.86	
机械产量定额	5.03	6.84	
机械时间定额	0.20	0.15	
配合机械人工时间定额	2.58	1.90	2.24

取值：黏土层-支盘径2.5m，单盘挤扩的机械台班为0.2，单支挤扩的机械台班为0.15，机械工工日为2.24。

黏土层-支盘径2.5m-挤扩支盘机机械台班分析(基本承力盘、基本六星支)，见表2-56。

分析表

表2-56

测时法	单盘挤扩时间(h)	单支挤扩时间(h)	平均时间(h)
挤扩支盘机机械台班			
定额纯工作时间	2.71	2.29	
定额纯工作1h正常生产率	0.37	0.44	
机械产量定额	2.95	3.50	
机械时间定额	0.34	0.29	
配合机械人工时间定额	4.40	3.72	4.06

取值：黏土层-支盘径2.5m，基本承力盘挤扩的机械台班为0.34，基本六星支挤扩的机械台班为0.29，机械工工日为4.06，考虑了首盘或支的间隙等待时间。

砂砾层-支盘径2.5m-挤扩支盘机机械台班分析(每增1盘或1支)，见表2-57。

分析表

表2-57

测时法	单盘挤扩时间(h)	单支挤扩时间(h)	盘(支)间歇时间(h)
样本(>30)	53	8	53
粗大误差的识别与处理：采用格拉布斯准则			
算术平均值	0.75	0.13	0.89
最大残值绝对值	1.16	0.13	1.69
标准差	0.80	0.14	1.02
粗大误差判别	0		0
	无	—	无
观测次数检验	42		110
	满足	—	不满足
算术平均值	0.75		0.89
99%置信区间C值	2.58		2.58
控制上限	1.03	—	1.25
控制下限	0.47	—	0.53
修正后取值	0.67	0.13	1.14
测时法	单盘挤扩时间(h)	单支挤扩时间(h)	平均时间(h)
挤扩支盘机机械台班			
定额纯工作时间	1.81	1.27	
定额纯工作1h正常生产率	0.55	0.79	
机械产量定额	4.43	6.29	
机械时间定额	0.23	0.16	
配合机械人工时间定额	2.93	2.07	2.50

取值:砂砾层-支盘径2.5m,单盘挤扩的机械台班为0.23,单支挤扩的机械台班为0.16,机械工工日为2.5。

砂砾层-支盘径2.5m-挤扩支盘机机械台班分析(基本承力盘、基本六星支),见表2-58。

分析表 表2-58

测时法	单盘挤扩时间(h)	单支挤扩时间(h)	平均时间(h)
挤扩支盘机机械台班			
定额纯工作时间	2.95	2.42	
定额纯工作1h正常生产率	0.34	0.41	
机械产量定额	2.71	3.31	
机械时间定额	0.37	0.30	
配合机械人工时间定额	4.79	3.93	4.36

取值:砂砾层-支盘径2.5m,基本承力盘挤扩的机械台班为0.37,基本六星支挤扩的机械台班为0.3,机械工工日为4.36,考虑了首盘或支的间隙等待时间。

②定额工料机分析

由于"定额基础资料调查表"关于工料机的现场观测与记录不是按照交通运输部定额工料机的标准流程进行的,数据上存在一些不规范问题,故对数据取平均值。本定额的工料机取值如下:

a.推荐定额方案

劳动消耗定额取值(工日)见表2-59。

劳动消耗定额取值(工日)表 表2-59

支盘构造	支盘径与地层	位置	工日
基本承力盘、基本六星支	支盘径230cm-黏土	承力盘	12.07
		六星支	8.66
	支盘径250cm-黏土	承力盘	11.04
		六星支	8.24
	支盘径250cm-砂砾	承力盘	12.53
		六星支	8.88
每增1盘/1支	支盘径230cm-黏土	承力盘	4.41
		六星支	0.99
	支盘径250cm-黏土	承力盘	3.85
		六星支	1.04
	支盘径250cm-砂砾	承力盘	4.76
		六星支	1.11

机械消耗定额取值（台班）见表2-60。

机械消耗定额取值（台班）表

表2-60

支盘构造	支盘径与地层	施工机械	位置	工日
基本承力盘、基本六星支	支盘径230cm-黏土	2.0m³以内履带式液压单斗挖掘机	承力盘	0.25
			六星支	0.25
		2t以内载货汽车	承力盘	2.38
			六星支	2.38
		75t以内汽车式起重机	承力盘	1.71
			六星支	1.71
		YZJ-2700挤扩支盘机	承力盘	0.34
			六星支	0.34
	支盘径250cm-黏土	2.0m³以内履带式液压单斗挖掘机	承力盘	0.25
			六星支	0.25
		2t以内载货汽车	承力盘	2.38
			六星支	2.38
		75t以内汽车式起重机	承力盘	1.53
			六星支	1.53
		YZJ-3000挤扩支盘机	承力盘	0.34
			六星支	0.29
	支盘径250cm-砂砾	2.0m³以内履带式液压单斗挖掘机	承力盘	0.25
			六星支	0.25
		2t以内载货汽车	承力盘	2.38
			六星支	2.38
		75t以内汽车式起重机	承力盘	1.40
			六星支	1.40
		YZJ-3000挤扩支盘机	承力盘	0.37
			六星支	0.3
每增1盘/1支	支盘径230cm-黏土	75t以内汽车式起重机	承力盘	0.01
			六星支	0.01
		YZJ-2700挤扩支盘机	承力盘	0.23
			六星支	0.11
	支盘径250cm-黏土	75t以内汽车式起重机	承力盘	0.01
			六星支	0.01
		YZJ-2700挤扩支盘机	承力盘	0.2
			六星支	0.1

支盘构造	支盘径与地层	施工机械	位置	工日
每增1盘/1支	支盘径250cm-砂砾	75t以内汽车式起重机	承力盘	0.01
			六星支	0.01
		YZJ-2700挤扩支盘机	承力盘	0.23
			六星支	0.11

材料消耗定额取值(表列单位)见表2-61。

材料消耗定额取值(表列单位)表　　　　　　　　表2-61

支盘构造	支盘径与地层	材料	单位	规格	位置	工日
基本承力盘、基本六星支	支盘径230cm-黏土	水	m^3	—	承力盘	2
					六星支	2
		孔口板	套	4.2m×4.2m×0.3m,钢板,定制	承力盘	0.010
					六星支	0.010
		枕木	m^3	2m×0.3m×0.3m	承力盘	1.44
					六星支	1.44
		卡盘	套	0.85m×1m×60mm(厚)钢板,中空,非标件	承力盘	0.05
					六星支	0.05
		方管	t	60m×60m×2.5m	承力盘	0.002
					六星支	0.002
		钢板	t	1.5m×3m×25mm(厚)	承力盘	0.035
					六星支	0.035
	支盘径250cm-黏土	水	m^3	—	承力盘	2
					六星支	2
		孔口板	套	4.2m×4.2m×0.3m,钢板,定制	承力盘	0.010
					六星支	0.010
		枕木	m^3	2m×0.3m×0.3m	承力盘	1.44
					六星支	1.44
		卡盘	套	0.85m×1m×60mm(厚)钢板,中空,非标件	承力盘	0.05
					六星支	0.05
		方管	t	60m×60m×2.5m	承力盘	0.002
					六星支	0.002
		钢板	t	1.5m×3m×25mm(厚)	承力盘	0.035
					六星支	0.035
	支盘径250cm-砂砾	水	m^3	—	承力盘	2
					六星支	2

支盘构造	支盘径与地层	材料	单位	规格	位置	工日
基本承力盘、基本六星支	支盘径250cm-砂砾	孔口板	套	4.2m×4.2m×0.3m，钢板，定制	承力盘	0.010
					六星支	0.010
		枕木	m³	2m×0.3m×0.3m	承力盘	1.44
					六星支	1.44
		卡盘	套	0.85m×1m×60mm（厚）钢板，中空，非标件	承力盘	0.05
					六星支	0.05
		方管	t	60m×60m×2.5m	承力盘	0.002
					六星支	0.002
		钢板	t	1.5m×3m×25mm（厚）	承力盘	0.035
					六星支	0.035
每增1盘/1支	支盘径230cm-黏土	水	m³	—	承力盘	0.68
					六星支	0.15
		水	m³	—	承力盘	0.73
					六星支	0.2
		水	m³	—	承力盘	0.95
					六星支	0.2

定额工料机单价取值见表2-62。

定额工、料、机单价取值表

表2-62

序号	名称	代号	单位	场内运输及操作消耗	单价（元）
1	人工	1001001	工日		59.74
2	机械工	1051001	工日		59.74
3	钢板	2003005	t	0.06	3486
4	水	3005004	m³		2.52
5	汽油	3003002	kg		7.2
6	柴油	3003003	kg		5.92
7	电	3005002	kW·h		0.85
8	枕木	4003003	m³	0.05	1018
新增材料					
1	孔口板	2020001粤	套		144816
2	卡盘	2020002粤	套		720
3	方管	2020003粤	t	0.04	6324

人工单价采用粤交基〔2010〕1915号，常用材料采用招标控制价时信息价（省交通主管部门发布的2017年2月信息价），新增材料采用市场价。

YZJ-2700、YZJ-3000 挤扩支盘机的设备原值、折旧年限、K 值、大修次数和大修费用说明如下。

YZJ-2700 挤扩支盘机定额单价取值见表 2-63。

YZJ-2700 挤扩支盘机定额单价取值表 表 2-63

说明项	取值	取值说明	备注
设备原值	476 万元	560 万元×0.85	缺少发票资料,参考 YZJ-3000 的设备原值×0.85
折旧年限	6 年		公路机械设备折旧年限最低取值
K 值	2.8		根据维修保养费用系数拟定
大修次数	4 次		根据设备高强度作业容易损坏的事实拟定
大修费用	89 万元		缺少发票资料,参考 2011 年 YJZ（A）2000s 的大修费发票

YZJ-3000 挤扩支盘机定额单价取值见表 2-64。

YZJ-3000 挤扩支盘机定额单价取值 表 2-64

说明项	取值	取值说明	备注
设备原值	560 万元		缺少发票资料,参考 2011 年 YZJ-3000 发票
折旧年限	6 年		公路机械设备折旧年限最低取值
K 值	2.6		根据维修保养费用系数拟定
大修次数	4 次		根据设备高强度作业容易损坏的事实拟定
大修费用	155.8 万元		缺少发票资料,参考 2018 年 YJZ（A）3000s 的大修费发票

经过调整后的机械台班单价见表 2-65。

经过调整后的机械台班单价 表 2-65

代号	机械名称	单位	台班基价(元)
8001030	2.0m³ 以内履带式液压单斗挖掘机	台班	1268.42
8007001	2t 以内载货汽车	台班	273.62
8009034	75t 以内汽车起重机	台班	3293.11
8011088 粤	YZJ-2700 挤扩支盘机	台班	16355.50
8011089 粤	YZJ-3000 挤扩支盘机	台班	24671.48
8001030	2.0m³ 以内履带式液压单斗挖掘机	台班	1268.42

b. 比较定额方案

劳动消耗定额取值（工日）见表2-66。

劳动消耗定额取值（工日）表   表2-66

支盘径与地层	位置	工日
支盘径230cm-黏土	承力盘	6.98
	六星支	1.58
支盘径250cm-黏土	承力盘	6.49
	六星支	1.75
支盘径250cm-砂砾	承力盘	8.49
	六星支	1.77

机械消耗定额取值（台班）见表2-67。

机械消耗定额取值（台班）表   表2-67

支盘径与地层	施工机械	位置	工日
支盘径230cm-黏土	2.0m³以内履带式液压单斗挖掘机	承力盘	0.08
		六星支	0.02
	2t以内载货汽车	承力盘	0.8
		六星支	0.18
	75t以内汽车式起重机	承力盘	0.58
		六星支	0.13
	YZJ-2700挤扩支盘机	承力盘	0.22
		六星支	0.16
支盘径250cm-黏土	2.0m³以内履带式液压单斗挖掘机	承力盘	0.09
		六星支	0.02
	2t以内载货汽车	承力盘	0.87
		六星支	0.23
	75t以内汽车式起重机	承力盘	0.56
		六星支	0.15
	YZJ-3000挤扩支盘机	承力盘	0.2
		六星支	0.15
支盘径250cm-砂砾	2.0m³以内履带式液压单斗挖掘机	承力盘	0.12
		六星支	0.03
	2t以内载货汽车	承力盘	1.13
		六星支	0.24
	75t以内汽车式起重机	承力盘	0.68
		六星支	0.15
	YZJ-3000挤扩支盘机	承力盘	0.23
		六星支	0.16

材料消耗定额取值(表列单位)见表2-68。

材料消耗定额取值(表列单位)表 表2-68

支盘径与地层	材料	单位	规格	位置	工日
支盘径230cm-黏土	水	m³	—	承力盘	0.68
				六星支	0.15
	孔口板	套	4.2m×4.2m×0.3m,钢板,定制	承力盘	0.003
				六星支	0.001
	枕木	m³	2m×0.3m×0.3m	承力盘	0.49
				六星支	0.11
	卡盘	套	0.85m×1m×60mm(厚)钢板,中空,非标件	承力盘	0.017
				六星支	0.004
	方管	t	60m×60m×2.5m	承力盘	0.001
				六星支	0.001
	钢板	t	1.5m×3m×25mm(厚)	承力盘	0.012
				六星支	0.003
支盘径250cm-黏土	水	m³	—	承力盘	0.73
				六星支	0.2
	孔口板	套	4.2m×4.2m×0.3m,钢板,定制	承力盘	0.004
				六星支	0.001
	枕木	m³	2m×0.3m×0.3m	承力盘	0.53
				六星支	0.14
	卡盘	套	0.85m×1m×60mm(厚)钢板,中空,非标件	承力盘	0.019
				六星支	0.005
	方管	t	60m×60m×2.5m	承力盘	0.001
				六星支	0.001
	钢板	t	1.5m×3m×25mm(厚)	承力盘	0.013
				六星支	0.004
支盘径250cm-砂砾	水	m³	—	承力盘	0.95
				六星支	0.2
	孔口板	套	4.2m×4.2m×0.3m,钢板,定制	承力盘	0.010
				六星支	0.002
	枕木	m³	2m×0.3m×0.3m	承力盘	0.69
				六星支	0.15
	卡盘	套	0.85m×1m×60mm(厚)钢板,中空,非标件	承力盘	0.024
				六星支	0.01

续上表

支盘径与地层	材料	单位	规格	位置	工日
支盘径 250cm-砂砾	方管	t	60m×60m×2.5m	承力盘	0.001
				六星支	0.001
	钢板	t	1.5m×3m×25mm(厚)	承力盘	0.017
				六星支	0.004

注：孔口板和钢板摊销100次，卡盘和方管摊销20次。

定额工料机单价分析见表2-69。

定额工料机单价分析表　　　　　　　　　　　　　　　表2-69

序号	名称	代号	单位	场内运输及操作消耗	单价(元)
1	人工	1001001	工日		59.74
2	机械工	1051001	工日		59.74
3	钢板	2003005	t	0.06	3486
4	水	3005004	m³		2.52
5	汽油	3003002	kg		7.2
6	柴油	3003003	kg		5.92
7	电	3005002	kW·h		0.85
8	枕木	4003003	m³	0.05	1018
新增材料					
1	孔口板	2020001 粤	套		144816
2	卡盘	2020002 粤	套		720
3	方管	2020003 粤	t	0.04	6324

人工单价采用粤交基〔2010〕1915号，常用材料采用招标控制价时信息价（省交通主管部门发布的2017年2月信息价），新增材料采用市场价。

YZJ-2700、YZJ-3000挤扩支盘机的设备原值、折旧年限、K值、大修次数和大修费用说明如下。

YZJ-2700挤扩支盘机定额单价取值见表2-70。

YZJ-2700挤扩支盘机定额单价取值表　　　　　　　表2-70

说明项	取值	取值说明	备注
设备原值	448万元	560万元×0.8	缺少发票资料，参考YZJ-3000的设备原值×0.8
折旧年限	6年		公路机械设备折旧年限最低取值
K值	2.9		参考潜水钻机K值
大修次数	5次		根据设备高强度作业容易损坏的事实拟定
大修费用	89万元		缺少发票资料，参考2011年YJZ(A)2000s的大修费发票

YZJ-3000 挤扩支盘机定额单价取值见表 2-71。

YZJ-3000 挤扩支盘机定额单价取值表 表 2-71

说明项	取值	取值说明	备注
设备原值	560 万元		缺少发票资料,参考 2011 年 YZJ-3000 的发票
折旧年限	6 年		公路机械设备折旧年限最低取值
K 值	2.9		参考潜水钻机 K 值
大修次数	5 次		根据设备高强度作业容易损坏的事实拟定
大修费用	155.8 万元		缺少发票资料,参考 2018 年 YJZ(A)3000s 的大修费发票

经过调整后的机械台班单价见表 2-72。

经过调整后的机械台班单价 表 2-72

代号	机械名称	单位	台班基价(元)
8001030	2.0m³ 以内履带式液压单斗挖掘机	台班	1268.42
8007001	2t 以内载货汽车	台班	273.62
8009034	75t 以内汽车式起重机	台班	3293.11
8011088 粤	YZJ-2700 挤扩支盘机	台班	19286.37
8011089 粤	YZJ-3000 挤扩支盘机	台班	31292.71
8001030	2.0m³ 以内履带式液压单斗挖掘机	台班	1268.42

③其他说明

挤扩支盘机目前处于不断研发阶段,市场行情不明朗,仅收集到 2011 年的 YZJ(A)-3000S 挤扩支盘机整机的发票价一份,需要相关单位继续提供反映设备原值、大修费用、维护保养费用的资料,如设备采购发票、设备大修小修发票、费用清单等。残值率、K 值、年工作台班、折旧年限、大修次数、大修费用、小修费用主要参照《全国统一施工机械台班费用编制规则》《公路工程机械台班费用定额》(JTG/T 3833—2018)和《中华人民共和国企业所得税实施条例》(国务院第 512 号令)计算和取值。

据调研反映,潮汕环线施工的挤扩支盘机损坏严重,一般在一两年内就需要回厂大修,每次大修费用昂贵,造成设备成本高。但从长远上看,随着技术的进步和材料的改进,挤扩支盘机会越来越稳定。因此,建议以成熟、稳定的设备定位挤扩支盘机。

此外,照明灯具、工地小转移、电脑、打印机、办公车辆等费用在概算预算编制办法约定的相应费率中体现,其中自发电内容应按照概算预算编制办法约定的的计费方式单列。

(4)成果归纳与验证

①推荐定额方案

a. 成果归纳

定额使用说明:

支盘径230cm定额对应支盘段主桩径120cm的定额,支盘径250cm定额对应支盘段主桩径140cm的定额。

本定额承力盘适用于挤扩11~16次,六星支适用于挤扩3~5次。

基本承力盘(或基本六星支)包含场地工作面临时设施摊销费用、设备安拆费用、设备出入孔等费用以及做一个承力盘(或六星支)的费用。

在计算费用时,若同时有承力盘和六星支,套用"基本承力盘"(或"基本六星支")+"每增1盘"+"每增1支",且增减的盘数-1(或增减的支数-1),调整定额工程量,但定额内原人、材、机消耗量不允许调整。

本定额是在《公路工程预算定额》(JTG/T 3832—2018)及配套机械台班定额的基础上编制的,而定额基价采用的信息价为本项目招标控制价时信息价(2017年2月信息价)。

b. 定额成果展示

定额工作内容:安、拆孔口平台及刻度盘;安、拆挤扩支盘机,装、拆接长杆及油管绞盘;支盘挤扩和支盘调控。

定额单位:个。

②定额成果表

定额成果表见表2-73。

a. 成果验证

由于本项目的招标控制价在2018年以前编制,使用2007年概算预算编制办法及编制控制价时的人工材料单价和费率,采用2007年预算方法进行测算。由于补充定额不含专利费,单价比较是在同口径条件下进行的,而总费用的比较,则在使用补充定额后,以清单的形式额外加了专利费用再进行同口径比较。

b. 与本项目施工费用水平对比

支盘径230cm单价比较(表2-74):由于施工单位不分土层报价,暂与黏土层比较,基本承力盘费用与施工费用的比值为1.05,基本六星支费用与施工费用的比值为1.16,单个承力盘费用与施工费用的比值为0.93,单个六星支费用与施工费用的比值为1.04,补充定额的费用水平比较贴近施工费用。

定额成果表

表2-73

顺序号	项目	单位	代号	支盘径230cm — 黏土 基本承力盘 (1)	每增1盘 (2)	基本六星支 (3)	每增1支 (4)	砂砾 基本承力盘 (5)	每增1盘 (6)	基本六星支 (7)	每增1支 (8)	支盘径250cm — 黏土 基本承力盘 (9)	每增1盘 (10)	基本六星支 (11)	每增1支 (12)	砂砾 基本承力盘 (13)	每增1盘 (14)	基本六星支 (15)	每增1支 (16)
1	人工	工日	1001001	12.07	4.41	8.66	0.99					11.04	3.85	8.24	1.04	12.53	4.76	8.88	1.11
2	水	m³	3005004	2.00	0.68	2.00	0.15					2.00	0.23	2.00	0.20	2.00	0.95	2.00	0.20
3	枕木	m³	4003003	1.44		1.44						1.44		1.44		1.44		1.44	—
4	钢板	t	2003005	0.035		0.035						0.035		0.035		0.035		0.035	—
5	孔口板	套	2020001粤	0.010		0.010						0.010		0.010		0.010		0.010	—
6	卡盘	套	2020002粤	0.050		0.050						0.050		0.050		0.050		0.050	—
7	方管	t	2020003粤	0.002		0.002						0.002		0.002		0.002		0.002	—
8	其他材料费	元	7801001	948.10		948.10						948.10		948.10		948.10		948.10	—
9	2.0m³以内履带式液压单斗挖掘机	台班	8001030	0.25		0.25						0.25		0.25		0.25		0.25	—
10	2t以内载货汽车	台班	8007001	2.38		2.38						2.38		2.38		2.38		2.38	—
11	75t以内汽车式起重机	台班	8009034	1.71	0.01	1.71	0.01					1.53	0.01	1.53	0.01	1.40	0.01	1.40	0.01
12	YZJ-2700挤扩支盘机	台班	8011088粤	0.34	0.23	0.28	0.11												
13	YZJ-3000挤扩支盘机	台班	8011089粤									0.34	0.20	0.29	0.10	0.37	0.23	0.30	0.11
14	小型机具使用费	元	8099001	395.40		395.40						395.40		395.40		395.40		395.40	—
15	基价	元	9999001	17314.75	4059.86	16129.71	1891.56					19487.89	5199.07	18087.04	2562.71	19888.94	5994.13	17943.89	2813.61

补充定额单价与施工费用单价对比 表2-74

不分土层		拟划分土层（补充定额）					
		黏土层			砂砾层		
施工费用		定额建安费		定额费用/定额建安费	定额建安费		定额费用/定额建安
费用项组合	单价(元)	费用顶组合	单价(元)	比值(%)	费用顶组合	单价(元)	比值(%)
支盘桩基础费+1个盘费用	23446.50	基本承力盘	24662	105%	—	—	—
支盘桩基础费+1个支费用	19772.85	基本六星支	22919	116%	—	—	—
盘费用	6266.81	每增1盘	5815	93%	—	—	—
六星支费用	2593.16	每增1支	2687	104%	—	—	—

支盘径250cm单价比较（表2-75）：由于施工单位不分土层报价,暂与黏土层、砂砾层比较,其中黏土层基本承力盘费用与施工费用的比值为1.08,基本六星支费用与施工费用的比值为1.18,单个承力盘费用与施工费用的比值为1.06,单个六星支费用与施工费用的比值为1.25,除六星支的费用偏高外,承力盘的费用水平比较贴近施工费用;砂砾层基本承力盘费用与施工费用的比值为1.1,基本六星支费用与施工费用的比值为1.18,单个承力盘费用与施工费用的比值为1.23,单个六星支费用与施工费用的比值为1.38,补充定额的费用水平均远高于施工费用。

补充定额单价与施工费用单价对比表 表2-75

不分土层		拟划分土层（补充定额）					
		黏土层			砂砾层		
施工费用		定额建安费		定额费用/定额建安费	定额建安费		定额费用/定额建安
费用项组合	单价(元)	费用顶组合	单价(元)	比值(%)	费用顶组合	单价(元)	比值(%)
支盘桩基础费+1个盘费用	25761.84	基本承力盘	27701.00	108%	基本承力盘	28301.00	110%
支盘桩基础费+1个支费用	21682.88	基本六星支	25668.00	118%	基本六星支	25480.00	118%
盘费用	6977.17	每增1盘	7409.00	106%	每增1盘	8549.00	123%
六星支费用	2898.21	每增1支	3635.00	125%	每增1支	3990.00	138%

总费用的比较:通过对潮汕环线二期挤扩支盘桩重大设计变更申报的四个标段的桥梁挤扩支盘桩挤扩清单费用进行同口径比较,补充定额的费用水平比施工费用总体偏高,大部分在6%以内。

c. 与其他项目施工费用水平对比(表2-76)

见表2-76,补充定额费用水平比潮汕环线三期挤扩支盘桩施工费用水平均低于20%左右,但潮汕环线三期的专利费仅占施工费用的8%,而潮汕环线二期的专利费约占施工费用的30%。综合比较得出,补充定额亦适用于潮汕环线三期。

补充定额单价与施工费用单价对比表   表2-76

不分土层		拟划分土层(补充定额)					
		黏土层(支盘径250cm)			砂砾层(支盘径250cm)		
施工费用		定额建安费		定额费用/ 定额建安费	定额建安费		定额费用/ 定额建安费
费用项组合	单价(元)	费用项组合	单价(元)	比值(%)	费用项组合	单价(元)	比值(%)
支盘桩基础费+ 1个盘费用	34700.00	基本承力盘	27701	80%			
支盘桩基础费+ 1个支费用	29300.00	基本六星支	25668	88%	—	—	—
盘费用	9400.00	每增1盘	7409	79%	—	—	—
六星支费用	4000.00	每增1支	3635	91%	—	—	—
支盘桩基础费+ 1个盘费用	37400.00	基本承力盘	27701.00	74%	基本承力盘	28301.00	76%
支盘桩基础费+ 1个支费用	31350.00	基本六星支	25668.00	82%	基本六星支	25480.00	81%
盘费用	10400.00	每增1盘	7409.00	71%	每增1盘	8549.00	82%
六星支费用	4350.00	每增1支	3635.00	84%	每增1支	3990.00	92%

③定额方案比较

a. 成果归纳

a)定额使用说明。

支盘径230cm定额对应支盘段主桩径120cm的定额,支盘径250cm定额对应支盘段主桩径140cm的定额。

本定额承力盘适用于挤扩11~16次,六星支适用于挤扩3~5次。

每个承力盘、六星支已包含场地工作面临时设施摊销费用、设备安拆费用、设备出入孔等费用摊销。

在计算费用时,每增1盘或1支,调整定额工程量,但定额内原人材机消耗量不允许调整。

本定额是在《公路工程预算定额》（JTG/T 3832—2018）及配套机械台班定额的基础上编制的，而定额基价采用的信息价为本项目招标控制价时信息价(2017 年 2 月信息价)。

b)定额成果展示，见表 2-77。

定额工作内容：安、拆孔口平台及刻度盘；安、拆挤扩支盘机，装、拆接长杆及油管绞盘；支盘挤扩和支盘调控。

定额单位：个。

定额成果表
表 2-77

顺序号	项目	单位	代号	支盘径 230cm				支盘径 250cm			
				黏土		砂砾		黏土		砂砾	
				承力盘	六星支	承力盘	六星支	承力盘	六星支	承力盘	六星支
				1	2	3	4	5	6	7	8
1	人工	工日	1001001	6.98	1.58			6.49	1.75	8.49	1.77
2	水	m³	3005004								
3	枕木	m³	4003003	0.49	0.11	—	—	0.53	0.14	0.69	0.15
4	钢板	t	2003005	0.012	0.003	—	—	0.013	0.004	0.017	0.004
5	孔口板	套	2020001 母	0.003	0.001	—	—	0.004	0.001	0.010	0.002
6	卡盘	套	2020002 粤	0.017	0.004			0.019	0.005	0.024	0.010
7	方管	t	2020003 粤	0.001	0.001			0.001	0.001	0.001	0.001
8	其他材料费	元	7801001	664.10	664.10	—	—	664.10	664.10	664.10	664.10
9	2.0m³ 以内履带式液压单斗挖掘机	台班	8001030	0.08	0.02			0.09	0.02	0.12	0.03
10	2t 以内载货汽车	台班	8007001	0.80	0.18			0.87	0.23	1.13	0.24
11	75t 以内汽车式起重机	台班	8009034	0.58	0.13			0.56	0.15	0.68	0.15
12	YZJ-2700 挤扩支盘机	台班	8011088 粤	0.22	0.16						
13	YZJ-3000 挤扩支盘机	台班	8011089 粤					0.20	0.15	0.23	0.16
14	小型机具使用费	元	8099001	270.40	270.40	—	—	270.40	270.40	270.40	270.40
15	基价	元	9999001	8818.52	4893.89			10961.23	6626.42	13573.18	7114.56

b. 成果验证

由于本项目的招标控制价在 2018 年以前编制，使用 2007 年概算预算编制办法及编制控制价时的人工材料单价和费率，采用 2007 预算方法进行测算。比较定额方案的分析仅单价的同口径比较,比值 = 定额建安费/施工费用。

a)黏土层:支盘径均为230cm。

补充定额单价与施工费用单价对比见表2-78、图2-110。

补充定额单价与施工费用单价对比表(黏土层:支盘径均为230cm 的比值)　表2-78

支盘个数	1	2	3	4	5	6	7	8	9	10
1桩 n 盘	0.54	0.85	1.05	1.19	1.3	1.38	1.44	1.5	1.54	1.58
1桩 n 支	0.35	0.62	0.83	1.01	1.15	1.27	1.37	1.46	1.54	1.61
1桩 n 盘 n 支	0.75	1.12	1.34	1.48	1.59	1.66	1.72	1.77	1.81	1.84
1桩 n 盘 n－1 支	0.54	0.99	1.25	1.42	1.54	1.63	1.69	1.75	1.79	1.82
1桩 n 盘 n－2 支	0.54	0.85	1.16	1.35	1.49	1.58	1.66	1.72	1.76	1.8

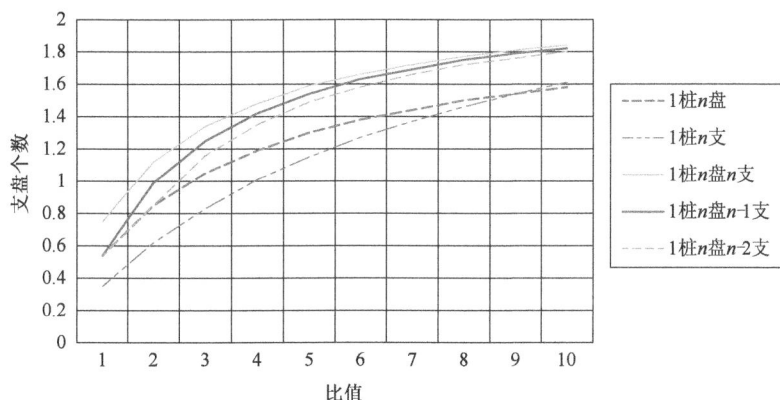

图2-110　补充定额单价与施工费用单价对比(黏土层:支盘径均为230cm 的比值)

分析说明:

假设支盘径均为230cm,本项目790 根桩有795 个支和2358 个盘,平均每桩3 盘1 支,在不考虑专利费的条件下,定额建安费与施工费用的比值为1.16,超出施工费用16%,有一定的合理下调空间,说明该定额费用水平比较合理。

当整桩只设承力盘时,1 桩1 ~10 盘的定额建安费与施工费用的比值范围是0.54 ~1.58,在1 桩3 盘时,定额建安费与施工费用的比值为1.05,费用水平基本相当。

当整桩只设六星支时,1 桩1 ~10 支的定额建安费与施工费用的比值范围是0.35 ~1.61,在1 桩4 支时,定额建安费与施工费用的比值为1.01,费用水平基本相当。

当整桩设相等的承力盘和六星支时,1 桩2 盘2 支的定额建安费与施工费用的比值为1.12;当整桩设的承力盘比六星支多1 个时,1 桩2 盘1 支的定额建安费与施工费用的比值为0.99。

b）黏土层：支盘径均为 250cm。

补充定额单价与施工费用单价对比见表 2-79、图 2-111。

补充定额单价与施工费用单价对比表（黏土层：支盘径均为 250cm 的比值）　表 2-79

支盘个数	1	2	3	4	5	6	7	8	9	10
1 桩 n 盘	0.61	0.95	1.18	1.34	1.45	1.54	1.61	1.67	1.72	1.76
1 桩 n 支	0.43	0.76	1.02	1.23	1.41	1.56	1.68	1.79	1.88	1.96
1 桩 n 盘 n 支	0.87	1.3	1.55	1.71	1.83	1.92	1.99	2.04	2.09	2.12
1 桩 n 盘 $n-1$ 支	0.61	1.14	1.44	1.63	1.77	1.87	1.95	2.01	2.05	2.1
1 桩 n 盘 $n-2$ 支	0.61	0.95	1.32	1.55	1.7	1.81	1.9	1.97	2.02	2.07

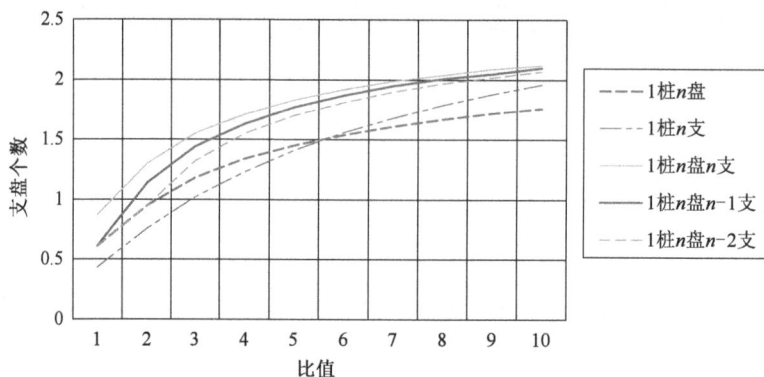

图 2-111　补充定额单价与施工费用单价对比（黏土层：支盘径均为 250cm 的比值）

分析说明：

假设支盘径均为 250cm，本项目 790 根桩有 795 个支和 2358 个盘，平均每桩 3 盘 1 支，在不考虑专利费的条件下，定额建安费与施工费用的比值为 1.32，超出施工费用 32%，有较大的下调空间，稍微偏大。

当整桩只设承力盘时，1 桩 1～10 盘的定额建安费与施工费用的比值范围是 0.61～1.76，在 1 桩 3 盘时，定额建安费与施工费用的比值为 1.18，超出施工费用。

当整桩只设六星支时，1 桩 1～10 支的定额建安费与施工费用的比值范围是 0.43～1.96，在 1 桩 3 支时，定额建安费与施工费用的比值为 1.02，费用水平基本相当。

当整桩设相等的承力盘和六星支时，1 桩 2 盘 2 支的定额建安费与施工费用的比值为 1.3；当整桩设的承力盘比六星支多一个时，1 桩 2 盘 1 支的定额建安费与施工费用的比值为 1.14，超出施工费用。

c）砂砾层：支盘径均为 250cm。

补充定额单价与施工费用单价对比见表 2-80、图 1-112。

补充定额单价与施工费用单价对比表（砂砾层：支盘径均为250cm的比值）　表2-80

支盘个数	1	2	3	4	5	6	7	8	9	10
1桩 n 盘	0.75	1.18	1.46	1.65	1.8	1.91	2	2.07	2.13	2.18
1桩 n 支	0.46	0.82	1.1	1.33	1.51	1.67	1.8	1.92	2.02	2.11
1桩 n 盘 n 支	1.02	1.52	1.82	2.02	2.15	2.26	2.34	2.4	2.46	2.5
1桩 n 盘 $n-1$ 支	0.75	1.37	1.72	1.94	2.1	2.21	2.3	2.37	2.43	2.47
1桩 n 盘 $n-2$ 支	0.75	1.18	1.6	1.86	2.03	2.16	2.26	2.34	2.4	2.45

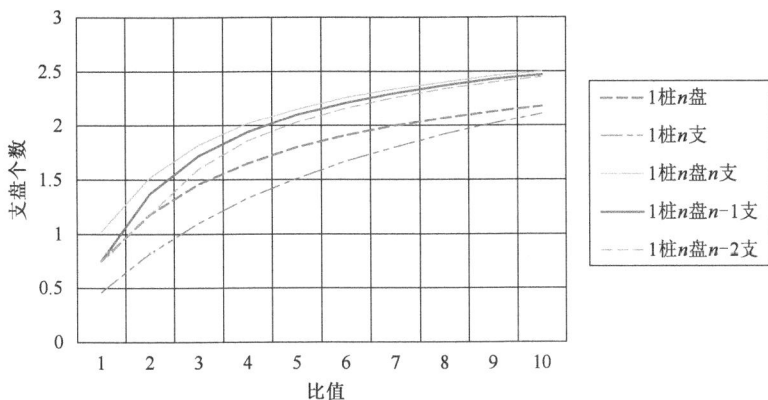

图2-112　补充定额单价与施工费用单价对比（砂砾层：支盘径均为250cm的比值）

分析说明：

总体上看，除少数的1桩1~2盘、1桩1~3支、1桩1盘1支外，大部分的定额建安费与施工费用的比值均超过1.3，最大比值达到2.5，说明定额水平明显偏高，或者由于施工费用报价未区分土层，导致在砂砾层报价明显偏低，有待下一步的深入研究。

综合以上分析，比较定额方案虽然使用时比较简单，但单盘和单支均摊销了支盘桩基础费用，在项目实践中容易超额计算基础摊销费用，故费用水平不理想，只能在特定条件下使用，不利于先进工艺的推广。而推荐定额方案条理清晰，通过区分基础承力盘、基础六星支、每增1盘或1支的费用，能够自由组合各种支盘结构，但实际使用时要注意正确套用辅助定额。

3

软基处理技术创新

3.1 软基处理小直径挤扩支盘桩设计施工关键技术研究与示范应用

挤扩支盘桩是一种新型结构的变截面灌注桩,它采用支盘挤扩机械,根据地质情况在硬土层中通过液压挤扩,对各分支和承力盘周围土体施以三维静压,挤扩支盘桩空腔,经挤密的周围土体与空腔内灌注的混凝土桩身、支盘紧密地结合为一体,发挥了桩土共同承力作用形成挤扩支盘桩。该技术能充分利用地基承载土层,在有效地减小桩径和桩长的同时大幅度提高桩的承载力,并减少桩体沉降量。

3.1.1 现场原位静载试验

1)测试目的及测试对象

检测目的:获取支盘桩原位桩 Q-S 曲线,确定单桩承载能力,确定桩身荷载传递情况。

根据本次试桩目的,针对性地选取具有代表性的土建 7 标河溪互通 m6n11、m7n12 号桩作为本次小直径挤扩支盘桩原位桩承载能力测试对象。该墩支盘桩设计参数、试验参数情况见表 3-1。

支盘桩试桩参数   表 3-1

桩号	桩长 (m)	桩径 (cm)	支盘设置情况	设计单桩承载力 (kN)	最大试验荷载 (kN)	备注
m6n11	32.0	60	3 盘 1 支(支盘径 1.4m)	2000	5000	
m7n12	32.0	60	3 盘 1 支(支盘径 1.4m)	2000	5000	

潮汕环线高速公路 7 标河溪互通小直径挤扩支盘桩由北京支盘地工科技开发中心进行设计计算确定,设置 1 支 +3 盘,由上至下依次为六星支-上盘-中盘-底盘,对应的土层

分别为粉质黏土、细砂、粉土、粗砂。

2）传感器布设

本次静载内力测试采用 FBG 光纤光栅传感器,潮汕环线 7 标河溪互通挤扩支盘桩共测试两根桩(m6n11、m7n12),每根桩安装 58 个传感器,合计 116 个。传感器安装情况见表 3-2 和图 3-1。

支盘桩试桩传感器布设表   表 3-2

序号	钢筋计安装位置高程(m)	支、盘位置	FGB 传感器个数
1	-1.5	桩顶	4
2	-2.5	直杆段 1	4
3	-3.5	直杆段 2	4
4	-10.5	直杆段 3	4
5	-14.5	直杆段 4	4
6	-17.8	上六星支上	4
7	-18.8	上六星支下	4
8	-20.1	两盘间 1	4
9	-21.4	上盘上	4
10	-22.4	上盘下	4
11	-23.5	两盘间 2	4
12	-24.6	中盘上	4
13	-25.6	中盘下	4
14	-26.7	两盘间 3	4
15	-27.8	下盘上	4
16	-28.8	下盘下	4
17	-29.8	桩底	4

3）测试结果

(1)试桩承载力测试结果

河溪互通 m6n11 号支盘桩最大加载为 5000kN,总沉降 12.64mm,回弹率 40.3%,当加载至预估最大加载值 5000kN 时,沉降达到稳定标准,极限承载力取为 ≥5000kN,满足设计要求。

河溪互通 m7n12 号支盘桩最大加载为 2500kN,总沉降 4.83mm,当加载至第四级荷载 2500kN 时,桩头偏移破坏,无法维持上部荷载,静载试验失败。

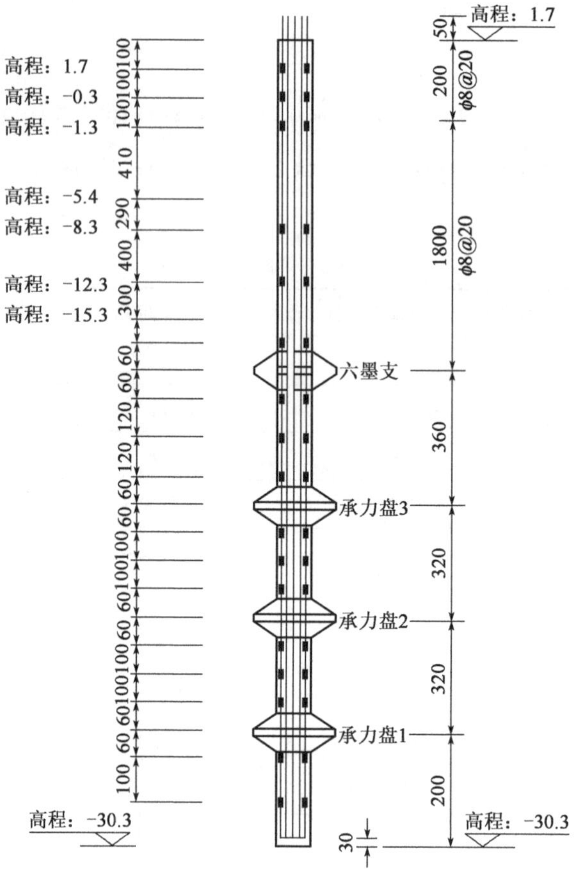

图 3-1　钢筋笼设计及传感器布设示意图(尺寸单位:cm,高程单位:m)

具体测试结果见表 3-3、表 3-4 和图 3-2、图 3-3。

单桩竖向抗压静载试验数据汇总　　　　　　　　　　　　表 3-3

工程名称:潮汕环线高速公路(含潮汕联络线)项目一期工程(河溪互通 c 匝道 CK0 + 042 ~ CK0 + 082 路基支盘桩)

试验桩号:m6n11

测试日期:2019-07-20		桩长:32.00m		桩径:600mm	
序号	荷载(kN)	历时(min)		沉降(mm)	
		本级	累计	本级	累计
0	0	0	0	0.00	0.00
1	1000	120	120	0.84	0.84
2	1500	120	240	0.52	1.36
3	2000	120	360	0.65	2.01
4	2500	120	480	0.86	2.87
5	3000	120	600	0.93	3.80

续上表

测试日期:2019-07-20		桩长:32.00m		桩径:600mm	
序号	荷载 (kN)	历时(min)		沉降(mm)	
		本级	累计	本级	累计
6	3500	120	720	1.85	5.65
7	4000	120	840	1.11	6.76
8	4500	150	990	2.95	9.71
9	5000	150	1140	2.93	12.64
10	4000	60	1200	−0.41	12.23
11	3000	60	1260	−0.93	11.30
12	2000	60	1320	−1.13	10.17
13	1000	60	1380	−1.33	8.84
14	0	180	1560	−1.29	7.55
最大沉降量:12.64mm 最大回弹量:5.09mm 回弹率:40.3%					

单桩竖向抗压静载试验数据汇总　　　　　　　　　　　表 3-4

工程名称:潮汕环线高速公路(含潮汕联络线)项目一期工程(河溪互通 c 匝道 CK0 + 042 ~ CK0 + 082 路基支盘桩)

试验桩号:m7n12

测试日期:2019-07-25		桩长:32.00m		桩径:600mm	
序号	荷载 (kN)	历时(min)		沉降(mm)	
		本级	累计	本级	累计
0	0	0	0	0.00	0.00
1	1000	120	120	0.75	0.75
2	1500	120	240	1.06	1.81
3	2000	120	360	1.25	3.06
4	2500	150	510	1.77	4.83
第四级荷载后因桩头破坏无法继续加载					

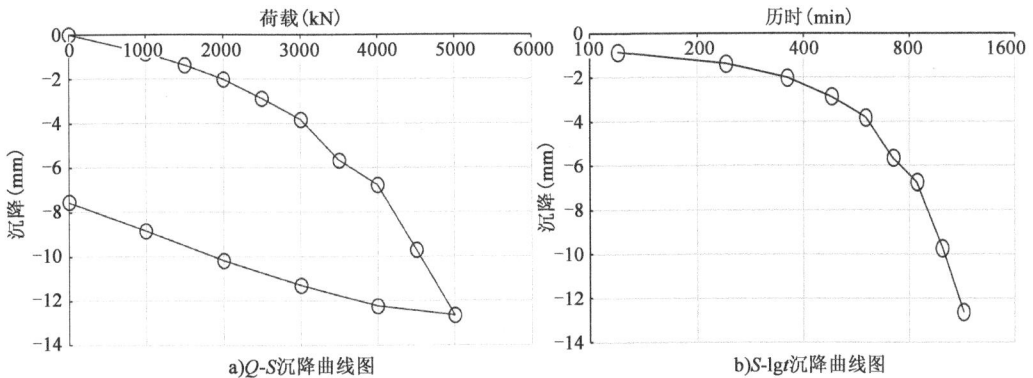

a)Q-S沉降曲线图　　　　　　　　　　b)S-lgt沉降曲线图

图 3-2　m6n11 号桩 Q-S 和 S-lgt 曲线

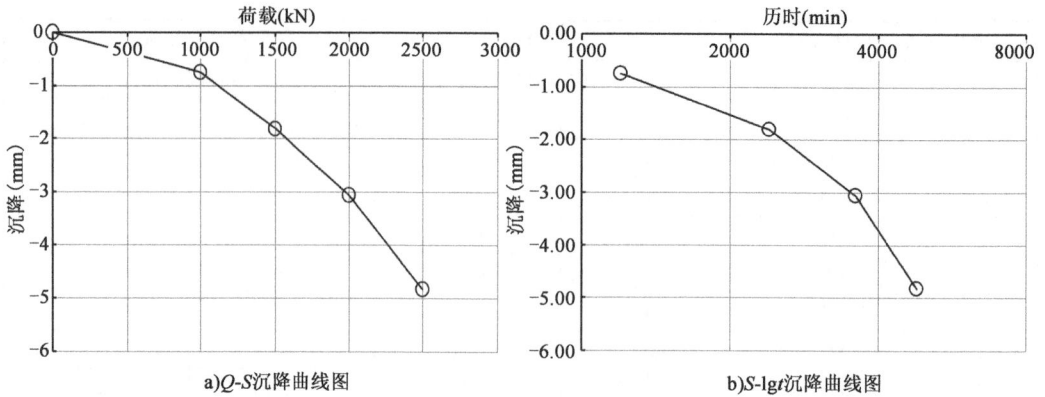

a)Q-S沉降曲线图　　　　　　　　　　　b)S-lgt沉降曲线图

图3-3　m7n12 号桩 Q-S 和 S-lgt 曲线

（2）桩身内力测试结果

根据试验结果，河溪互通小直径挤扩支盘桩 m6n11 号桩各级荷载下各测试断面轴力见表3-5，各级荷载下支盘荷载负担比见表3-6。各级荷载作用下桩身轴向力沿深度分布曲线（Q-h 曲线），如图3-4 所示。各级荷载作用下桩身各断面轴力变化曲线，如图3-5 所示。

m6n11 号桩身各测试断面轴力　　　　　　　　　　　　表 3-5

仪器编号	序号	位置	荷载高程（m）	荷载（kN）									
				0	1000	1500	2000	2500	3000	3500	4000	4500	5000
1	1	桩顶	-1.5	0.00	1000.00	1500.00	2000.00	2500.00	3000.00	3500.00	4000.00	4500.00	5000.00
	2	直杆段1	-2.5	0.00	988.15	1434.13	1857.71	2350.77	2819.84	3290.41	3734.84	4178.51	4650.17
	3	直杆段2	-3.5	0.00	944.45	1303.46	1785.57	2215.72	2648.77	3056.68	3469.68	3913.80	4361.74
2	1	直杆段3	-10.5	0.00	909.88	1265.66	1644.27	2020.21	2385.81	2779.82	3095.44	3603.30	4161.70
	2	直杆段4	-14.5	0.00	627.17	876.89	1125.49	1390.25	1720.66	2045.84	2584.91	2925.08	3347.08
3	1	上六星支上	-17.8	0.00	391.62	467.60	649.21	827.35	1007.28	1338.59	1783.26	1990.07	2413.32
	2	上六星支下	-18.8	0.00	355.49	434.13	581.03	748.02	875.34	1164.17	1602.51	1870.95	2017.50
	3	两盘间1	-20.1	0.00	202.31	252.70	354.74	473.18	797.09	1102.27	1459.38	1674.98	2028.63
	4	上盘上	-21.4	0.00	219.65	278.62	362.65	485.46	614.19	1023.11	1449.45	1610.16	1935.79
	5	上盘下	-22.4	0.00	160.40	210.58	274.70	377.79	510.46	703.49	960.53	1132.50	1398.09
	6	两盘间2	-23.5	0.00	147.40	198.70	278.66	365.51	451.32	640.53	887.19	1063.80	1288.31
	7	中盘上	-24.6	0.00	156.07	186.83	242.09	342.84	445.86	623.28	910.70	1046.40	1277.15
	8	中盘下	-25.6	0.00	150.29	192.22	228.26	308.84	446.77	506.57	668.46	749.55	1021.82
	9	两盘间3	-26.7	0.00	122.83	190.06	218.38	276.73	271.16	462.30	667.00	711.70	826.40
	10	下盘上	-27.8	0.00	127.46	188.08	215.34	259.56	301.18	410.93	559.28	625.59	765.61
	11	下盘下	-28.8	0.00	60.69	95.03	126.48	159.61	246.59	378.63	480.21	482.32	559.62
	12	桩底	-29.8	0.00	63.53	75.92	85.93	130.22	224.75	341.93	373.24	429.12	452.40

m6n11 号桩各级荷载下各支、盘荷载分担百分比　　　表 3-6

高程 （m）	荷载 位置	荷载（kN）								
		1000	1500	2000	2500	3000	3500	4000	4500	5000
−18	六星支	18.9%	14.3%	14.7%	14.2%	7.0%	6.8%	8.1%	7.0%	7.7%
−22	上盘	5.5%	3.6%	3.8%	4.3%	11.5%	13.2%	14.3%	13.6%	14.8%
−25	中盘	2.5%	0.6%	3.0%	3.6%	6.0%	5.1%	5.5%	7.8%	9.2%
−28	下盘	6.2%	6.3%	4.6%	4.7%	3.8%	4.4%	4.7%	5.1%	5.3%
支、盘荷载分 担百分比		33.1%	24.8%	26.1%	26.7%	28.4%	29.4%	32.6%	33.5%	37.0%

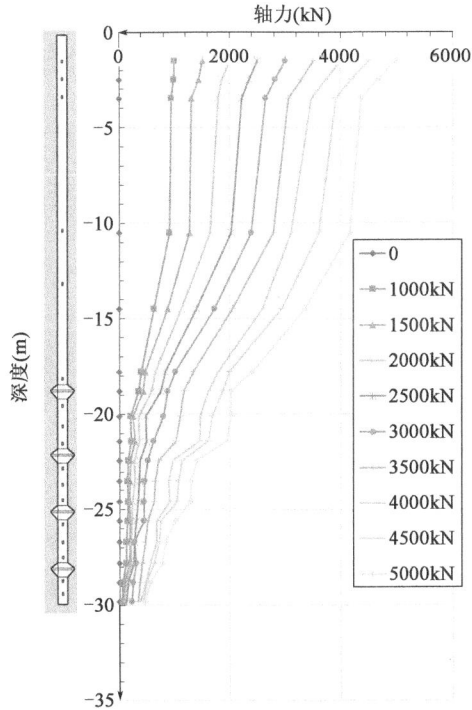

图 3-4　m6n11 号桩轴力分布图

　　河溪互通小直径挤扩支盘桩 m7n12 号桩各级荷载下各测试断面轴力见表 3-7,各级荷载下支盘荷载负担比见表 3-8,各级荷载作用下桩身轴向力沿深度分布曲线($Q\text{-}h$ 曲线)如图 3-6 所示,各级荷载作用下桩身各断面轴力变化曲线如图 3-7 所示。

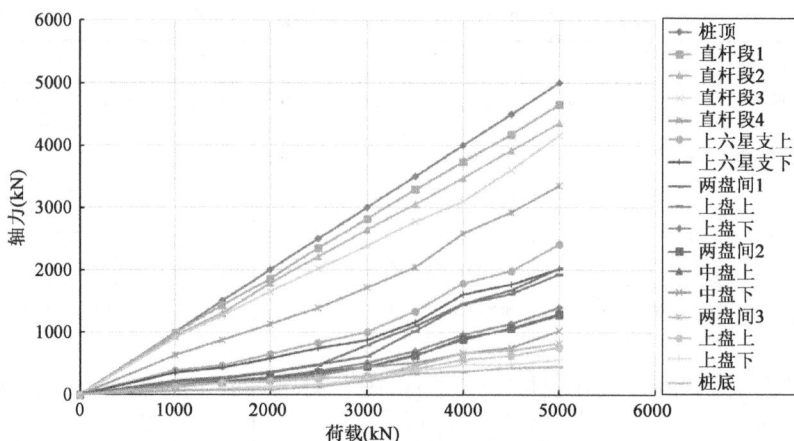

图 3-5　m6n11 号桩各级荷载下各监测断面轴力变化图

m7n12 号桩各级荷载下桩身轴力

表 3-7

仪器编号	序号	位置	荷载高程（m）	荷载（kN）				
				0	1000	1500	2000	2500
2	1	桩顶	−1.5	0.00	1000.00	1500.00	2000.00	2500.00
		直杆段1	−2.5	0.00	928.42	1299.69	1778.54	2296.09
		直杆段2	−3.5	0.00	829.98	1123.10	1544.33	2051.86
	2	直杆段3	−10.5	0.00	772.67	959.94	1164.95	1769.08
		直杆段4	−14.5	0.00	598.26	762.24	965.89	1549.71
	3	上六星支上	−17.8	0.00	425.16	505.51	652.30	985.32
		上六星支下	−18.8	0.00	251.63	313.98	418.93	646.77
		两盘间1	−20.1	0.00	190.89	234.62	313.96	581.41
		上盘上	−21.4	0.00	125.81	228.43	261.48	502.94
		上盘下	−22.4	0.00	91.11	146.70	198.69	346.38
		两盘间2	−23.5	0.00	84.60	115.26	187.44	346.38
		中盘上	−24.6	0.00	89.78	117.78	157.73	361.84
		中盘下	−25.6	0.00	58.46	66.12	127.13	296.48
		两盘间3	−26.7	0.00	45.55	56.41	116.21	225.05
		下盘上	−27.8	0.00	41.21	46.02	117.15	243.64
		下盘下	−28.8	0.00	15.75	19.03	34.68	159.49
		桩底	−29.8	0.00	11.10	18.50	23.10	67.51

m7n12 号桩各级荷载下各支、盘荷载分担百分比

表 3-8

高程（m）	荷载位置	荷载（kN）			
		1000	1500	2000	2500
−18	六星支	23.4%	18.1%	16.9%	16.2%
−22	上盘	10.6%	8.0%	6.3%	9.4%
−25	中盘	3.9%	3.9%	3.6%	4.9%

高程 （m）	荷载位置	荷载（kN）			
		1000	1500	2000	2500
-28	下盘	3.0%	2.5%	4.1%	2.6%
支、盘荷载分担百分比		40.9%	32.4%	30.9%	33.0%	

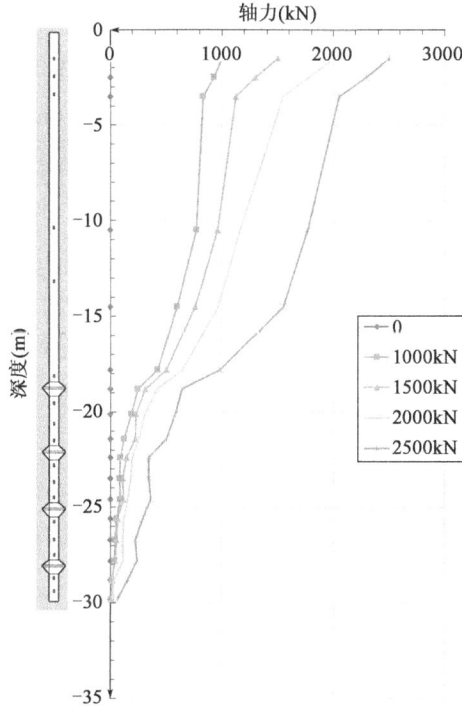

图 3-6　m7n12 号桩轴力分布图

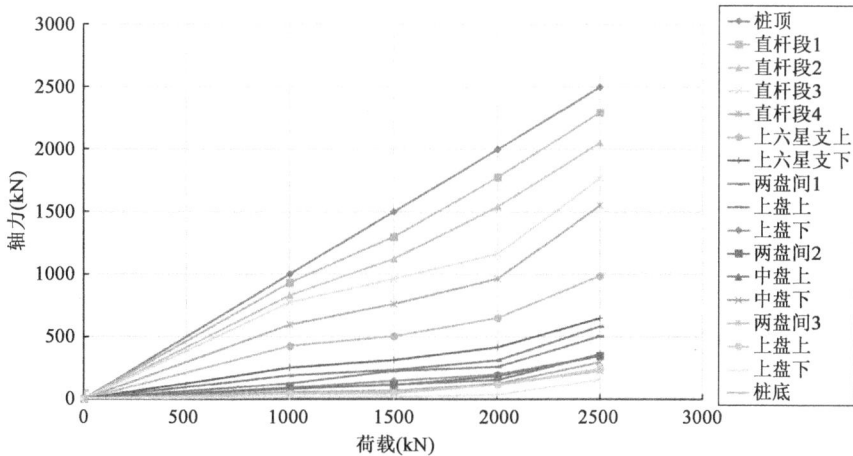

图 3-7　m7n12 号桩各级荷载下各监测断面轴力变化图

163

3.1.2 现场原位长期监测数据分析

潮汕环线高速公路项目位于粤东地区,连接汕头、潮州、揭阳三市。项目全线按Ⅸ度抗震烈度设防标准设计,项目所在地地质条件复杂,软基路段软土层一般较厚且物理力学性质较差,地表硬壳层较薄,传统 PHC 管桩复合地基,由于桩顶缺乏有效的侧向约束,导致 PHC 管桩容易在水平向荷载作用下破坏从而丧失承载力。因此,有必要采用新工艺、新技术对深厚软弱地基的处理工艺进行优化,满足工程运行需求。

潮汕环线高速公路(含潮汕联络线)项目根据工程地质分布情况对软基路段进行加固处理时,选取 T7 标河溪互通进行挤扩支盘桩现场施工,并依托其进行一系列科研试验,包括挤扩支盘桩试验段长期监测及管桩对比段长期监测,对比分析两类桩型在实际工况下对深厚超软土地基的处理效果。

T7 标河溪互通位于汕头市潮阳区西胪镇榕江南岸附近,起点桩号为 K45 + 400,设桑田枢纽立交与潮汕联络线相接,本次路线穿过桑田村北面,绕过湿地保护区,设河溪互通与省道 S234 相接,终于河溪镇河溪巷附近,终点桩号为 K50 + 128。路线长4.728km。

挤扩支盘桩软基处理试验段范围为:BK0 + 112 ~ BK0 + 158、CK0 + 112 ~ CK0 + 158、DK0 + 412 ~ DK0 + 456、EK0 + 760 ~ EK0 + 800,平均填土高度为 4m。

1)现场地质情况

根据区域内静力触探资料,选取河溪互通 E 匝道两个静力触探钻孔:T7-HX-E-JT15、T7-HX-E-JT16,对应桩号为:EK0 + 740、EK0 + 770。区域发育一层深厚软土,层底深度13.00 ~ 13.10m,厚度 11.50 ~ 11.70m;锥尖阻力 0.30 ~ 0.32MPa,侧摩阻力 3.0 ~3.4kPa。

2)主要研究内容

为探究支盘桩处理软基的适用性,桩体施工工艺、受力及变形特性等,主要进行以下四项研究:

(1)支盘桩的桩身及桩顶受力、桩顶变形及沉降

在分级荷载作用下,通过桩顶荷载监测及桩身荷载分布监测,明确支盘桩桩身荷载传递规律,确定支和盘在桩顶力作用下的荷载分担以及不同地层中侧摩阻力的发挥效果;极限荷载作用下,监测桩体压缩变形、桩顶沉降以及此状态下支盘力和侧摩阻力的变化规律。

(2)桩顶地梁受力变形

在支盘桩施工完成后,为提高复合地基的整体稳定性,增强桩与桩之间的相互联系,

使用连梁将各支盘桩进行连接。通过在地梁主筋及箍筋预埋传感器,监测获得地梁的轴力、弯矩和剪力分布,同时分析其挠曲变形,以对连梁的尺寸、加筋量及发挥的作用给出合理的依据。

(3)桩间土受力及沉降变形

在桩间土、桩顶地梁下、桩间地梁下分别埋设沉降监测仪器,在桩间土、桩顶地梁、桩间地梁上分别埋设压力监测仪器,在桩间地基软土层埋设水压力传感器。一方面用于分析该桩基础式路基对软土地基加固及沉降控制的效果,另一方面,分析桩、连梁、土的荷载分担以及软土路基的孔隙水压力的生成及消散情况。

(4)土工格栅受力及变形

土工格栅用于增加地基承载力,延长地基使用寿命。在地梁顶部中间位置和桩间土中间位置的土工格栅的纵、横向分别布置柔性位移计,监测其受力变形特征,为土工格栅的材料、强度等选取提供依据。

3)仪器安装埋设情况

依托潮汕环线高速公路项目(含潮汕联络线)T7标河西互通开展现场原位长期监测试验,共设置支盘桩长期监测试验段和PHC管桩对比监测试验段,仪器设置情况如下。

(1)支盘桩试验段仪器埋设

①单桩荷载传递监测方案

采用轴力计及光纤光栅传感器,监测填土荷载下桩顶实际承载力及桩身各断面轴力变化情况,探究支盘桩桩身荷载传递规律,布设方案如图3-8和图3-9所示。

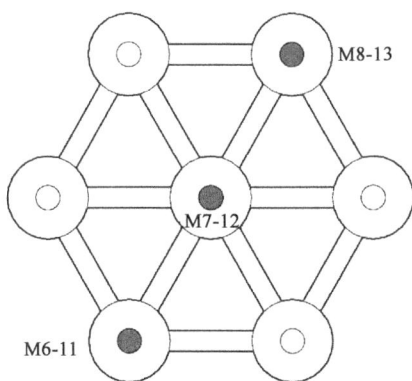

图3-8　安装FBG支盘桩位置方案

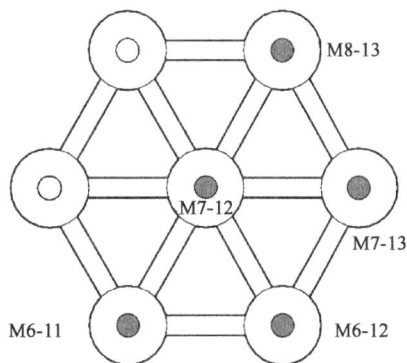

图3-9　安装轴力计支盘桩位置方案

②地梁及桩顶受土压力、桩体沉降及地基沉降监测方案

采用土压力计监测桩顶、地梁间以及桩间土等位置的土压力分布变化情况;采用沉降

计测量桩身沉降、地梁下土体脱空以及桩间土沉降情况；采用孔隙水压力计监测桩间土体不同深度处孔压消散情况，布设方案如图 3-10 ~ 图 3-12 所示。

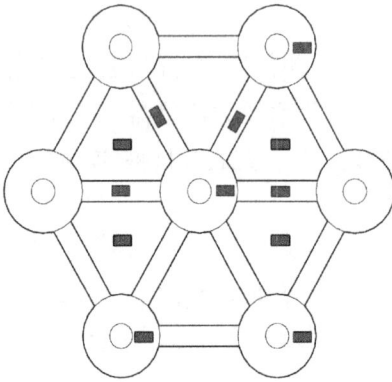

图 3-10　安装沉降计支盘桩位置方案

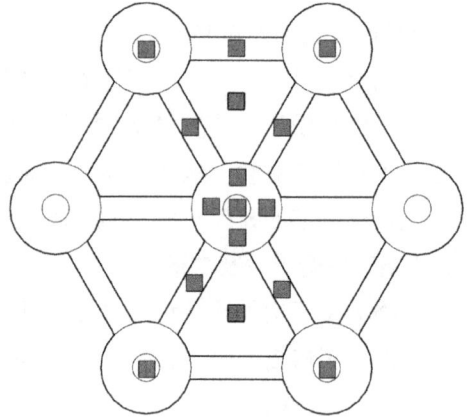

图 3-11　安装土压力计支盘桩位置方案

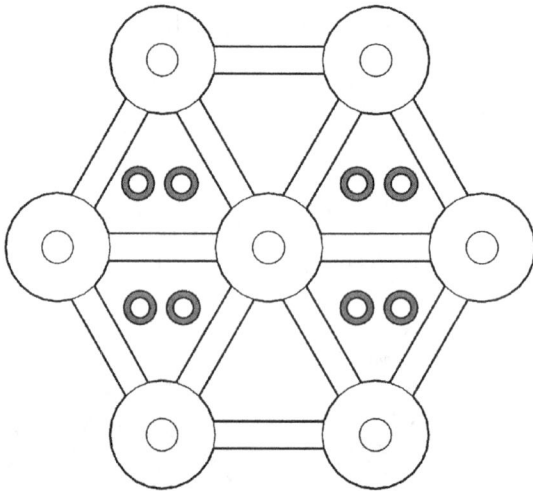

图 3-12　安装孔隙水压力计支盘桩位置方案

（2）PHC 管桩对比段仪器埋设

PHC 管桩对比段采用轴力计监测管桩桩顶设计承担荷载；采用土压力计监测桩顶、地梁间以及桩间土等位置的土压力分布变化情况；采用沉降计测量桩身沉降、地梁下土体脱空以及桩间土沉降情况；采用孔隙水压力计监测桩间土体不同深度处孔压消散情况。布设方案如图 3-13 ~ 图 3-16 所示。

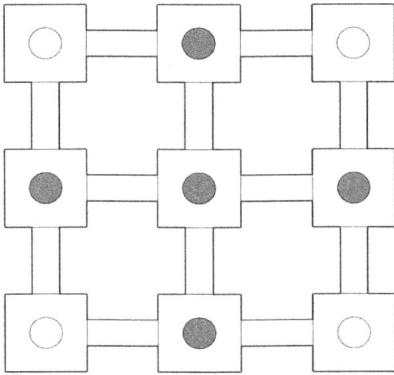

图 3-13　管桩段安装轴力计位置方案

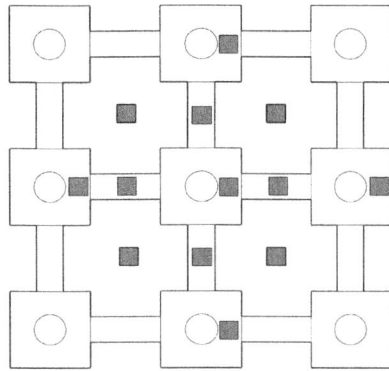

图 3-14　管桩段安装沉降计位置方案

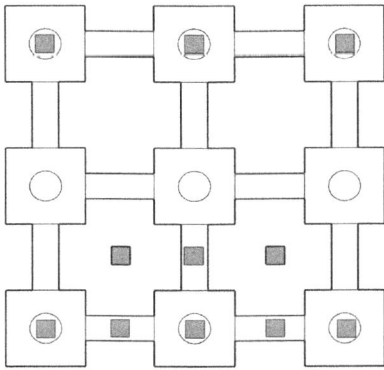

图 3-15　管桩段安装土压力计位置方案

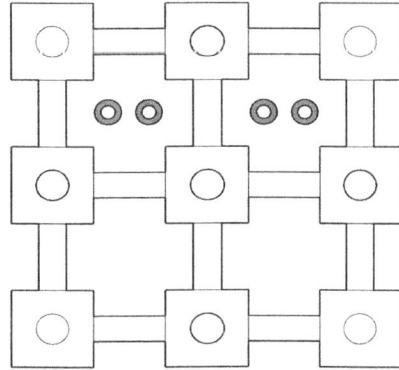

图 3-16　管桩段安装孔隙水压力计位置方案

4）现场仪器埋设照片

T7 PHC 管桩对比段监测断面埋设图如图 3-17 所示。

图　3-17

图 3-17　T7 PHC 管桩对比段监测断面埋设图

　　T7 挤扩支盘桩试验段监测断面埋设图如图 3-18 所示。

　　（1）T7 标挤扩支盘桩试验段沉降监测数据分析

　　截至 2020 年 9 月 30 日，潮汕环线 T7 标河溪互通支盘桩试验段填土高度约为 3.7m，PHC 管桩对比段填土高度约为 3.5m。沉降监测项目包括：桩身沉降、地梁下土体脱空情况以及桩间土沉降情况，得出各项目监测资料呈现如下规律。

图　3-18

169

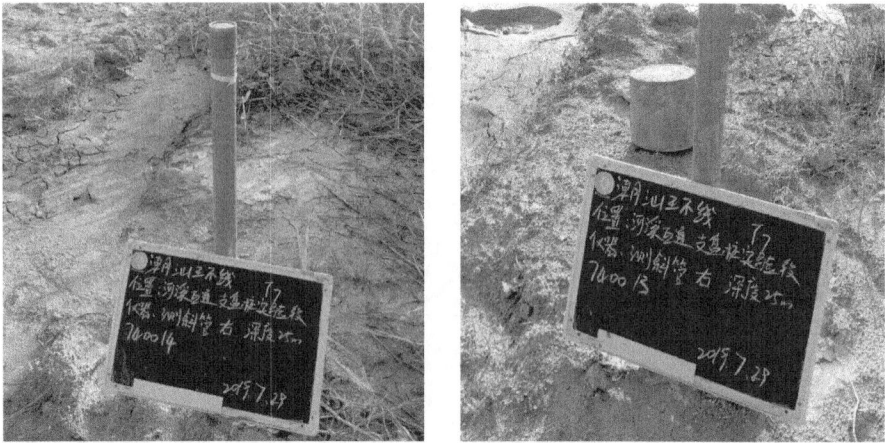

图 3-18　T7 挤扩支盘桩试验段监测断面埋设图

①桩身沉降：支盘桩桩身累计沉降平均为 2.1mm，PHC 管桩桩身累计沉降平均为 11.2mm，单次加载后，支盘桩沉降速率无明显增加而管桩沉降速率有明显增加。

②地梁下土体沉降：支盘桩试验段地梁下土体累计沉降量平均约 1.6mm，土体与地梁无明显脱空；PHC 管桩对比段地梁下土体累计沉降量平均约为 32.9mm，土体与地梁出现脱空。

③桩间土沉降情况：支盘桩试验段桩间土累计沉降量约为 4.5mm，PHC 管桩对比段桩间土累计沉降量约为 111.1mm，管桩对比段桩土沉降差异明显。

④支盘桩试验段桩间土以及地梁下土体沉降量均远小于 PHC 管桩，说明支盘桩试验段地梁、桩帽较好地将上覆荷载传递给桩身，桩间土承担荷载比例较小；支盘桩桩身沉降量小于预应力管桩，说明支盘桩较 PHC 管桩有更好的承载、沉降性能。

⑤管桩对比段上覆荷载稳定后，桩身沉降速率在 2019 年 12 月中下旬突然增加，桩身沉降速率大于桩间土沉降速率，说明管桩底部发生刺入现象，而支盘桩沉降速率一直较为稳定。

（2）T7 挤扩支盘桩试验段孔隙水压力数据监测分析

为研究桩周土体在上覆荷载作用下孔隙水压力增加、消散情况，在桩周土不同深度处（6m、12m）设置孔隙水压力计，孔隙水压力曲线得出监测数据规律如下：

①在上覆荷载较小的情况下，PHC 管桩桩周土孔隙水压力有明显的消散现象，且孔压消散收敛时间较长（约两个月），而挤扩支盘桩桩周土孔隙水压力下降情况不明显，且在 10 天内收敛，说明 PHC 管桩打设时挤土效应明显，形成超静孔隙水压力，进一步加大了桩周土体的沉降量以及地梁下土体脱空程度。

②后期短时大幅度加载条件下，PHC 管桩桩周土孔压增加幅度与支盘桩试验段接

近,说明此时 PHC 管桩试验段可能已经形成土拱,主要上覆荷载由桩体承担。

(3)T7 标挤扩支盘桩试验段土压力监测数据分析

为监测桩-梁-土的荷载承担及传递情况,在桩帽顶、地梁上以及桩间土三个位置安装土压力计,土压力随上覆荷载变化曲线得出监测数据规律如下:

①桩帽顶土压力:支盘桩桩帽顶累计土压力平均约为 270kPa,PHC 管桩桩帽顶累计土压力平均约为 229.9kPa。单次加载后,支盘桩桩帽顶土压力表现为先迅速增大,而后又略微下降,PHC 管桩桩帽顶土压力表现为先增大,而后存在长期的荷载调整,部分桩帽顶土压力在土体填筑达到 3.5m 后,先增大后急剧减小。

②地梁上土压力:支盘桩地梁上累计土压力平均约为 208.5kPa,PHC 管桩桩帽累计顶土压力平均约为 164.2kPa。单次加载后地梁上土压力变化情况与桩帽顶土压力类似。

③桩间土土压力:支盘桩桩间土累计土压力平均约为 34.6kPa,PHC 管桩桩帽顶累计土压力平均约为 5.2kPa,峰值平均土压力约为 38.3kPa。加载后支盘桩桩间土土压力较为稳定,PHC 管桩桩间土土压力在增加后随着土体沉降发展,逐渐减小。

(4)T7 标挤扩支盘桩试验段轴力计监测数据分析

为监测桩顶实际荷载,在桩顶与桩帽间安装轴力计,根据桩顶轴力变化曲线得出监测数据规律如下:

截至 2020 年 9 月 30 日,挤扩支盘桩桩顶累计荷载平均约为 1290.1kN,PHC 管桩桩顶累计荷载平均约 221kN。上覆填土稳定后,支盘桩桩顶荷载呈持续增长趋势,而管桩桩顶荷载呈现先上升后急剧减小再稳定的趋势,说明 PHC 管桩随着上覆荷载的提高桩底发生刺入,导致桩周土承担了更多的荷载,荷载分担比例也越来越大。

(5)潮汕环线 T7 标挤扩支盘桩试验段支盘桩桩身轴力数据监测分析

潮汕环线高速公路 T7 标河溪互通地处牛田洋地区,区域分布一层深厚软土,层底深度约 13m,层厚约 11.5m。小直径挤扩支盘桩设计桩长约 32m,通过在桩身不同深度处截面的钢筋上安装光纤光栅传感器,监测桩身各断面荷载传递情况,由桩身内力曲线得出监测数据规律如下:

①桩顶标定面显示,截至 2019 年 12 月 30 日,桩顶荷载平均约 110t,桩身内力曲线较为平滑,仅在不同土层交界处发生转折,呈现摩擦桩的特性。

②上六星支以上 20m 桩身侧摩阻力约承担上部荷载的 60% ~ 65%,软土层桩身荷载分担比较小,桩身内力曲线较陡;上六星支部位出现较明显台阶,说明上六星支承载力有所发挥,其余各盘断面的内力曲线均较为光滑,盘承载力未开始发挥。

3.1.3 室内模型试验数据分析

基桩静载试验是检验桩基承载力、探究桩土荷载传递机理最为直接、可靠的办法。原位桩静载试验直接对桩底进行加载,通过实际测量得到桩顶荷载-沉降关系曲线,进而分析单桩极限承载力;此外可通过在桩身内埋设传感器,测量桩身内某点的应力或应变增量,再通过该点的应力或应变增量分析该点截面的轴力变化情况以及桩身荷载传递规律。

原位静载试验的缺陷在于:①工况单一,仅能代表特定条件下的桩身承载特性;②边界条件复杂,规律不明显;③传感器安装难度大,通过截面内某点的应力状态换算整个截面的受力状态,精度较差;④试验成本高。模型试验可作为原位试验的重要补充,探究桩基的承载特性以及荷载传递机理。

本项目主要进行以下两类模型试验,试验目的分别如下:

(1)透明土支盘桩加载模型试验:探究加荷过程中桩周土体的变形情况及其位移场变化趋势;探究极限状态条件下桩周土破坏面的开展形式。

(2)常规支盘桩静载模型试验:探究支盘桩桩身荷载传递机理及其沉降变形特征;探究不同盘间距对支盘桩承载性能的影响及其作用机理;提出可靠的支盘桩极限承载力计算模型。

1)透明土支盘桩加载试验

透明土(Tranasparent Soil)是指与天然岩土体性质相近的透明固体以及透明固体折射率相同的透明液体的混合物,透明固体和液体分别模拟天然岩土体的土颗粒与孔隙流体。光线在不同折射率的介质中传播时会发生反射与折射现象,减弱穿透该物体的光线强度,使物体看起来不透明或半透明。通过混合相同折射率的固体颗粒与透明液体,可减少光线在混合物中传播时的损耗,产生透明的效果。

透明土一般由固体颗粒与孔隙液体两部分组成。用来合成透明土的固体颗粒必须有以下性质:①透光性好,具有良好的透明度;②性质稳定,不与空气或孔隙液发生反应且不溶于孔隙液;③耐高压,不易压碎。用来合成透明土的孔隙流体必须有以下性质:①无色透明,折射率与固体颗粒一致;②性质稳定,不易挥发或与空气发生反应;③安全无毒,无有害气味。

现有研究中,用于配制透明土的固体颗粒主要有无定形二氧化硅、硅胶颗粒、水族珠和熔融石英砂四种。无定形二氧化硅与硅胶颗粒同属于硅胶中的一种,其具有相同的折射率1.447,无定形二氧化硅常用来配重透明黏土而硅胶颗粒常用来配重透明砂土。水族珠的主要成分是异丁烯二酸酐聚合物,具有极强的吸水性,并且水族珠的折射率与水极为接近,均为1.333,其混合物具有极好的透明度,常用来配置透明黏土。熔融石英砂是高纯度的二氧化硅制品,纯度可达到99.999%以上,因其物理化学性质稳定,且粒径、硬度等与天然砂土极为相近,因此是配置透明砂土的极佳选择,研究表明纯SiO_2的折射率为1.4585。

透明土的产生极大地推动了对岩土体的可视化研究,结合 PIV 技术,还可进一步将岩土体的位移场进行量化。本试验采用熔融石英砂作为土骨架,不同标号的白油混合液作为孔隙流体配置透明土,配置好的透明土样品如图 3-19 所示。

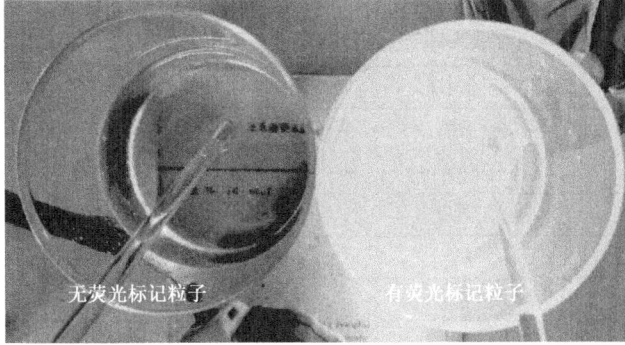

图 3-19　配置好的透明土样品

PIV(Particle Image Velocimetry)中文译名为粒子图像测试技术,是 20 世纪 80 年代逐渐发展起来的现代流动测量技术,它充分利用了现代材料技术、激光技术、数字成像技术、计算机技术和图像分析技术的最新发展成果,可以在不接触待测物体的条件下,精确测量平面内二维或三维的瞬态流场。

如图 3-20 所示,PIV 测量土体位移场的基本原理和步骤是:在待测物体中施放跟随性较好的示踪粒子,将待测区域内的示踪粒子用强度均匀的片光照亮;使用高速相机以固定的姿态和拍摄间隔连续两次对被照亮的示踪粒子进行曝光,曝光后的图像分别记录在两张照片中;将图片划分为细小的判读窗口,通过对两张图片相同位置的判读窗口进行互相关运算得到窗口内粒子的平均位移 ΔX,并根据已知的时间间隔 Δt 求得速度 $\mu = \Delta X/\Delta t$。

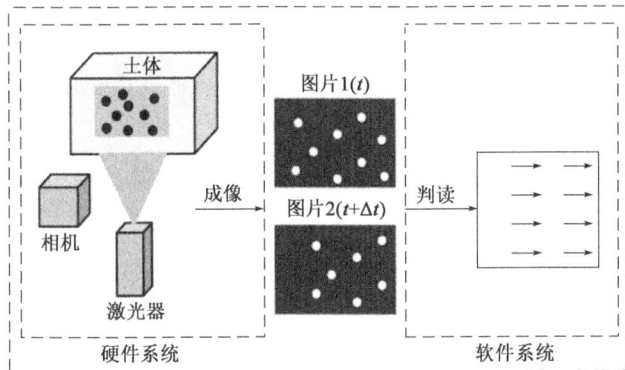

图 3-20　PIV 的基本原理

（1）试验设计

①透明土配置

本试验采用熔融石英砂与不同标号的矿物白油配置透明砂土,所用材料及设备见表3-9。

透明土制备材料设备明细表 表3-9

序号	材料/设备名称	参数
1	5号白油	折射率1.456(27℃)
2	15号白油	折射率1.461(27℃)
3	熔融石英砂	折射率1.4585,粒径0.5～1mm
4	台秤	精度1g,量程30kg
5	试验箱	30cm×30cm×40cm
6	去离子水	10L
7	真空泵	上海双鹅2XZ-1
8	玻璃棒	30cm长
9	阿贝折射仪	上海光学2WAJ
10	恒温室	
11	烘箱	

透明土制备过程如下:

a. 清洗石英砂。用清水多次清洗石英砂,清洗时应对石英砂进行充分搅拌,并剔除砂中的杂质,清洗完沥干水分倒入去离子水,静置24h后用去离子水清洗两遍。

b. 烘干石英砂。石英砂洗净后放入托盘铺平,在烤箱中用80℃低温烘干,烘干时宜在石英砂上铺一层滤纸防止灰尘进入砂中。

c. 配置孔隙液。将所有材料放入恒温室内,恒温室控制室温为27℃±0.5℃,待白油温度与恒温室一致后按一定比例(本试验5号与15号白油质量比例为1:2)调配孔隙液,配置标准为在该室温下孔隙液用阿贝折射仪测量出的折射率为1.4585。

d. 配置透明土。将调配好的孔隙液倒入试验箱中,通过撒砂法边搅拌边将石英砂均匀撒入试验箱中,减少气泡。

e. 真空去气泡。将试验箱连接真空泵进行真空12h,去除透明土中的气泡。

②模型桩、试验箱以及加载装置设计

a. 模型桩:考虑到透明土的透明度等影响因素,模型桩采用小比例模型。根据现场实际设计,采用1:20的比例制作双盘模型,桩身材料为6061铝合金,桩表面进行氧化处理,减小光源折射对试验结果的影响,桩顶攻牙与传力柱刚性连接。模型桩具体尺寸如图3-21所示。

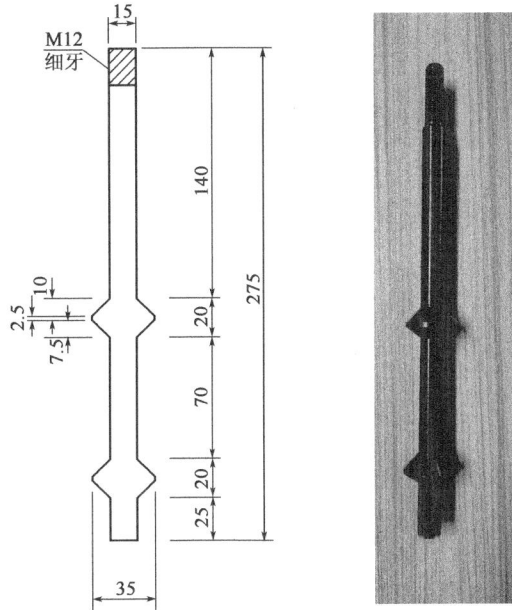

图 3-21 模型桩尺寸及实物图(尺寸单位:cm)

b.试验箱:本试验箱为分体式结构,采用亚克力材料制作,由高透明箱体、真空用箱帽、加载用箱帽三部分组成。为保证箱体的强度与透明度,高透明箱体采用20mm厚亚克力板制作,内尺寸为30cm×30cm×40cm,箱体下部设置可调节底座用于微调平,箱体一侧粘贴半透明刻度尺,用于校核桩体位移;真空用箱帽用于透明土真空除气泡,采用20mm厚亚克力板制成,内尺寸为30cm×30cm×5cm,箱帽顶两边安装把手,中间安装压力表与真空气嘴;加载用箱帽为一块20mm厚亚克力板上部安装一枚直线轴承,用于保证桩体加载时在一维方向上运动,模型箱示意如图3-22所示。

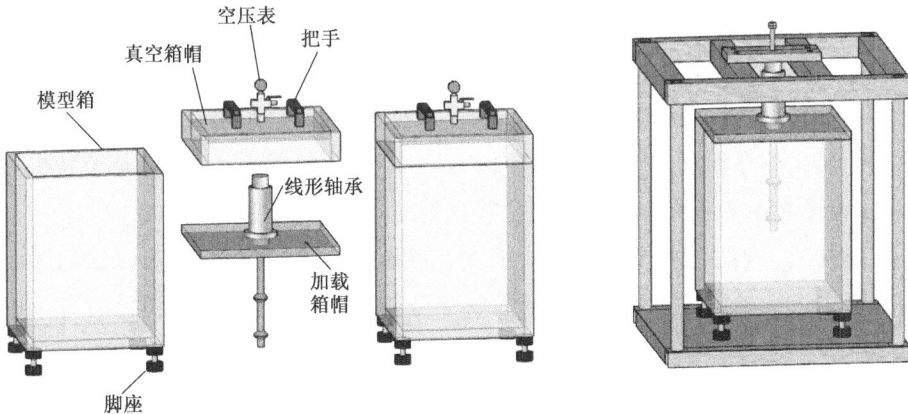

图 3-22 模型箱示意图

c.加载装置：透明土试验与常规土桩基模型试验的不同之处在于透明土试验只对桩与土的位移场进行测量而不涉及桩-土受力的测量，因此设计一个简易的位移控制式加载装置，由底板、撑杆、顶架以及1.75螺距传力螺杆四部分组成。本加载装置通过旋钮螺杆对桩顶进行位移加载，每转动一圈位移加载量为1.75mm，加载装置示意图如图3-23所示。

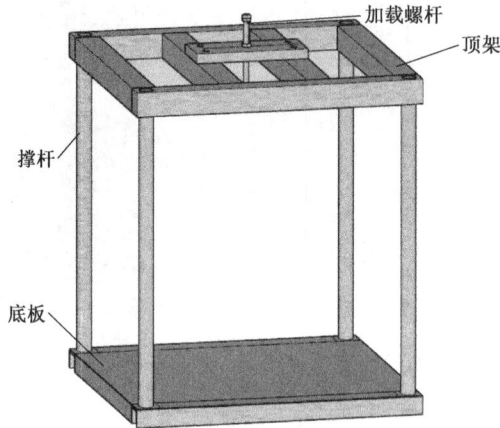

图3-23　加载装置示意图

③试验方案设计

试验装置布置如图3-24示，试验操作步骤如下：

a.模型桩安装。加载箱帽与试验箱安装完成后怕放在振动台上，模型桩与传力柱用牙连接在一起插入线性轴套，开启振动台将桩插入预定深度再继续振实5min。

b.模型箱、加载架调平。将加载架放置在试验平台上后放入模型箱，模型箱上的传力柱与加载架的传力螺杆位置对齐，微调模型箱脚座与加载架的顶架至水平。

c.激光安装。开启激光形成面光，将激光放置在模型箱侧面使面光垂直于模型箱且在模型桩中轴线上，调整激光与模型箱间距使面光均匀照射在透明土中。

d.相机安装调整。相机放置在模型箱正面，保证镜头主光轴与模型箱正面垂直，连接相机与电脑后调整相机位置与高度，使模型桩处在画面中心区域，然后调节相机焦距与光圈，尽量在小光圈的条件下获得亮度足够对比度高的照片。

e.试验加载。通过缓慢旋钮螺杆对桩顶进行加载，单次转动1/4圈即加载0.44mm，加载完成后取连续拍摄的三张照片进行位移场分析，在位移场可忽略不计时方可进行下一次加载。

f.图像获取与分析。图像采用CMOS工业相机进行采集，采集间隔为10s，采集图像为灰度图，图像采集完成后选取位移场稳定后的照片用Matlab进行位移场分析。

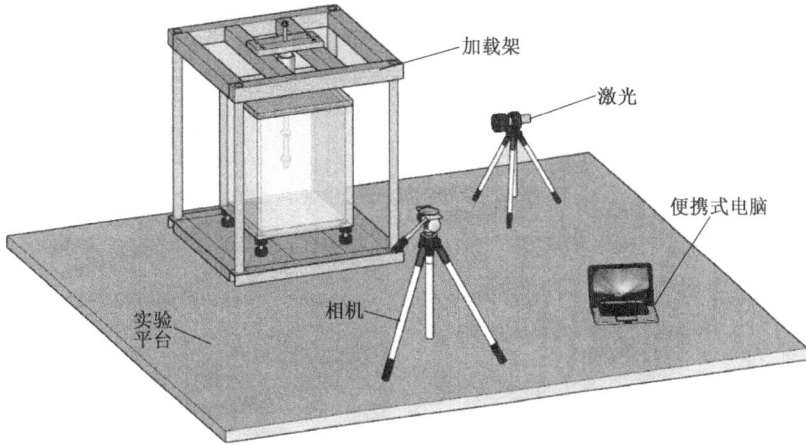

图 3-24 试验装置图

（2）试验数据分析

PIV 试验的基础数据形式为图像格式，PIV 技术通过计算两张图像内某一微小追踪区域的平均亮度来锁定追踪区域，计算该区域的位移场情况。本试验结合 PIV 和透明土两类技术：利用石英砂与白油混合物模拟天然砂土，透明度高，物理力学性质与天然砂土接近；通过 PIV 技术将土体的位移场信息记录在图像中，利用计算机技术与图像分析技术对图像进行量化分析。原始图像数据如图 3-25 所示。

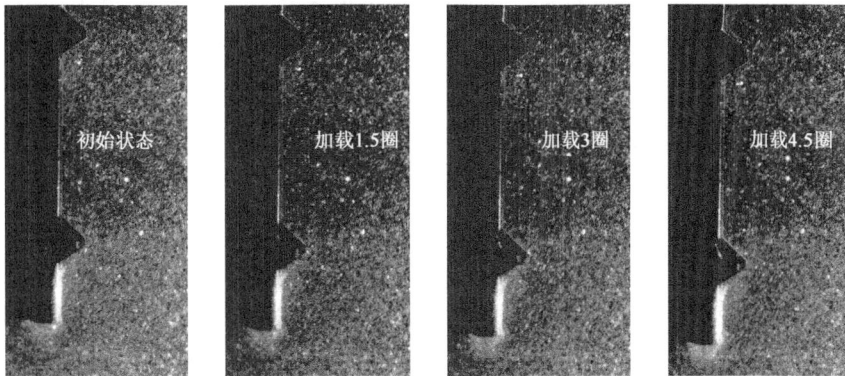

图 3-25 PIV 试验原始图片

为进一步将支盘桩周土体位移矢量场量化，采用 matlab 对所拍摄的图片进行分析计算。在加载 1.5 圈即桩顶沉降 3.5mm 之前，对支盘桩桩周半侧土体及整个桩底土体进行矢量分析，如图 3-26 所示；在加载 1.5 圈之后，由于盘间土位移量过大，盘周土位移量相对较小，导致比选框较小时无法捕捉到盘间土的位移场，比选框较大时盘周土的位移计计算误差较大，因此仅分析盘周土的位移场矢量变化情况，如图 3-27 所示。

图 3-26　支盘桩桩周土位移矢量图

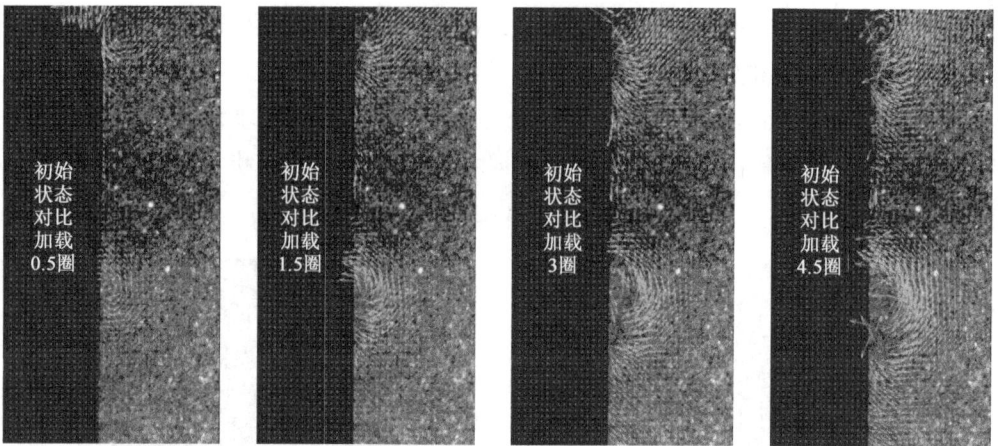

图 3-27　支盘桩桩周土位移矢量图

试验结果如下：

①桩底土体破坏模式为存在弹性圆锥楔形土体随桩底向下刺入破坏，弹性圆锥楔体周边土体向四周挤出压密。在实际工程中湿孔作业时，支盘桩一般为非嵌岩桩，又由于扩盘掉渣及清孔时间不宜过长等原因，桩底沉渣一般较厚，设计时宜不计算桩底承载力而作为安全储备。

②盘周土体破坏模式为以某一对数螺线整体剪切破坏。在桩顶沉降不断增加的过程中，盘上土体由于无法受拉会出现脱空（黏性土）或坍塌（砂性土）现象，盘下土体首先会向四周挤密形成塑性区，而后塑性区会以对数螺线的形式向上不断发展直至与盘上脱空区贯通形成完整的破坏面。

③在2.5D盘间距条件下(D为盘径),盘间土以盘环外缘面为边界发生整体剪切破坏(大圆柱面破坏)。可合理推测,实际工程中存在某一临界盘间距,当实际盘间距≤临界盘间距时,发生大圆柱破坏,盘间桩段(上盘+盘间直杆段)的极限承载力等于大圆柱面土体的抗剪强度;当实际盘间距>临界盘间距时,两盘单独工作无相互影响,盘间桩段(上盘+盘间直杆段)的极限承载力等于上盘承载力+盘间直杆段的摩擦力(小圆柱面破坏)。

④大圆柱破坏面盘间土先于盘周土发生破坏。在桩顶沉降不断增加的过程中,盘周土先发生剪切破坏随桩体协同变形,而盘周土位移场矢量的大小和影响范围不断增加,说明盘承载力还在进一步发挥。

2)常规土支盘桩静载试验

(1)试验装置设计

静载试验是确定桩基承载力,探究桩土荷载传递机理最为直接、可靠的办法。原位静载试验的缺陷在于工况单一、边界条件复杂,传感器安装难度大,试验成本高。模型试验可作为原位试验的重要补充,探究桩基的承载特性以及荷载传递机理。

现有基于杠杆原理的模型桩静载试验装置主要分为两类:整体式加载系统与分体式加载系统。

整体式加载系统是指加载装置与模型箱之间相互连接的加载系统。整体式加载系统的加载装置与桩顶之间的力与反作用力是整个系统的内力,加载装置无需额外配重或锚固提供反力。现有的整体式加载系统的通病在于:①杠杆支点在模型箱边缘处或模型箱外,导致高杠杆比条件下杠杆过长或模型桩与试验箱过于接近;②模型箱作为主要受力构件,箱板过于笨重不利于组装或移动。如孙雅珍等设计了下压静载作用下桩基础承载特性模型试验装置,如图3-28所示。

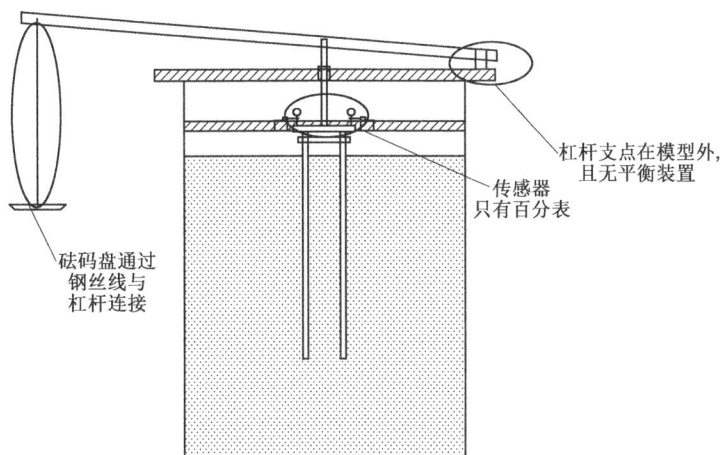

图3-28 孙雅珍桩基加载装置示意图

该系统缺陷在于：①杠杆支点在模型箱外，在高杠杆比条件下杠杆过长，整个系统不稳定；②杠杆端部无平衡配重块，且系统传感器仅有百分表，所加荷载通过砝码重量×杠杆比计算，误差较大；③砝码盘通过钢丝线与杠杆连接，容易倾覆，不安全；④模型箱受力较大，容易变形破坏。一种利用杠杆原理的竖向静载荷试验装置如图3-29所示。

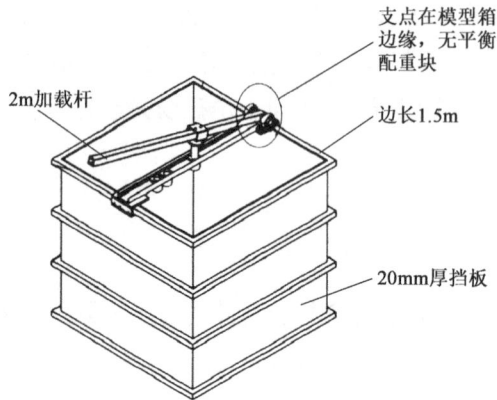

图3-29　刘润桩基加载装置示意图

该装置的主要缺陷如下：①支点在模型箱边缘，最大可调杠杆比较小，如控制模型桩距杠杆支点0.5m时，杠杆比为4∶1；②模型箱受力较大，设计时过于厚重，如上述装置挡板厚20mm；③支点处未设置平衡配重块，无法从0开始加载。

分体式加载系统是指加载装置与模型箱之间无连接的加载系统。分体式加载系统的主要缺陷在于桩顶对加载系统的反力需要额外配重或进行锚固来平衡，实际操作时较为烦琐。如马宏伟等设计了一种杠杆式模型桩试验加载系统，如图3-30所示。

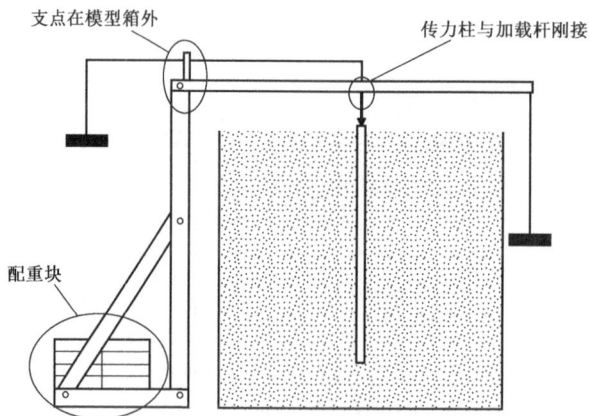

图3-30　马宏伟桩基加载装置示意图

该系统的缺陷在于：①需要额外配重来平衡桩顶反力，操作烦琐且装置稳定性差；②支点在模型箱外，在高杠杆比条件下，杠杆过长或模型桩距模型箱过近；③传力柱与加载杆刚接且无固定装置,杠杆转动时传力柱倾斜,无法维持上覆荷载的稳定性。

本试验装置旨在研发一整套模型桩静载试验系统,该系统为分体装配自平衡式加载系统。分体装配式的设计解决了分体式与整体式加载系统的通病:无须额外对加载装置进行配重;大大减小了模型箱侧板的受力;异型顶部连接板的设计将杠杆支点放进模型箱内,减小了杠杆的长度。此外本系统将模型桩模块化,可根据试验需要对不同尺寸或截面形式的模型桩进行组装,并对桩身各模块的受力进行测量。本系统可使得对桩基的研究简便、可靠、高精度、低成本、可重复。本试验系统由杠杆加载系统、万向移动模型箱系统以及模块化模型桩系统三部分组成,其示意如图 3-31 所示。

①杠杆加载系统

杠杆加载架如图 3-32 所示。

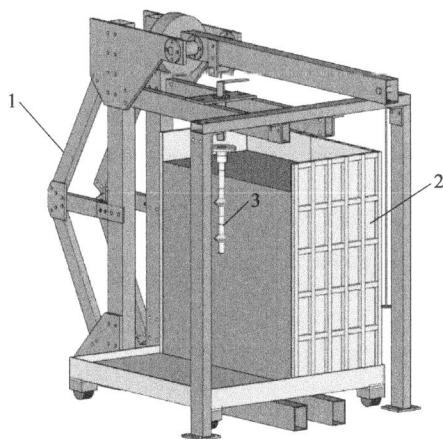

图 3-31　分体装配式桩基试验系统示意图
1-杠杆加载系统;2-万向移动模型箱系统;3-模块化模型桩系统

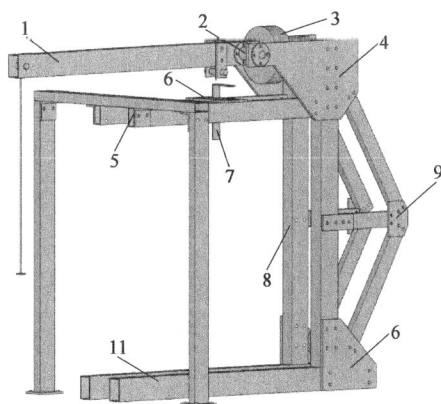

图 3-32　杠杆加载架示意图
1-加载杠杆;2-转轴;3-平衡轮;4-顶部固定钢板;
5-门架式横梁;6-线形传力轴套;7-传力柱;8-立柱;
9-立柱撑杆;10-脚部固定钢板;11-横柱

杠杆加载相较于液压伺服机加载的优势在于荷载稳定、操作简便、易维护、成本低。本系统通过平衡轮平衡杠杆自重产生的荷载;异型顶部固定钢板的设计加长了传力柱到立柱的间距,使得可调节的边界范围更广;线性轴套保证了传力柱在一维方向上移动,分体式可调长的传力柱设计使得模型桩的安装更灵活,此外在传力柱顶部设置沉降测量平台,便于直接测量传立柱的沉降,替代直接测量桩帽顶的沉降,减小因桩身倾斜带来的测量误差;门架式横梁是通过在横梁端部加设固定门架,在不阻碍装样的条件下增加门架的稳定性,横梁用于固定线性传力轴套和作为基准梁固定百分表;立柱作为主要受力构件设置行架式撑杆,减小挠曲变形,增加系统安全稳定性和测量精度;横柱用于支撑试验箱,使得传力柱与桩顶之间的力与反作用力成为系统内力,无须额外配重或设置地锚。

②万向移动模型箱系统（图3-33）

本系统包括：不锈钢侧板；不锈钢底板；大承载力福马轮。

本系统不锈钢侧板使用不锈钢薄板加肋方式制作，在大大降低侧板自重的条件下保证侧板的强度与刚度；不锈钢底座由一整块不锈钢加肋板和四块不锈钢角铁组装成，角铁增强了系统的整体性，并替代加肋板与福马轮和加载系统横柱直接接触，避免了高应力状态下加肋板的变形破坏；四颗高承载力福马轮使得试验箱移动方便，简化了系统之间的组装。

③模块化模型桩系统（图3-34）

本系统由拉压力传感器模块及桩模块两部分组成，桩模块由桩帽、桩身、桩靴组成，模块之间通过牙进行刚性连接。（本书以双盘支盘桩模型为例进行介绍，其他桩型仅需更换相应的桩身模块即可）。

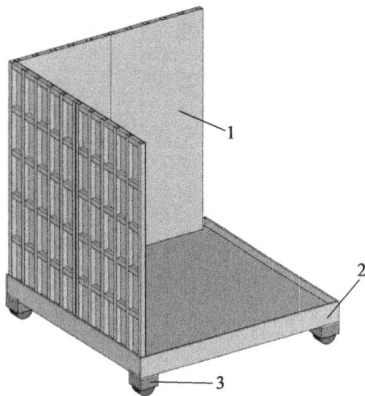

图3-33　模型箱示意图
1-不锈钢侧板；2-不锈钢底板；3-大承载力福马轮

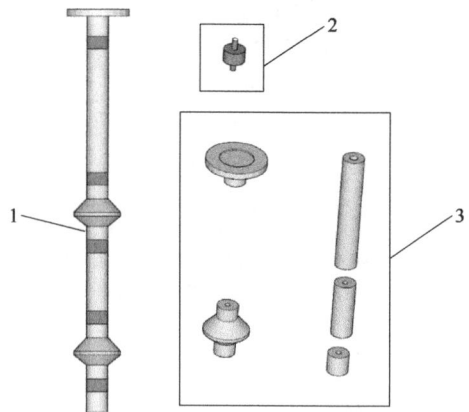

图3-34　模型桩示意图
1-模块孔模型桩系统；2-拉压力传感器模块；3-桩模块

本系统采用拉压力传感器直接测量桩身轴力，相较于应变片或裸光纤光栅传感器这类测量桩身内某点应变，再通过该点应变换算整个截面轴力的传感器，有安装方便、数据稳定精确、抗干扰性强以及可重复拆装等优点，由于本系统可重复拆装的特性，进行不同桩身参数的静载试验时只需要更换相应桩身模块，降低试验成本。桩身模块中各模块之间通过牙孔由传感器连接，桩帽上设置2mm深台阶，台阶尺寸与传力柱截面尺寸相同，便于装样时对中，减小偏心荷载。

（2）试验方案

本模型试验参考现场原位模型桩盘形状及间距，设计双盘模型桩进行静载模型试验，探究不同盘间距对支盘桩承载性能及桩身荷载传递规律的影响，具体设计参数如下。

182

①支盘桩尺寸

支盘桩采用双盘模型模块化设计,桩身材料为不锈钢,桩身尺寸与潮汕环线 T7 标河溪互通小直径支盘桩比例约为 1∶20,桩径 28mm,盘径 66mm。盘间距通过更换直杆段来调整,设计试验盘间距分别为 $4b$、$7b$、$9b$、$11b$ 和 $13b$(b 为盘环长度),桩身具体尺寸及实物如图 3-35 所示,桩身表面用 502 胶粘贴一层 60 目砂纸增加桩-土摩擦系数,实物如图 3-36 所示。

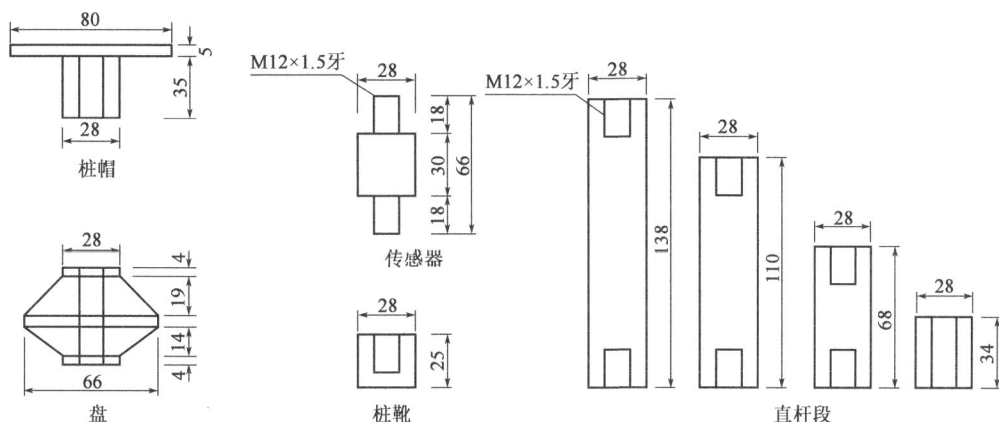

图 3-35　桩身及传感器尺寸图(尺寸单位:mm)

图 3-36　桩身及传感器实物图

②桩周土选用

为保证盘底土体密实度均匀,采用砂土作为试验用土。砂土装入试验箱前过 2mm 标准筛,采用灌水加振捣泵振实的方法对砂土进行密实,砂土粒径级配见表 3-10,砂粒径级配曲线如图 3-37 所示。

砂土粒径级配 表 3-10

筛径(mm)	2	1	0.5	0.25	0.075
土粒含量(g)	7	59	556	373	2
小于该筛径的土粒含量(g)	997	990	931	375	2
总质量(g)	1000	1000	1000	1000	1000
小于该筛径的土粒含量占比(%)	99.7	99.0	93.1	37.5	0.2

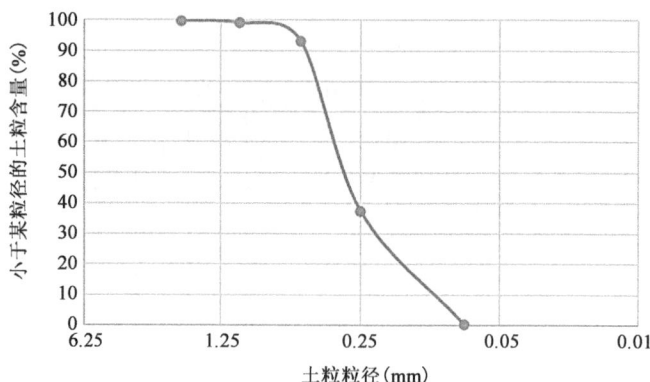

图 3-37 颗分试验曲线

③加载方式、荷载分级及沉降稳定标准

为保证桩顶荷载稳定,采用杠杆加载的方式,杠杆比约为 10 : 1,单次加载砝码质量 5.09kg,实际桩顶荷载以传感器测量为准。参考《建筑基桩检测技术规范》(JGJ 106—2014),单次荷载维持至少 1h,沉降记录时间间隔为 5min、10min、15min、30min,以最后 30min 累计沉降不超过 0.01mm 为沉降稳定标准,以桩体发生刺入破坏无法维持上覆荷载为破坏标准。

④数据测量装置

采用百分表测量桩顶沉降,为防止桩顶倾斜带来的测量误差,直接对传力柱进行沉降观测,以传力柱的沉降代替桩顶沉降;采用拉压力传感器监测桩身轴力变化,相比于传统的应变片等点式测量传感器,采用的拉压力传感器可直接测量桩身轴力,数据精确、计算简便。

⑤试验分组

本次试验共 5 组(试验分组示意图如图 3-38 所示),盘间距分别为 $4b$、$7b$、$9b$、$11b$、$13b$,每组试验包括两个载荷板试验,单次试验载荷板与支盘桩埋设在同一模型箱中,载荷板埋设深度与盘深度对应。本次试验主要研究盘间距对桩身承载力及荷载传递的影响,为排除其他干扰因素,各组试验之间控制下盘深度及有效桩长一致。

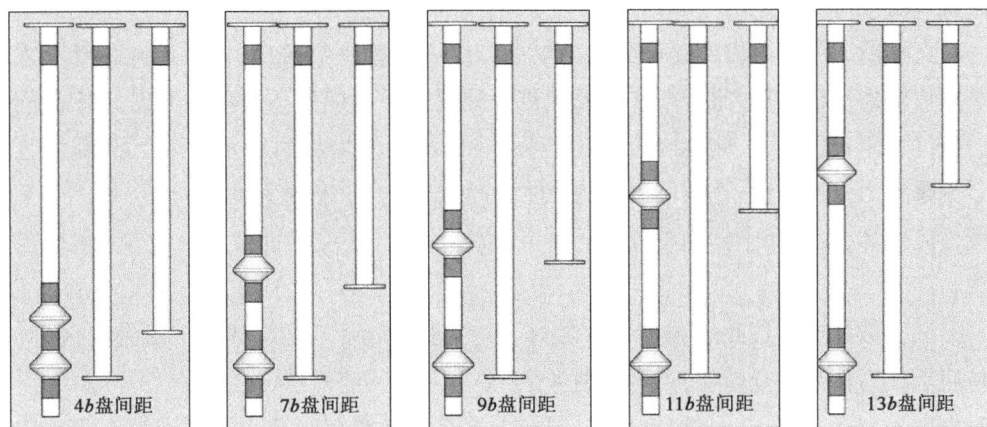

图 3-38　试验分组示意图

（3）试验数据分析

①Q-S 曲线分析结论

a. 在破坏以前，支盘桩荷载（Q）-沉降（S）曲线整体较为平缓，承载性能的发挥所需的沉降较小；荷载等级临近破坏时，桩顶单级荷载下的累计沉降量逐级增大，直至发生刺入破坏。

b. 取桩底发生刺入的前一级荷载作为桩身极限承载力，破坏时 $4b$ 盘间距支盘桩最大桩顶荷载为 7946N，桩顶累计沉降量为 5.82mm；$9b$ 间距支盘桩最大桩顶荷载为 9438N，桩顶累计沉降量为 6.39mm；$13b$ 间距支盘桩最大桩顶荷载为 8416N，桩顶累计沉降量为 4.89mm。

c. 在同一土层中，单盘埋设深度不同时由于上覆土层自重等因素的差异，埋设越深的盘所能发挥的承载力越高，而试验结果显示本试验的支盘桩承载力发挥顺序为：$9b > 13b > 4b$，说明 $4b$ 盘间距时盘之间相互影响明显，大大削弱了支盘桩的承载性能。

②桩身轴力分析

a. 支盘桩桩身轴力曲线沿深度呈非均匀变化，在盘位置处发生突变呈台阶状。桩身某段在 x 轴上的截距即为该段承担的荷载大小，线段的斜率即为单位长度下该段平均承载力的倒数，可以看出盘位置处单位长度桩身极限承载力的发挥远大于直杆段，下盘极限承载力大于上盘。

b. 随着桩顶荷载等级的增加，各盘与直杆段的承载力先后发挥后达到极限趋于稳定。上直杆段承载力发挥首先到达极限值而后趋于恒定，直线斜率基本不变；上直杆到达承载力极限后上盘承载力还在继续发挥，但到一定程度后上盘段直线斜率也趋于稳定；此时下盘直线段斜率突然减小，单级荷载下承载力增速加快，直至桩底发生刺入破坏无法承担上覆荷载。

c. 直杆段 2 测摩阻力变化趋势较为复杂，在 4b 间距支盘桩中，由于盘间距较小无法安装两枚轴力计，计算时直杆段 2 侧摩阻被分配到上下盘中而不再单独考虑；13b 盘间距时，直杆段 2 与直杆段 1 侧摩阻力变化趋势一致，都是先增加后稳定；9b 盘间距时，直杆段 2 侧摩阻力出现峰值，直线段斜率先减少后增加，综合 PIV 试验数据分析，是由于发生大圆柱面破坏，两盘间土体随桩体共同下沉，直杆段 2 与土交界面发生松弛导致侧摩阻力下降。

d. 试验数据显示桩底承载力发挥较好，但考虑到实际工况与试验工况有所区别，可将桩底承载力作为安全储备，不再单独考虑。

由表 3-11 和表 3-12 可知，在同一土层中，载荷板的极限承载力与埋设深度成正比关系，埋设深度越深载荷板极限承载力越大。

极限状态下支盘桩各桩段承载力汇总　　　　　　　表 3-11

支盘桩编号	13b	9b	4b
最大桩顶位移(mm)	−4.89	−6.39	−5.82
桩顶极限荷载(kPa)	8416	9438	7946
上盘极限荷载(kN)	781	1680	1255
下盘极限荷载(kN)	4516	5081	4096
直杆 1 极限侧摩阻力(kN)	123	199	834
直杆 2 极限侧摩阻力(kN)	810	228(465)	
桩底极限承载力(kN)	2187	2250	1762
盘极限承载力(kN)	5297	6761	5351
总极限侧摩阻力(kN)	933	427	834
桩底+盘+侧摩阻(kN)	8416	9438	7946

注：括号内数据为最大值。

上盘+直杆段 2 与圆柱破坏面最大承载力对比　　　　　　　表 3-12

支盘桩编号	13b	9b	4b
上盘+直杆段 2 最大承载力(MPa)	1590	1908	1255
圆柱破坏面承载力(MPa)	2901	1690	1255
对应桩土平均摩阻力(MPa)	0.061	0.072	0.083

现有试验数据显示，盘极限承载力与载荷板极限承载力的比值(以下简称比值)均小于 0.65，且比值大小与载荷板极限承载力呈正相关，盘、载荷板极限承载力发挥汇总见表 3-13。

盘、载荷板极限承载力发挥汇总 表 3-13

桩编号	13b		9b		4b	
盘/板位置(mm)	−125	−353	−201	−353	−277	−353
盘极限承载力(MPa)	0.228	1.320	0.491	1.485	0.367	1.197
载荷板极限承载力(MPa)	1.082	2.229	1.974	2.289	1.916	2.079
比值(%)	21.1	59.2	24.9	64.9	19.1	57.6

3.2 陀螺桩设计施工关键技术研究与示范应用

3.2.1 现有陀螺桩承载要求及适用条件研究

1)技术背景

本项目位于广东省东北部,路线基本为南北走向,沿线地形条件复杂、地质条件差、道路及河网密布、土地资源少、自然保护区、军事禁区和居民点多、工程规模大。特殊性岩土主要为软土、高液限土、膨胀性岩土等,沿线地质条件属较复杂类型。路线所经区域的地质条件是控制路线方案的主要因素,根据地质勘查与遥感资料,不良地质地段较多,项目所在地抗震烈度高,按照八度区设防标准设计,全线桥梁及桩基数量多,主线桥隧比高达87.3%,且软基覆盖层厚度较深厚,软基处理按照传统方式进行经济性较差。

对此提出采用陀螺桩软基处理技术,结合深层土体排水固结法,有利于缩短工期,提高填土过程的地基稳定性能。

同时,在实际施工过程中,对于工程需求量大、时间要求紧的一些应用工程,混凝土在浇筑成型速度跟不上施工进度要求,现场工人手动施工效率低下,尤其是每个陀螺桩重达70kg,需要两个人以上搬运,工作效率不高。为了解决以上实际工程中遇到的问题,拟创新一种工程轻质材料制作陀螺桩,进行工厂预制,运至现场直接使用,工作效率将大大提高。

新技术陀螺桩是在地基表面铺设陀螺状的混凝土块冰填充碎石形成筏式基础,属于浅层地基处理。国内首次在潮汕环线高速公路项目结合深层软基排水固结法应用,是解决深厚软土上填土过程中的稳定性,为提高填土高度和填土进度提供的一种方案。陀螺桩加固机理、结构形式和承载性能尚不明确,常规混凝土材料自重较大搬运不便,进一步研究非常必要,对于潮汕环线工程实际应用具有重要意义,对相似工程的推广应用,也具有创新和开拓性价值,意义重大。

2)陀螺桩特点和优势

陀螺桩是一种浅层地基处理技术,一般在深厚的淤泥以及饱和软黏土地层上修建非高层建筑物时,采用这项地基处理技术,可以避免采用复杂的深基础,具有较好的抗不均匀沉降能力。

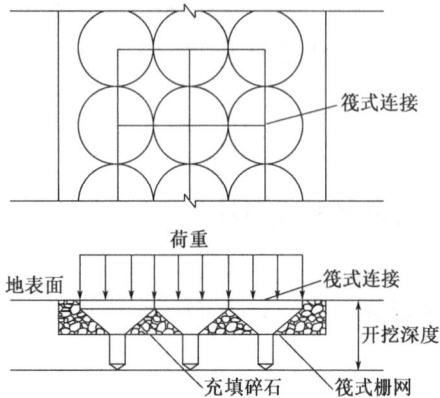

图 3-39 陀螺桩布置图

混凝土陀螺桩是在建筑物地基基础表面铺设陀螺形的混凝土块,其结构形式如图 3-39 所示。陀螺桩基础适合于软土地基及地震区的砂土地基,不但对地基具有补强效果,而且能将上部荷重均匀地传给地基。用陀螺桩处理后的地基,横向变形受到约束,因此会显著降低沉降量,同时也使应力分布更加均匀,从而提高地基承载力。陀螺桩基础用途广泛,且施工简单,因此,在我国沿海的大部分软土地基处理及海岸防波堤工程中是一种合理可行的方法。

与传统桩型相比,陀螺桩的主要特点和优势体现在以下几个方面:

(1)陀螺桩在地基处理中,可减少沉降量、提高承载力。

(2)单层陀螺桩能使瞬时沉降和固结沉降分别减为未处理地基的 1/2～1/3 和 1/3。

(3)对于双层陀螺桩,则使瞬时沉降和固结沉降分别减为未处理地基的 1/3～1/4 和 1/9。

(4)室内试验还表明,陀螺桩的长期沉降为碎石基础的 1/2。

(5)由于陀螺桩的锥体和桩体能防止基础下部地基的侧向流动,故陀螺桩能够显著减少基础沉降。

(6)现场载荷试验结果表明,陀螺桩的承载力为天然地基的 1.5 倍。

(7)对于偏心荷载作用,陀螺桩的承载力提高幅值更大,当偏心距为 $B/6$ 时,设置 1 层陀螺桩的地基承载力为天然地基的 2 倍,设置 2 层的为 3 倍。

(8)陀螺桩还具有抗液化和抗地震的效果。

3)陀螺桩承载及受力机理

陀螺桩可广泛应用在工民建、铁路、公路、水利、海岸工程等,以及超软土地基沉降控制、桩基不经济的软土地基、道路或场地的挡土墙、道路工程,如公路、铁路路基等工程中(图 3-40),具体包括:

(1)用于传统方法无法处理的超软土地基处理;

(2)可能产生较大沉降差而又必须避免沉降差的地基处理;

(3)处理持力层埋设较深,桩基无法解决或用桩基不经济的软土地基;

(4)大规模软土地基处理,用传统方法处理不经济时;

（5）道路或场地的挡土墙；

（6）涵洞、水渠、管道工程等；

（7）道路工程，如公路、铁路路基等；

（8）河岸护坡工程；

（9）海岸、江河的防波堤；

（10）机场、停车场等。

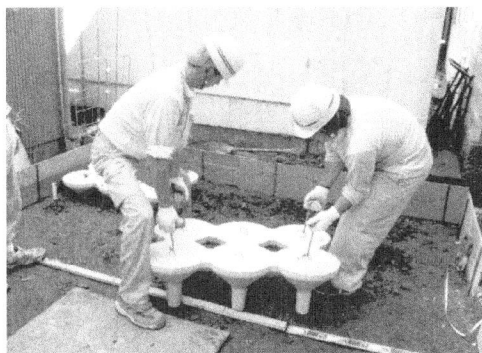

a)建筑地基

b)道路工程

c)挡土墙工程

图 3-40　陀螺桩工程应用案例

陀螺桩基础适合于软土地基及地震区的砂土地基，不但对地基具有补强效果，而且能将上部荷重均匀地传给地基。用陀螺桩处理后的地基，横向变形受到约束，因此会显著降低沉降量，同时也使应力分布更加均匀，从而提高地基承载力。陀螺桩基础用途广泛，且施工简单，因此，在我国沿海的大部分软土地基处理及海岸防波堤工程中是一种合理可行的方法。

陀螺桩以其特殊的形状，对碎石进行挤压，使陀螺桩地基形成一个具有一定强度的整体结构的板块（碎石和混凝土的板块）。但由于桩体间碎石的作用，陀螺桩复合地基呈柔性。陀螺桩复合地基具有较大的扩散角,使应力均匀扩散到地基中;同时能够约束下部地基,抑制下部地基的横向变形,提高承载力并减少沉降,陀螺桩工作原理如图3-41所示。

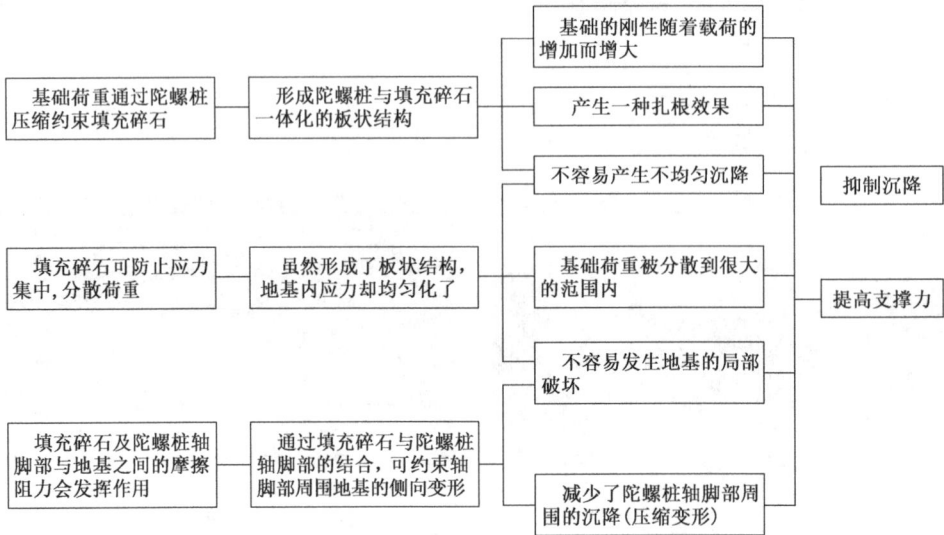

图3-41　陀螺桩工作原理

4)陀螺桩常用结构形式及适用条件

工程中常用的陀螺桩结构,根据圆盘直径的不同,可分为代号330型(直径330mm)和代号500型(直径495mm)。根据圆锥受力斜面与水平面的夹角,又可分为代号A型(与水平面的夹角45°)和代号B型(与水平面的夹角60°)。对此,常用的陀螺桩桩结构包括330A型、330B型、500A型、500B型,以潮汕环线五标段鲩西互通为例,设计所采用的陀螺桩为500A型,单桩高度为0.5m,其中圆锥高度0.2m,桩脚高度0.2m,单桩重量为64kg,搬运过程中无法采用人工,需使用吊车设备,降低了大面积软基处理施工效率。对此,本项目提出采用轻质材料的陀螺桩结构方案。

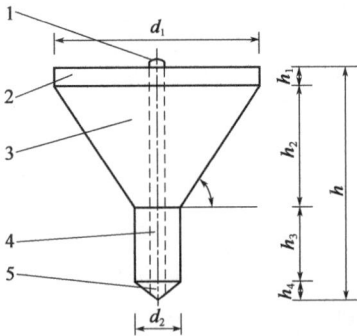

图3-42　混凝土陀螺桩结构示意
1-连接钢筋;2-圆板;3-圆锥;4-桩脚;5-桩尖。d_1-圆板直径;d_2-桩脚直径;h_1-圆板高度;h_2-圆锥高度;h_3-桩脚高度;h_4-桩尖高度;h-桩总高度;α-水平夹角

根据施工经验,混凝土陀螺桩的设置应根据地基土的基本性质和工程要求的地基承载力确定。混凝土陀螺桩结构示意如图3-42所示。为了进行表层基础工程法的施工,需要事先了解将要敷设陀螺桩的土地性质,并开展地基调查,包括各种探测和室内土工试验,其中使用最多的是标准贯入试验(N值测量)。因此,一般可以根据地基是砂性土还是黏性土,以及N值或孔隙

比、黏聚力大小,来确定设计适用标准。混凝土陀螺桩规格见表3-14。

混凝土陀螺桩规格 表3-14

型号	圆板直径 d_1（mm）	桩脚直径 d_2（mm）	圆板高度 h_1（mm）	圆锥高度 h_2（mm）	桩脚高度 h_3（mm）	桩尖高度 h_4（mm）	桩总高度 h（mm）	重量（kg）
330A 型	330	72	33	132	132	33	330	19
330B 型	330	73	33	253	100	33	419	29
500A 型	495	109	50	200	200	50	500	64
500B 型	495	110	50	380	150	50	630	97

以往的地基资料中,有附近已经开展过的钻孔调查数据、打孔资料等,作为事前调查,一般应该首先收集以往地质资料。现场勘查不仅可以确认所收集资料的结果,而且在表层基础工程法时,有助于对相关问题条件的判断,因此极其重要。在调查区域附近存在既有建筑物时,通过其基础形状、规模及该建筑物是否存在沉降或倾斜及倾斜程度,可大概了解该地地层构成,从而判断浅层陀螺桩处理方法的适用性。在地形调查过程中,可收集地形图、地质图以及航空照片等资料并进行研读,掌握调查区域周边的地形、地质概况,调查设计、施工可能存在的风险或问题。

陀螺桩浅层地基处理方法是一种可在松软地基上发挥巨大潜力的工法,一般应用的场所大多为松软地基。根据标准贯入试验结果,统计混凝土陀螺桩适用土层及设置条件如表3-15所示,在该表中,总结出了根据地基种类和设计负荷大小就可以进行浅层基础设计的一般适用标准,并使用 N 值或黏聚力来判断地基强度。在松软黏性土质地基中测量地基硬度时,会根据各种试验的测量值推算 N 值或黏性土黏聚力。

混凝土陀螺桩适用土层及设置条件 表3-15

地基的种类		P（kPa）			
黏性土	砂性土	$20 < P \leqslant 40$	$40 < P \leqslant 90$	$90 < P \leqslant 150$	$150 < P \leqslant 200$
$N_{63.5} < 4$（$e > 80\%$）	$N_{63.5} < 6$	330B 型 500A 型	330B 型双层 500B 型	500B 型双层	—
$4 \leqslant N_{63.5} < 6$（$80\% \leqslant e < 75\%$）	$6 \leqslant N_{63.5} < 10$	330A 型	330B 型 500A 型	330B 型双层 500B 型	500B 型双层
$6 \leqslant N_{63.5} < 10$（$e \leqslant 75\%$）	$10 \leqslant N_{63.5} < 15$	—	330A 型	330B 型 500A 型	330B 型双层 500B 型

注:P-作用在地基上的竖向应力;$N_{63.5}$-铺设混凝土陀螺桩地基平均贯准贯入击数;e-地基土孔隙比。

在松软地基上铺设陀螺桩时,为防止浮土地基被搅乱或确保人员站立位置,可采用先铺设适当厚度的碎石,平整后再铺设陀螺桩的方法。

在松软地基上建设土木工程建筑物时,一般会出现计承载力不足或发生较大的沉降。若采用陀螺桩工法,所配置钢筋(筏垫、筏接头)的增强效果将发挥作用,加载的荷重通过陀螺桩而约束、压缩填充的碎石,从而形成具有一定刚性的磐状基础。

过去,当松软地基承载力稍显不足时,即使是中小规模建筑物,如果表层地基承载力不足,也大多采用桩基加固。而如果采用陀螺桩工法,不仅经济,而且在施工中无需大型机械,也不会产生噪声、震动等,并能保证地基稳定。在常用铺设结构形式方面,有单层铺设、双层铺设两种结构形式,其中单层铺设方式相对较多,而对于采用单层铺设方案后,地基承载力仍稍显不足的,可采用双层铺设形式。常用陀螺桩铺设断面示意如图3-43所示。

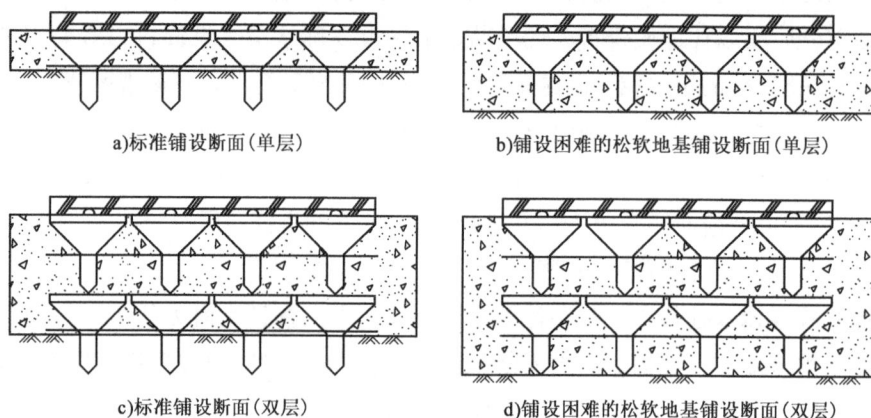

a)标准铺设断面(单层)　　　　　b)铺设困难的松软地基铺设断面(单层)

c)标准铺设断面(双层)　　　　　d)铺设困难的松软地基铺设断面(双层)

图3-43　常用陀螺桩铺设断面示意图

根据过去的施工经验和陀螺桩本身所具有的特点,陀螺桩可以在下述情况中应用:

(1)虽然建筑物荷重没有超过地基允许承载力,但是想降低地基不同部分的沉降和整体沉降时。

(2)虽然建筑物荷重超过了地基的容许承载力,但由于经济的原因想避开桩基础和其他处理方法时(这时,虽然少量的沉降不能避免,但是陀螺桩可以通过扩大基础面积达到目的)。

(3)虽然其他地基处理方法可行,但受地形及周围环境条件制约,在施工现场不能使用大型施工机械时。

(4)基础采取防震施工和进行抗震设计时。

(5)虽然建筑物荷重超过地基容许承载力不多,但是想控制偏心荷载、沉降和位移时。

(6)在可能会发生地基液化的基础中,为防止地基液化,提高基础强度时。

3.2.2 新型轻质工程材料陀螺桩研发

陀螺桩作为强垫层,具有其他类型地基处理方式所不具备的优势。但是,在实际施工过程中,对于工程需求量大、时间要求紧的一些应用工程,混凝土在浇筑成型速度跟不上施工进度要求,现场工人手动施工效率低下,尤其是每个陀螺桩重超过60kg,需要几个人搬运,工作效率不高。

为了解决以上实际工程中遇到的问题,分别采用工程塑料材料、轻质混凝土材料或新型树脂材料替代混凝土,工厂预制成轻质陀螺桩,运至现场直接使用,从而提高现场实际施工效率。

1)PE材料轻质陀螺桩

(1)常用工程塑料调研

工程塑料是指被用作工业零件或外壳材料的工业用塑料,是强度、耐冲击性、耐热性、硬度及抗老化性均优的塑料。工程塑料具有在机械性能、耐久性、耐腐蚀性、耐热性等方面的高性能优势,被广泛应用于各个领域。

工程塑料的性能特点主要有:

①与通用塑料相比,具有优良的耐热和耐寒性能,在广泛的温度范围内机械性能优良,适宜作为结构材料使用。

②耐腐蚀性良好,受环境影响较小,有良好的耐久性。

③与金属材料相比,容易加工,生产效率高,并可简化程序,节省费用。

④有良好的尺寸稳定性和电绝缘性。

⑤质量轻,比强度高,并具有突出的减摩、耐磨性。

常用工程塑料性能及应用举例见表3-16,工程塑料物理、力学性能见表3-17,不同的工程塑料具有不同的特性,其应用范围也不同,各自发挥着不同领域的优越性能。

常用工程塑料性能及应用举例　　　　　　　　　　　　　　表3-16

名称	特性	应用举例
硬质聚氯乙烯(PVC)	机械强度高,化学稳定性及介电性能优良,耐油性和抗老化性也较好,易熔接及黏合,价格较低。缺点是使用温度低(在60℃以下),线膨胀系数大,成型加工性不良	制品有管、棒、板、焊条及管件,除作日常生活用品外,主要用作磨蚀的结构材料或设备衬里材料(代有色合金、不锈钢和橡胶)及电气绝缘材料
软质聚氯乙烯(PVC)	拉伸强度、抗弯强度及冲击韧性均较硬质聚氯乙烯低,但破裂延伸率较高。质柔软、耐摩擦、挠曲,弹性良好,像橡胶,吸水性低,易加工成型,有良好的耐寒性,合电气性能,化学稳定性强强,能制各种鲜艳而透明的制品。缺点是使用温度低,为 -15~55℃	通常制成管、棒、薄板、薄膜、耐寒管、耐酸碱软管等半成品,供作绝缘包皮、套管、耐腐蚀材料、包装材料和日常用品

续上表

名称		特性	应用举例
聚乙烯(PE)		具有优良的介电性能、耐冲击、耐水性好,化学稳定性高,使用温度达80~100℃,摩擦性能和耐寒性良好。缺点是机械强度不高,质柔软,成型收缩率大	用作一般电缆的包皮,耐腐蚀的管道、阀、泵的结构零件,亦可喷涂于金属表面,作为耐磨、减磨及防腐蚀涂层
有机玻璃(聚甲基丙烯酸甲酯)(PMMA)		有极好的透光性,可透过92%以上的太阳光,紫外线光达73.5%;机械强度较高,有一定耐热耐寒性,耐腐蚀、绝缘性能良好,尺寸稳定,易于成型,质较脆,易溶于有机溶剂中,表面硬度不够,易擦毛	可作要求有一定强度的透明结构零件、如油杯、车灯、仪表零件,光学 镜片;装饰件、光学纤维等
聚丙烯(PP)		是最轻的塑料之一,其屈服、拉伸和压缩强度和硬度均优于低压聚乙烯,有很突出的刚性,高温(90℃)抗应力松弛性能良好,耐热性能较好,可在100℃以上使用,如无外力150℃也不变形,除浓硫酸、浓硝酸外,在许多介质中很稳定,低分子量的脂肪烃、芳香烃、氯化烃,对它有软化和溶胀作用,几乎不吸水,高频电性能不好,成型容易,但收缩率大,低温显脆性,耐磨性不高	作一般结构零件,作腐蚀化工设备和受热的电气绝缘零件,如泵叶轮、汽车零件、化工容器、管道、涂层、蓄电池匣
聚苯乙烯(PS)		有较高的韧性和抗冲击强度;耐酸、耐碱性能好,不耐有机溶剂,电气性能优良,透光性好,着色性佳,并易成型	作一般结构零件和透明结构零件仪表零件、油浸式多点切换开关、电池外壳,透明零件
丙烯腈-丁二烯-苯乙烯(ABS)		具有良好的综合性能,即高冲击韧性和良好的力学性,优良的耐热、耐油性和化学稳定性,尺寸稳定、易机械加工,表面还可镀金属,电性能良好	作一般结构或耐磨受力传动零件和耐腐蚀设备,用ABS制成的泡沫夹层板可做小轿车车身
聚砜(PSU)		有很高的力学性能、绝缘性能和化学性能稳定,并且在100~150℃以下能长期使用,在高温下能保持常温下所具有的各种力学性能和硬度,蠕变值很小,用F-4填充后,可作摩擦零件	适于高温下工作的耐磨受力传动零件,如汽车分速器盖、齿轮以及电绝缘零件
聚酰胺(尼龙)	尼龙66	疲劳强度和刚性较高,耐热性较好,摩擦系数低,耐磨性好,但吸湿性大,尺寸稳定性不够	适用于中等载荷、使用温度≤100~120℃、无润滑或少润滑条件下工作的耐磨受力传动零件
	尼龙6	疲劳强度、刚性、耐热性稍不及尼龙66,但弹性好,有较好的消震,降低噪声能力。其余同尼龙66	在轻载荷、中等温度(最高80~100℃)、无润滑或少润滑、要求噪声低的条件下工作的耐磨受力传动零件
	尼龙610	强度、刚性、耐热性略低于尼龙66,但吸湿性较小,耐磨性好	同尼龙6,宜作要求比较精密的齿轮,用于湿度波动较大的条件下工作的零件

名称		特性	应用举例
聚酰胺 (尼龙)	尼龙 1010	强度、刚性、耐热性均与尼龙6和610相似,吸湿性低于尼龙610,成型工艺性较好,耐磨性亦好	轻载荷、温度不高、湿度变化较大的条件下无润滑或少润滑的情况下工作的零件
	单体 浇铸 尼龙	强度、耐疲劳性、耐热性、刚性均优于尼龙6及尼龙66,吸湿性低于尼龙6及尼龙66,耐磨性好,能直接在模型中聚合成型,宜浇铸大型零件	在较高载荷、较高的使用温度(最高使用温度小于120℃)无润滑或少润滑的条件下工作的零件
聚甲醛(POM)		抗拉强度、冲击韧性、刚性、疲劳强度、抗蠕变性能都很高,尺寸稳定性好,吸水性小,摩擦系数小,有很好的耐化学药品能力,性能不亚于尼龙,但价格较低,缺点是加热易分解,成型比尼龙困难	可用作轴承、齿轮、凸轮、阀门、管道螺母、泵叶轮、车身底部的小部件、汽车仪表板、汽化器、箱体、容器、杆件以及喷雾器的各种代铜零件
聚碳酸酯(PC)		具有突出的冲击韧性和抗蠕变性能,有很高的耐热性,耐寒性也很好,脆化温度达 - 100℃,抗弯抗拉强度与尼龙等相当,并具有较高的延伸率和弹性模数,但疲劳强度小于尼龙66,吸水性较低,收缩率小,尺寸稳定性好,耐磨性与尼龙相当,并有一定的抗腐蚀能力。缺点是成型条件要求较高	可用作各种齿轮、蜗轮、齿条凸轮、轴承、心轴、滑轮、传送链螺母、垫圈、泵叶轮、灯罩、容器、外壳、盖板等
氯化聚醚 (聚氯醚) (CPE)		具有独特的耐腐蚀性能,仅次于聚四氟乙烯,可与聚三氟乙烯相比,能耐各种酸碱和有机溶剂,在高温下不耐浓硝酸、浓过氧化氢和湿氯气等,可在120℃下长期使用,强度、刚性比尼龙聚甲醛等低,耐磨性略优于尼龙,吸水性小,成品收缩率小,尺寸稳定,成品精度高,可用火焰喷镀法涂于金属表面	作耐腐蚀设备与零件,作为在腐蚀介质中使用的低速或高速、低速、低负荷的精密耐磨受力传动零件,如泵、阀、轴承、密封圈、化工管道涂层、窥镜等
酚醛树脂(PF)		力学性能很高,刚性大,冷流性小,耐热性很高(100℃以上),在水润滑下摩擦系数极低(0.01 ~ 0.03),PV 值很高,有良好的电性能和抵抗酸碱侵蚀的能力,不易因温度和湿度的变化而变形,成型简便,价格低廉。缺点是性质较脆、色调有限,耐光性差,耐电弧性较小,不耐强氧化性酸的腐蚀	常用的为层压酚醛塑料和粉末状压塑料,有板材、管材及棒材等。用作农用潜水泵密封件和轴承、轴瓦、皮带轮、齿轮、制动装置和离合装置的零件、摩擦轮及电器绝缘零件等
环氧树脂(EP)		具有较高的强度,良好的化学稳定性和绝缘性能,成型收缩率小,成型简便	制造金属拉延模、压形模、铸造模,各种结构零件以及用来修补金属零件及铸件
聚酚氧 (苯氧树脂)		具有良好的力学性能,高的刚性、硬度和韧性。冲击强度可与聚碳酸酯相比,抗蠕变性能与大多数热塑性塑料相比属于优等,吸水性小,尺寸稳定,成品精度高,一般推荐的最高使用温度为77℃	适用于精密的、形状复杂的耐磨受力传动零件,仪表、计算机等零件;涂层及胶粘剂

续上表

名称	特性	应用举例
线型聚酯(聚对苯二甲酸乙二醇酯)(PETP)	具有很好的力学性能,抗拉强度超过聚甲醛,抗蠕变性能、刚性和硬度都胜过多种工程材料,吸水性小,线胀系数小,尺寸稳定性高,热力学性能和冲击性能很差,耐磨性同于聚甲醛和尼龙,增强的线型聚酯性能相当于热固性塑料	作耐磨受力传动零件,特别是与有机溶剂接触的上述零件,增强的聚酯可以代替玻纤填充的酚醛、环氧等热固性塑料
聚苯醚(聚苯撑氧)(PPO)改性聚苯醚(MPPO)	在高温下有良好的力学性能,特别是抗张强度和蠕变性能好,有较高的耐热性(长期使用温度为-127～+120℃),成型收缩率低尺寸稳定性强,耐高浓度的无机酸、有机酸、盐的水溶液、碱及水蒸气,但溶于氯化烃和芳香烃中,在丙酮、苯甲醇、石油中龟裂和膨胀	适于作在高温下的耐磨受力零件和耐腐蚀的化工设备与零件,如泵叶轮、阀门、管道等,还可以代替不锈钢作外科医疗器械
聚四氟乙烯(PTFE、F-4)	具有优异的化学稳定性,与强酸、强碱或强氧化剂均不起作用,有很高的耐热性、耐寒性,使用温度自-180～250℃,摩擦系数很低,是极好的自润滑材料。缺点是力学性能较低,刚性差有冷流动性,热导热率低,热膨胀大,耐磨性不高(可加入填充剂,适当改善),需采用预压烧结的方法,成型加工费用较高	主要用作耐化学腐蚀、耐高温的密封元件,如填料、衬垫、涨垫、阀座、阀片,也用作输送腐蚀介质的高温管道,耐腐蚀衬里,容器以及轴承、导轨、无油润滑活塞环、密封圈等。其分散液可以作涂层及浸渍多孔制品
填充聚四氟乙烯(PTFE)	用玻璃纤维粉末、二硫化钼、石墨、氧化镉、硫化钨、青铜粉、铅粉等填充的聚四氟乙烯在承载能力、刚性、PV极限值等方面都有不同程度的提高	用于高温或腐蚀介质中工作的摩擦零件如活塞环等
聚三氟氯乙烯(PCTFE、F-3)	耐热性、电性能和化学稳定性仅次于F-4,在180℃的酸、碱和盐的溶液中亦不溶胀和或侵蚀,机械强度、抗蠕变性能、硬度都比F-4好些,长期使用温度为-195～190℃之间,但要求长期保持弹性时,则最高使用温度为120℃,涂层与金属有一定的附着力,其表面坚韧、耐磨、有较高的强度	作耐腐蚀的设备与零件,悬浮液涂于金属表面可作防腐、电绝缘防潮等涂层
聚全氟乙烯丙烯(FEP、F-46)	力学、电性能和化学稳定性基本与F-4相同,但突出的优点是冲击韧性高,即使带缺口的试样也冲不断,能在-85～205℃温度范围内长期使用	同F-4用于制作要求大批量生产或外形复杂的零件,并用注射成型代替F-4的冷压烧结成型
聚酰亚胺(PI)	能耐高温、高强度,可在260℃温度下长期使用,耐磨性能好,且在高温下稳定、挥发物少,电性能、耐辐射性能好,不溶于有机溶剂和不受酸的侵蚀,但在强酸、沸水、蒸汽持续作用下会破坏,主要缺点是质脆,对缺口敏感,不宜在室外长期使用	适用于高温、高真空条件下作减磨、自润滑零件,高温电动机电器零件

常用的工程塑料的物理、力学性能(部分)　　　　　　　表 3-17

性能指标	塑料名称及代号				
	聚氯乙烯,硬质	聚氯乙烯,软质	聚乙烯(高密度)	聚乙烯(低密度)	聚乙烯,超高分子量
	PVC	PVC	HDPE	LDPE	UNMWPE
密度(g/cm^3)	1.30~1.58	1.16~1.35	0.941~0.965	0.91~0.925	0.94
吸水率(%)	0.07~0.4	0.5~1.0	<0.01	<0.01	<0.01
抗拉强度(MPa)	45~50	10~25	21~38	3.9~15.7	30~34
拉伸模量(GPa)	3.3	—	0.4~1.03	0.12~0.24	0.68~0.95
断后伸长率(%)	20~40	100~450	20~100(断裂)	90~800	400~480
抗压强度(MPa)	—		18.6~24.5		35~37
抗弯强度(MPa)	80~90				
冲击韧度悬臂梁,缺口(J/cm^2)	简支梁,无缺口 30~40	—	80~1067	853 4	简支梁,无缺口 190~200 未断
硬度洛氏/邵氏/布氏 HR/HBS②/HBS	14~17HBS	50~75HSA	60~70HSD	41~50HSD10HRR	50HRR
成型收缩率	0.1~0.5	1~5	1.5~4.0	1.5~4.0	4

性能指标	塑料名称及代号				
	聚丙烯	聚苯乙烯	甲基丙烯甲酯-丁二烯-苯乙烯	丙烯腈-丁二烯-苯乙烯	聚砜	聚酰胺(尼龙)-6
	PP	PS	MBS	ABS	PSU	PA-6
密度(g/cm^3)	0.9~0.91	1.04~1.1	1.09~1.1	1.03~1.06	1.24~1.61	1.13~1.15
吸水率(%)	0.03~0.04	0.03~0.3	—	0.2~0.25	0.3	1.9~2
抗拉强度(MPa)	35~40	50~60	42~55(屈服)	21~63	66~68	51~78
拉伸模量(GPa)	1.1~1.6	2.8~4.2	2.2~2.7	1.8~2.9	2.5~4.5	
断后伸长率(%)	200	1.0~3.7	12~18(断裂)	23~60	2~5 50~100	150~250
抗压强度(MPa)	—	—	—	18~70	276	60~90
抗弯强度(MPa)	42~56	69~80	—	62~97 (1.8~3.0GPa)	99~106 (2.7~5.2GPa)	70~100
冲击韧度悬臂梁,缺口(J/cm^2)	10~100	10~80	50~150	123~454	34.7~64.1	53.3~64
硬度洛氏/邵氏/布氏 HR/HBS②/HBS	50~102HRR	65~80HRM	100~120HRR	62~121HRR	69~74HRM	85~114HRR
成型收缩率	1.0~2.5	0.2~0.7	—	0.3~0.6	0.4~0.7	—
无负荷最高使用温度	88~116	60~79	—	66~99	149	82~121
连续耐热温度	—	—	—	130~190	—	—

性能指标	塑料名称及代号					
	聚酰胺（尼龙）-66	聚酰胺（尼龙）-610	聚酰胺（尼龙）-1010	聚甲醛（尼龙）-铸型	聚甲醛（均聚）	聚甲醛（共聚）
	PA-66	PA-610	PA-1010	PA-MC	POM	POM
密度（g/cm³）	1.14～1.15	1.07～1.09	1.04～1.07	1.1	1.42～1.43	1.41～1.43
吸水率（%）	1.5	0.5	0.39	0.6～1.2	0.2～0.27	0.22～0.29
抗拉强度（MPa）	57～83	47～60	52～55	77～92	58～70	62～68
拉伸模量（GPa）	—	—	1.6	2.4～3.6	2.9～3.1	2.8
断后伸长率（%）	40～270	100～240	100～250	20～30	15～75	40～75
抗压强度（MPa）	90～120	70～90	65	—	122	113
抗弯强度（MPa）	60～110	70～100	85～89（1.8GPa）	120～150	98(2.9GPa)	91～92（2.6GPa）
冲击韧度悬臂梁，缺口（J/cm²）	43～64	简支梁，有缺口 3.5～5.5	简支梁，有缺口 4～5	简支梁，无缺口 500～600	64～123	53～85
硬度洛氏/邵氏/布氏 HR/HBS②/HBS	100～118HRR	90～130HRR	71HBS	14～21HBS	118～120HRR 80～94HRM	120HRR 78～84HRM
成型收缩率	1.5～2.2	1.5～2.0	1～2.5	径向 3～4 纵向 7～12	2.0～2.5	2.0～3.0
无负荷最高使用温度	82～149	—	—	—	91	100
连续耐热温度	—	—	—	—	121	80

性能指标	塑料名称及代号						
	聚碳酸酯	聚氯醚	聚酚氧	聚对苯二甲酸乙二（醇）酯	聚对苯二甲酸丁二（醇）酯	聚四氟乙烯	聚三氟氯乙烯
	PC			PETP	PBTP	PTFE	PCFE
密度（g/cm³）	1.18～1.20	1.4	1.17～1.18	1.37～1.38	1.30～1.55	2.1～2.2	2.1～2.2
吸水率（%）	0.2～0.3	0.01	0.13	0.08～0.09	0.03～0.09	0.01～0.02	0.02
抗拉强度（MPa）	60～88	42～56	55～70	57	52.5～65	14～25	31～42
拉伸模量（GPa）	2.5～3.0	1.1	2.4～2.7	2.8～2.9	2.6	0.4	1.1～2.1
断后伸长率（%）	80～95	60～130	50～100	50～300	—	250～500	50～190
抗压强度（MPa）	—	66～76	—	—	—	—	—
抗弯强度（MPa）	94～130	54～78	83～110（2.3～2.8GPa）	84～117	83～103（2.2GPa）	18～20	52～65
冲击韧度悬臂梁，缺口（J/cm²）	640～830	简支梁，无缺口 >40	80～127	0.4	35.4	107～160	192

性能指标	塑料名称及代号						
	聚碳酸酯	聚氯醚	聚酚氧	聚对苯二甲酸乙二(醇)酯	聚对苯二甲酸丁二(醇)酯	聚四氟乙烯	聚三氟氯乙烯
	PC			PETP	PBTP	PTFE	PCFE
硬度洛氏/邵氏/布氏 HR/HBS②/HBS	68~86HRM	100HRM	118~123 HRR	68~98HRM	118HRR	50~65HSD	74HSD
成型收缩率	0.5~0.8	0.4~0.6	0.3~0.4	—	1.5~2.5	1~5(模压)	1~2.5
无负荷最高使用温度	121	—	—	79	138	288	177~199
连续耐热温度	120		65~80				

性能指标	塑料名称及代号							
	聚全氟乙烯丙烯	聚苯醚	聚酰业胺(均苯型)	聚酰亚胺(醚酐型)	聚酰亚胺(聚醚型)	聚酰亚胺(聚酰胺型)	酚醛(木粉)	环氧树脂(玻纤)
	FEP	PPO	PI				PF	EP
密度(g/cm³)	2.1~2.2	1.06~1.36	1.42~1.43	1.36~1.38	1.27	1.42	1.37~1.46	1.6~2.0
吸水率(%)	0.01	0.06~0.12	0.2~0.3	0.3	0.25	0.33(饱和)	0.3~1.2	0.04~0.2
抗拉强度(MPa)	19~22	48~66	94.5	120	105~14097	152	36~62	35~137
拉伸模量(GPa)	0.35	2.3~2.6	—	—	3	4.5	5.5~11.7	20.7
断后伸长率(%)	250~330	35~60	6~8	6~10	60	7.6	0.4~0.8	4
抗压强度(MPa)	—	69~113	>276	>230	140	221	172~214	124~276
抗弯强度(MPa)	—	57~97	117(3.2GPa)	200~210(3.3GPa)	152(3.3GPa)	189~241(5.03GPa)	48~97	55~207
冲击韧度悬臂梁,缺口(J/cm²)	—	214~374	—	—	53.4~64.1	144	10.7~32.0	16.0~53.4
硬度洛氏/邵氏/布氏 HR/HBS②/HBS	60~65 HSD	115~120 HRR 93HRM	92~102 HRM	—	109~110 HRR	86HRE	100~115 HRM	100~112 HRM
成型收缩率	2~5	0.5~0.8	—	0.5~1.0	0.5~7	0.6~1.0	0.1~0.8	0.1~0.8
无负荷最高使用温度	204	79~104	260	—	170	—	149~260	149~260
连续耐热温度	—	—	60~121	60~88	—	—	—	—

199

（2）PE 材料特点

PE 材料是产量最大的一种塑料,特点是质软、无毒、价廉、加工方便,耐化学性好,不易腐蚀,印刷困难。PE 是一种典型的结晶型高聚物。它的种类多,常用的有 LDPE(低密度聚乙烯)和 HDPE(高密度聚乙烯),为半透明性塑料,强度低,密度为 $0.94g/cm^3$(比水小);很低密度 LLDPE 树脂(密度低于 $0.910g/cm^3$,LLDPE 和 LDPE 的密度都在 $0.91 \sim 0.925g/cm^3$ 之间),LDPE 较软,俗称软胶。HDPE 俗称硬性软胶,比 LDPE 硬,是半结晶材料,成型后收缩率较高,在 $1.5\% \sim 4\%$ 之间,透光性差,结晶度大,很容易发生环境应力开裂现象。可以通过使用很低流动特性的材料以减小内部应力,从而减轻开裂现象,当温度高于 60℃ 时,很容易在烃类溶剂中溶解,但其抗溶解性比 LDPE 要好。

PE 制件最显著的特点是成型收缩率大,易产生缩水和变形。此外,还具有吸水性小的特点,可不用干燥;加工温度范围很宽,不易分解(分解温度为 320℃),压力大时,制件密度高,收缩率较小。PE 流动性中等,要严格控制加工条件,并保持模温的恒定(40 ~ 60℃)。PE 的结晶程度与成型工艺条件有关,它有较高的冷固温度,模温低,结晶度就低。在结晶过程,因收缩的各向异性,造成内部应力集中,PE 制件易出现变形和开裂。产品放在 80℃ 热水中水浴,可使压力得到一定的松弛。成型过程中,料温和模温偏高为宜,注射压力在保证制件质量的前提下应尽量偏低,模具的冷却特别要求迅速均匀,产品脱模时较烫。

PE 材料是一种典型的结晶型高聚物。以 LDPE 和 HDPE 为最常用,有无毒、价廉、加工方便、耐化学性好、不易腐蚀等特点。模具温度在 50 ~ 95℃ 为宜,6mm 以下壁厚的塑件应使用较高的模具温度,6mm 以上壁厚的塑件使用较低的模具温度。塑件冷却温度应当均匀以减小收缩率的差异。对于最优的加工周期时间,冷却腔道直径应不小于 8mm,并且距模具表面的距离应在 $1.3d$ 之内(d 为冷却腔道的直径)。注射压力:700 ~ 1050bar。注射速度:建议使用高速注射。流道和浇口:流道直径在 4 ~ 7.5mm 之间,流道长度应尽可能短,可以使用各种类型的浇口,浇口长度不要超过 0.75mm,特别适用于使用热流道模具。

以工程上常用的 PE 管材为例,其使用寿命为 50 年,耐腐蚀性能较好。PE 管材的使用寿命是由多种因素决定的,具体包括:①原材料。国内顶级的 PE 原材料基本上都能够达到抗老化 50 年。②生产工艺。部分厂家为了谋求高利润在生产上偷工减料,将会影响其相关物理力学性能,导致降低使用寿命。③使用方法和使用环境等。PE 的施工破坏或者摩擦会造成一定的影响,降低其使用寿命。PE 虽然防腐,但遇到特别恶劣的环境也会对其使用寿命造成很大影响,比如强酸强碱,高温(大于 60℃),或者长期冰冻等环境。是有一定比例折减的。PE 材料性能指标见表 3-18。

PE 材料性能指标 表 3-18

项目	指标	项目	指标
密度(g/cm³)	0.98～1.0	断裂伸长率	300～400
拉伸强度(MPa)	≥19MPa	燃烧等级	FV-0
吸水率(%)	≤0.01%	熔点	140℃
摩擦系数 f	≤0.01%～0.17%	收缩率	1.2%～4.0%
热变形温度(℃)	85	耐温范围(℃)	-180～82.22

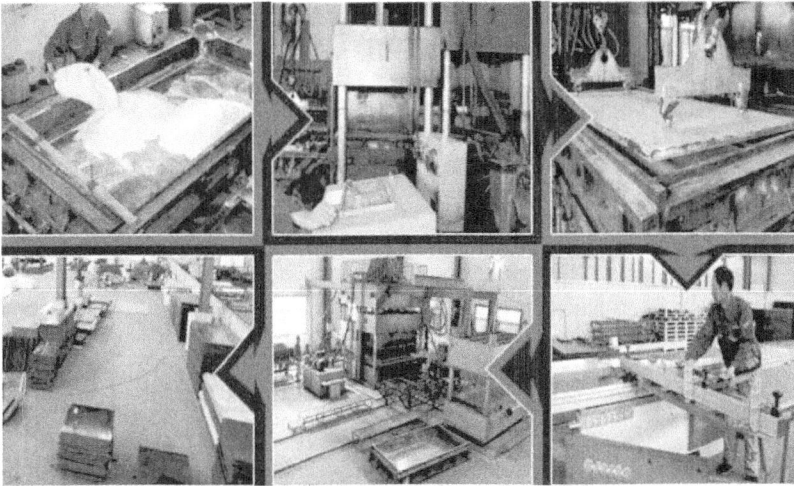

图 3-44　PE 材料生产流程

2)泡沫轻质混凝土陀螺桩

泡沫轻质混凝土是由水泥(固化材料)、水、原料土(砂或砂性土或低液限土)按一定比例充分混合形成浆体,然后再与一定比例的足够细小的稳定气泡群充分混合搅拌形成流体,并最终凝固成型的一种轻型填筑材料。该材料具有自重轻、强度高、流动性好、性能稳定、直立性强、对环境影响反应不敏感等优点,在岩土工程中得到了广泛的应用,如软土地基处理、路基加宽、桥背回填及沿海地基填充等。

本节依托中交长大桥检测中心材料试验室开展了轻质陀螺桩模型制作,将泡沫加入水泥浆/砂浆中,内部形成均匀分布、不连通的微细多孔材料,该轻质陀螺桩结构重度仅有 900～1300kg/m³,抗压强度不低于 5MPa,具有轻质、防水能力强、耐久性好、冲击能量吸收性能好、环保和经济性好等优点。

首先设计并研发了陀螺桩制作木模具和钢模具两种不同模具(图 3-45 和图 3-46),最初选择木模具进行陀螺桩模型制作,具有成本低、耐久性差、拆模不方便、易开裂破坏等特点,最终改为选择钢制模具,该模具由圆盘圆锥、桩脚、桩靴组成,各部分由螺栓拼装连接而成,拆模便捷,并可重复多次利用。

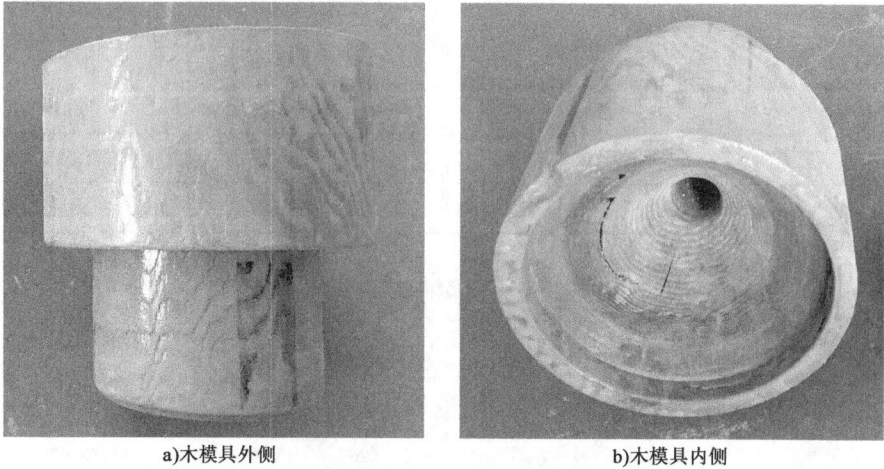

a)木模具外侧   b)木模具内侧

图 3-45　陀螺桩模型木模具

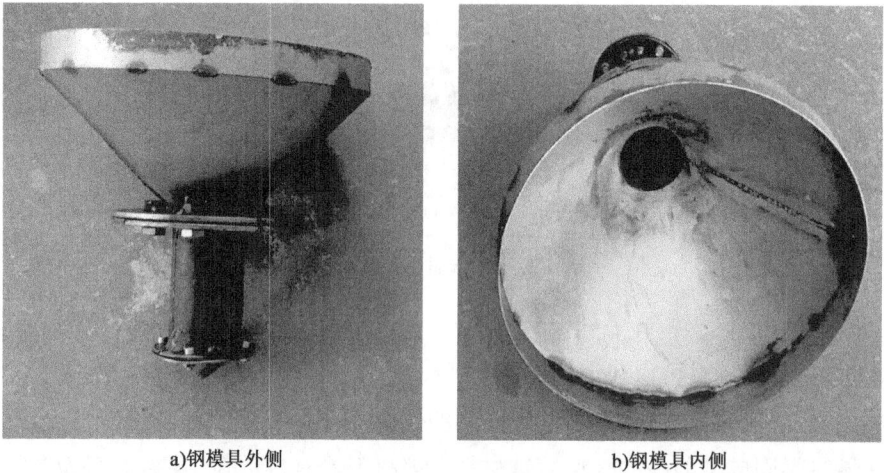

a)钢模具外侧   b)钢模具内侧

图 3-46　陀螺桩模型钢模具

水泥采用冀东的 P.O 42.5 普通硅酸盐水泥,加入适量发泡剂及其他外加剂若干。制备泡沫轻质混凝土浆液过程为:首先分别称取水泥及水若干,充分搅拌均匀后,再加入发泡装置制备的泡沫,搅拌至设计要求。试验中要求水泥浆的水固比为 0.5 ~ 0.6 之间,泡沫含量 60% 以上,湿密度误差 ≤1% ,制备过程为:①模板安装及植筋;②浇筑;③刮平;④拆模、成型;⑤养护(试样由保鲜袋包裹,放置在标准养护室内)。

目前已经完成室内轻质泡沫混凝土的材料研发,具备重度范围内、不同抗压强度轻质泡沫混凝土生产能力,并按照 1:2 几何相似比完成陀螺桩模型试验性浇筑,模型桩圆盘直径为25cm,待室内结构测试后可开展现场验证性应用,轻质泡沫混凝土陀螺桩试件制作如图3-47所示。

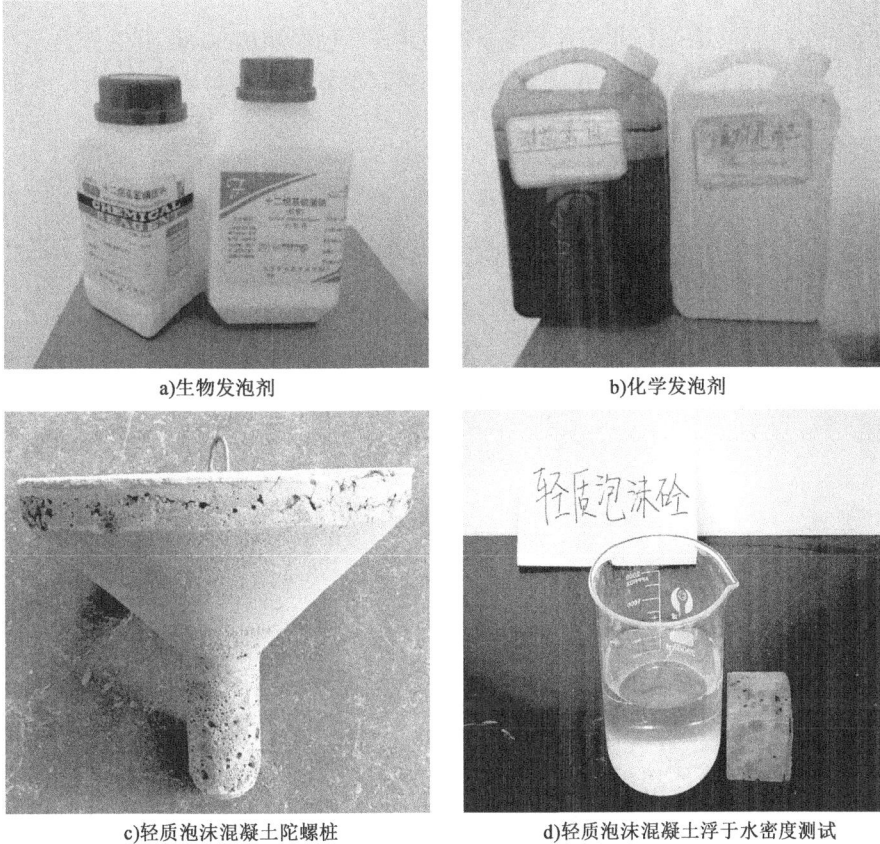

a)生物发泡剂

b)化学发泡剂

c)轻质泡沫混凝土陀螺桩

d)轻质泡沫混凝土浮于水密度测试

图3-47　轻质泡沫混凝土陀螺桩试件制作

3)乙烯基树脂陀螺桩

乙烯基树脂是环氧树脂和含双键的不饱和一元羧酸酯加成聚合物,以苯乙烯为稀释剂和交联剂,兼具不饱和聚酯和环氧树脂的性能,有良好的力学性能、韧性、耐热性和黏结性,尤其是有很强的耐疲劳性能、动态载荷性能、耐化学性及便于固化的特性;另外,乙烯基聚酯树脂又具有良好的耐候性能,同时具有良好的纤维浸润性能和工艺性能,因此适合于各种FRP成型工艺,包括纤维缠绕、拉挤、手糊、浇筑、喷射等各种复合材料工艺。

乙烯基树脂整体浇筑技术,是用石英砂和乙烯基树脂做基料,按制定配比在特定的温度条件下整体浇筑而成,以高强度环氧树脂玻璃钢筋为加强筋,其抗压强度大于80MPa,是传统水泥混凝土强度的2.5倍以上,较高的强度使其具有免维护性能,可让用户避免因频繁维护、解决变形、渗漏等问题而造成的人力、物力、时间的浪费。

乙烯基树脂整体浇筑产品具有较强耐腐蚀性能,对大气、水、一般浓度的酸、碱、盐以及多种油类和溶剂都有较好的抵抗能力,并能在潮湿的环境下长期运行而不产生形变,对比其他材质的浇筑产品使用寿命更长,依据理论模拟测试分析,使用寿命在50年以上。目前实际运行的案例,在冶炼行业酸性环境下的使用寿命已经超过30年,仍在正常运行中,在国外的港口基建中已有超过70年的应用历史,乙烯基树脂陀螺桩模型如图3-48所示。

a)乙烯基树脂陀螺桩　　　　　　　　　　b)乙烯基树脂浇筑原材料

图3-48　乙烯基树脂陀螺桩模型

耐腐蚀方面举例如下:

耐酸腐蚀:硫酸浓度在50%以下可以耐温到99℃,盐酸浓度在20%以下可以耐温到80℃;耐碱腐蚀:氢氧化钠浓度在50%以下可以耐温到80℃;耐盐腐蚀:氯化钠饱和状态可以耐温到99℃;海水可以耐温到94℃。

对于一些特殊的介质还可利用环氧树脂与酸反应物的侧羟基进行改性,得到更多品种的乙烯基酯树脂,如双酚A环氧乙烯基树脂、酚醛环氧乙烯基酯树脂、阻燃乙烯基树脂、柔性乙烯基酯树脂等等,以达到其耐腐蚀或耐高温的特性。轻质陀螺桩材料调研及对比见表3-19。

轻质陀螺桩材料调研及对比　　　　　　　　　　　　　表3-19

指标	PE材料	轻质泡沫混凝土	乙烯基树脂	普通C20混凝土
密度(kg/m³)	940~960	900~1300	2250	2300
抗压强度(MPa)	19~24	6~8	80~110	9.6(标准值)
抗拉强度(MPa)	21~38	—	50	1.1(标准值)
抗折强度(MPa)	—	—	22~27	
抗剪强度(MPa)	—	—	45	
使用寿命(年)	50	50	50	50
单价(元/m³)	>50000	1000~1500	12000~15000	300~500

由于乙烯基树脂陀螺桩造价较高,且密度相比普通混凝土并无显著降低,对此,但鉴于乙烯基树脂材料具有更好的耐久性、更高的抗压、抗拉和抗剪强度,为此,本文基于乙烯基树脂材料设计了一种新型的内部空心结构形式的陀螺桩。该空心陀螺桩自下而上包括桩靴、桩脚、桩身和桩头四部分,其中,桩靴为倒圆锥形结构,桩脚为圆柱形结构,桩身为倒圆台形结构,桩头为圆柱/圆板形结构,制作材料采用聚乙烯材料整体浇筑制作而成。

为降低桩身重力,陀螺桩桩身内部设计为中空结构,浇筑时内部置模板,由聚乙烯材料整体浇筑制作而成,相比混凝土重量轻50%,桩身设计壁厚可降低25%以上,壁厚以满足结构受力为原则,且不得小于30mm。桩头四边采用直边(相比传统圆弧形状而言),直边中部为阴阳接头连接形式(增加结构间咬合程度)。阴阳接头宽度、长度应以满足结构增加整体协同受力特性为目的,其中阴接头尺寸略大于阳接头尺寸。桩头顶部中心预埋半圆形、门形等连接钢筋,上端用以连接 GFRP 筋,并将 GFRP 筋与连接钢筋相互绑扎连接,连接钢筋下部固定在内部中空结构的固定板处。其中桩头中间顶部的连接钢筋,其方向宜与阴阳接头轴线呈45°,以便于纵横向 GFRP 筋材从其中部穿过。其中 GFRP 筋抗拉强度高,韧性好,直径以不超过5mm 为宜。

新型轻质陀螺桩结构如图 3-49 ~ 图 3-51 所示,该新型乙烯基树脂空心陀螺桩施工步骤如下:

(1)在挖除不良地基浅层后,修整铺设面,然后铺平碎石,铺设筏式栅网。

(2)铺设乙烯基树脂空心陀螺桩,桩身纵横向阴阳接头连接。

(3)在乙烯基树脂空心陀螺桩间隙中填充碎石,然后夯实填充碎石。

(4)桩顶部布设筏式 GFRP 筋网,穿过桩头顶部连接钢筋,并与其绑扎固结。

(5)以一定重量压实以确保乙烯基树脂空心陀螺桩结构稳定。

(6)清扫乙烯基树脂空心陀螺桩表面,供上部结构作业。

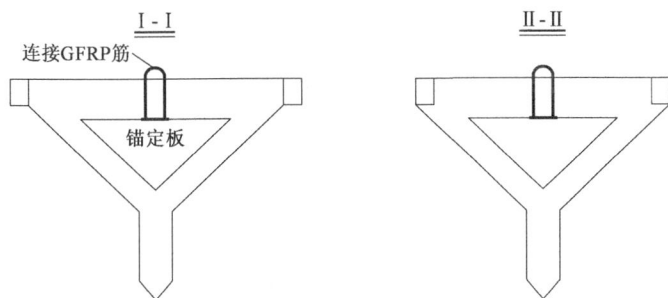

a) Ⅰ-Ⅰ及Ⅱ-Ⅱ断面示意图

图 3-49

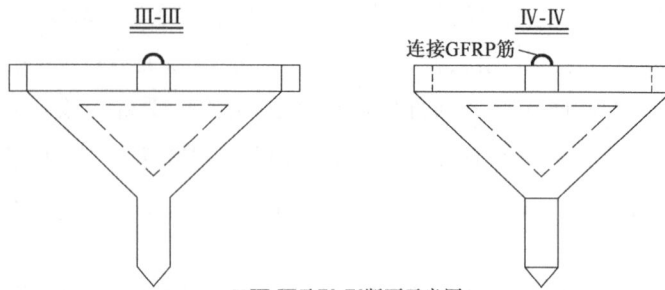

b)Ⅲ-Ⅲ及Ⅳ-Ⅳ断面示意图

图 3-49 新型轻质结构陀螺桩结构示意图

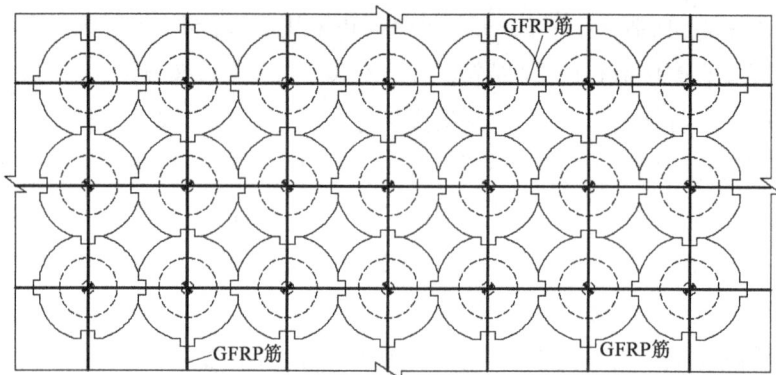

图 3-50 新型轻质结构陀螺桩平面布置图

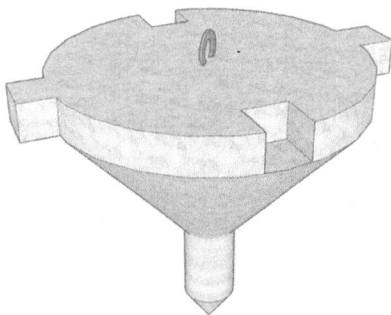

图 3-51 新型轻质结构陀螺桩三维模型图

初步对 PE 陀螺桩、乙烯基树脂、普通混凝土陀螺桩、轻质混凝土材料陀螺桩、空心乙烯基树脂陀螺桩的造价成本进行对比分析,计算得知,当前鮀西互通的 500 型陀螺桩设计方案单个体积为 0.0278m³,根据单方材料造价调研计算可知,基于 PE 材料、轻质泡沫混凝土、乙烯基树脂、空心乙烯基树脂、普通混凝土材料的单个陀螺桩重量分别为 26.41kg、27.8kg、62.55kg、39.7kg、66.72kg,重量上 PE 材料和轻质泡沫混凝土材料优势明显,而造价上 PE 材料成本高,不具有可推广性,单个陀螺桩重量及造价见表3-20。

单个陀螺桩重量及造价　　　　　　　　　　　表 3-20

比对项	PE 材料	轻质泡沫混凝土	乙烯基树脂	空心乙烯基树脂	普通混凝土
重度（kN/m³）	9.5	10	22.5	22.5	24
重量（kN）	0.264	0.278	0.6255	0.414	0.667
单个桩质量（kg）	26.41	27.8	62.55	41.4	66.72
单方材料价格（元）	50000	1250	10000	10000	500
单个桩价格（元）	1390	34.75	278	184	13.9

对比可知,相比普通混凝土,轻质泡沫混凝土质量低58%,造价及成本尚在可接受范围,而空心乙烯基树脂陀螺桩重量相比普通混凝土低41%,但单个桩体造价在180元,若实现大规模应用,两种材料的桩体造价均可进一步降低。本文针对轻质泡沫混凝土和空心乙烯基树脂陀螺桩进行结构计算。

3.2.3 轻质陀螺桩结构形式设计及计算

1)计算假设

以潮汕环线鮀西互通为依托工程,分别对泡沫轻质混凝土陀螺桩和空心结构的乙烯基树脂陀螺桩开展受力及变形数值分析,并与常规普通混凝土结构陀螺桩进行对比,模型假设如下:

陀螺桩模型建立5×5分布方式,模拟分析陀螺桩结构本身受力,以及桩底土体应力、位移场分布特征,为排除边界条件影响,着重分析中部3×3陀螺桩结构受力状态。

假设回填土体重度20kN/m³,结合鮀西互通现场填土工序,分别计算0.5~5.5m不同填土厚度下三种材料的陀螺桩最大拉压主应力、沉降变形特性,并进行对比分析。

土体基于平面应变假设中,即土体沿水平方向均匀分布,土体为莫尔-库仑本构模型,陀螺桩结构为弹性本构模型,桩身与土体之间设接触面,当上部荷载足够大时,桩体与土体模型节点间可产生脱离。

桩顶间连接筋主要起整体均匀受力作用,而数值模型中在陀螺桩顶施加面荷载,各个陀螺桩间呈均匀受力状态,桩顶荷载分配均匀,且土体为均质土体,模型中桩顶间连接筋可不考虑。

2)计算参数

陀螺桩结构均采用弹性本构,土体及填充砂采用莫尔-库仑本构模型,假设填土高度均一性好,上部填土荷载采用面荷载进行模拟,填土天然重度为20kN/m³。数值计算参数见表3-21。土体物理力学参数见表3-22。不同填土高度对应荷载见表3-23。

数值计算参数 表3-21

轻质材料	重度 (kN/m³)	弹性模量 (MPa)	泊松比	界面	抗压强度标准 (MPa)	抗拉强度标准 (MPa)
C20混凝土	23	25500	0.25	刚性	9.6	1.1
泡沫轻质混凝土	10.0	300	0.30	刚性	5	0.2
乙烯基树脂	22.5	3500	0.32	刚性	80	70

土体物理力学参数（莫尔-库仑模型） 表3-22

材料名称	重度（kN/m³）	弹性模量（MPa）	泊松比	黏聚力（kPa）	内摩擦角（°）	界面
中粗砂	19	10	0.35	5	25	0.67
级配碎石	19	15	0.30	5	25	0.67
土体	17.5	8	0.30	35	20	0.67

不同填土高度对应荷载 表3-23

填土高度（m）	0.5	2.5	3.0	4.0	4.5	5.5
对应荷载（kPa）	10.0	50	60	80	90	110

3）泡沫混凝土陀螺桩计算结果

（1）桩体结构受力计算

泡沫混凝土为实心结构，除材质、力学特性等与普通C20素混凝土不同外，结构形式无变化，分别分析圆板、圆锥、桩脚三部分最大、最小主应力随上部填土荷载增加的变化规律，见表3-24。

轻质混凝土陀螺桩最大主压应力统计值 表3-24

填土高度（m）	0.5	2.5	3.0	4.0	4.5	5.5
圆板（kPa）	22	100	107	113	117	143
圆锥（kPa）	112	438	526	708	800	982
桩脚（kPa）	193	766	920	1252	1430	1807

由最大主压应力（图3-52）分析可知，由于陀螺桩为变截面特性，下部桩脚压应力大于上部圆板和圆锥内部应力，以4.5m填土为例，圆板、圆锥、桩脚应力分别为117kPa、800kPa、1430kPa。这是由于从圆板向桩脚截面面积逐渐减小，桩体内应力沿深度逐渐增大。此外，随着上部填土荷载增加，圆板、圆锥、桩脚结构压应力也逐渐增加，至设计填土高度时桩脚应力为1807kPa，根据泡沫混凝土抗压强度设计值为5MPa，不考虑施工期间上部机械碾压扰动破坏影响，在5.5m填土高度范围内，桩身结构本身无受压应力破坏风险。

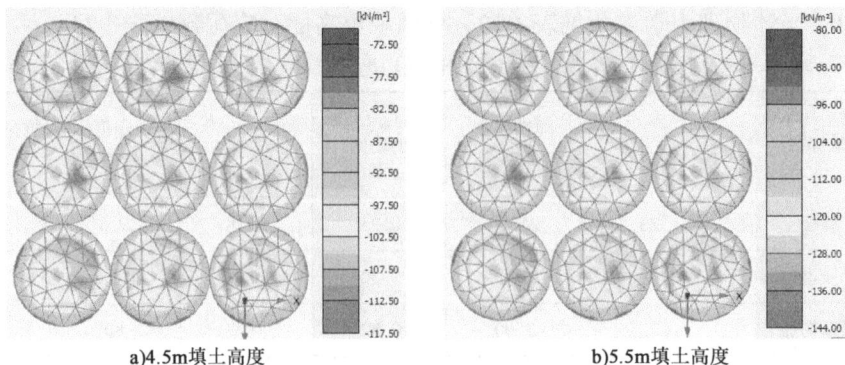

a)4.5m填土高度　　　　　　b)5.5m填土高度

图3-52　轻质混凝土陀螺桩圆板下部主压应力云图

对桩身拉应力分布(图 3-53～图 3-59、表 3-25)进行分析可知,陀螺桩圆板、圆锥及桩脚部分均以受压为主,桩体拉应力分布范围较小。而桩靴由于呈很小的锥形分布,有限元网格划分为 6 个单元,存在个别节点应力突出影响计算精度。因此,总体上不考虑填土不均匀性导致的应力不均匀影响,轻质泡沫混凝土陀螺桩在填土荷载作用下以受压为主。

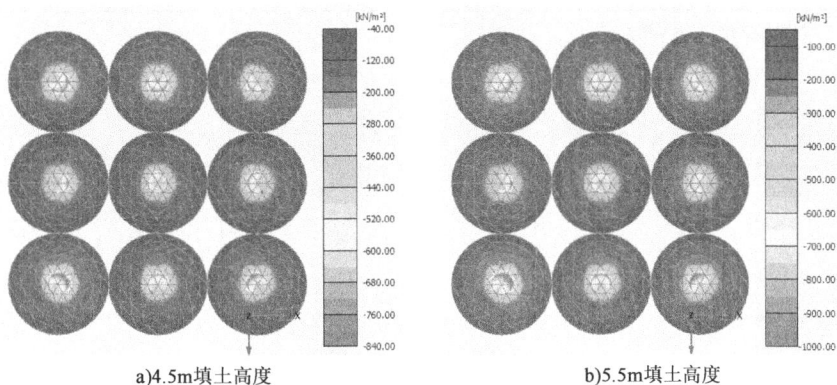

a)4.5m填土高度   b)5.5m填土高度

图 3-53 轻质混凝土陀螺桩圆锥主压应力云图

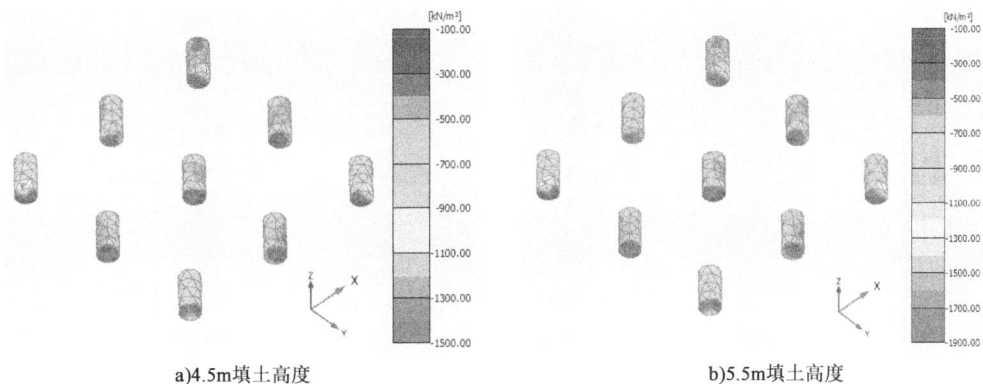

a)4.5m填土高度   b)5.5m填土高度

图 3-54 轻质混凝土陀螺桩桩脚主压应力云图

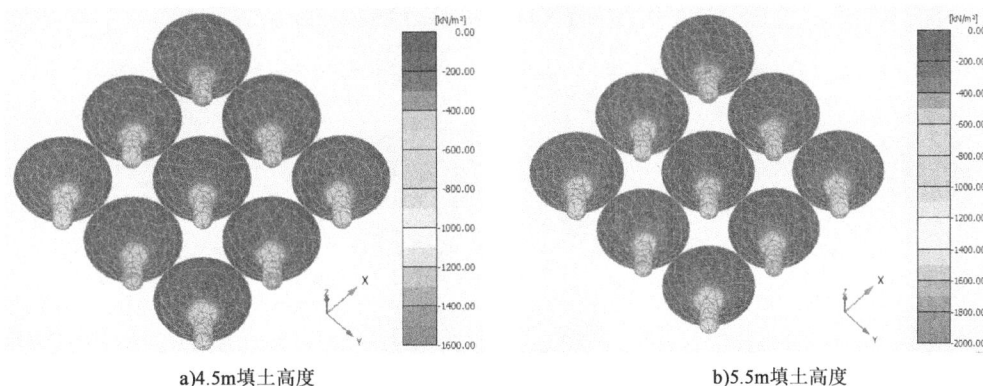

a)4.5m填土高度   b)5.5m填土高度

图 3-55 轻质混凝土陀螺桩全桩身最大压应力分布云图

轻质混凝土陀螺桩最大主拉应力统计值 表3-25

填土高度（m）	0.5	2.5	3.0	4.0	4.5	5.5
圆板（kPa）	—	—	—	0.5	16.4	54
圆锥（kPa）	—	—	—	—	—	—
桩脚（kPa）	42	189	227	306	346	432

注："—"代表无受拉应力区域。

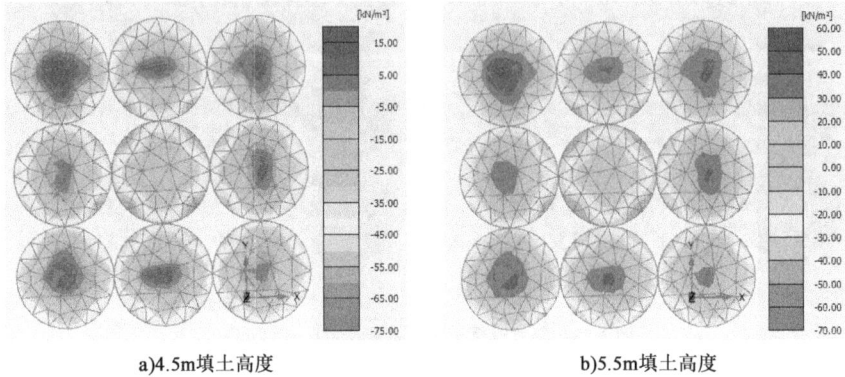

a)4.5m填土高度　　　　　　　　　　b)5.5m填土高度

图3-56　轻质混凝土陀螺桩圆板主拉应力云图

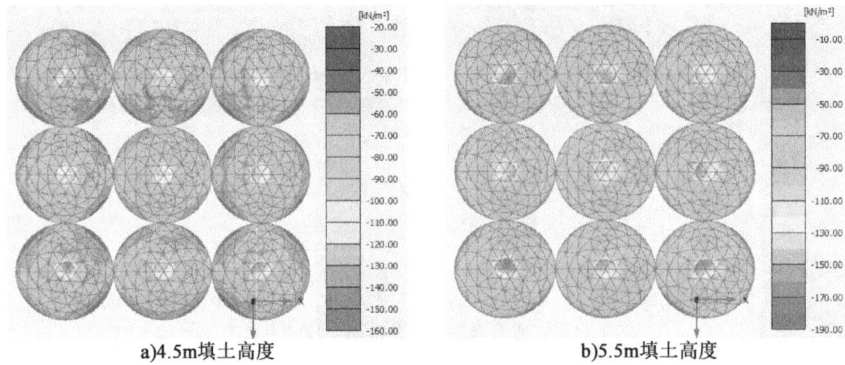

a)4.5m填土高度　　　　　　　　　　b)5.5m填土高度

图3-57　轻质混凝土陀螺桩圆锥主拉应力云图

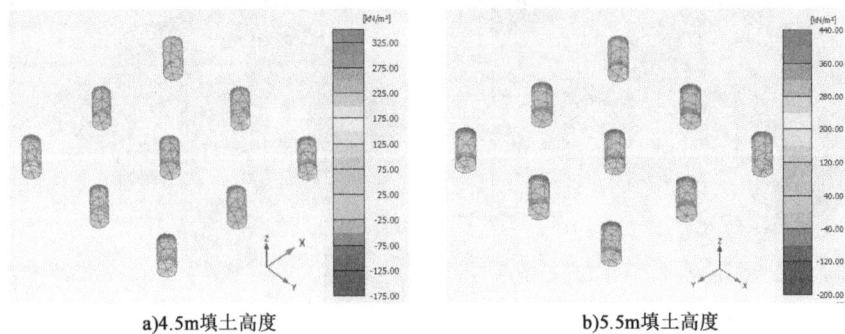

a)4.5m填土高度　　　　　　　　　　b)5.5m填土高度

图3-58　轻质混凝土陀螺桩桩脚主拉应力云图

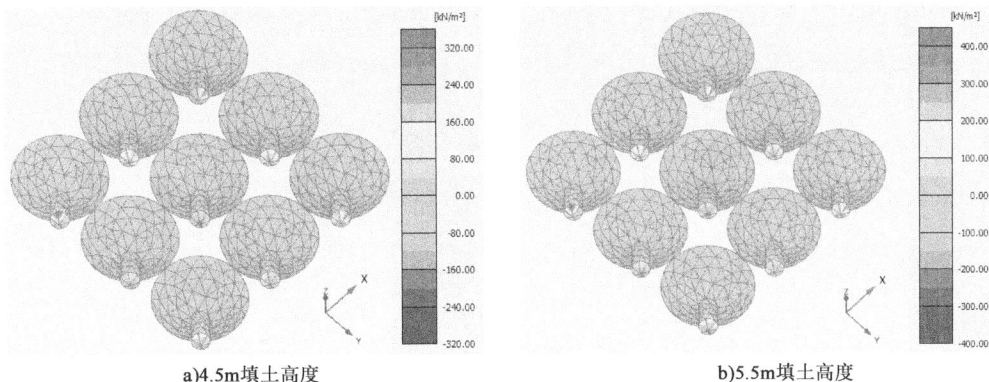

a)4.5m填土高度　　　　　　　　　　　　　　　b)5.5m填土高度

图3-59　轻质混凝土陀螺桩全桩身最大拉应力分布云图

（2）桩及土体沉降分析

分别监测陀螺桩及回填中粗砂底部土体沉降情况，其中土体的沉降监测水平断面为中粗砂与原状土的交界面，截面位置如图3-60所示。

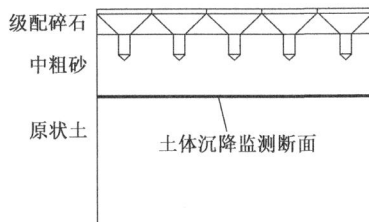

图3-60　土体沉降监测水平断面

分析得知，随着上部填土荷载增加，土体及桩体沉降逐步增加，桩体沉降大于下部土体，地基加固中间区域沉降大于加固区周边土体沉降（表3-26、图3-61、图3-62）。当填至5.5m高度时，土体及桩体沉降分别为18.2mm、22.9mm。

土体及泡沫混凝土陀螺桩体沉降统计 　　　　　　　　　　　　　　　　表3-26

填土高度（m）	0.5	2.5	3.0	4.0	4.5	5.5
土体沉降（mm）	2.4	8.2	9.8	13.1	14.8	18.2
桩体沉降（mm）	2.9	10.6	12.6	16.7	18.7	22.9

（3）底部土体应力分析

通过对垫层底部土体顶面应力（表3-27、图3-63）进行分析得知，随着填土高度增加，垫层底部土体顶面应力增加，且应力极值与填土荷载相当。例如4.5m、5.5m填土高度下，垫层底部土体的应力极值分别为90kPa和110kPa，与填土荷载相等。

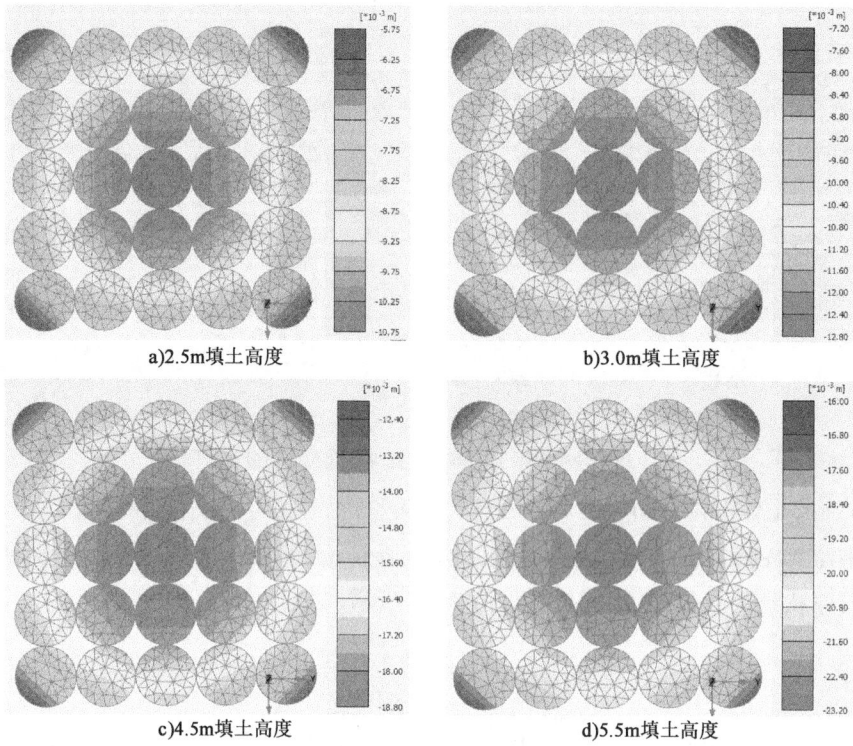

a)2.5m填土高度

b)3.0m填土高度

c)4.5m填土高度

d)5.5m填土高度

图3-61　陀螺桩竖向沉降云图

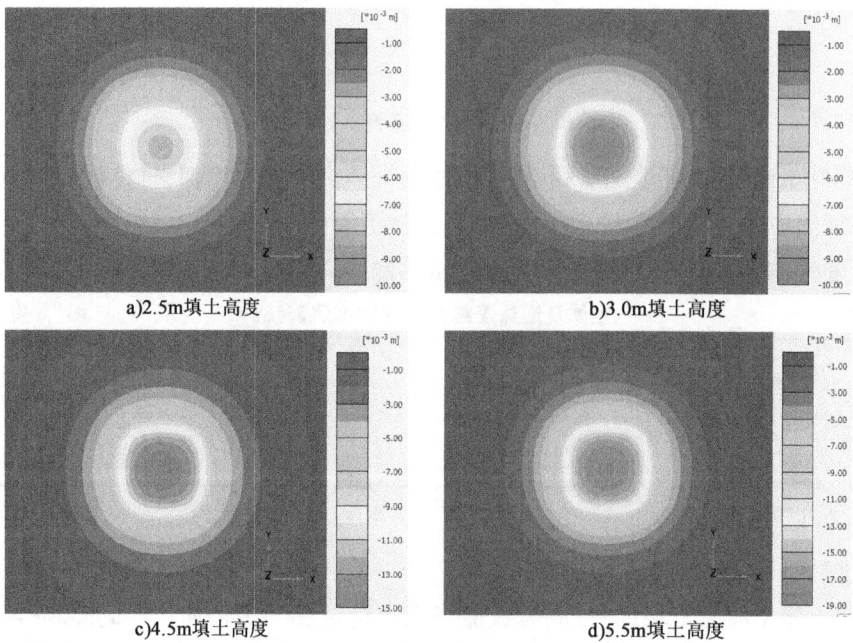

a)2.5m填土高度

b)3.0m填土高度

c)4.5m填土高度

d)5.5m填土高度

图3-62　回填中粗砂底部的土体沉降云图

垫层底部土体应力云图 表 3-27

填土高度(m)	0.5	2.5	3.0	4.0	4.5	5.5
土体应力(kPa)	18	51.6	60	79	90	110

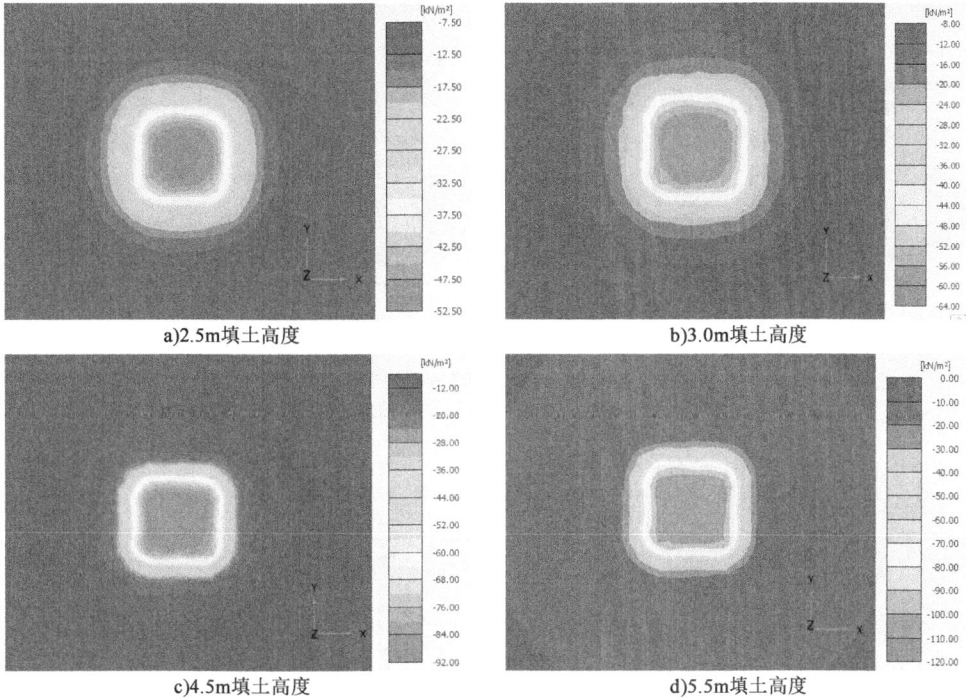

a)2.5m填土高度

b)3.0m填土高度

c)4.5m填土高度

d)5.5m填土高度

图 3-63　回填中粗砂底部土体顶面竖向应力云图

3.2.4 聚乙烯树脂陀螺桩计算结果

1)桩体结构受力计算

为降低结构自重,聚乙烯树脂陀螺桩设计为空心结构,壁厚3cm,外观尺寸与常规陀螺桩无异,计算结果表明,与常规形式陀螺桩主压应力分布状态不同,空心结构聚乙烯树脂陀螺桩最大主压应力位于圆板与圆锥连接位置,因此圆板与圆锥最大压应力统计数值相等(图3-64～图3-66)。

结构的最大主压应力随着填土高度增加而增大(表3-28),在4.5m和5.5m填土高度时,结构最大压应力不足3MPa,远小于聚乙烯数值材料抗压强度设计值。

聚乙烯树脂陀螺桩最大主压应力统计值 表 3-28

填土高度(m)	0.5	2.5	3.0	4.0	4.5	5.5
圆板(kPa)	274	1230	1480	1993	2256	2795
圆锥(kPa)	274	1230	1480	1993	2256	2795
桩脚(kPa)	207	748	877	1118	1223	1436

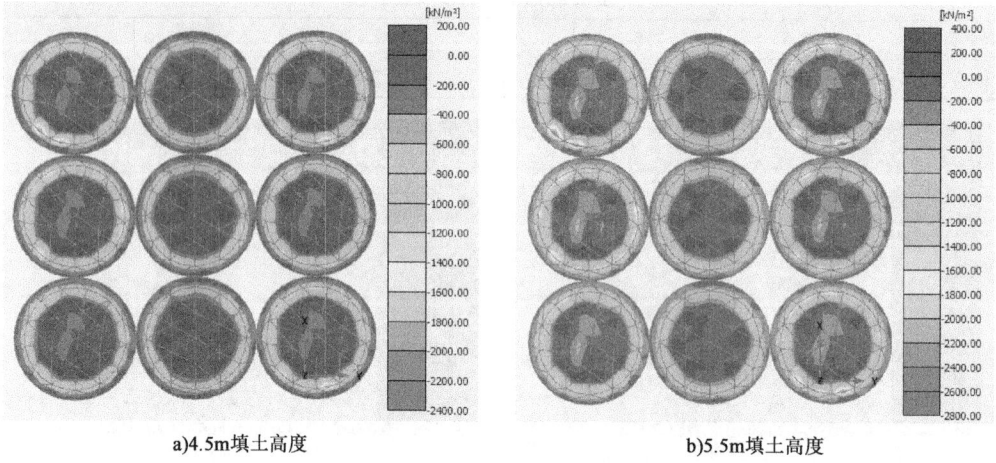

a)4.5m填土高度   b)5.5m填土高度

图3-64　聚乙烯树脂陀螺桩圆板内侧主压应力云图

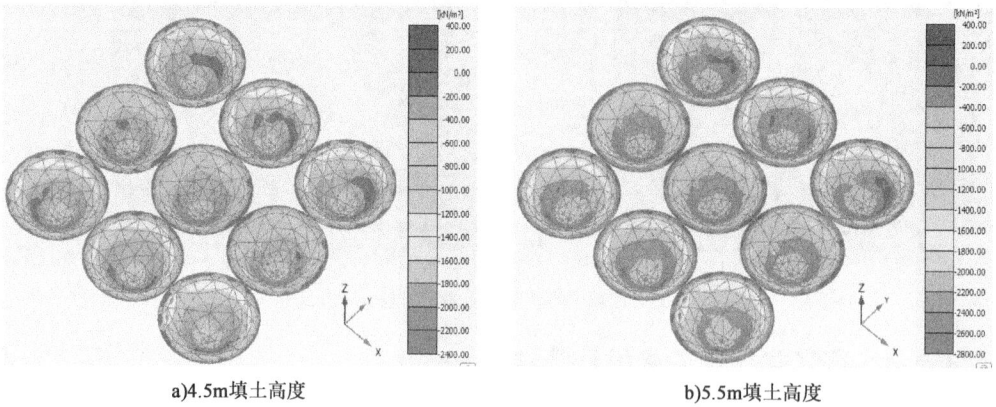

a)4.5m填土高度   b)5.5m填土高度

图3-65　聚乙烯树脂陀螺桩圆锥主压应力云图

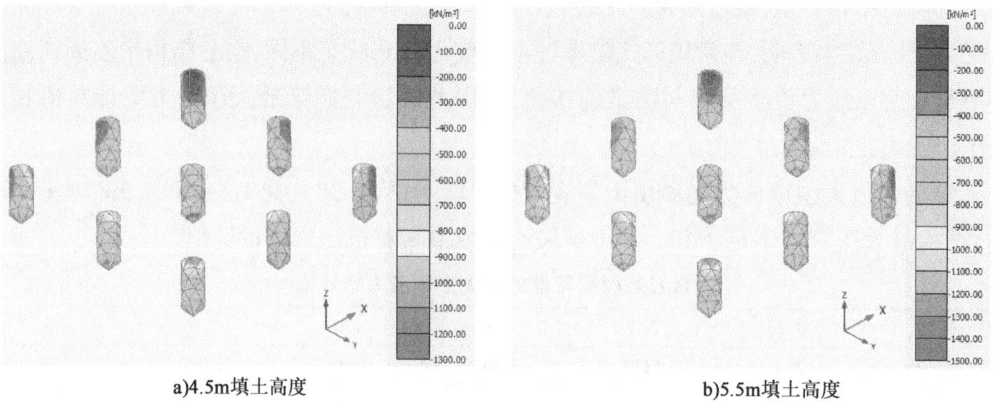

a)4.5m填土高度   b)5.5m填土高度

图3-66　聚乙烯树脂陀螺桩桩脚主压应力云图

由主拉应力云图(表3-29、图3-67~图3-69)分析可知,由于聚乙烯树脂为空心结构,在填土荷载竖向应力作用下,圆板内侧受拉应力最大,并随着填土高度增加,拉应力逐渐增大,5.5m填土时圆板底部内侧1.32 MPa拉应力;圆板荷载传递至圆锥顶部,圆锥拉应力区域主要分布在顶部外侧,但拉应力幅值明显小于圆板,5.5m填土荷载时圆锥顶部拉应力极值在1.2MPa左右,而桩脚处以受压为主,拉应力较小。桩体结构应力值均远低于聚乙烯树脂材料的70MPa抗拉强度设计值。

聚乙烯树脂陀螺桩最大主拉应力统计值   表3-29

填土高度(m)	0.5	2.5	3.0	4.0	4.5	5.5
圆板(kPa)	125	558	678	928	1056	1322
圆锥(kPa)	112	496	600	816	927	1155
桩脚(kPa)	50	190	226	304	346	435

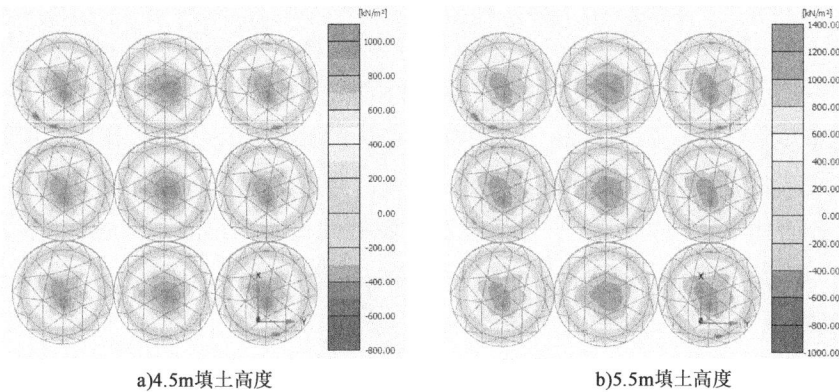

a)4.5m填土高度   b)5.5m填土高度

图3-67 聚乙烯树脂陀螺桩圆板主拉应力云图

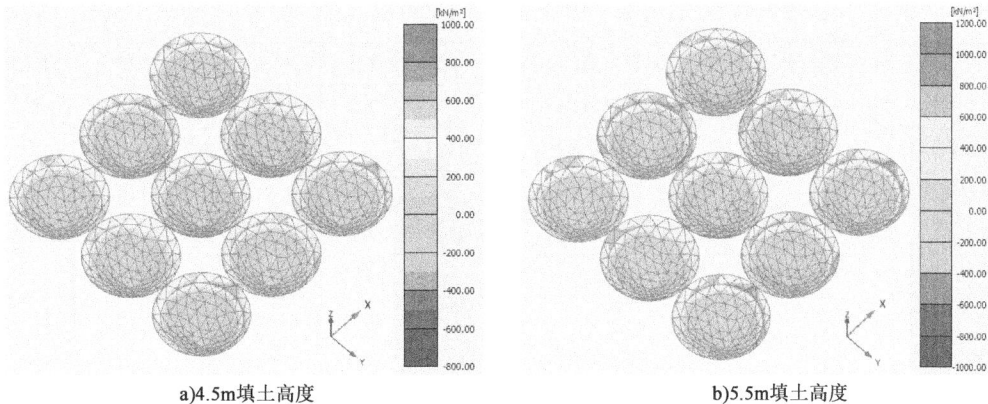

a)4.5m填土高度   b)5.5m填土高度

图3-68 聚乙烯树脂陀螺桩圆锥主拉应力云图

215

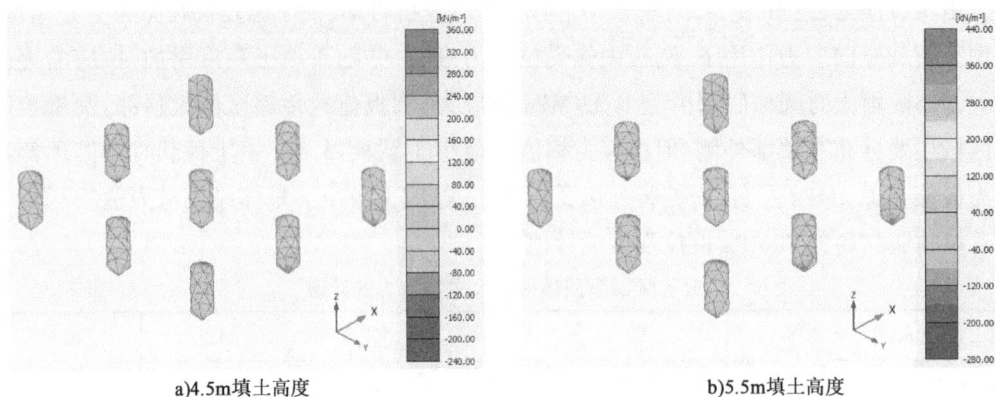

a)4.5m填土高度　　　　　　　　　　　　　b)5.5m填土高度

图3-69　聚乙烯树脂陀螺桩桩脚主拉应力云图

2)桩及土体沉降分析

对比分析轻质泡沫混凝土及聚乙烯树脂陀螺桩结构,在相同的上部填土荷载作用下土体及桩体的沉降规律。其中土体为换填垫层底面、原状土体顶面沉降值。计算结果表明(表3-30、图3-70),轻质混凝土和聚乙烯树脂的陀螺桩结构对控制桩体本身沉降及下部土体沉降变形差别不显著,但相比采用常规C20素混凝土的陀螺桩,沉降有所降低。

轻质泡沫混凝土相比混凝土陀螺桩,在土体沉降控制方面可降低3%～4%;在桩体沉降控制方面,可降低2%左右;聚乙烯树脂陀螺桩结构相比混凝土陀螺桩,在土体沉降控制方面可降低5%～8%;在桩体沉降控制方面,可降低2%～3%;以5.5m填土荷载为例,轻质混凝土及聚乙烯树脂陀螺桩加固时,土体沉降均为18mm,而桩体沉降均为22.9mm,但采用混凝土陀螺桩时,土体及桩体沉降分别增大至18.7mm和23.4mm。

垫层底部土体及桩体沉降统计　　　　　　　　　　　　　表3-30

对比	材质	类别	填土高度(m)					
			0.5	2.5	3.0	4.0	4.5	5.5
土体沉降	C20素混凝土	沉降值(mm)	2.8	8.7	10.3	13.6	15.3	18.7
	轻质混凝土	沉降值(mm)	2.4	8.2	9.8	13.1	14.8	18.2
		降低幅值(%)	14.3	5.7	4.9	3.7	3.3	2.7
	聚乙烯树脂	沉降值(mm)	2.3	7.9	9.4	12.8	14.5	18.1
		降低幅值(%)	17.9	9.2	8.7	5.9	5.2	3.2
桩体沉降	C20素混凝土	沉降值(mm)	3.5	11	13	17.1	19.2	23.4
	轻质混凝土	沉降值(mm)	2.9	10.6	12.6	16.7	18.7	22.9
		降低幅值(%)	17.1	3.6	3.1	2.3	2.6	2.1
	聚乙烯树脂	沉降值(mm)	2.9	10.4	12.4	16.5	18.6	22.9
		降低幅值(%)	17.1	3.6	3.1	2.3	2.6	2.1

a)2.5m填土高度

b)3.0m填土高度

c)4.5m填土高度

d)5.5m填土高度

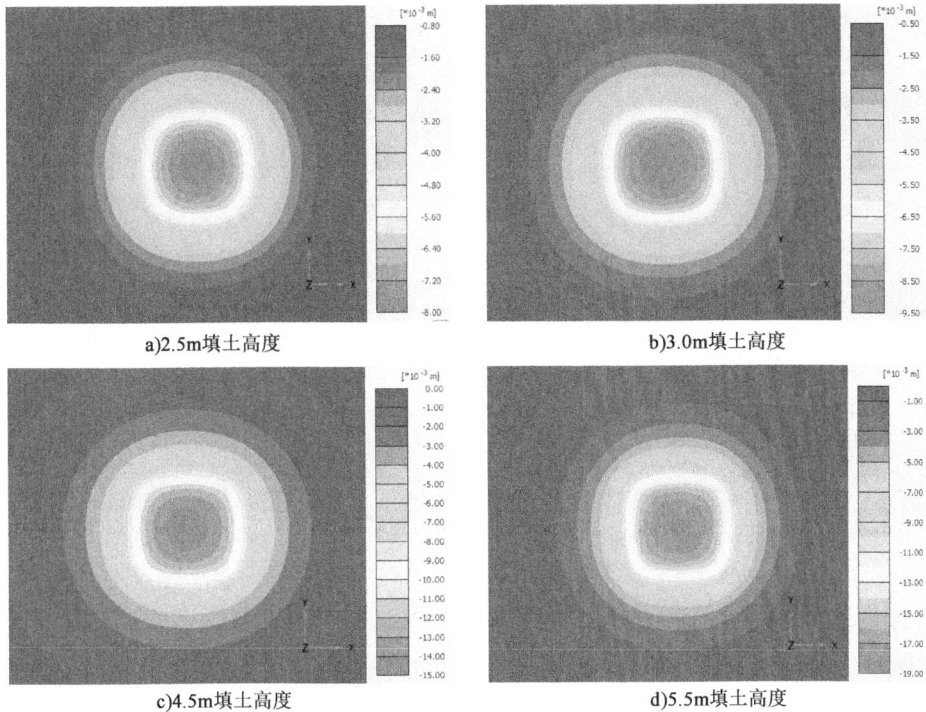

图3-70 垫层底部土体沉降云图

3）底部土体应力分析

对普通 C20 素混凝土、泡沫混凝土及聚乙烯树脂三种不同材质陀螺桩结构的垫层底部土体应力分布状态（表3-31、图3-71）进行对比分析，得知，普通 C20 素混凝土底部土体应力最高，而泡沫混凝土与聚乙烯树脂陀螺桩底部应力相当，均小于 C20 素混凝土陀螺桩垫层底部应力。以 5.5m 回填高度为例，普通混凝土陀螺桩加固时，垫层底部应力为 118kPa，在泡沫混凝土及聚乙烯树脂陀螺桩加固时，垫层底部应力平均在 110kPa 左右，基底应力幅度有所降低，应力降低幅度在 5% ~ 10%。

垫层底部土体应力统计 表3-31

材料性质(m)	填土高度(m)	0.5	2.5	3.0	4.0	4.5	5.5
C20 素混凝土	应力值(kPa)	25	58	67	87	97	118
轻质混凝土	应力值(kPa)	18	51.6	60	79	90	110
	应力降幅(%)	28.0	11.0	10.4	9.2	7.2	6.8
聚乙烯树脂	应力值(kPa)	17.3	48.1	56.4	77.2	88	108
	应力降幅(%)	30.8	17.1	15.8	11.3	9.3	4.7

注:应力降幅为轻质泡沫混凝土陀螺桩、聚乙烯基树脂陀螺桩相比 C20 素混凝土陀螺桩，下垫层底部土体应力降低程度。

a)2.5m填土高度

b)3.0m填土高度

c)4.5m填土高度

d)5.5m填土高度

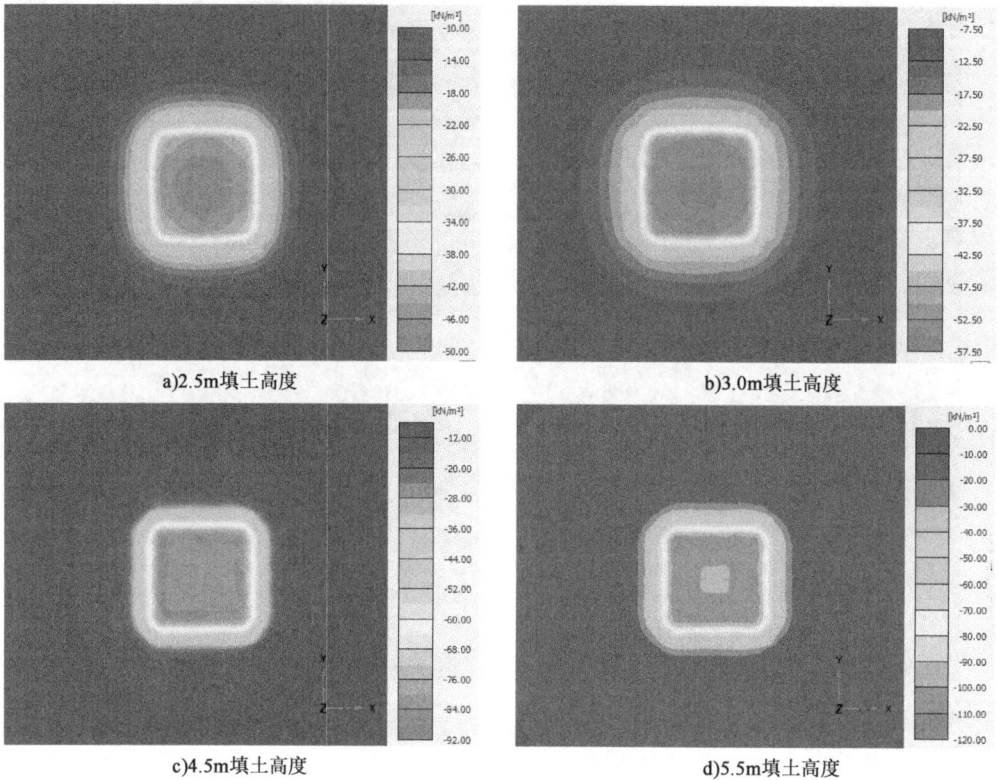

图 3-71　垫层底部土体应力云图

以上对普通 C20 素混凝土、泡沫混凝土及聚乙烯树脂三种不同材质陀螺桩结构桩及土体沉降、底部土体应力分布状态和规律进行对比分析，以下对三种材质陀螺桩结构的最大主压应力、主拉应力进行对比（表 3-22、表 3-33）。

不同类型陀螺桩最大主压应力统计值　　　　　　　　　　表 3-32

桩身材料	抗压强度（kPa）	位置	填土高度（m）					
			0.5	2.5	3.0	4.0	4.5	5.5
C20 素混凝土	9600	全桩体（kPa）	510	1565	1855	2476	2802	3474
泡沫混凝土	5000	圆板（kPa）	22	100	107	113	117	143
		圆锥（kPa）	112	438	526	708	800	982
		桩脚（kPa）	193	766	920	1252	1430	1807
聚乙烯树脂	80000	圆板（kPa）	274	1230	1480	1993	2256	2795
		圆锥（kPa）	274	1230	1480	1993	2256	2795
		桩脚（kPa）	207	748	877	1118	1223	1436

不同类型陀螺桩最大主拉应力统计值 表 3-33

桩身材料	抗压强度（kPa）	位置	填土高度（m）					
			0.5	2.5	3.0	4.0	4.5	5.5
C20 素混凝土	1100	全桩体（kPa）	143	430	497	640	714	865
泡沫混凝土	200	圆板（kPa）	—	—	—	0.5	16.4	54
		圆锥（kPa）	—	—	—	—	—	—
		桩脚（kPa）	42	189	227	306	346	432
聚乙烯树脂	70000	圆板（kPa）	125	558	678	928	1056	1322
		圆锥（kPa）	112	496	600	816	927	1155
		桩脚（kPa）	50	190	226	304	346	435

3.2.5 陀螺桩应用及分析研究

陀螺桩基础在国内高速公路软基加固中初次使用，国内对陀螺桩基础公路软基加固法的加固原理、施工方法、控制规格以及验收标准等缺乏深入的认识，对陀螺桩桩基加固效果较难把握。从陀螺桩基础的施工方法、受力形式及已有的国内外研究现状可以发现，在一定的地质条件下，陀螺桩基础具有加固效果好、施工方便和环境影响小的特点，应用推广价值较好。

依托潮汕环线高速公路鮀西互通工程，开展陀螺桩试验段施工与监测，分析和探究陀螺桩在公路软土地基中的处理效果，通过对监测数据进行对比分析和研究，确定陀螺桩的受力机理，评价陀螺桩的处理效果，为陀螺桩的应用和推广奠定基础。

1）陀螺桩加固方案

（1）陀螺桩试验段（鮀西互通 AK0+436～AK0+525）处理方案采用陀螺桩＋袋装砂井＋超载预压方案。

袋装砂井直径为 7cm，平均处理深度为 10m，正三角形布置，间距 1.3m，砂垫层采用中粗砂，厚度 0.6m，陀螺桩采用 500 型，上下布设钢筋网（下层钢筋网横向采用直径 20mm 带肋钢筋、纵向采用直径 14mm 带肋钢筋、角部固定筋采用直径 12mm 带肋钢筋；上层钢筋网纵横向采用 12mm 带肋钢筋）。

填土速度按照每天 50cm 的厚度控制（拟定），实际填土速度根据地基沉降速率，坡脚位移速率、地基深层水平位移速率及孔压消散情况控制，具体可参考如下指标：地基沉降速率不大于 30mm/d，坡脚位移不大于 5mm/d，地基深层位移不大于 10mm/d，综合孔压系数不大于 0.7、单级孔压系数不大于 0.9。

（2）对比监测路段（鮀西互通 AK0+549～AK0+632）处理方案采用袋装砂井＋超载预压方案。

袋装砂井直径为 7cm，平均处理深度为 10m，正三角形布置，间距 1.3m，砂垫层采用中粗砂，厚度 0.6m，砂垫层底面和顶面分别设置一层土工格栅。

为对比分析陀螺桩处理效果，在试验段及对比监测路段统一填土至 9m 高程处。对比监测路段（鮀西互通 AK0+549~AK0+632）采用薄层加载法来控制填土速率。

2）施工工艺及流程

陀螺桩现场施工工艺主要包括原材料准备、模板安装、钢筋加工与安装、混凝土浇筑、养护、搬运、布设场地检查、测量放样、筏式栅网安装、陀螺桩布设、填充碎石、钢筋固定网连接、检查验收工序。陀螺桩施工工艺流程如图 3-72 所示。

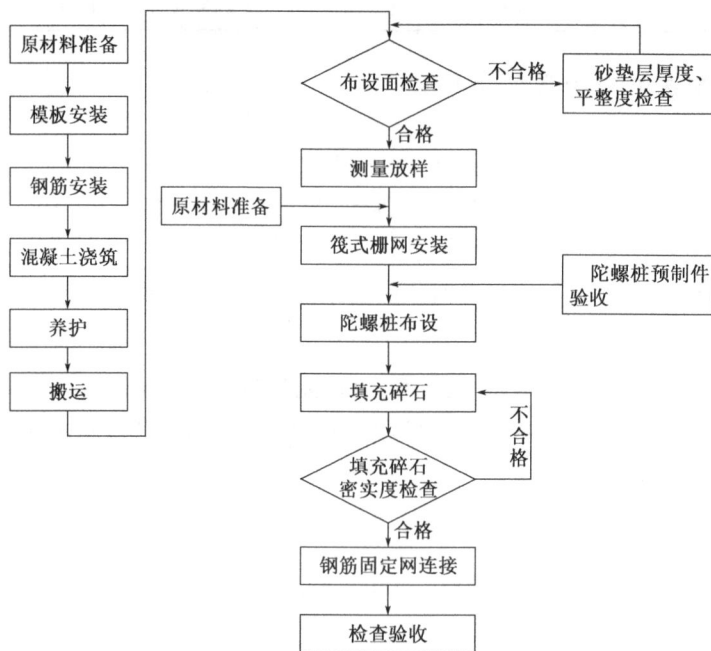

图 3-72　陀螺桩施工工艺流程图

（1）原材料准备

碎石：碎石应采用未经处治的开级配碎石。

水泥：采用 32.5 级普通硅酸盐水泥。

砂：应采用河砂，粒径为中粗砂。

水：采用自来水或符合混凝土用水标准的水源。

钢筋：热轧 HRB400 钢筋标准应符合现行国家标准《钢筋混凝土用钢　第 2 部分：热轧带肋钢筋》（GB/T 1499.2）要求。

（2）模板安装

500 型陀螺桩采用塑料定型模板，模板放置于由 12 号钢筋焊制的立方体中。模板安装完成后,在模板与混凝土接触面涂抹脱模剂。

(3)钢筋加工与安装

陀螺桩采用长度为1m的12号螺纹U形钢筋。施工时,将单根钢筋放置陀螺桩模板中。

(4)混凝土浇筑

混凝土采用滚筒式搅拌机进行拌和。原材料检验合格后,按照工地试验室提供的施工配合比进行称重。将原材料放置滚筒中进行转动搅拌,搅拌时间不小于5min。搅拌完成后使用小推车推送到陀螺桩预制场地,采用人工将混凝土铲入陀螺桩模板中,单个陀螺桩分两层浇筑完成,第一层将桩脚浇筑并采用30型振捣棒振捣,浇筑过程中应控制连接筋位置。第二层浇筑至陀螺桩顶面,采用30型振捣棒振捣至混凝土表面无气泡冒出。

(5)养护

陀螺桩浇筑完成后,混凝土初凝后时覆盖土工布进行洒水养生。养生过程中应注意土工布始终保持湿润状态,土工布干燥后应及时补水。

(6)搬运

陀螺桩预制完成后,将验收合格的预制块运送至安装现场。运输工具采用随车起重机运至现场安装。搬运过程中应注意陀螺桩摆放位置,防止陀螺桩遭到破坏。

(7)布设场地检查

陀螺桩安装布设在袋装砂井处理后的砂垫层上,陀螺桩施工前应对袋装砂井砂垫层的厚度、压实度、平整度进行检查验收。

(8)测量放样

根据施工现场情况及陀螺桩试验段施工布置图,使用全站仪放出定位桩位置,现场根据路基全幅宽度放出左右边桩及中桩作为横向定位桩,纵向定位筋应按照5m间距进行设置。

(9)筏式栅网安装

筏式栅网应首先布置横向钢筋1号筋(C20螺纹钢),横向钢筋应布置到路基边线,长度不足应采用搭接焊接加长,布置完成后应涂刷沥青油进行防锈处理。然后沿垂直方向布置纵向2号筋(C14螺纹钢),钢筋延伸应采用搭接焊接,布置完成后应涂刷沥青油进行防锈处理。按照纵横向钢筋十字交叉间距为50cm×50cm,全部交点应点焊成型。拉钩钢筋3号筋(C12螺纹钢)在钢筋栅两端弯成180°弯钩,加工完成后运至现场进行涂刷沥青油后安装,将3号钢筋两端分别与1号、2号钢筋钩住。

(10)陀螺桩布设

现场安装螺桩时,将陀螺桩桩脚插入3号钢筋与1号、2号钢筋围成的三角区域。轴脚部分垂直压入筏垫三角筋部分的砂垫层中。如果难以压入，请用与轴脚部分直径几乎相同的木桩在三角筋部分打一个轴脚部插入孔，然后将陀螺桩插入。轴脚部插入孔可采用在手动冲击钻来打孔后放入。

（11）填充碎石

①填充碎石一般使用翻斗卡车运输，因此要先在车上通过目测或触摸确认其粒径级配情况、含泥量等技术指标，然后卸在指定场所。

②填充碎石应分层铺设，分层夯实，达到密实、无松散，边线整齐，密实度95%。

（12）钢筋固定网连接

4号、5号钢筋在陀螺桩安装完成后布设，布设时4号、5号钢筋应从陀螺桩顶提钩中间穿过。4号、5号钢筋现场连接，可采用焊接或绑扎；采用焊接时，焊接位置于圆板顶部（后期打弯连接筋）；采用绑扎时，绑扎位置于连接筋顶部。连接网完成布设后涂刷沥青油进行防锈处理。

（13）检查验收

陀螺桩试验段施工完成后应报监理工程师验收合格后方可进行收方，具体要求见表3-34和表3-35。

混凝土陀螺桩检查项目及要求　　　　　　　　　　　　　　　　　　表3-34

项次	检查项目	规定值或允许误差	检查方法	权值
1	混凝土强度（MPa）	在合格标准内	按《公路工程质量检验评定标准　第一册　土建工程》（JTG F80/1—2017）检查	2
2	单体高度（mm）	+5、−3	钢卷尺	1
3	单体圆板部分直径（mm）	+5、−3	钢卷尺	1

混凝土陀螺桩地基检查项目及要求　　　　　　　　　　　　　　　　表3-35

项次	检查项目	规定值或允许偏差	检查方法和频率	权值
1	底层连接钢筋网间距（mm）	±5	钢卷尺	2
2	顶层定位钢筋网间距（mm）	±5	钢卷尺	3
3	填充碎石密实度（%）	−10%	《公路桥涵施工技术规范》（JTG/T F50—2011）密度法	2
4	相邻陀螺桩上表面高低差（mm）	圆板部分高度的1/2	钢卷尺	1
5	顶面倾斜度（%）	5	钢卷尺、水平仪	2
6	地基平面尺寸	±100	钢卷尺	1

3）监测仪器

现场埋设的监测仪器（图3-73）有以下几种：光纤光栅（FBG）传感器、沉降计、位移计、孔隙水压力计、剖面沉降管、测斜管、柔性位移计。

图 3-73　监测仪器引线集中与保护

（1）光纤光栅传感器

光纤光栅应变传感器的传感机理不同于传统的振弦式传感器，多个光纤光栅传感器可以串联在一起，只用一根极细的光纤进行数据传输。光纤光栅传感器本身尺寸很小，长度大约 20mm、直径小于 1mm，测量位置更加准确，数据更加精确。另外光纤光栅传感器拥有耐腐蚀、抗电磁干扰、防水要求较低等优点，在恶劣的现场环境中适用性较强。光纤传感器的另外一个重要特点就是采集频率很高，最高可达 5kHz，所以光纤光栅传感器的数据采集具有实时性，可以采集同一时刻所有传感器的读数。

光纤光栅技术是利用光栅反射特定波长光的特性来实现传感的（图 3-74）。当宽带入射光进入光纤时，光栅会反射特定波长的光，该反射光的中心波长值 lB 与光栅所受的轴向应变和温度有着线性的关系。当光栅受到拉伸应变或者受热膨胀时，波长增大；当布拉格光栅受到压缩应变或者遇冷时，波长减小。

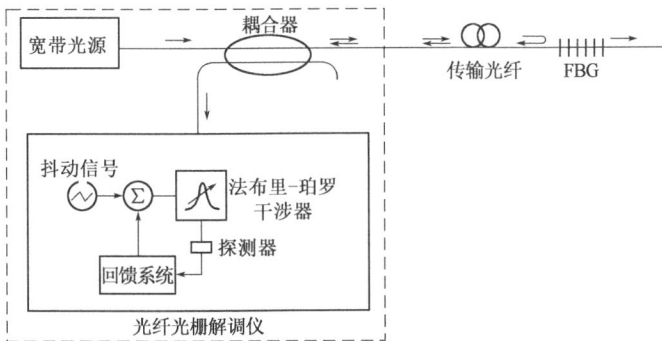

图 3-74　光纤光栅传感原理和解调方案

光纤光栅的技术优势主要在于传感机理明晰，检测精度高。基于目前的解调技术，光纤光栅传感器对于温度和应变的精度高达 $0.1℃$ 和 $1\mu\varepsilon$，数据采集频率高达 5kHz。波分复用技术（Wavelength Division Multiplex，WDM）使得光纤光栅可组成准分布式的传感序列，即可将多个传感器用熔接方式实现两两串联，布设在同一根光纤的不同位置。在数据采集时,将该光纤一端连接解调仪,就可获得多点的参量信息。由于所有串联的光纤光栅传感器靠中心波长加以区分,每根光纤上所有传感器的中心波长须保持一定的安全间隔(一般可取5nm),以免信号发生重叠。传感器可对变形位移进行长期监测和自动化测量,其锚头设置在路基内部测量点,法兰固定盘设置在路基坡脚,导线从侧面引出。当路基发生水平位移时,坡脚法兰固定盘与路基坡脚同步位移,使传感器的活动导磁体在其磁通感应线圈内发生相对滑移,通过读数仪测出位移量,实现路基内部水平位移监测目的。位移计量程要求不小于300mm,精度为0.5mm。

(2)沉降计

采用大量程的杆式沉降计进行沉降监测。沉降计采用钻孔埋设,将测杆一端固定在地基深部的沉降影响区以外,另一端固定在地表,通过两点之间的距离变化来反映地表的沉降(图3-75)。

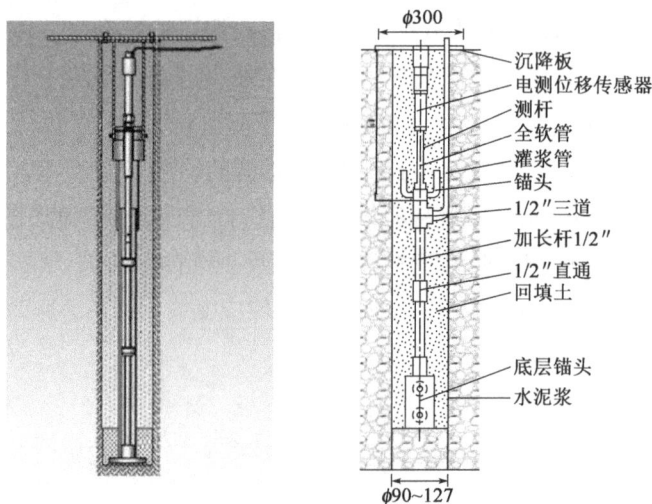

图3-75　沉降计(尺寸单位:mm)

(3)位移计

位移计主要用于监测路基变形情况,适用于测量锚头与法兰固定盘之间土体的变形位移,可进行长期监测和自动化测量。其锚头设置在路基内部测量点,法兰固定盘设置在路基坡脚,导线从侧面引出。当路基发生水平位移时,坡脚法兰固定盘与路基坡脚同步位移,使传感器的活动导磁体在其磁通感应线圈内发生相对滑移,通过读数仪测出位移量,实现路基内部水平位移监测目的。位移计量程要求不小于300mm,精度为0.5mm。

(4)孔隙水压力计

振弦式孔隙水压力计由膜片(受力弹性形变外壳)、细钢弦、调节夹紧装置、激励和接收线圈等构件组成。钢弦自振频率与其张紧力的大小、材料、长度等有关,振弦一经确定,振弦的自振频率就是一个确定值,振动频率的变化量即对应受力的大小。当渗水压力发生变化时,传感器的输出频率随之变化,由此分析地下水压的变化情况。

(5)剖面沉降管

地基表面剖面沉降监测用于监测路基横断面各位置沉降情况,通过沿路基横断面埋设剖面沉降管,并在沉降管中安装剖面沉降传感器,以对路基横断面各位置进行沉降监测。

(6)测斜管

在软土地基上钻孔埋设测斜管来进行深层水平位移的监测,标准测量长度一般为0.5m。测斜管内径上有两组互成90°的导向槽,将测斜仪顺导槽放入测斜管内。当被测结构物产生倾斜变形时,通过安装基尺传递给倾斜传感器,由于传感器内装有电解液和导电触点,液面相对触点的部位会改变,从而导致输出电量的改变。倾斜仪随结构物的倾斜变形量与输出的电量呈线性关系,以此可算出被测结构物角度的变化量。

(7)柔性位移计

柔性位移计采用电感调频原理设计制造,具有高灵敏度、高精度、高稳定性、温度影响小等优点,适用于长期观测。其测杆具有一定柔性且由蛇形管保护,可随土工材料同步变形。安装时应将其两端夹具沿测量方向紧固于土工材料上,使传感器随土工材料产生拉伸或压缩变形。

4)仪器埋设

(1)光纤光栅传感器

钢筋开槽:用切割机在预埋传感器的钢筋表面开设一条平行于钢筋的直线型凹形槽。凹形槽的宽度和深度均为2~4mm,要适合将光纤传感器和由铠甲保护的光纤粘贴其中。用酒精和吹风机将槽内清理干净。

传感器固定:将传感器的两端用强力胶水粘贴在槽内钢筋表面。由于光纤传感器在工作状态下可能随桩(梁)压缩,在粘贴传感器的两端时,应该人为地将其进行一定程度的拉伸。

填充保护层:在传感器表面涂抹环氧树脂保护层。待其干燥之后,用胶棒将槽内剩余空间充满。

(2)沉降计

钻孔:钻孔直径以95~120mm为宜,仪器孔应垂直地面,钻孔垂直偏差率应不大于1.5%。钻孔深度应满足初步设计对计算沉降与稳定性的需要,其深度主要根据软土分布厚度及路堤填土高度而定。

锚头安装:钻孔完成后,将专用锚头和连接杆连接后置入孔底预定位置,孔内锚头位置灌注水泥浆 1.0m,以固定锚头在稳定地层中。

沉降计安装:连接沉降计与连接杆,调整连接杆长度,保证沉降计满量程时刚好处于地表位置。沉降计量程范围内,在钻孔内安装同直径波纹管,保持孔壁不塌落。连接沉降计与地表固定盘,保持固定盘水平,确认沉降计量程用足后,进行下一步施工。

(3)位移计

当路基进行首次填土压实后,采用人工开挖沟槽的办法在路基填土表面埋设位移计,具体埋设步骤如下所述。

开挖沟槽:在监测断面处,沿路基横断面进行人工开挖沟槽,槽深不小于 30cm。采用丝杆将锚头、位移计及法兰固定盘连接,组成位移监测系统。

安装位移监测系统:将连接好的位移监测系统放入槽内,同时确保锚头在路基内部测量点,法兰固定盘在路基坡脚,压缩位移传感器使其处于满量程状态。

固定:在锚头及法兰固定盘埋设处浇筑混凝土固定,并将挖槽产生的土重新填埋于位移监测系统上,对系统进行填埋保护。

(4)孔隙水压力计

仪器选型:根据设计埋设深度和路基上部荷载,确定仪器量程,并对仪器进行稳定性分析、线性度标定;仪器的精度、灵敏度必须满足测试要求。

钻孔:观测的孔位(测点)定位要准确,在定位点安装钻机,成孔要垂直,钻孔垂直偏差率不应大于 1.5%。

仪器埋设:应采用"一孔一计"来埋设土体内的孔隙水压力计。封孔埋设法:在设计点处,钻机钻孔至设计深度 +(0.5~1.0)m 处停机,先向孔内填入大约厚 0.5m 的砂子,再迅速将孔压计下沉到设计深度。压入埋设法:在设计点处,钻机成孔至设计深度 -1.0 ~ -0.5m 处停机,先用钻杆等工具将孔压计送入孔底,再压入土中至设计深度。

(5)剖面沉降管

开挖沟槽:当填方高度到达沉降管预定布置高度后,沿着路基横断面,开挖埋设沟槽,以深 0.5m、宽 0.5m 为宜。

沉降管安装:将沟槽底部整平,采用中粗砂作为沉降管垫层,垫层厚度为 10~15cm。将穿好导绳的沉降管放入沟槽内,连接沉降管,对接方法同测斜管,调整成一直线,并将管内一对导槽对准水平和竖直方向,固定管体的同时回填中粗砂并人工夯实,上覆土层厚度至工作面以上 30~50cm,保证沉降管在施工中不被压碎。沉降管两端固定在保护墩内,在其上设沉降测点。

(6)测斜管

钻孔并取样:钻孔应保证孔道竖直。钻孔孔径应不小于 110mm,钻孔垂直偏差率不大于1.5%。钻孔试验和取样工作同时进行,并分析土样,确定埋设深度,钻深一般宜比预定深度多0.5m。取样结束后,还应进行清孔。清孔应在保证不发生塌孔情况下,使管内浆体尽量稀释。

管体连接:测斜管一段长为2m或4m,连接测斜管可根据所需长度一次接成,或事先接成几段,在沉管过程中进行接长。接长时应注意导向槽的对正,严禁发生扭动。连接方法是在每节测斜管上套入连接管长度的一半,对正连接管上的缝接上下一节管,在连接管上的滑动槽拧自攻螺钉,将下一节固定。测斜管底部要装有底盖,测斜管连接处也应进行封闭处理,可用无纺布、橡皮泥和胶带封口。

沉管:沉管前先在管的下端口装上管座,并系上两根安全绳索,每节管的一对导向槽对正绳索后,将管绑扎在绳上。将接装好的测斜管对正施测方向,慢慢沉放入孔,继续接下一段管。沉放过程中导向槽要保持准直,并尽可能拉近最后的对准位置,然后将管上端用夹具夹持固定在钻孔中心。此时要注意使一对导向槽与可能发生的位移一致。沉管同时,应至下而上,在管体绑直径约30mm的注浆管。沉管结束,测斜管孔口露出地面0.5~1m为宜。通过注浆管往孔内注入水泥砂浆,至距地表0.5m左右时,再灌浆或灌砂,使土体与管体耦合。

(7)柔性位移计

打孔:在土工格栅待安装位置打好安装孔,安装标距要求大于位移计标距。

仪器安装:将柔性位移计预拉至一定长度,用紧固螺钉安装到土工格栅上,并拧紧螺钉。

回填保护:用细砂将柔性位移计底部垫平密实,在传感器四周用细砂填满并轻轻压实。

5)监测项目

(1)陀螺桩试验段

区域内共布设3个监测断面,分别为AK0+455、AK0+480、AK0+505,具体监测项目如下。

①地基沉降监测点(每个断面需布设):路基中线及左右路肩处。

②孔隙水压力(每个断面需布设):布设在路基中心的软土层中,每隔4m布设一个。

③边坡坡脚位移监测(每个断面需布设):沿路基横断面布设,位移计两端分别固定于路基中线及坡脚处。

④地基表面剖面沉降监测(每个断面需布设):沿路基横断面布设。

⑤测斜管(每个断面需布设):地基深层水平位移监测,布设于路基左右坡脚处。

⑥光栅光纤传感器(每个断面需布设):钢筋应力应变监测,布设于路基横向筏式栅

网上。

（2）对比监测路段

区域内共布设 2 个监测断面，分别为 AK0＋605 和 AK0＋620，具体监测项目如下。

①地基沉降监测点（每个断面需布设）：布设于路基中线及左右路肩处。

②孔隙水压力（每个断面需布设）：布设在路基中心的软土层中，每隔 4m 布设一个。

③边坡坡脚位移监测（每个断面需布设）：沿路基横断面布设，位移计两端分别固定于路基中线及坡脚处。

④地基表面剖面沉降监测（每个断面需布设）：沿路基横断面布设。

⑤测斜管（每个断面需布设）：地基深层水平位移监测，布设于路基左右坡脚处。

⑥柔性位移计（每个断面需布设）：对土工格栅应变监测进行监测。

6）监测方案

为了分析和研究陀螺桩的处理效果，需对陀螺桩试验段进行沉降、位移、空压及钢筋应力应变等进行监测。为了保证监测数据采集频次和监测精度，宜采用自动化监测方式。

（1）陀螺桩试验段

区域内共布设 3 个监测断面，分别为 AK0＋455、AK0＋480、AK0＋505，具体监测项目如下所述。

地基沉降监测：采用沉降计，每个断面布设 3 个，分别布设在路基中线和左右路肩位置；沉降计采用钻孔埋设，沉降计测量杆应固定在沉降稳定层中，确保监测精度；沉降计量程不小于 1000mm，精度不大于 0.1mm。

地基表面剖面沉降监测：为了监测陀螺桩方案处理断面沉降情况，在砂垫层中布设剖面沉降管，在剖面沉降管中安装剖面沉降传感器，传感器间距为 150cm。

边坡坡脚位移监测：坡脚位移采用位移计进行监测，在两侧坡脚安装位移计，位移计两端分别固定在坡脚和路基中线。位移计采用人工开槽埋设；位移量程不小于 400mm，精度不大于 0.1mm。

地基深层水平位移监测：通过在路基两侧坡脚位置埋设测斜管，测斜管应穿透软土层不小于 4m，采用钻孔埋设。测斜管采用塑料管，其弯曲性能应适应被测土体的位移情况。测斜管内纵向的十字导槽应润滑顺直，管端接口密合。管内的十字导槽必须对准路基的纵横方向。测斜管应高出地面 50cm，并注意加盖保护。

孔隙水压力监测：孔隙水压力计宜采用钻孔埋设法，埋设时，采用一孔单只孔压计埋设方式，并注意封孔。孔压计埋设于软土层中，每隔 4m 埋设一只。埋设后应将电缆外引至观测箱中，并注意保护好。

钢筋应力应变监测：为了解和分析陀螺桩的受力机理，需对路基横向筏式栅网的钢筋应力应变进行监测,采用精度高和稳定好的光栅光纤传感器进行监测;在安装传感器时,需在被测量钢筋上刻 5mm×5mmU 形槽,用环氧树脂胶将传感器固定在 U 形槽内,传感器测量引线需引出至路基坡脚外,并保护好。

(2)对比监测路段

区域内共布设 2 个监测断面,分别为 AK0 +605 和 AK0 +620,具体监测项目如下。

地基沉降监测:采用沉降计,每个断面布设 3 个,分别布设在路基中央和左右路肩位置;沉降计采用钻孔埋设,沉降计测量杆应固定在沉降稳定层中,确保监测精度;沉降计量程不小于 100cm,精度不大于 0.1mm。

地基表面剖面沉降监测:为了监测陀螺桩方案处理断面沉降情况,在砂垫层中布设剖面沉降管,在剖面沉降管中安装剖面沉降传感器,传感器间距为 150cm。

边坡坡脚位移监测:坡脚位移监测采用位移计进行监测,在两侧坡脚安装位移计,位移计两端分别固定在坡脚和路基中线。位移计采用人工开槽埋设;位移量程不小于 40cm,精度不大于 0.1mm。

地基深层水平位移监测:通过在路基两侧坡脚位置埋设测斜管,测斜管应穿透软土层不小于 4m,采用钻孔埋设。测斜管采用塑料管,其弯曲性能应适应被测土体的位移情况。测斜管内纵向的十字导槽应润滑顺直,管端接口密合。管内的十字导槽必须对准路基的纵横方向。测斜管应高出地面 50cm,并注意加盖保护。

孔隙水压力监测:孔隙水压力计宜采用钻孔埋设法,埋设时,采用一孔单只孔压计埋设方式,并注意封孔。孔压计埋设于软土层中,每隔 4m 埋设一只。埋设后应将电缆外引至观测箱中,并注意保护好。

土工格栅应变监测:为了解和分析土工格栅受力情况,便于与陀螺桩试验段进行对比分析,需对土工格栅应变进行监测;监测仪器选用柔性位移计,测量引线需引出路基坡脚外并保护好。

7)数据分析

在为期 20 个月的陀螺桩监测过程中,对陀螺桩进行了竖向沉降、水平位移、孔隙水压力和土压力的长期监测,监测区域包括陀螺桩试验段和常规对比段,通过监测数据,分析陀螺桩浅层地基处理方法的优势,评价陀螺桩的处理效果,为陀螺桩的应用和推广奠定基础。

(1)竖向沉降监测

从 2018 年 10 月 27 日到 2020 年 6 月 13 日,对 AK0 +455、AK0 +480、AK0 +505、AK0 +605 和 AK0 +620 5 个监测断面进行竖向沉降监测,监测区域包括陀螺桩试验段(AK0 +455、AK0 +480 和 AK0 +505)和常规对比段(AK0 +605 和 AK0 +620),分析陀螺桩浅层地基处理下的竖向沉降,统计数据如图 3-76 ~ 图 3-80 所示。

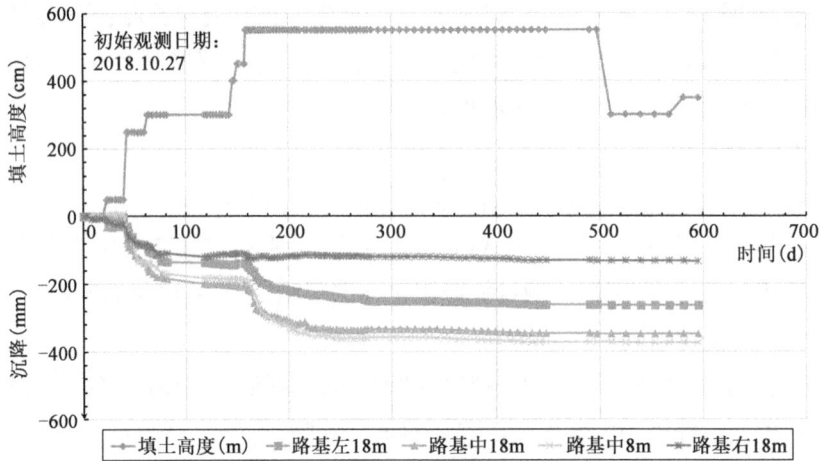

图 3-76　AK0 + 455 断面填土记录及沉降观测曲线

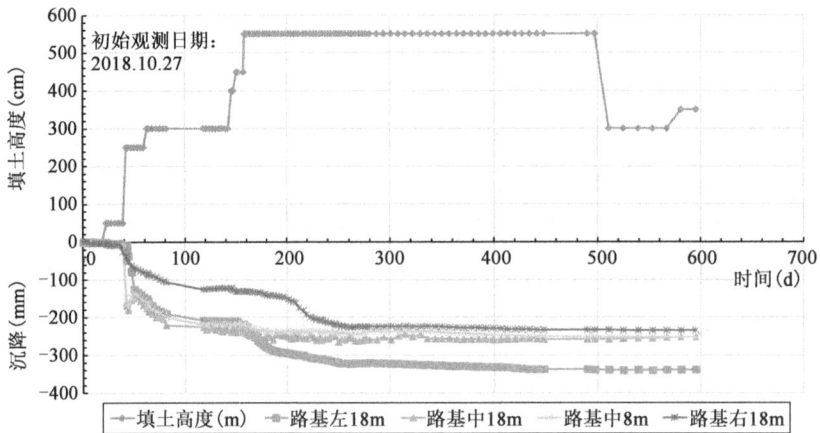

图 3-77　AK0 + 480 断面填土记录及沉降观测曲线

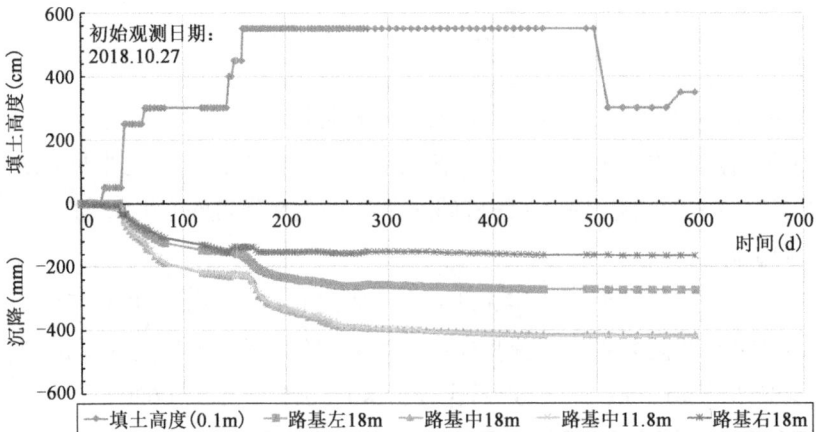

图 3-78　AK0 + 505 断面填土记录及沉降观测曲线

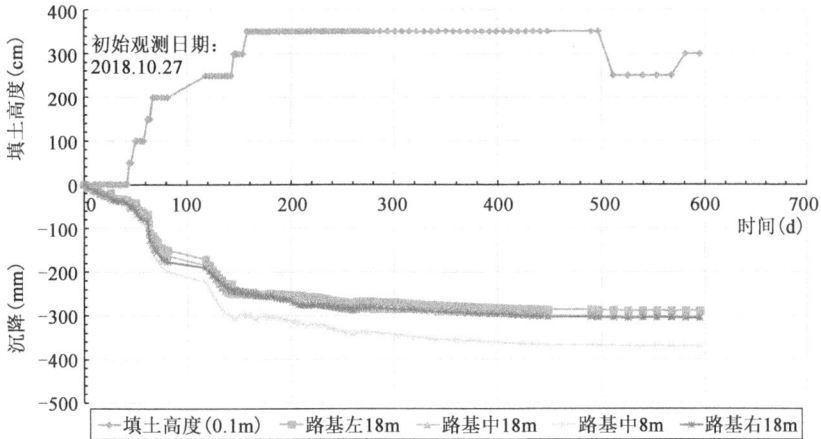

图 3-79 AK0 + 605 断面填土记录及沉降观测曲线

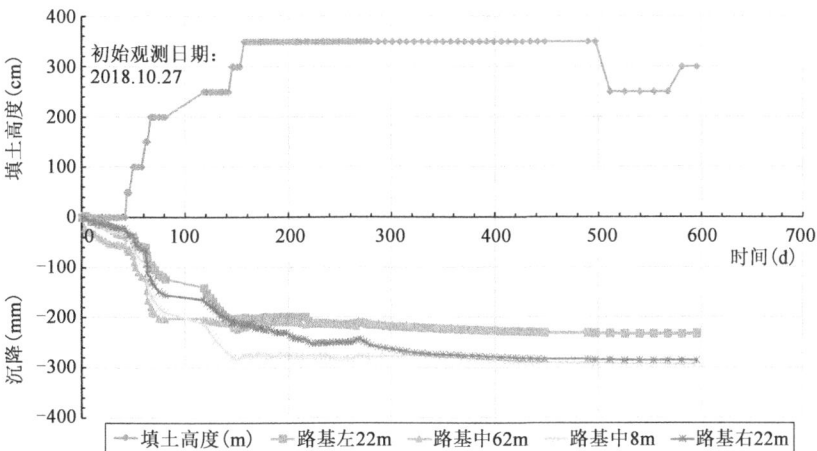

图 3-80 AK0 + 620 断面填土记录及沉降观测曲线

根据统计可知,路基竖向沉降随着填土高度的增加而增大,且增加显著,同时路基竖向沉降也随着时间的增加而缓慢增大。AK0 + 455 断面最大累计竖向沉降位于路基中部,路基平均累计竖向沉降为 256.5mm;AK0 + 480 断面最大累计竖向沉降位于左路肩,路基平均累计竖向沉降量为 199.8mm;AK0 + 505 断面最大累计竖向沉降位于路基中部,路基平均累计竖向沉降为 285.9mm;AK0 + 605 断面最大累计竖向沉降位于路基中部,路基平均累计竖向沉降为 320.4mm;K0 + 620 断面最大累计沉降位于路基中,路基平均累计竖向沉降为 269.8mm。陀螺桩浅层地基处理试验段的地基竖向沉降比常规监测路段的沉降小,地基受力均匀且呈柔性,路基整体受力较好,可见陀螺桩浅层地基处理的效果较好。

（2）水平位移监测

从 2018 年 10 月 27 日到 2020 年 6 月 13 日，对 AK0 +455、AK0 +480、AK0 +505、AK0 +605 和 AK0 +620 5 个监测断面进行水平位移监测，监测区域包括陀螺桩试验段（AK0 +455、AK0 +480 和 AK0 +505）和常规对比段（AK0 +605 和 AK0 +620），分析陀螺桩浅层地基处理下的水平位移，统计数据如图 3-81 ~ 图 3-85 所示。

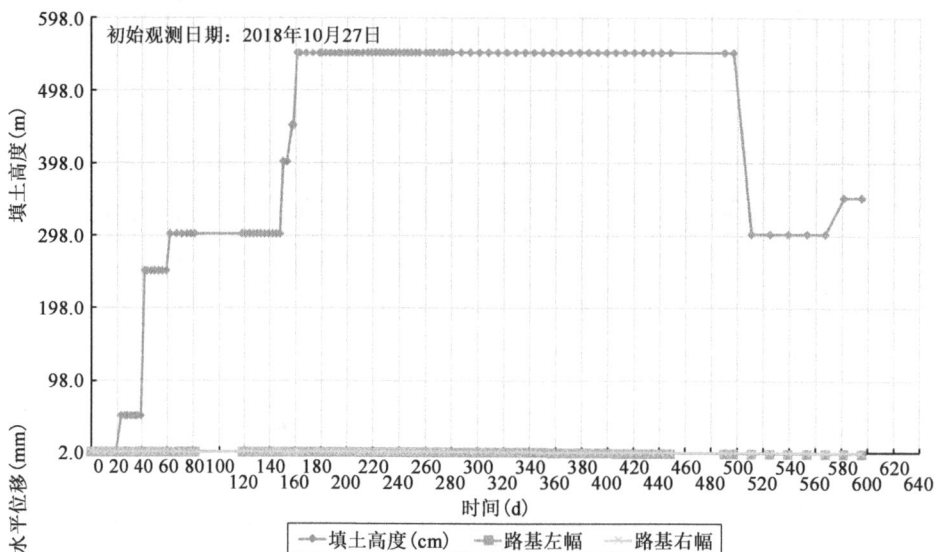

图 3-81　AK0 +455 断面填土记录及水平位移观测曲线

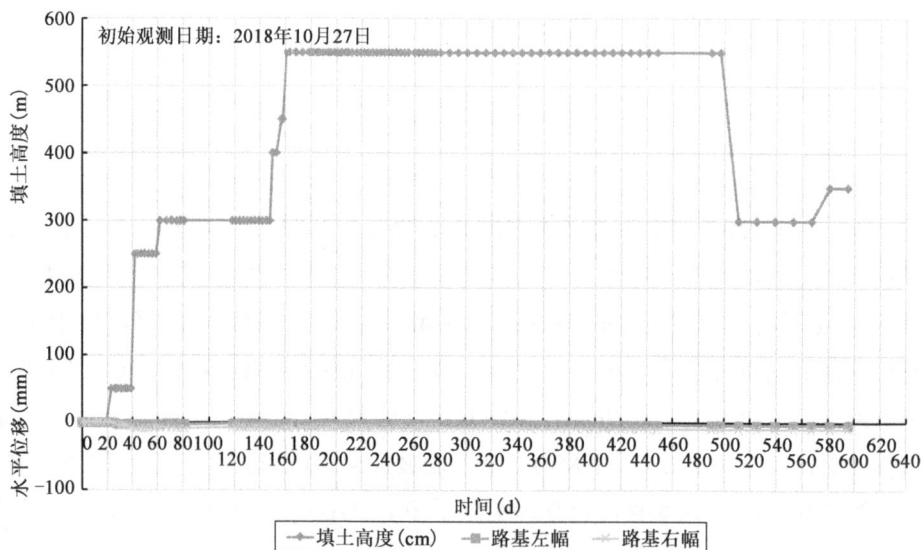

图 3-82　AK0 +480 断面填土记录及水平位移观测曲线

232

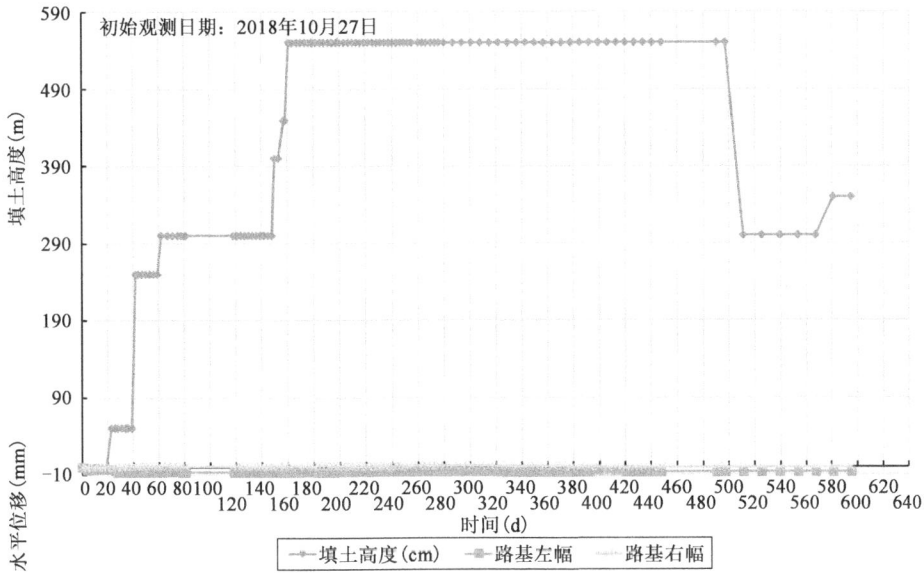

图 3-83　AK0+505 断面填土记录及水平位移观测曲线表

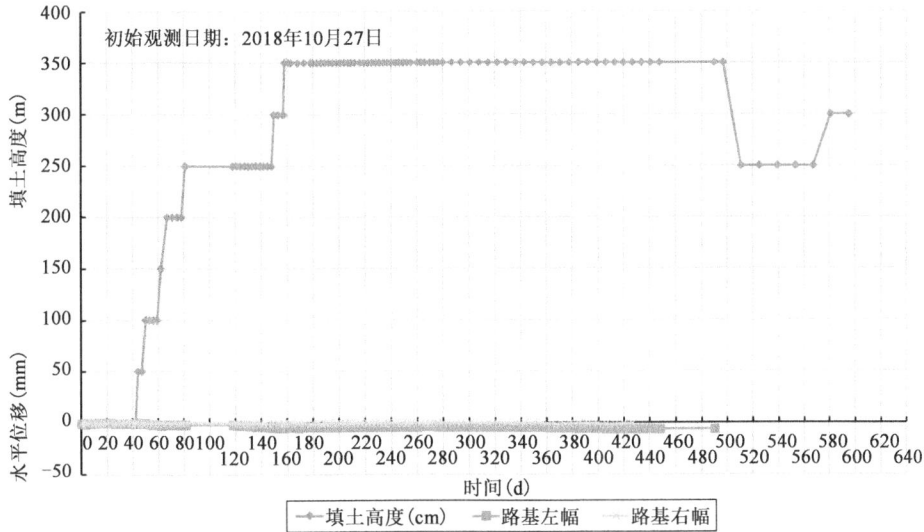

图 3-84　AK0+605 断面填土记录及水平位移观测曲线

　　根据统计可知,路基水平位移较小,且路基水平位移基本不随填土高度和时间的增加而增大。AK0+455 断面累计水平位移最终平均为 1.6mm,AK0+480 断面和 AK0+505 断面累计水平位移平均值约为 4mm,AK0+605 断面和 K0+620 断面累计水平位移平均为 6 mm。陀螺桩浅层地基处理试验段的地基水平位移比常规监测路段的水平位移小,路基的横向变形受到陀螺桩的约束,可见陀螺桩浅层地基处理的效果较好,基本不产生水平位移。

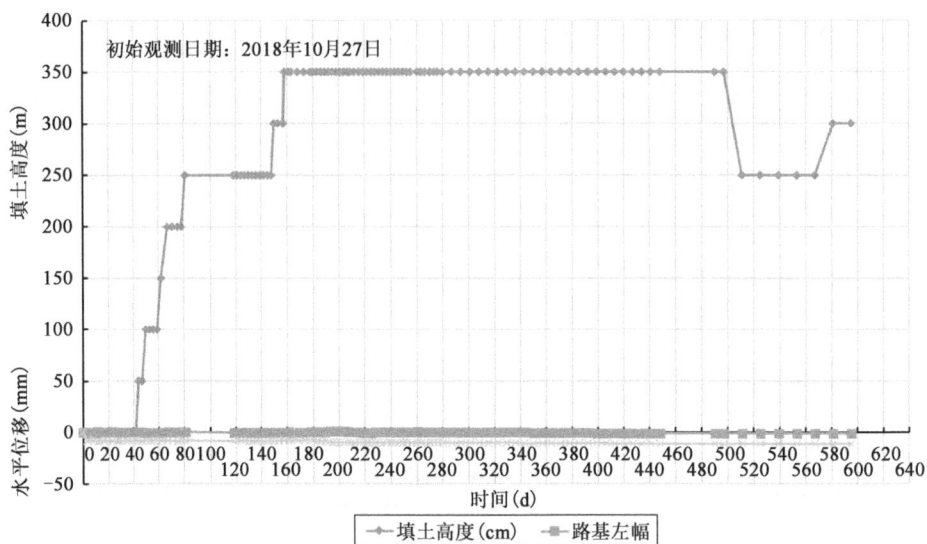

图 3-85　AK0 +620 断面填土记录及水平位移观测曲线

（3）孔隙水压力监测

从 2018 年 10 月 27 日到 2020 年 6 月 13 日，对 AK0 +455、AK0 +480、AK0 +505、AK0 +605 和 AK0 +620 5 个监测断面进行孔隙水压力监测，监测区域包括陀螺桩试验段（AK0 +455、AK0 +480 和 AK0 +505）和常规对比段（AK0 +605 和 AK0 +620），分析陀螺桩浅层地基处理下的孔隙水压力，统计数据如图 3-86 ～ 图 3-90 所示。

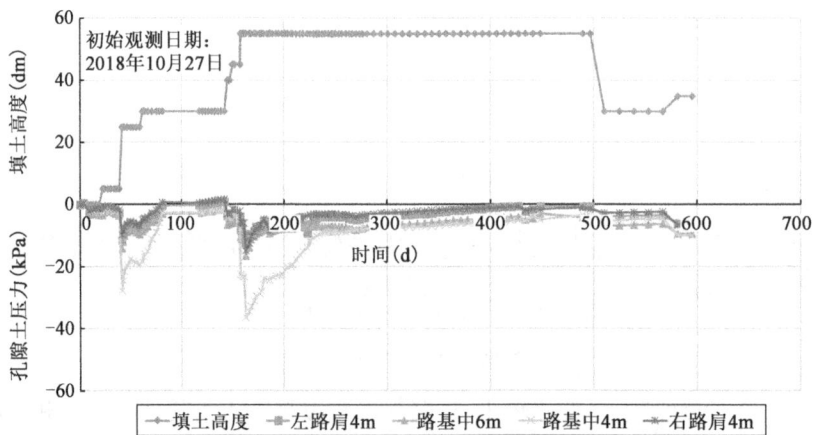

图 3-86　AK0 +455 断面填土记录及孔隙水压力观测曲线

根据统计可知，AK0 +455 断面最大累计孔压为 9.9kPa，AK0 +480 断面最大累计孔压为 5.28kPa，AK0 +505 断面最大累计孔压为 12.66kPa，AK0 +605 断面最大累计孔压为 7.23kPa，K0 +620 断面最大累计孔压为 8.93kPa。同时可以从统计数据看出，路基填土稳定后，陀螺桩浅层地基处理试验段的路基几乎不产生孔隙水压力，而常规监测路段地基会产生孔隙水压力,可见陀螺桩浅层地基处理的效果较好,陀螺桩处理后的地基发生液化的概率很小。

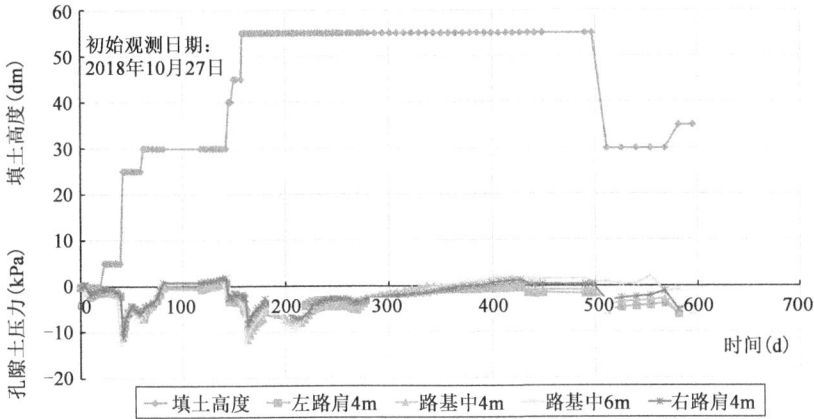

图 3-87　AK0 +480 断面填土记录及孔隙水压力观测曲线

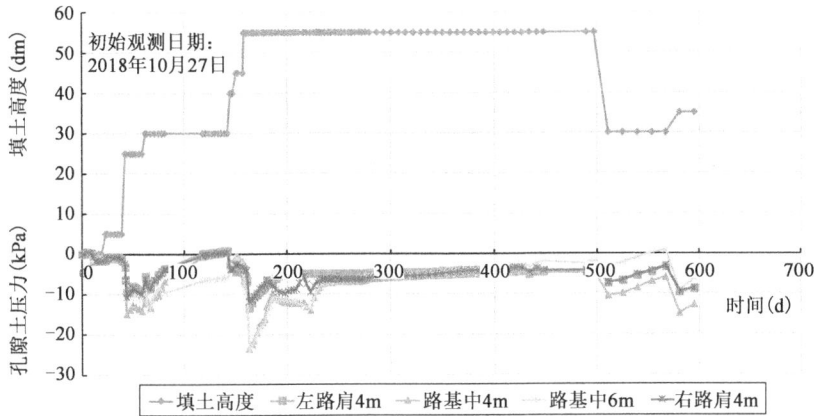

图 3-88　AK0 +505 断面填土记录及孔隙水压力观测曲线

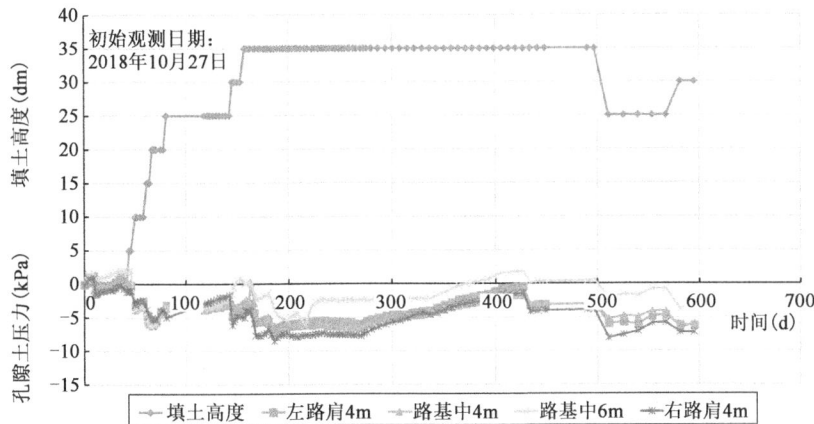

图 3-89　AK0 +605 断面填土记录及孔隙水压力观测曲线

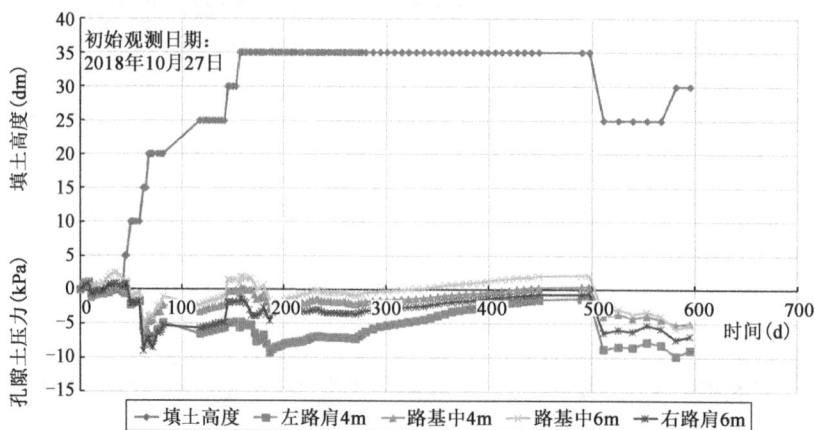

图 3-90　AK0 + 620 断面填土记录及孔隙水压力观测曲线

（4）土压力监测

从 2018 年 10 月 27 日到 2020 年 6 月 13 日,对 AK0 +455、AK0 +480、AK0 +505、AK0 + 605 和 AK0 + 620 5 个监测断面进行土压力监测,监测区域包括陀螺桩试验段（AK0 +455、AK0 +480 和 AK0 +505）和常规对比段（AK0 +605 和 AK0 +620）,分析陀螺桩浅层地基处理下的土压力,统计数据如图 3-91 ～图 3-95 所示。

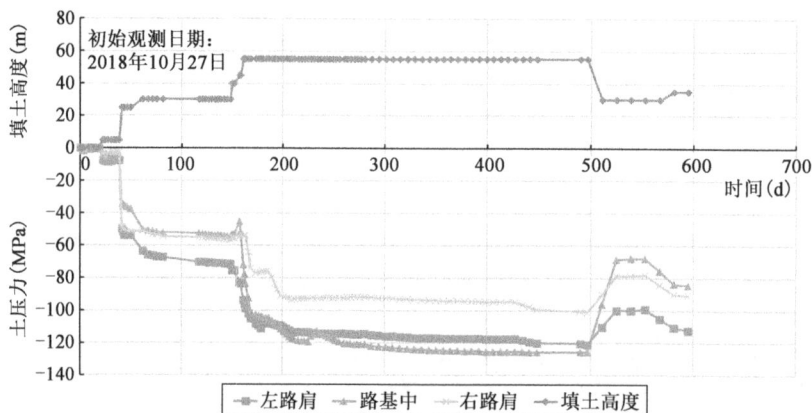

图 3-91　AK0 +455 断面填土记录及土压力观测曲线

根据统计可知,路基土压力随着填土高度的增加而增大,同时路基土压力也随着时间的增加而缓慢增大。AK 各断面土压力极值基本取决于上部填土荷载,陀螺桩试验段填土高度 5.5m,土压力平均值在 80 ～90kPa,对比段填土高度极值在 3.5m,土压力平均值在 60 ～70kPa。路基填土稳定后,陀螺桩浅层地基处理试验段的路基土压力较稳定,而常规监测路段地基的土压力会逐渐增大,可见陀螺桩浅层地基处理后的地基受力较均匀,处理效果较好。

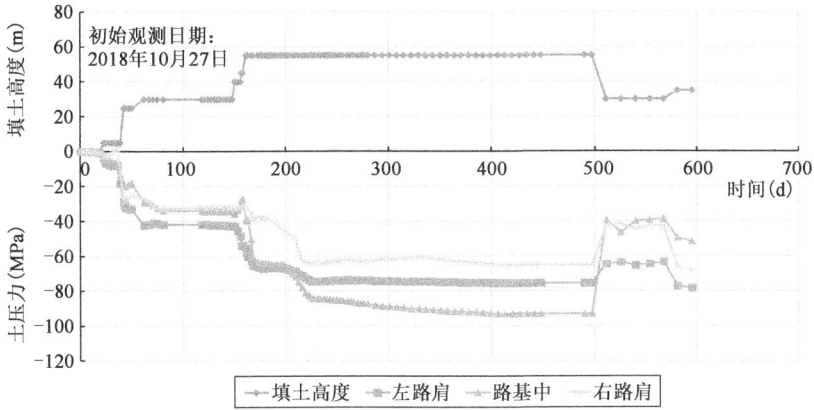

图 3-92　AK0 +480 断面填土记录及土压力观测曲线

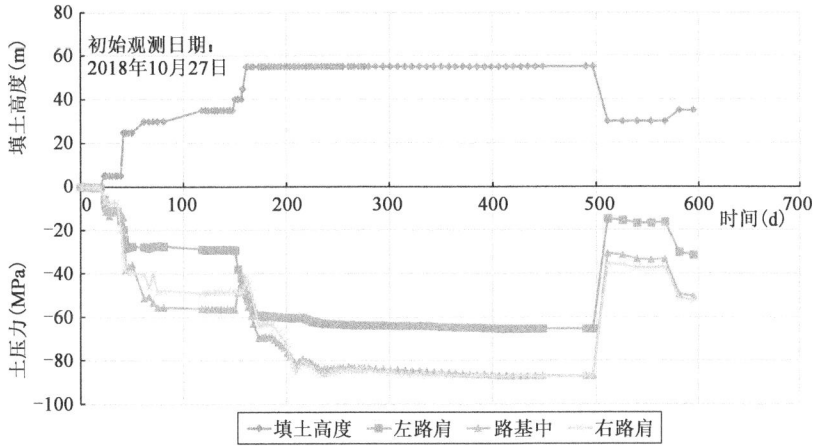

图 3-93　AK0 +505 断面填土记录及土压力观测曲线

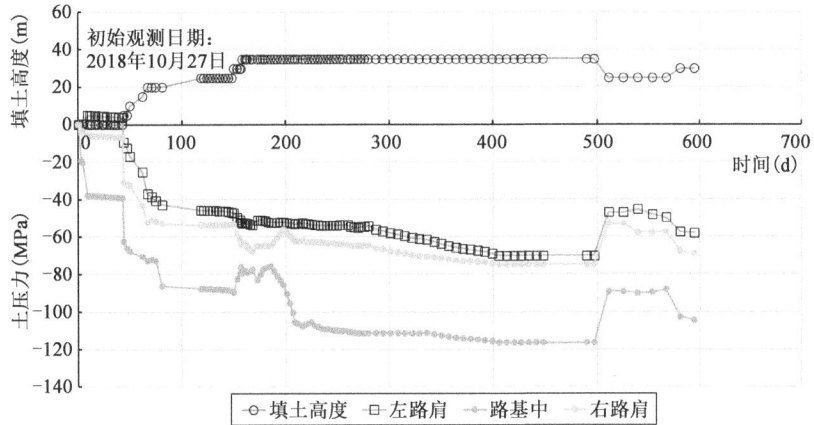

图 3-94　AK0 +605 断面填土记录及土压观测曲线

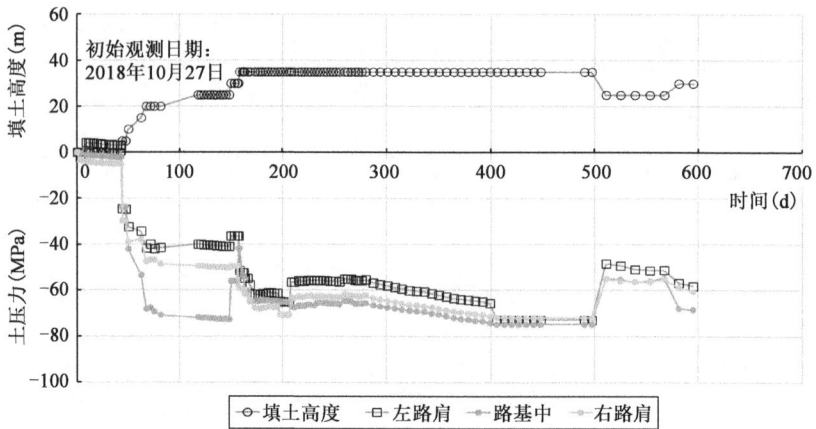

图 3-95　AK0+620 断面填土记录及土压力观测曲线

4

基于建养一体化的钢桥面铺装结构
优化与快速养护技术创新

近年来,随着我国基建事业的进一步投入和施工技术的提高,桥梁作为跨越江、河、谷及道路干线的便捷的结构形式,得到了长足的发展。截至目前,我国在建或已经投入使用的大跨径正交异性钢箱梁桥有 50 余座。特别是近十年,许多具有世界知名度、影响力以及高技术含量的大桥建成通车,如港珠澳跨海大桥、润扬长江大桥、苏通长江大桥、重庆菜园坝大桥、杭州湾大桥、厦漳跨海大桥、南京长江四桥、泰州长江大桥、马鞍山长江公路大桥、武汉沌口长江公路大桥等。同时,在沿海地区,许多跨海大通道正在加紧建设之中,如武汉杨泗港大桥、虎门二桥等大型或特大型跨江、跨海湾大桥。大跨径、高技术含量的桥梁,不仅是一个国家、地区的标志性建筑,也代表着一个国家或地区在桥梁工程领域的技术水平。可以说,我国正逐渐成为真正意义上的桥梁大国。

钢桥面铺装历来就是一个世界难题,在国外经过几十年的发展,逐步趋于成熟和完善。受国内特殊使用条件(如高温、重载等)的影响,我国大跨径钢桥桥面铺装仍然面临着严峻的考验,很多钢桥面铺装出现了一定程度的破坏,给许多桥梁带来了很大的负面影响。同时,钢桥面铺装的破坏给桥梁结构使用耐久性和车辆行驶畅通性、安全性埋下了隐患。

作为潮汕环线高速公路中的关键工程,榕江特大桥钢桥面铺装层的建设质量和运营维护情况将直接影响整个环线的畅通性。因此,有必要从铺装结构、铺装材料、对正交异性板的补强作用等方面对国内外刚性铺装技术进行调研,并结合榕江特大桥实桥结构特点、气候条件、交通条件等使用条件,对国内采用超高韧性混凝土(STC)铺装方案的实体钢桥面铺装工程的桥面系结构参数、铺装结构、气候条件、交通条件、使用状况进行调研，对存在的病害情况进行分析，总结成功的经验、吸取失败的教训，为榕江特大桥钢桥面铺装结构设计和施工提供参考依据。

4.1 铺装组合结构研究

4.1.1 设计概况

榕江特大桥采用双塔钢箱梁斜拉桥，桥跨布置为 $60+140+400+140+60=800m$，其中中跨、次边跨均布设斜拉索。主梁采用流线型扁平钢箱梁，以扇形形式设置斜拉索，双索面，外侧锚固。索塔采用倒 Y 形架，塔柱为钢筋混凝土构件，下横梁为预应力混凝土构件。

全桥采用半漂浮体系，索塔处设置横向和竖向承载力要求的减隔震拉索支座；辅助墩处设置竖向的双减隔震钢支座；过渡墩处设置横向水平承载力要求的竖向球形减隔震钢支座，纵向活动及双向活动减隔震钢支座。

钢箱梁采用带风嘴的扁平流线型截面，梁顶宽 33.56m（不计风嘴），底板宽 26.11m，梁高 3.5m，风嘴长度 3.77m。箱梁内设置 2 道中纵腹板，间距 18m。

为使用重交通荷载带来的不利因素，顶板在索塔区、辅助墩和过渡墩附近梁段采用 20mm 厚，其余梁段采用 18mm 厚度。除中央分隔带、外侧防撞护栏处设板肋外，其余顶板采用 U 形加劲肋加劲。

桥面设双向六车道，单车道宽度 3.75m。桥面不设非机动车道和人行道，机动车外侧设紧急停车带和检修道，桥面净宽为 $1.47+5.00+3.00+3.75\times3+0.75+0.75+5.00+0.75+0.75+3.75\times3+3.00+0.50+1.47=35.94m$。桥面双向横坡 2%，最大纵坡 2.5%。

1）研究方法

针对榕江特大桥现状，根据设计要求，对榕江特大桥铺装层不同参数采用控制变量法进行研究，铺装方案见表 4-1。

不同铺装方案结构表　　表 4-1

铺装层 方案	铺装下层		铺装上层	
	材料	厚度（cm）	材料	厚度（cm）
方案一	STC	3	沥青玛琋脂（SMA）	5
方案二	STC	4	沥青玛琋脂（SMA）	4
方案三	STC	5	沥青玛琋脂（SMA）	3

2）力学有限元模型

针对榕江特大桥实际情况,由于其截面存在中纵腹板、倾斜底板等特性,腹板高差大,若采用第Ⅲ结构体系,可能会对铺装层最大应力应变位置有所疏漏。为此,采用钢箱梁节段局部模型(第Ⅱ结构体系)分析钢桥面最不利荷位下的力学响应,为铺装方案提供理论依据。有限元模型见图4-1。

图4-1 有限元模型

（1）铺装力学计算参数

钢桥面铺装层开裂破坏主要与钢桥面的局部变形有关,为保证模型正确性,减小计算量,作出如下两点假设:

①材料为均匀连续、完全弹性、各向同性。

②铺装层与钢桥面板之间完全接触。

取纵向跨中两斜拉索间钢梁节段为分析段,节段尺寸为8.4m×14.0m。为节省计算资源,有限元模型取节段的1/2结构为最不利荷位计算模型,1/4结构为计算模型。钢板、横隔板、U形加劲肋均采用16Mnqc钢,模型基本参数取值见表4-2和表4-3。

模型几何参数列表　　　　　　　　　　　　　　　表4-2

模型几何参数		尺寸(mm)
顶板及U形加筋肋	顶板厚度	18
	顶板U形加筋肋厚度	6
	U形加筋肋上口宽度	400
	U形加筋肋下口宽度	250
	U形加筋肋高度	260
横隔板	间距	2850、2900
	厚度	12

模型材料参数列表　　　　　　　　　　　　　　　表4-3

材料	弹性模量(MPa)	泊松比
钢材	210000	0.30
STC	37600、40700、43500	0.20
SMA	400、500、600	0.25

（2）加载位置

根据实际交通条件,采用公路Ⅰ级车辆标准为设计荷载。采用单轴双轮荷载形式,轴重140kN,单轮重35kN,轮压0.81MPa,考虑0.35的冲击系数。单轮接地面积432cm²,宽度20cm,长度21.6cm,两轮间距10cm。双轮矩形均布荷载几何图示如图4-2所示。

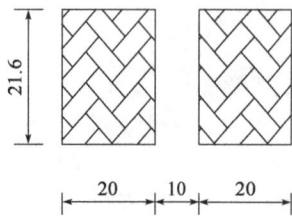

图4-2　双轮矩形均布荷载几何图示(尺寸单位:cm)

考虑到车载相对于横隔板及加筋肋横向位置对铺装层受力的不同影响，结合以往经验，按照实桥车道线的划分以及车轮的行驶区域，横向荷位分为3种情况:荷位1车载对称施加于两U形肋之间正上方，荷位2施加于U形加筋肋和钢桥面焊点正上方，荷位3对称施加于U形加筋肋正上方。纵桥向车辆从横隔板顶向跨中移动，共9个荷位点，距离跨中距离分别为0m、0.108m、0.156m(1/16跨)、0.200m、0.313m(1/8跨)、0.500m、0.625m(1/4跨)、1.000m、1.250m(1/2跨)。此外，在中纵腹板处增加了9个加载点，因此，本项分析共 $3 \times 6 \times 9 + 9 \times 9 = 243$ 个工况。横桥向荷位如图4-3所示，纵桥向荷位如图4-4所示。

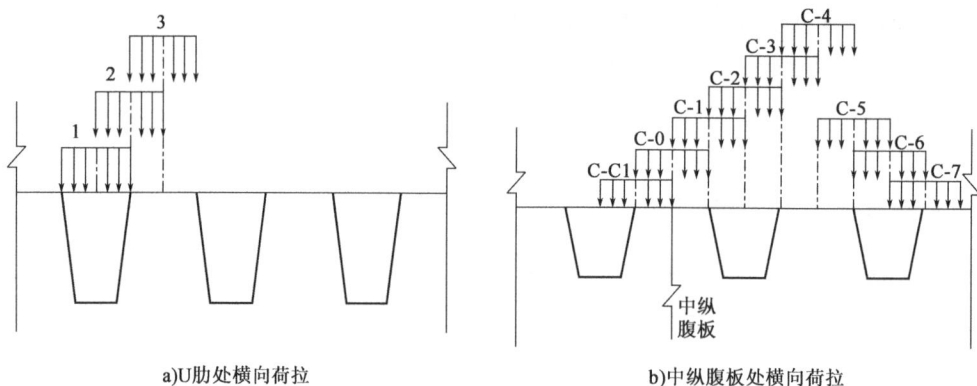

a)U肋处横向荷拉

b)中纵腹板处横向荷拉

图4-3　横桥向荷位示意图

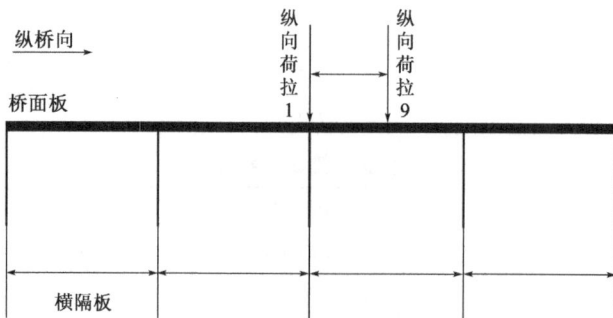

图4-4　纵桥向荷位示意图

4.1.2　最不利荷载位置分析

由4.1.1节可知，本项分析共243个荷载工况，由于局部节段模型相对较大，且最不利荷位仅分析力学特性趋势,耗费大量计算资源而得到精确解得不偿失,为此,在计算不利荷位时采用大网尺寸模型。由于荷载的局部效应,未采用桥梁通用规范中荷载加载,这对铺装层力学特性趋势影响不大。根据243个加载工况的计算结果,对铺装层顶面、层间、底面的应力应变状态进行分析,找出最不利荷载位置,为铺装优化提供依据。优化计算时,对上述有限元模型网格进行细化,在最不利荷位计算不同力学指标的响应情况。

将不同的工况进行数值模拟,分别为分析各铺装层力学指标下最不利荷位,现将数据汇总于表4-4中。

最不利荷位汇总表 表4-4

顶层		层间	底层	
横向应变	位置	3-C2	1-(22-1)	3-C3
	值(με)	219	44.7	190
纵向应变	位置	7-(32-2)	5-C6	2-(12-2)
	值(με)	180	24.9	102
剪应变	zx 位置	—	9-(11-2)	9-(11-2)
	值(γε)	—	132	665
	zy 位置	—	5-(C-C1)	3-(C-0)
	值(γε)	—	85.4	294
位移	位置	1-(32-2)	1-(31-1)	1-(31-1)
	值(mm)	0.478	0.417	0.418

从表4-4中可以看出:最大横向向拉应变根据材料的不同为顶层和底层,而底层由于钢桥面板的作用而不起控制作用,因此横向验算位置为3-C2;纵向应变同横向应变,以顶层为主,验算位置为7-(32-2);剪应变横向大于纵向,因此横向为验算位置,为9-(11-2);由于顶层荷位2和荷位1相差不大,约0.003mm,因此位移以1-(31-1)为验算位置。

4.1.3 铺装结构参数对受力影响分析

根据前文最不利荷位分析结果,对铺装上层最不利拉应力、层间最大拉应力、层间最大剪应力分别进行分析,分析指标见表4-5。

分析指标 表4-5

分析指标	铺装下层	铺装上层
厚度(cm)	2、3、4、5	3、4、5、6
模量(MPa)	37600、40700、43500	400、500、600

1）不同模量下力学指标响应

取设计厚度为：上层铺装4cm，下层铺装5cm，设计模量为：铺装上层500MPa+铺装下层40700MPa，在按照表4-1所示模量和分别对上下层模量变化进行分析，找出在最不利荷位下最大拉应力、层间最大剪应力，根据高强高韧性混凝土铺装破坏特性对各层模量进行优化。

铺装下层在不同模量和力学指标下随上层模量变化结果如图4-5～图4-7所示。

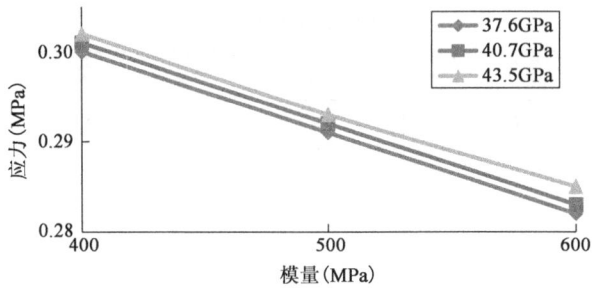

图4-5　铺装上层主拉应力随上层模量变化图

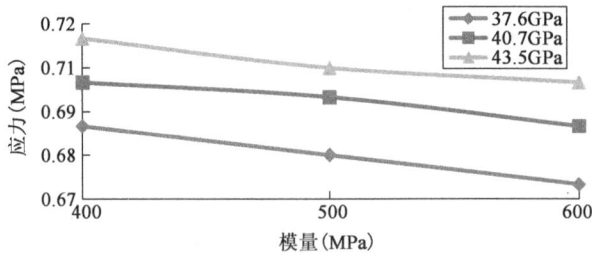

图4-6　铺装层间剪应力随上层模量变化图

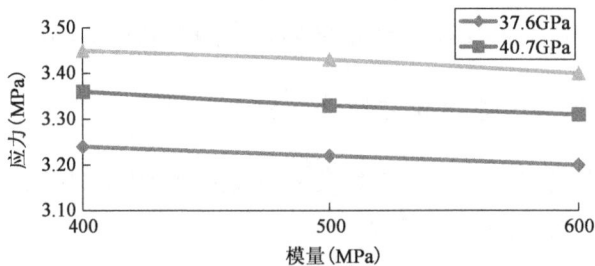

图4-7　下层铺装顶面主应力随上层模量变化图

由图4-5～图4-7可以得出以下结论：

（1）当铺装下层模量一定时，改变上层模量，铺装上层主应力、层间剪应力、铺装下

244

层主拉应力均随上层模量增大而减小,可以得出刚度大的铺装下层对沥青磨耗层有稳固的支撑作用。层间剪应力大小由水平荷载的最大横向剪应力控制,在水平荷载不变的情况下主要受横向剪应力控制,而横向剪应力峰值随铺装层模量变化影响较小;铺装下层主拉应力小幅下降趋势表明较薄的沥青混凝土磨耗层对整个铺装体系刚度贡献很小。

(2)在上层模量保持不变时,下层模量越大,铺装上层主拉应力、层间剪应力、铺装下层主拉应力也越大。对铺装上层主拉应力而言,这是由于下层刚度在整个铺装体系受力贡献中占比较大,提高下层模量降低了铺装变形,在上层铺装模量不变情况下应变也就越小;对层间剪应力来说,是由于模量增大速度大于剪应变减小的速度。

(3)由于超高韧性混凝土铺装结构起控制作用的是层间力学指标,层间剪应力和拉应力随上层铺装模量增加呈小幅下降趋势,因此应选择模量尽可能大的磨耗层;同一上层模量下,铺装下层模量越小,层间剪应力和主拉应变越小,因此铺装下层模量在满足承载能力的前提下尽可能小些。

根据高强高韧性混凝土铺装层往往因层间问题导致破坏的现象,将层间剪应力与上下层模量变化趋势图绘制在同一图形中,如图4-8所示。

从图4-8中可以看出:层间剪应力对下层铺装模量变化更敏感,在下层模量最小值处层间剪应力有最小值0.675MPa,当上层模量为500MPa,下层模量为40600MPa时,两者层间剪应力大致相等,约为0.695MPa。在保证桥梁截面承载能力的前提下,推荐的模量组合为上层600MPa,下层37600MPa。

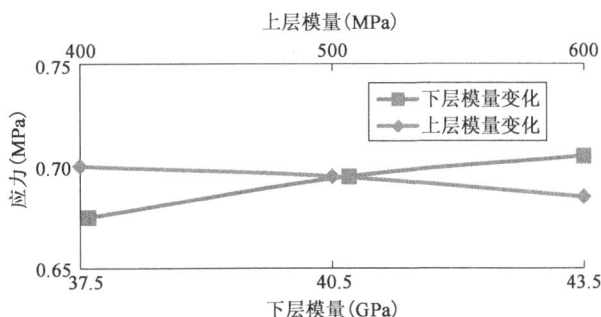

图4-8 层间剪应力随上下层模量变化对比图

2)不同铺装厚度下力学指标响应

取设计厚度为:上层铺装4cm,下层铺装5cm,设计模量为:铺装上层500MPa,铺装下层40700MPa,根据表4-1计算不同铺装下层厚度随上层厚度分在最不利荷位下最大拉应力、层间最大剪应力。结果如图4-9 ~ 图4-11所示。

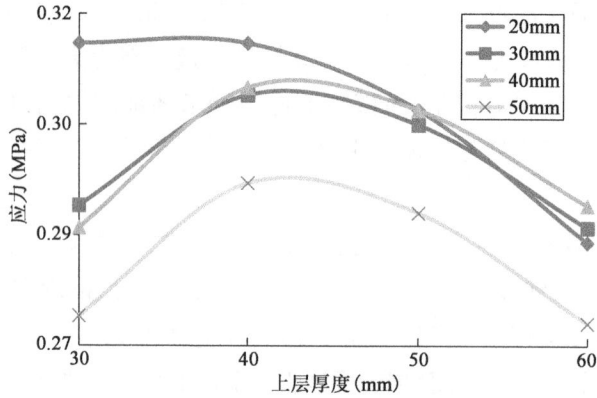

图 4-9　铺装上层主拉应力随上层厚度变化图

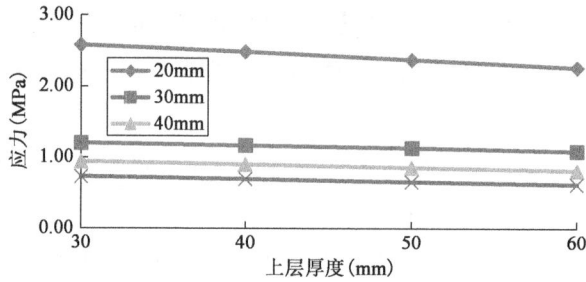

图 4-10　下层铺装顶面剪应力随上层厚度变化图

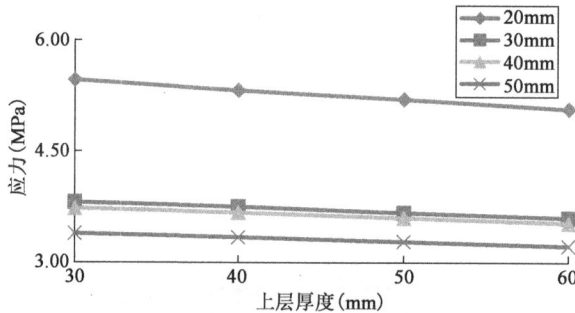

图 4-11　下层铺装顶面主拉应力随上层厚度变化图

从图 4-9～图 4-11 可以得出以下结论：

（1）保持铺装下层厚度不变，变化上层厚度时，铺装上层主拉应力在上层厚度为 4cm 时有最大值，当铺装上层厚度增大或者减小时，主拉应力均减小。下层铺装厚度为 3cm、4cm、5cm 随上层厚度变化规律相似，下层厚度越大，同一上层铺装厚度下的主拉应力越小。

（2）层间剪应力、铺装下层上表面主拉应力均随上层铺装厚度增大而减小，且下层厚度为 2cm 时与其他下层厚度主拉应力数值差异较大。

（3）在同一下层铺装厚度下，上层铺装主拉应力最大降幅度约 10.2%；下层铺装主拉应力最大降幅约 15.1%；层间剪应力最大降幅约 7.1%。

（4）在同一层铺装厚度下，上层铺装主拉应力最大降幅度约 6.7%；下层铺装主拉应力最大降幅约 72.6%；层间剪应力最大降幅约 37.9%。

（5）上层铺装主拉应力对上层厚度更加敏感，层间剪应力、下层铺装上表面主拉应力对下层厚度更加敏感。

（6）考虑到高韧高强铺装破坏特性，从图中可以看出，层间剪应力和拉应力随上层铺装厚度增加呈小幅下降趋势，因此铺装上层厚度应尽可能大些；层间剪应力和拉应力随下层铺装厚度增加下降，剪应力降幅大于主拉应力，无论剪应力还是层间拉应力为主控因素，下层铺装厚度在满足其他要求下应尽可能取大值。

根据前文分析可知，上层厚度和下层厚度的增加均会降低层间剪应力和层间主拉应力，根据高强高韧性混凝土铺装层往往因层间问题导致破坏的现象，在设计厚度下，将层间剪应力与上下层厚度变化趋势图绘制在同一图形中，图中下层厚度指在上层设计厚度下（4cm）层间剪应力与下层厚度变化曲线，层厚度指在下层设计厚度（5cm）下层间剪应力与上层厚度，变化曲线如图 4-12 所示。

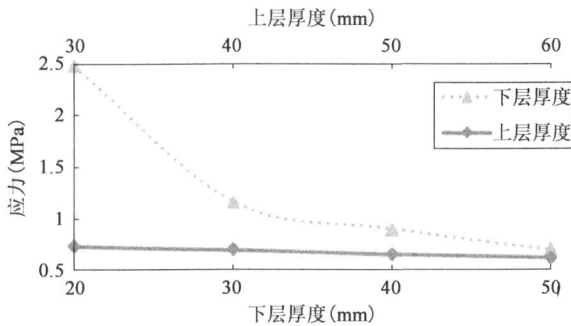

图 4-12 层间剪应力随上下层厚度变化汇总图

从图 4-12 中可以看出：当下层厚度小于 30mm 时，层间剪应力对下层厚度较敏感，大于 30mm 时，层间剪应力变化率减小。层间剪应力对上层厚度较不敏感，计算厚度范围内降幅为 15.1%。因此，高强高韧性混凝土层厚度不应小于 30mm，在其他约束条件下应尽可能优先选择下层厚度大的方案。

4.1.4 与混凝土桥梁铺装层力学对比

为对榕江特大桥混凝土层与沥青磨耗层间剪应力有更为清晰的认识，通过查阅曾开展的项目报告《水泥混凝土桥梁桥面铺装力学分析》，对比与混凝土桥梁间受力的差异，为榕江特大桥铺装设计提供理论依据。

1）模型选择

计算中采用实心板桥、空心板桥、T 形梁桥和箱形梁桥四种典型结构来分析，此处仅摘取与榕江特大桥相类似的简支箱形梁桥结果，实桥尺寸见表4-6。

桥型尺寸 表4-6

参数	横向连接尺寸	跨径	顶板厚	肋板高/宽
尺寸	单箱单室宽8m	四跨，20m×4	变截面0.12~0.23m	1.2m/0.3m

桥梁主梁、铺装层和支座采用空间八节点实体单元模拟，钢筋网等效为连续薄板，采用壳单元模拟。边界条件为橡胶支座支撑下的简支梁，不考虑桥梁下部结构的影响。经对比分析，车轮域网格密度最密划分至2cm×2cm×2cm，单元数最多80444个，节点数101420，铺装层和桥面板在完全连续和光滑接触时采用耦合处理（完全连续时上下对应节点各自由度位移一致，光滑时法向一致无分离、其他方向自由）。

（1）纵横向布载

根据《公路桥涵设计通用规范》（JTG D60—2015），取荷载组合为：汽车荷载＋制动力＋冲击力，采用汽超-20双车队单向并排行驶。根据《公路桥涵设计通用规范》（JTG D60—2015），对简支梁横向按偏载、中载和左右对称偏载布载，纵向按照使跨中、1/4跨、3/4跨弯矩达到最大，纵横两两组合9种不同形式布载，分析比较铺装层顶面拉应力、接触层间剪应力，确定按照横向偏载和使跨中弯矩最大的组合布载。对于多跨连续梁，横向按照偏载、中载和左右对称偏载布置比较后确定为偏载，纵向布载根据影响线分布前后移动车队使中跨支点产生最大负弯矩。

（2）车轮接地形式

采用双轮接地形式，《公路桥涵设计通用规范》（JTG D60—2015）对接地面积规定较为笼统，根据研究，由$A = 0.008P + 15$（A为接地面积，P为轴重，p为接地压强）和$p = P/A$确定A和p。轮胎接地面积及接地压强和制动力的选取：《公路桥涵设计通用规范》（JTG D60—2015）规定重轮接地面积为$0.2m \times 0.6m$，但过于笼统。参照有关研究，对于车轮接地面积可采用公式：$A = 0.008p + 152$（A为接地面积，p为轴重）。跨中140kN重轴车轮接地形式根据相关研究确定为：双轮接地，单轮宽18cm，轮隙10cm，接地长24cm，接地压强0.91MPa（考虑冲击作用）。荷载组合根据《公路桥涵设计通用规范》（JTG D60—2015）取汽超-20＋制动力＋冲击力，假定有一辆重车紧急制动，取制动系数为0.5（重力的倍数）。

2）参数说明

（1）材料参数

材料基本参数见表4-7。

材料基本参数 表4-7

桥梁体模量	水泥混凝土垫层模量	水泥混凝土泊松比	防水层模量	防水层泊松比	防水层厚度	沥青混凝土铺装层模量	沥青混凝土铺装层泊松比
30000MPa	285000MPa	0.17	150MPa	0.3	2mm	1800MPa	0.25

（2）计算结果参数说明

为简化书写，对一些参数说明如下：AC 为沥青混凝土铺装层；$\tau_{U_{xy}}$ 为沥青混凝土与防水层层间横桥向剪应力；$\tau_{U_{yz}}$ 为沥青混凝土与防水层层间顺桥向剪应力；$\tau_{D_{xy}}$ 为桥面板与防水层接触层间横桥向剪应力；$\tau_{D_{yz}}$ 为桥面板与防水层层间顺桥向剪应力；σ_{U_y} 为沥青混凝土与防水层层间法向拉拔力；σ_{D_y} 为桥面板和防水层层间法向拉拔力（下文同）。其中，x 为横桥向坐标，y 为法向坐标，z 为顺桥向坐标。

3）计算结果

（1）沥青混凝土模量对铺装受力影响分析

外界气温和荷载作用时间对 AC 模量影响很大，温度与模量成反相关关系。取四个模量代表值，即 500MPa、1800MPa、5000MPa、20000MPa，计算箱梁铺装层在不同模量状态下的拉应力，结果见图 4-13，分析计算结果得出：当模量低于 5000MPa 时，拉应力最大值 σ_1 由汽车制动所产生的，并且随着铺装层厚度增大而增大（变形增大）；当模量高于 5000MPa 时，随着厚度增加 σ_1 减小，对于箱梁最大值出现在肋板梗翼和顶面板交接的变厚位置。应力随模量的增大而增大。

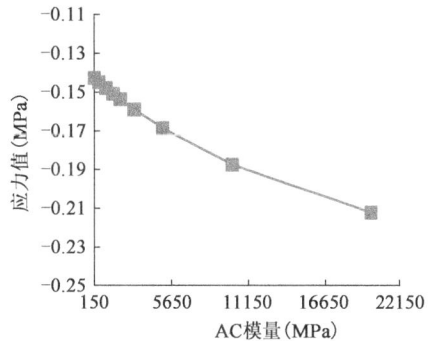

图 4-13　$\tau_{U_{xy}}$ 应力值随模量变化曲线

对跨中段分析知层间 τ_{yz} 峰值位于车辆后轴 140kN 车轮底靠前，τ_{xy} 最大值在车轮横向边缘，且 τ_{xy} 向外侧迅速减小，局部效应明显。AC 模量对 σ_{U_y}、$\tau_{D_{yz}}$ 影响很小；模量从 150MPa 到 20000MPa，$\tau_{U_{xy}}$ 增大 48.56%，$\tau_{U_{yz}}$ 增大 16.905%，σ_{D_y} 增大 24.32%，$\tau_{D_{xy}}$ 增大 16.562%，影响较大。计算结果如图 4-14、图 4-15 所示。

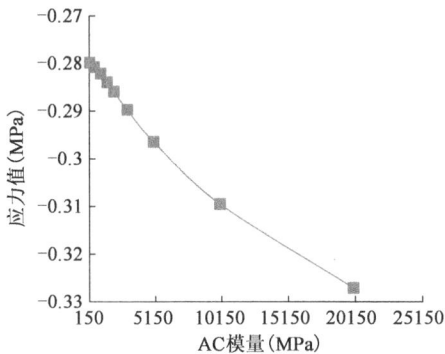

图 4-14　$\tau_{U_{yz}}$ 应力值随模量变化曲线

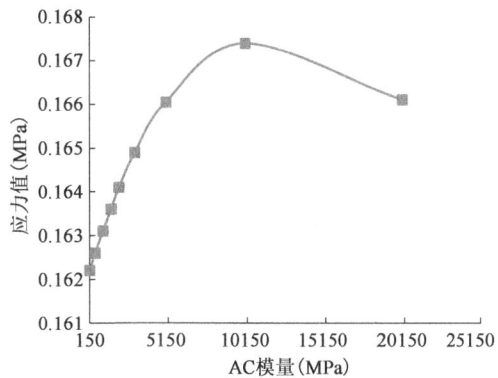

图 4-15　σ_{U_y} 应力值随模量变化曲线

（2）厚度对受力影响分析

随着铺装层厚度的增加，计算其应力变化，结果如图4-16~图4-18所示。

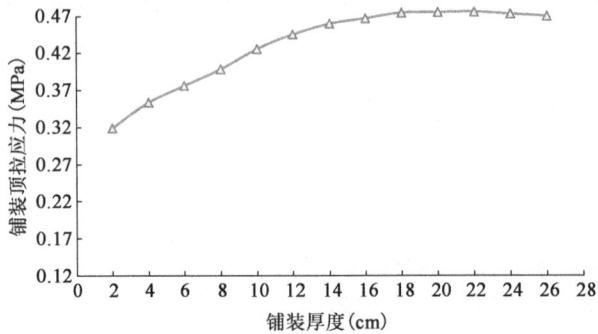

图4-16 铺装层顶面拉应力 σ_1 与铺装层厚度关系

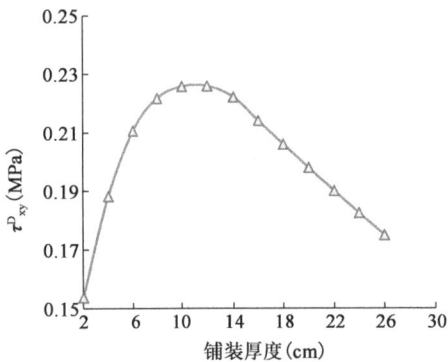

图4-17 $\tau_{U_{xy}}$ 与铺装厚度关系

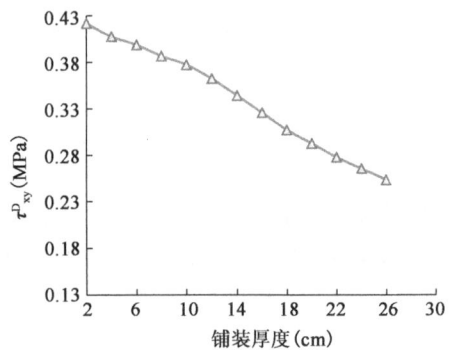

图4-18 $\tau_{D_{xy}}$ 与铺装厚度关系

铺装层厚度从2cm变化到12cm时 τ_{yz} 衰减见表4-8。

铺装层厚度从 2cm 变化到 12cm 时 τ_{yz} 衰减   表4-8

顺桥向剪应力	$\tau_{U_{yz}}$	$\tau_{D_{yz}}$
衰减百分比	46.89%	22.81%
平均衰减（MPa/2cm）	0.0455	0.0196

从图4-16~图4-18可以看出：

①随着铺装层厚度的增加，铺装层顶面拉应力 σ_1 增大（车轮制动作用产生的变形增大）。

② $\tau_{U_{xy}}$ 先增大后减小，$\tau_{D_{xy}}$ 逐渐减小（在6~10cm达到最大）。

③ $\tau_{U_{yz}}$ 和 $\tau_{D_{yz}}$ 都逐渐减小，增加AC厚度对 τ_{yz} 有明显的降低作用。

4）与榕江特大桥对比

通过与榕江特大桥计算结果对比分析，可以得出以下结论：

（1）混凝土桥梁上下层主拉应力、层间顺桥向剪应力随上铺装层模量变大而减小，而榕江特大桥为代表的钢箱梁 STC 铺装体系有相似的规律。

（2）随上铺装层厚度的增大，STC 铺装的钢桥和传统混凝土桥梁在铺装层主应力和层间剪应力有不同的变化规律：对层顶主应变，钢桥 STC 铺装体系为先增大后减小，而混凝土桥则先增大后稳定；对层间剪应力，钢桥 STC 铺装体系为减小趋势，而混凝土桥则是先增大后减小，可能原因为钢桥为典型正交异性板，混凝土桥由于顶板较厚接近单向板，两者在力径传递路线上截然不同。

（3）在沥青混凝土铺装层厚度相同时，混凝土桥层间剪应力最大值为 0.448MPa，榕江特大桥层间剪应力最大值为 0.695MPa，为混凝土桥铺装的 1.55 倍。混凝土桥梁沥青混凝土铺装厚度为 5～8cm 的情况下，榕江特大桥层间剪应力约为混凝土桥的 1.55～1.87 倍。鉴于混凝土桥沥青混凝土铺装使用情况，榕江特大桥铺装层层间黏结应采用抗剪抗拉性能优良的材料，并结合试验进一步论证组合结构的可靠性。

4.2 铺装结构优化

4.2.1 概述

STC 铺装常采用 STC + 沥青磨耗层的结构形式，STC 与桥面板之间采用栓钉连接，而 STC 与沥青磨耗层之间常常采用黏结剂 + 碎石的应力吸收层黏结方式。

由前文调查分析结果可知，车辙、推移和沥青混合料离析是其典型病害类型；由前文力学分析结果可知道，STC 铺装结构的层间剪应力是钢筋混凝土桥梁铺装的 1.5 倍以上，易产生推移变形；由前文对比分析结果可知，相对于常规沥青铺装结构，STC 铺装结构在施工过程中，上层 SMA 难以熔化 STC 表层，集料在界面难以形成咬合效应，因此层间黏结力相对不足。以上调查、分析结果都要求对 STC 铺装结构进行优化以提高其抗变形能力，特别是影响车辙和推移变形的因素，主要是层间黏结力，包括基面处理方式、层间黏结状态和黏结材料等。另外，对 SMA 沥青混合料的可施工性，重点是防离析性能应进行试验分析。本节采用 SMA 地材对公称粒径、配合比、高温稳定性、低温抗裂性、疲劳性等方面进行研究。

4.2.2 SMA 沥青磨耗层性能研究

1）最大公称粒径对混合料性能的影响

（1）SMA 配合比设计

①SMA-13 配合比设计

a. 原材料

a）沥青

SMA-13 用结合料采用项目使用聚合物改性沥青，由工地试验室提供，样品名称为

SBS 改性沥青（PG76-10），改性沥青指标要求及检测结果见表4-9。

改性沥青指标要求及检测结果 表4-9

试验项目		单位	设计要求	检测结果	试验方法
针入度(25℃,100g,5s)		0.1mm	40~60	52.1	T 0604—2011
软化点 $T_{R\&B}$		℃	≥70	90.2	T 0606—2011
延度(5℃,5cm/min)		cm	≥20	32	T 0605—2011
针入度指数 PI		—	≥0	0.969	T 0604—2011
密度(15℃)		g/cm³	—	1.036	T 0603—2011
运动黏度(135℃)		mPa·s	≤3000	2381	T 0625—2011
溶解度(三氯乙烯)		%	≥99	99.9	T 0607—2011
弹性恢复(10℃)		%	≥65	79.7	T 0662—2000
弹性恢复(25℃)		%	≥75	95.7	T 0662—2000
储存稳定性(163℃,48h,软化点差)		℃	≤2.5	1.5	T 0661—2011
旋转薄膜加热残留物 (163℃,85min)	质量变化	%	≤1.0	0.03	T 0609—2011
	25℃针入度比	%	≥65	81.0	T 0604—2011
	5℃延度	cm	≥15	16	T 0605—2011

b）粗集料

SMA13 沥青混合料用粗集料粒径为 3~5mm、5~10 mm、10~15mm，试验采用的碎石来源为项目芙蓉石厂，粗集料物理性能设计指标要求及检测结果见表4-10，筛分结果见表4-11。

粗集料物理指标要求及检测结果 表4-10

试验项目	单位	设计要求	检测结果			试验方法
			3~5mm	5~10mm	10~15mm	
针片状含量	%	≤12	—	0	0	T 0301—2005
坚固性	%	≤12	1	2	1	T 0314—2005
吸水率	%	≤2	0.62	0.50	0.35	T 0304—2005
洛杉矶磨耗值	%	≤22	15.2	15.4	8.8	T 0317—2005
黏附性	级	≥5	—	5	5	T 0616—2005
压碎值(%)	%	≤20	—	—	11.4	T 0316—2005
粒径<0.075mm 颗粒含量	%	≤1	0.4	0.0	0.2	T 0310—2005
表观相对密度	g/cm³	≥2.60	2.936	2.965	2.964	T 0304—2005
软石含量	%	≤3	—	0.3	0.2	T 0320—2005

粗集料颗粒筛分检测结果   表 4-11

| 集料粒径 (mm) | 通过下列各筛孔质量百分率(%) | | | | | | | | | | | 试验方法 |
	19	16	13.2	9.5	4.75	2.36	1.18	0.6	0.3	0.15	0.075	
3 ~ 5	100	100	100	100	94.4	9.3	2.6	1.4	0.3	0.3	0.3	JTG E42—2005
5 ~ 10	100	100	100	95.0	2.8	2.0	1.0	0.8	0.3	0.3	0.3	
10 ~ 15	100	96.5	87.2	11.4	4.4	0.4	0.2	0.2	0.2	0.2	0.2	

c）细集料

细集料采用项目芙蓉石厂的粒径 0 ~ 3mm 集料,细集料物理设计指标检测结果见表 4-12,颗粒筛分结果见表 4-13。

细集料物理指标要求及检测结果   表 4-12

试验项目	单位	设计要求	检测结果	试验方法
表观相对密度	g/cm³	≥2.50	2.770	T 0328—2005
坚固性 (粒径 >0.3mm 部分)	%	≤12	2	T 0340—2005
砂当量	%	≥60	75	T 0334—2005
亚甲蓝值	g/kg	≤2.5	0.8	T 0349—2005
棱角性(流动时间)	S	≥30	43	T 0345—2005

细集料颗粒筛分检测结果   表 4-13

| 集料粒径 (mm) | 通过下列各筛孔质量百分率(%) | | | | | | | | | | 试验方法 |
	16	13.2	9.5	4.75	2.36	1.18	0.60	0.3	0.15	0.075	
0 ~ 3	100	100	100	100	89.2	60.5	47.2	28.0	20.0	5.9	JTG E42—2005

d）填料

本项目 SMA-13 沥青混合料填料采用矿粉,技术指标要求及检测结果见表 4-14。

矿粉性能指标要求及检测结果   表 4-14

检测项目		单位	指标要求	检测结果	试验方法
表观密度		g/cm³	≥2.5	2.705	
含水率		%	≤1	0.1	
通过率	0.6mm	%	100	100	
	0.15mm	%	95 ~ 100	98.6	JTG E42—2005
	0.075mm	%	85 ~ 95	86	
亲水系数		—	<1	0.55	
塑性指数		%	<4	2	
外观		—	无团粒结块	无团粒结块	—

e）纤维

本项目 SMA-13 沥青混合料采用聚酯纤维作为稳定剂。

b. 配合比设计

a）矿料级配设计

为了测试马歇尔体积指标，先进行各档集料及填料的密度测试，结果见表 4-15。

各档集料密度测试结果 表 4-15

检测项目	集料粒径及密度				
	10～15mm	5～10mm	3～5mm	0～3mm	矿粉
毛体积相对密度	2.934	2.921	2.896	2.888	2.745
表观相对密度	2.964	2.965	2.966	2.970	2.745

根据以往工程经验，按照各档材料筛分结果，拟合了三种级配曲线，三种级配的各档材料用量比例、合成相对密度 γ_{sb}、γ_{sa}、γ_{se}、试验水温25℃实测粗集料毛体积密度 ρ、捣实密度 ρ_b 见表 4-16。

SMA-13 三种合成级配相应的配合比比例 表 4-16

级配编号	集料粒径(mm)及比例(%)					γ_{sb}	γ_{sa}	γ_{se}	ρ	ρ_b
	10～15	5～10	3～5	0～3	矿粉					
级配1（上限）	40	33	6	11	10	2.902	2.942	2.934	2.916	1.700
级配2（中值）	40	36	3	11	10	2.903	2.942	2.934	2.915	1.710
级配3（下限）	40	39	0	11	10	2.904	2.942	2.935	2.915	1.720

合成筛分结果见表 4-17。

A-13 三种合成级配筛分通过率（单位：%） 表 4-17

通过率（%）	级配种类			设计级配范围
	级配1	级配2	级配3	
16.0	100.0	100.0	100.0	100
13.2	96.5	96.5	96.5	90～100
9.5	61.1	61.0	60.9	50～75
4.75	28.1	25.2	22.3	20～34
2.36	21.0	20.9	20.9	15～26
1.18	17.1	17.1	17.1	14～24
0.6	15.1	15.1	15.1	12～20
0.3	12.7	12.7	12.7	10～16
0.15	11.6	11.7	11.7	9～15
0.075	10.1	10.1	10.1	8～12

三种级配的合成级配曲线如图4-19所示。

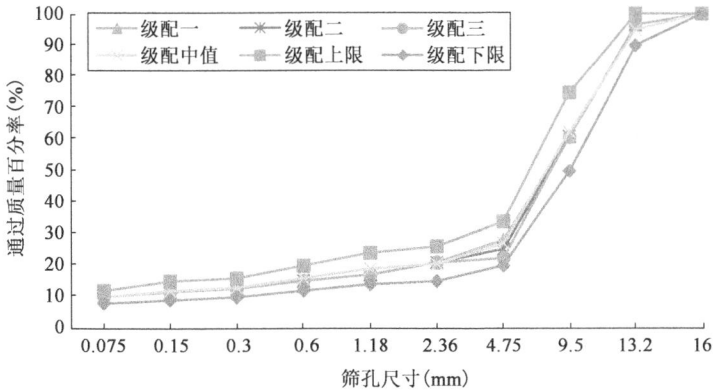

图4-19 SMA-13 初试级配曲线图

按照上述级配结果,选取经验油石比6.0%,木质素纤维掺量为沥青混合料质量的0.3%,在室内成型马歇尔试件,室内成型工艺见表4-18。

A13 马歇尔室内拌和工艺   表4-18

加热温度(℃)			拌和温度(℃)	拌和工艺
改性沥青	集料、矿粉	纤维		先将集料、矿粉、纤维加入拌和锅拌和1min,再加入改性沥青拌和3min
170	200	不加热	185	

马歇尔试件击实温度为175~180℃,双面各击实50次,每组级配成型5个马歇尔试件,分别测试体积指标,结果见表4-19。

级配马歇尔试验结果   表4-19

检测项目	级配1(上限)	级配2(中值)	级配3(下限)	技术要求
粗集料分界(4.75mm)通过率(%)	28.1	25.2	22.3	—
粗集料骨架部分毛体积相对密度	2.923	2.922	2.922	—
纤维用量(%)	0.3	0.3	0.3	—
毛体积相对密度	2.581	2.550	2.535	实测
最大理论相对密度	2.647	2.647	2.648	计算
空隙率 VV(%)	2.5	3.7	4.3	3.0~4.0
矿料间隙率 VMA(%)	16.1	17.1	17.6	≥17
饱和度 VFA(%)	84.5	78.4	75.8	75~85
VCA_{mix}(%)	40.3	38.6	36.6	—
VCA_{drc}(%)	41.7	41.3	41.0	$\geq VCA_{mix}$
稳定度(kN)	10.98	9.80	9.28	≥8.0
流值(0.1mm)	36.0	31.9	36.0	—

根据试验结果可知，级配 1（上限）、级配 2（中值）、级配 3（下限）均满足 $VCA_{mix} \leqslant$ VCA_{drc} 的设计要求，依据《公路沥青路面施工技术规范》（JTG F40—2004）附录 B 的要求，选取粗集料骨架分界集料（4.75mm）通过率大且 VMA 较大的级配为设计级配，即选取级配 2（中值）为最佳级配。

b）最佳沥青用量（油石比）设计

根据实际工程经验，以油石比 6.0% 为中间值，分别选取 5.7%、6.0%、6.3% 三种油石比成型马歇尔试件，分别测试马歇尔体积指标，结果见表 4-20。

油石比马歇尔体积指标 表 4-20

油石比 （%）	毛体积 相对密度	最大理论 相对密度	空隙率 VV （%）	矿料间隙 VMA 率（%）	沥青饱和度 VFA（%）	稳定度 （kN）	流值 （0.1mm）
5.7	2.543	2.659	4.4	17.1	74.5	9.12	33.8
6.0	2.549	2.647	3.7	17.2	78.4	9.77	32.1
6.3	2.563	2.636	2.8	17.0	83.6	9.06	33.9
设计要求	—	—	3～4	≥17	75～85	≥8	—

油石比与马歇尔性能关系如图 4-20 所示。

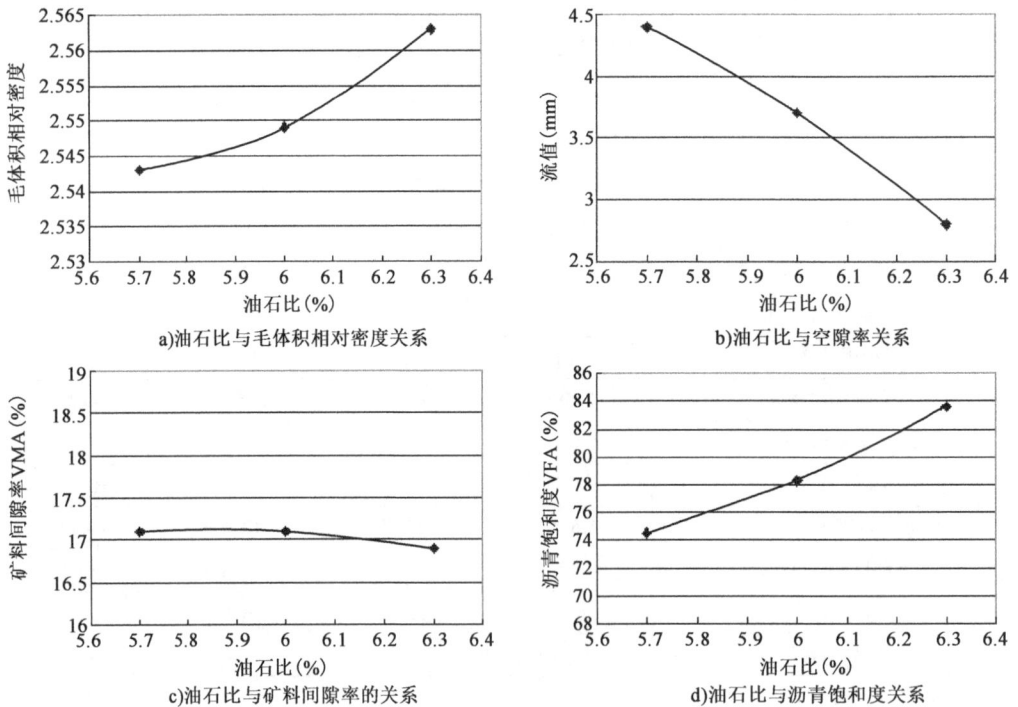

a）油石比与毛体积相对密度关系

b）油石比与空隙率关系

c）油石比与矿料间隙率的关系

d）油石比与沥青饱和度关系

图 4-20

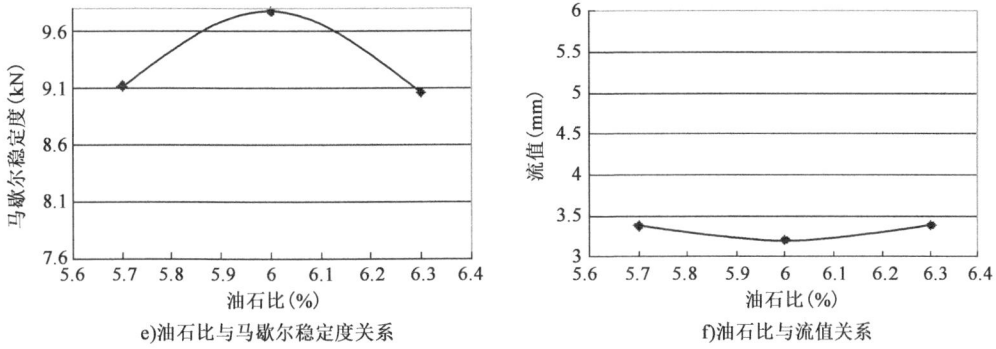

e)油石比与马歇尔稳定度关系　　　　　　　f)油石比与流值关系

图 4-20　油石比与马歇尔性能的关系

由马歇尔试验结果及关系曲线图可知:满足空隙率要求的油石比范围为 5.88% ~ 6.23%,满足矿料间隙率的油石比范围为 5.70% ~ 6.15%,满足沥青饱和度的油石比范围为 5.75% ~ 6.30%,满足马歇尔稳定度的油石比范围为 5.70% ~ 6.30%,则 SMA-13 沥青混合料的油石比范围为 5.88% ~ 6.15%,即 OAC1 = 5.88%,OAC2 = 6.15%,则最佳油石比为 OAC = (OAC1 + OAC2)/2 = 6.0%。

②SMA-10 配合比设计

a. 矿料级配组成

采用前述原材料进行 SMA-10 级配设计,矿料级配组成见表 4-21 和图 4-21。

SMA-10 三种合成级配筛分通过率　　　　　　　　表 4-21

级配类型	通过下列筛孔(方孔筛,mm)的质量百分率(%)									
(5 − 10 : 3 − 5 : 0 − 3 : 矿粉)	16	13.2	9.5	4.75	2.36	1.18	0.6	0.3	0.15	0.075
级配 A(40:35:12:13)	100	94.3	66.6	27.1	21.7	19.0	16.8	15.1	13.2	11.0
级配 B(45:33:9:13)	100	93.5	62.6	24.0	19.6	17.5	15.9	14.6	12.7	10.6
级配 C(49:30:8:13)	100	92.1	59.2	22.8	18.9	17.0	15.5	14.4	12.7	10.5
级配范围	100	90 ~ 100	50 ~ 75	20 ~ 34	15 ~ 26	14 ~ 24	12 ~ 20	10 ~ 16	9 ~ 15	8 ~ 12

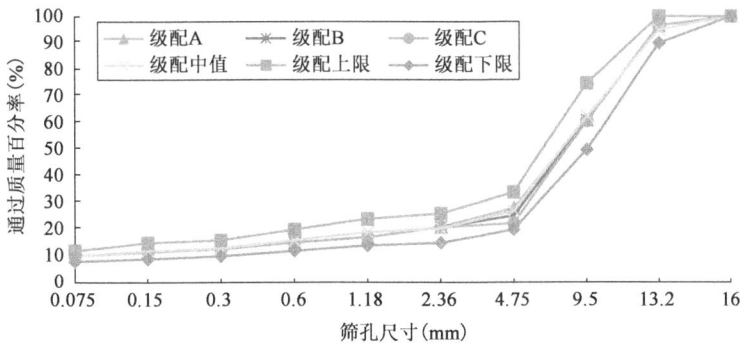

图 4-21　SMA-10 设计级配曲线

根据表 4-22 可知，合成级配 B 满足规范要求，因此采用合成级配 B 作为设计级配。

沥青混合料马歇尔试验结果

表 4-22

级配 类型	油石比 （%）	理论最大 相对密度	毛体积 相对密度	VV （%）	VMA （%）	VCA_{mix} （%）	VCA_{DRC} （%）	VFA （%）	稳定度 （kN）
A	6.1	2.605	2.528	2.9	16.2	40.0	40.9	81.9	10.87
B	6.1	2.612	2.509	3.8	17.1	37.8	41.1	77.1	10.53
C	6.1	2.614	2.480	5.1	18.2	37.6	41.3	71.7	10.21
要求	—	—	—	3~4	≥16.5	≤VCA_{DRC}		75~85	≥6.0

b. 最佳沥青用量

按设计的 SMA-10 型矿料级配进行配料，以马歇尔试验方法按油石比 5.9%、6.1%、6.3%成型试件，成型温度 160~165℃，各油石比下对应的马歇尔力学、体积指标结果见表 4-23。

马歇尔指标汇总表

表 4-23

各项指标	油石比(%)			规范要求
	5.9	6.1	6.3	
最大理论相对密度	2.619	2.612	2.604	—
毛体积相对密度	2.505	2.509	2.519	—
空隙率 VV（%）	4.4	3.8	3.3	3~4
矿料间隙率 VMA（%）	17.1	17.1	16.9	≥16.5
有效沥青饱和度 VFA（%）	74.5	77.1	80.7	75~85
马歇尔稳定度 MS（kN）	10.45	10.53	10.42	≥6.0
流值 FL(0.1mm)	—	—	—	

考虑到项目所在地属于夏炎热区，采用的目标空隙率为 3.8%，设计沥青用量（油石比）为 6.1%，并以此油石比进行混合料的高温稳定性、低温稳定性等性能检验。

（2）不同最大公称粒径 SMA 路用性能对比

①高温稳定性对比

采用以上 SMA-10 和 SMA-13 配合比，按照《公路工程沥青及沥青混合料试验规程》（JTJ E20—2011）中的试验方法进行车辙试验，结果见表 4-24 和图 4-22。

高温车辙试验结果

表 4-24

沥青混合料类型	45min 变形量	60min 变形量	动稳定度（次/mm）
SMA-10	2.037	2.17	4737
SMA-13	1.863	1.96	6495

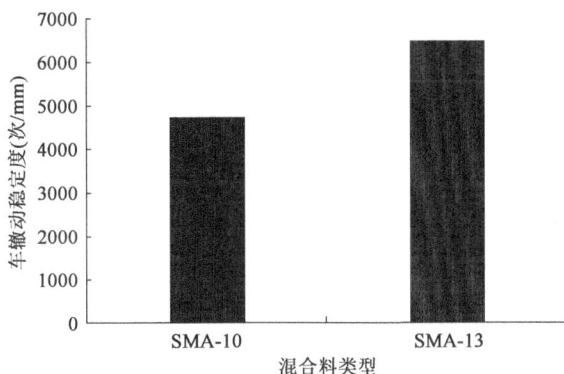

图 4-22 SMA-10 与 SMA-13 车辙动稳定度

由检测结果可知,高弹改性沥青 SMA-13 车辙动稳定度是 SMA-10 的 1.37 倍,说明其高温稳定性较好,抗车辙能力强。

②低温抗裂性对比

采用前述 SMA-10 和 SMA-13 配合比,按照《公路工程沥青及沥青混合料试验规程》(JTJ E20—2011)中的试验方法,对于成型 – 10℃ 低温小梁弯曲试验试件,试验结果见表 4-25 和图 4-23。

低温小梁弯曲极限应变试验结果　　　　　表 4-25

沥青混合料类型	最大荷载(N)	跨中挠度(mm)	弯拉强度(MPa)	弯拉应变(με)
SMA-10	1520	0.839	13.74	2998
SMA-13	1425	0.736	12.51	2563

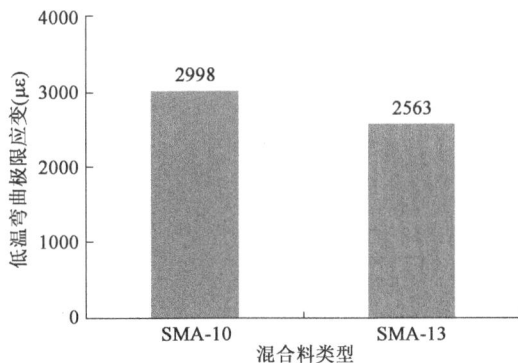

图 4-23 SMA-10 与 SMA-13 低温弯曲极限应变

由检测结果可知,高弹改性沥青 SMA-10 的低温弯曲极限应变是 SMA-13 的 1.17 倍,说明 SMA-13 低温抗裂性不如 SMA-10。

③水稳定性对比

采用前述 SMA-10 和 SMA-13 配合比,按照《公路工程沥青及沥青混合料试验规程》

（JTJ E20—2011）中的试验方法,对成型马歇尔试验试件进行冻融劈裂试验,结果见表 4-26 和图 4-24。

冻融劈裂试验结果 表 4-26

沥青混合料类型	冻融劈裂强度比（%）
SMA-10	98.2
SMA-13	95.8

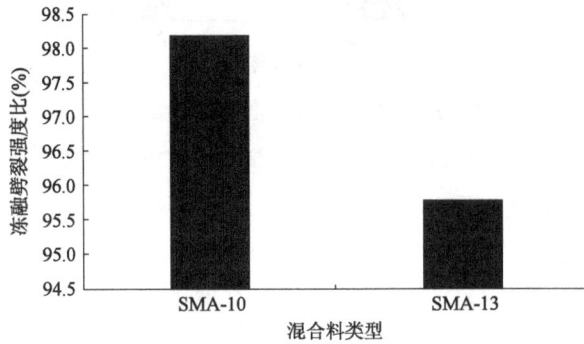

图 4-24 SMA-10 与 SMA-13 冻融劈裂强度对比

④疲劳性能对比

采用前述 SMA-10 和 SMA-13 配合比,按照《公路工程沥青及沥青混合料试验规程》（JTJ E20—2011）中的试验方法,对成型四点弯曲疲劳试验试件,采用应变控制模式,在 15℃、800με 下进行试验,结果见表 4-27、图 4-25 和图 4-26。

四点弯曲疲劳试验结果 表 4-27

试件编号	应变水平	疲劳次数（次）	耗散能（MJ/m）
SMA10-1	800	1093290	2666.9
SMA10-2	800	737610	1879.8
SMA10-3	800	1115830	2707.3
SMA10-4	800	1031250	2709.0
平均值	—	994495	2490.7
SMA13-1	800	1005450	2196.3
SMA13-2	800	983280	2147.9
SMA13-3	800	905480	1978.8
SMA13-4	800	776220	1582.3
平均值	—	917608	1976.3

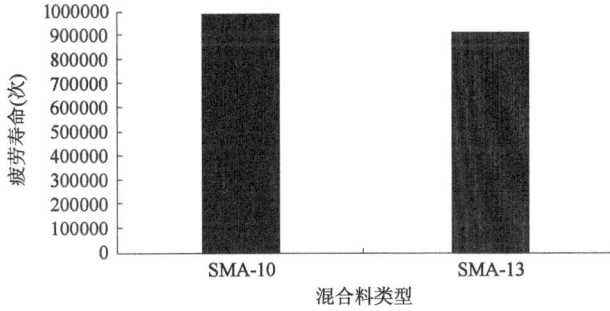

图 4-25　SMA-10 与 SMA-13 疲劳寿命

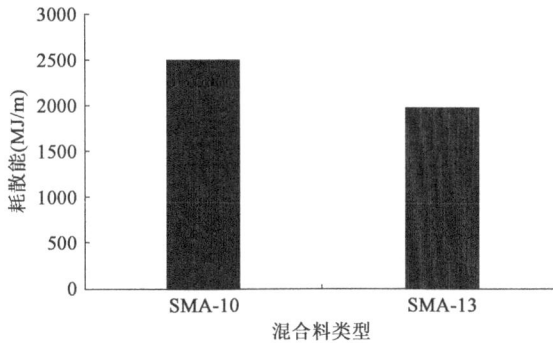

图 4-26　SMA-10 与 SMA-13 耗散能

由检测结果可知,高弹改性沥青 SMA-10 的疲劳寿命和耗散能均大于 SMA-13,但是两者比较接近。

(3)不同公称最大粒径 SMA 结构黏结性能对比

沥青混合料最大公称粒径不同会影响混合料与基面的接触面积,从而影响层间黏结性能。采用前述 SMA-10 和 SMA-13 配合比,成型拉拔和剪切试验试件,进行黏结性能试验。其中,拉拔和剪切试件尺寸均为 10cm×10cm,STC 成型切割完毕后,排列于车辙试模中,撒布改性乳化沥青及预拌碎石,然后分别成型 SMA-13 和 SMA-10 混合料,切割后进行试验。

①拉拔和剪切试验方法

拉拔和剪切试验原理分别如图 4-27、图 4-28 所示。

②试验结果

试验过程如图 4-29 所示,试验结果见表 4-28、表 4-29、图 4-30 和图 4-31。

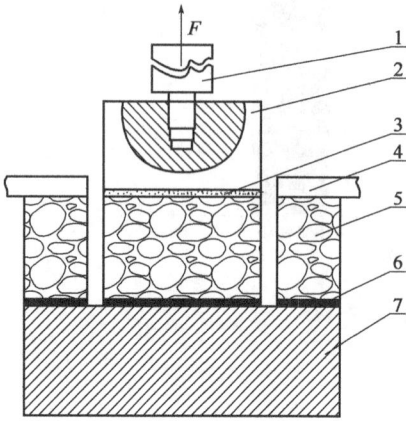

图 4-27　黏结强度试验原理示意图
1-上夹具；2-拉拔头；3-环氧黏结剂；4-限位板；
5-磨耗层；6-黏结材料；7-STC

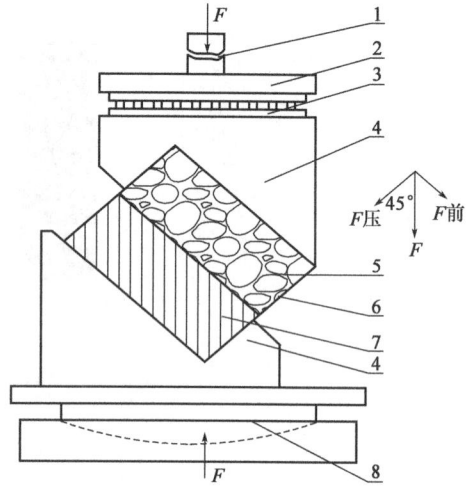

图 4-28　剪切黏结强度试验原理示意图
1-球形压头；2-压板；3-滚轴；4-剪切夹具；5-磨耗层；
6-黏结材料；7-STC；8-球形支座

a) 剪切试验

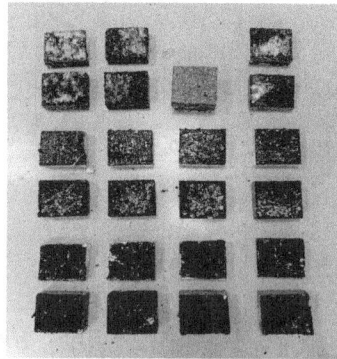

b) 剪切破坏后的试件

c) 拉拔试验

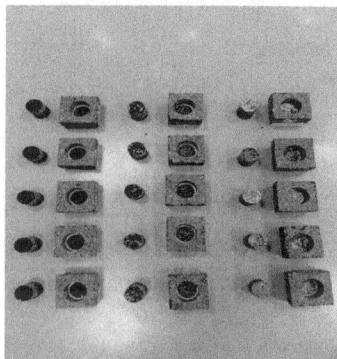

d) 拉拔破坏后的试件

图 4-29　采用万能试验机进行黏结强度试验

拉拔强度试验结果

表 4-28

试件编号	试验温度（℃）	抗拉强度（MPa）	破坏情况
SMA-10 方案			
1	25	0.48	碎石层拉出 70%
2	25	0.32	碎石层拉出 50%
3	25	0.64	碎石层拉出 70%
4	25	0.37	碎石层拉出 20%
5	25	0.40	碎石层拉出 70%
平均值		0.44	
SMA-13 方案			
1	25	0.36	碎石层拉出 70%
2	25	0.39	碎石层拉出 50%
3	25	0.27	碎石层拉出 30%
4	25	0.47	碎石层拉出 60%
5	23	0.28	碎石层拉出 30%
平均值		0.35	

切强度试验结果

表 4-29

试件编号	试验温度（℃）	剪切强度（MPa）	破坏情况
SMA-10 方案			
1	25	0.76	碎石层剪脱
2	25	1.07	碎石层剪脱
3	25	0.88	碎石层剪脱
4	25	0.78	碎石层剪脱
5	25	0.75	碎石层剪脱
平均值		0.848	
SMA-13 方案			
1	25	1.1	碎石层剪脱
2	25	0.93	碎石层剪脱
3	25	0.67	碎石层剪脱
4	25	0.76	碎石层剪脱
5	23	0.81	碎石层剪脱
平均值		0.854	

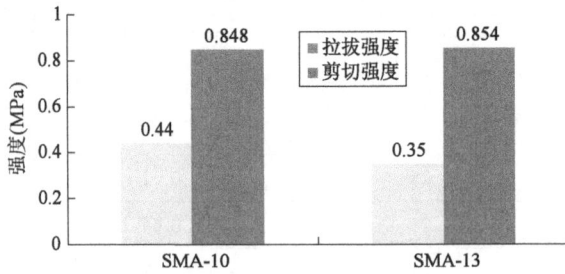

图4-30　剪切与拉拔强度试验结果

图4-31　剪切破坏界面

由试验结果可以看出，SMA-10试件的层间拉拔强度是SMA-13的1.26倍，而两者剪切强度相近。而从破坏后的试件可以看出，两者均是由碎石层表面滑动破坏，说明应力吸收层方案的薄弱面是所撒布的碎石层。

2）超微纤维对SMA-13抗裂性和耐久性的影响

（1）聚乙烯醇超微纤维（PVA）简介

在高性能水泥混凝土ECC中，常用到一种纤维材料——聚乙烯醇超细纤维，用于提高混凝土的延展性和强度。ECC即工程用水泥基复合材料，又称"可弯曲混凝土"，是近些年来应用较广的一种材料。

ECC纤维体积掺量为2%，具有3%～5%的拉伸应变能力，是普通混凝土与纤维增强混凝土的300～500倍，同时保持十分微小的裂缝宽度（约$60\mu m$）。一般来说，ECC的抗压强度为35～60MPa，由于ECC极大的拉伸应变能力，ECC的抗弯拉强度可以达到其直接拉伸强度的3～5倍。研究已经证实它的应变能力一般为3%～6%，最高可达8%，耗能能力是常规纤维混凝土的3倍。因此它在提高结构的延性、耗能能力、抗侵蚀性、抗冲击性和耐磨性方面具有显著的效果，在抗震结构、大变形结构、抗冲击结构和修复结构中

264

有着广阔的发展前景。

ECC 技术的关键是采用的纤维材料和混合方式。普通纤维混凝土中掺入的纤维虽然能有效地提高断裂韧性,但材料开裂后皆被拉断或以较小的黏结应力从基体中拔出,荷载随之突然降低;ECC 中纤维在开裂后能有效桥接裂缝,承担荷载,并随着多裂缝开展逐渐从基体中拔出,在此过程中荷载反而有所提高。

ECC 采用的纤维是聚乙烯醇超细纤维,如能够用于沥青混合料中,则可提高沥青混凝土的延展性和强度,提高抗开裂性能和抗疲劳性能。

(2)超微纤维对 SMA 沥青混合料抗裂性能的影响

①低温弯曲破坏试验

采用前述 SMA-10 和 SMA-13 配合比,使用常用的聚酯纤维(PET)和聚乙烯醇超微纤维(PVA)进行低温抗裂性对比。加入量分别为 2‰、3‰和 4‰,成型低温小梁弯曲破坏应变试件并进行相关试验(图 4-32),试验结果见表 4-30 ~ 表 4-35。

a)环境箱保温(-10)℃

b)万能试验机试验

c)试验大图

d)弯曲破坏后的试件

图 4-32

| e)PET纤维弯曲破坏后 | f)PVA纤维弯曲破坏后 |

图4-32　　PET和PVA纤维SMA低温弯曲破坏试验

2‰ PET 纤维 SMA-13 低温弯曲极限应变　　　　　　　　　表4-30

试件编号	弯拉强度(MPa)	弯拉应变($\times 10^{-3}$)	劲度模量(MPa)
2‰ PET-1	11.20	2.56	4378.7
2‰ PET-2	12.85	2.52	5109.6
2‰ PET-3	12.12	2.45	4951.9
2‰ PET-4	13.40	2.38	5637.9
2‰ PET-5	12.40	2.39	5195.5
2‰ PET-6	14.38	2.65	5431.4
平均值	12.73	2.49	5117.5

3‰ PET 纤维 SMA-13 低温弯曲极限应变　　　　　　　　　表4-31

试件编号	弯拉强度(MPa)	弯拉应变($\times 10^{-3}$)	劲度模量(MPa)
3‰ PET-1	13.25	2.69	4925.7
3‰ PET-2	13.30	2.58	5155.0
3‰ PET-3	13.26	2.42	5479.3
3‰ PET-4	12.08	2.59	4664.1
3‰ PET-5	13.13	2.55	5149.0
3‰ PET-6	13.18	2.62	5030.5
平均值	13.03	2.58	5067.3

4‰ PET 纤维 SMA-13 低温弯曲极限应变　　　　　　　　　表4-32

试件编号	弯拉强度(MPa)	弯拉应变($\times 10^{-3}$)	劲度模量(MPa)
4‰ PET-1	12.50	2.22	5618.9
4‰ PET-2	13.85	2.23	6206.6
4‰ PET-3	12.71	2.50	5086.2

试件编号	弯拉强度（MPa）	弯拉应变（×10⁻³）	劲度模量（MPa）
4‰ PET-4	11.40	2.53	4503.6
4‰ PET-5	13.13	2.10	6243.1
4‰ PET-6	12.75	2.51	5077.5
平均值	12.72	2.35	5456.0

2‰ PVA 纤维 SMA-13 低温弯曲极限应变　　　　　　　　　　表 4-33

试件编号	弯拉强度（MPa）	弯拉应变（×10⁻³）	劲度模量（MPa）
2‰ PVA-1	10.33	2.00	5166.5
2‰ PVA-2	13.49	2.47	5461.7
2‰ PVA-3	12.65	3.64	3470.6
2‰ PVA-4	13.14	3.38	3887.6
2‰ PVA-5	11.86	2.68	4418.7
2‰ PVA-6	13.86	2.75	5034.6
平均值	12.56	2.82	4573.3

3‰PVA 纤维 SMA-13 低温弯曲极限应变　　　　　　　　　　表 4-34

试件编号	弯拉强度（MPa）	弯拉应变（×10⁻³）	劲度模量（MPa）
3‰ PVA-1	14.34	5.92	2421.7
3‰ PVA-2	13.52	4.16	3247.3
3‰ PVA-3	12.80	3.95	3243.4
3‰ PVA-4	12.96	3.54	3665.6
3‰ PVA-5	12.85	3.55	3623.8
3‰ PVA-6	12.60	3.49	3610.0
平均值	13.18	4.10	3302.0

4‰ PVA 纤维 SMA-13 低温弯曲极限应变　　　　　　　　　　表 4-35

试件编号	弯拉强度（MPa）	弯拉应变（×10⁻³）	劲度模量（MPa）
4‰ PVA-1	12.19	3.21	3796.6
4‰ PVA-2	10.81	4.35	2483.6
4‰ PVA-3	11.37	3.21	3537.5
4‰ PVA-4	13.83	4.64	2981.0
4‰ PVA-5	10.17	2.69	3778.0
4‰ PVA-6	12.49	3.17	3943.3
平均值	11.81	3.55	3420

②试验结果分析

根据低温弯曲极限应变试验结果,绘制相关图表,如图4-33所示。

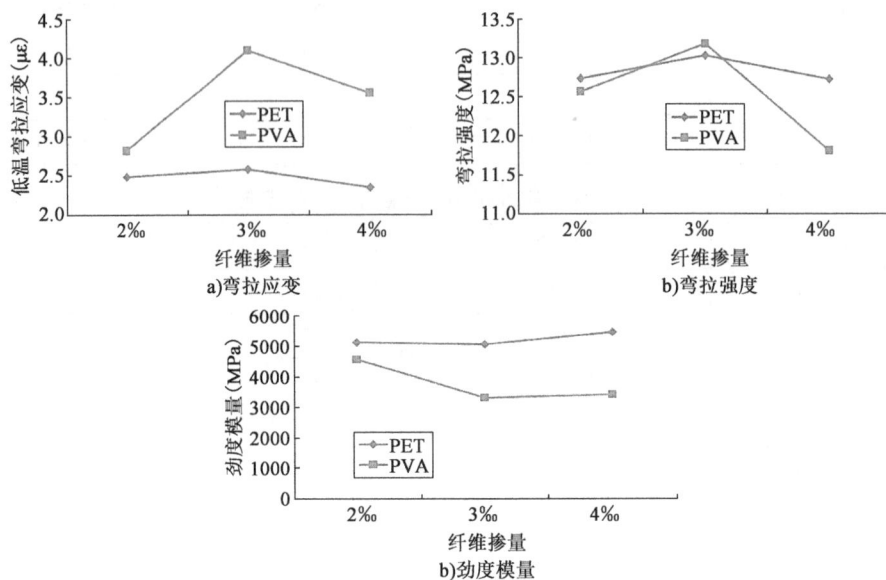

图4-33　PET和PVA纤维SMA低温弯曲极限应变试验结果

由试验结果可知:

(1)当纤维添加量为2‰、3‰、4‰时,采用PVA纤维的SMA-13弯曲破坏应变均远优于PET;其中添加量为3‰时,采用PVA的SMA-13低温弯曲破坏应变是PET的1.58倍,说明相对于常规纤维,超微聚乙烯醇纤维的使用能够大大提高SMA-13的低温抗裂性。

(2)无论是PET还是PVA,掺量3‰时均能够取得最优的弯拉应变。

(3)添加不同掺量PET和PVA后,弯拉强度无明显规律,这可能与试验变异性有关;但在3‰掺量时,PVA强度略大于PET强度。

(4)超微纤维对SMA沥青高温稳定性的影响。

采用前述SMA-13配合比,使用常用的聚酯纤维(PET)和聚乙烯醇超微纤维(PVA)进行高温稳定性对比试验。加入量分别为3‰,按照《公路工程沥青及沥青混合料试验规程》(JTJ E20—2011)中的试验方法,检测成型车辙试件动稳定度,试验结果见表4-36、图4-34和图4-35。

高温车辙试验结果(60℃)　　　　　　　　　　　　　　　表4-36

纤维类型	45min变形量	60min变形量	动稳定度(次/mm)
PET	2.351	2.456	6000
PVA	1.655	1.746	6923

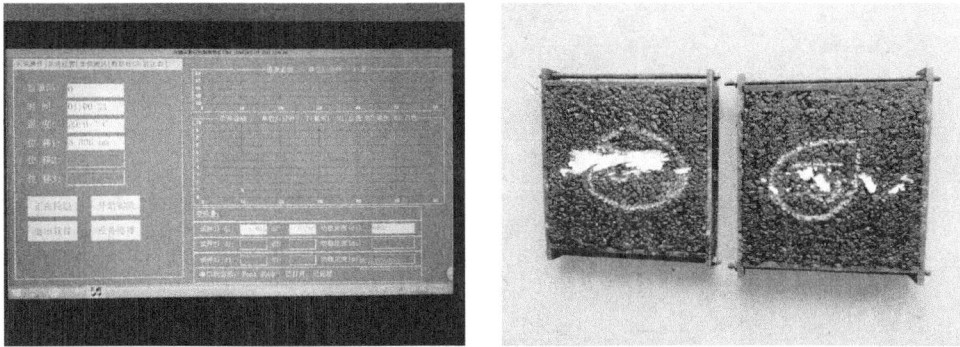

图 4-34 车辙动稳定度试验数据和试验后的试件

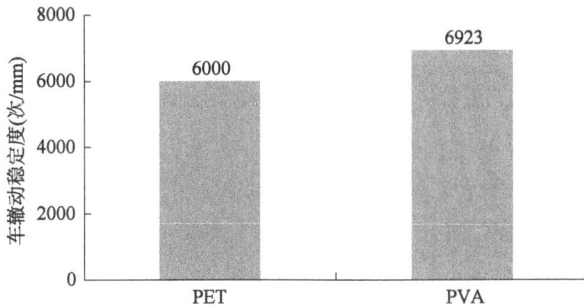

图 4-35 PET 和 PVA 纤维的 SMA-13 车辙动稳定度

由检测结果可知,在 SMA-13 中分别添加了 3‰的 PET 和 PVA 后,高弹改性沥青 SMA-13 车辙动稳定度分别达到 6000 次/mm 和 6923 次/mm,即使用 PVA 能够明显提高 SMA-13 的高温稳定性。

4.2.3 STC 铺装结构优化研究

1) STC 配合比

(1)原材料准备

按预定重量比称量外加剂(减水剂、消泡剂、减缩剂)、水泥、微硅粉、石英砂、钢纤维等原材料,如图 4-36 所示。

(2)拌制成型

采用卧式强制搅拌机进行拌和,根混合料黏度试验结果及工程应用情况,搅拌程序为:加水泥、硅灰、石英粉预拌 3min→加 80% 减水剂与水混合液,搅拌 10min→加粗、中细三档砂及剩余 20% 减水剂与水混合液,搅拌 5min→加钢纤维,搅拌 2min。成型后装于试模内,放于高频振动台振动 3min,静置 1d,后于 90℃ 、95% 湿度环境下养护 3d,放置于 20℃ 、95% 湿度环境下养护 14d,STC 制作成型过程如图 4-37 所示。

269

a)水泥

b)微硅粉

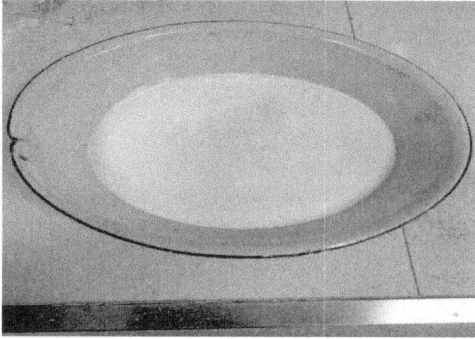

c)减水剂

d)石英粉

e)石英砂(细粒)

f)石英砂(中粒)

g)石英砂(粗粒)

h)钢纤维

图4-36　STC原材料

a)强制式混凝土搅拌机

b)振动台

c)STC拌和

d)STC振动成型

图4-37　STC制作成型

2）STC基面预处理措施研究

（1）基面预处理方法

水泥类材料在振动成型过程中,会在表面形成浮浆层,强度相对较低;成型之后,表面有可能较为光滑,从而影响黏结强度。因此,可考虑对STC基面进行预处理,以改善基面黏结状况,提高黏结力。由于STC和水泥混凝土均属水泥基复合材料,因此可以参照目前水泥混凝土常用的基面处理方式对STC混凝土进行基面处理。水泥混凝土常用的基面处理措施包括抛丸、刻槽,考虑到刻槽会对铺装整体刚度有较大影响,因此确定采用抛丸工艺(图4-38)对STC表面进行处理,使用抛丸机将钢砂或金刚砂高速喷射到界面上,去除毛刺和表面浮浆,形成粗糙表面,增加界面黏结面积,形成植根效应,增大界面的剪切强度和拉拔强度。

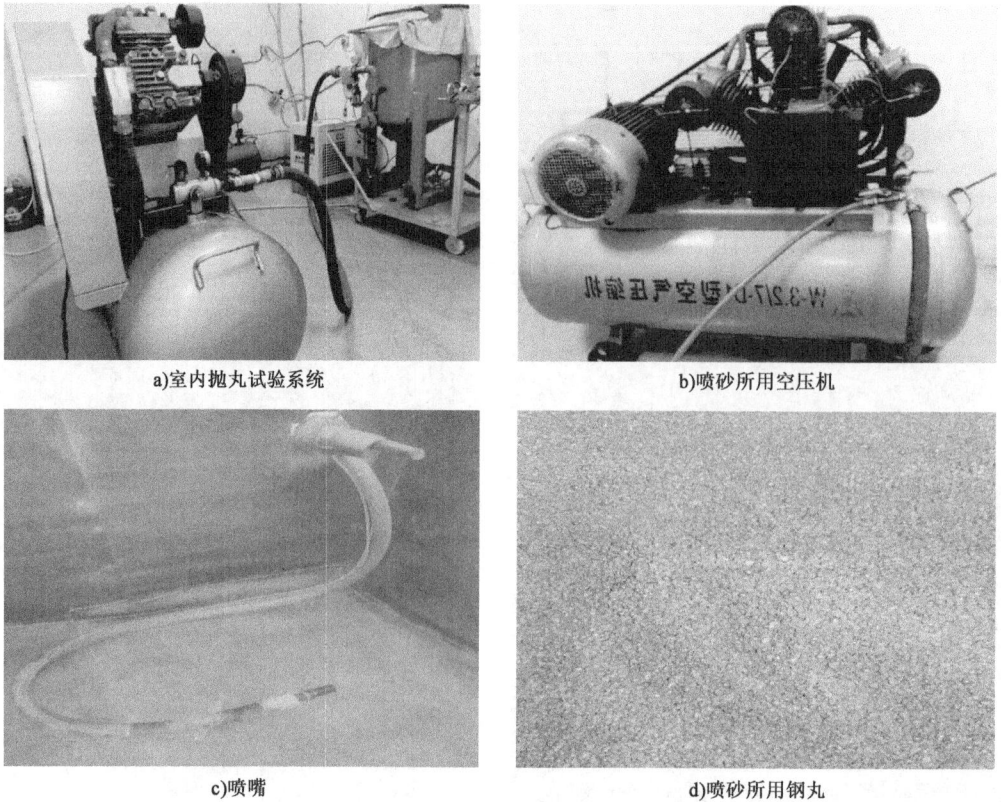

a)室内抛丸试验系统

b)喷砂所用空压机

c)喷嘴

d)喷砂所用钢丸

图 4-38　抛丸试验系统

（2）黏结强度试验

①试件成型

将成型 STC 混凝土试块切割成 $10\text{cm} \times 10\text{cm}$ 方形试件，并进行表面喷砂处理，钢砂的直径为 2mm，空气压力为 0.65MPa，如图 4-39 所示。目前国内外标准中对混凝土抛丸工艺没有相关技术规范，故参照《公路沥青路面施工技术规范》（JTG F40—2004）、《公路桥涵施工技术规范》（JTG/T 3650—2020）、《公路工程质量检验评定标准　第一册　土建工程》（JTG F80/1—2017），提出 STC 喷砂处理工艺检验参数。由于喷砂效果与压力、行走速度、钢丸直径等均有关系，而施工现场机具设备、施工环境与试验室有很大不同，为保证项目研究结果可以在施工过程中应用，项目只针对基面处理工艺结果进行研究。

由于 STC 是细集料，传统混凝土评价指标已不再适用于项目采用的材料，基于此提出露筋（钢纤维）率、构造深度、去除深度作为喷砂效果指标，其中构造深度是指定面积下 STC 表面凹凸不平的开口孔隙的平均深度，去除深度是指抛丸底面与原始表面的距离。

a)试块成型

b)试件切割

c)试件抛丸

d)抛丸前后对比

图 4-39　试件表面喷砂处理

②拉拔强度试验

下面对设计黏结材料的不同构造深度进行试验,对比 25℃、70℃下的剪切、拉拔效果。

在 STC 上涂布乳化沥青底油 + SBS 改性沥青(1.2kg/m²),待干燥后在拉拔头上涂布高强度环氧树脂,黏结于黏结层上,分别在 25℃、70℃环境下采用手持拉拔仪进行拉拔试验,如图 4-40 所示。

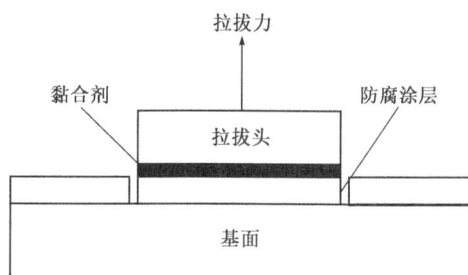

图 4-40　涂膜附着力试验方法

然而，由于改性沥青本身抗拉强度较低，试验过程中拉拔破坏均在 SBS 改性沥青破坏，很难基面处理情况进行评价，因此，采用在拉拔头涂布环氧树脂黏结剂，直接黏结于 STC 表面，对比不同基面处理情况下拉拔强度。基面处理方案及处理后指标参照表 4-37 和图 4-41。

基面处理方案及评价指标 表 4-37

处理方案	方案一	方案二	方案三	方案四	方案五	方案六
去除深度（mm）	0	1	2	3	4	5
构造深度（mm）	0	0.4	1.0	1.6	1.8	2
露筋率（%）	0	25	62	93	100	100

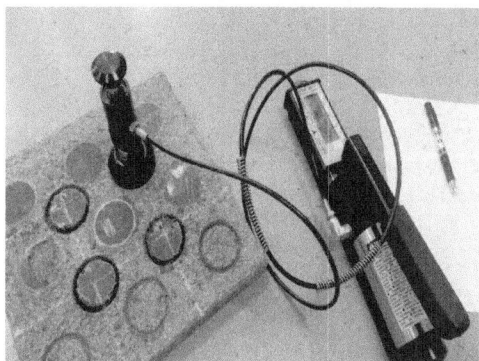

a)手持拉拔试验仪

b)拉拔头

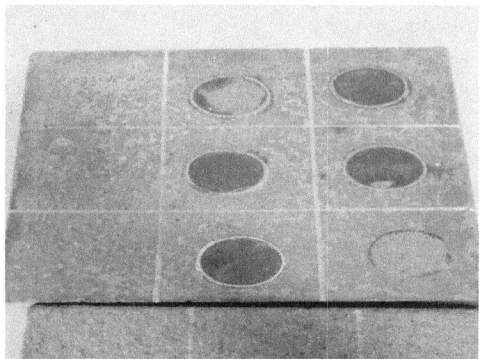

c)拉拔破坏后的STC基面

d)拉拔头与STC破坏面

图 4-41　拉拔强度试验

从表 4-37 可以看出，去除深度为 4mm 时，掺入的钢纤维已经完全暴露，构造深度、露筋率与去除深度的关系如图 4-42 所示。由图 4-42 可以看出：露筋率与构造深度有一定的相关性，当去除深度达到一定时，露筋率、构造深度变化开始平缓。这是因为构造深度增加与去除深度有一定关系，当构造深度增加时，去除深度增加，埋于混凝土内部的钢纤维开始露出，露筋率随之增加。因此，用露筋率或构造深度可以反映抛丸效果。

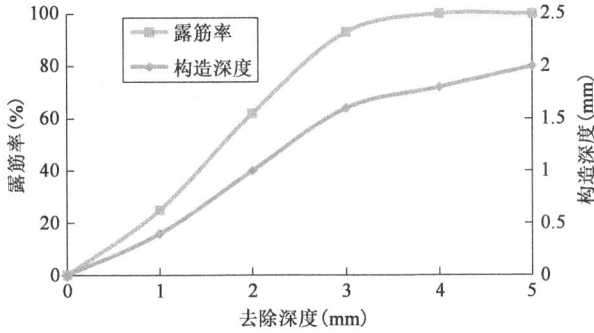

图4-42 抛丸效果指标图

六种试验方案拉拔试验结果见表4-38、表4-39及图4-43。

25℃拉拔强度试验结果
表4-38

方案编号		1	2	3	4	5	均值（MPa）
一	强度（MPa）	2.21	2.20	2.31	2.38	2.91	2.45
	备注	拉拔头脱落	STC 界面破坏				
二	强度（MPa）	3.31	3.95	4.23	4.00	3.87	4.01
	备注	拉拔头脱落	STC 界面破坏				
三	强度（MPa）	3.54	3.44	3.78	4.35	4.97	4.37
	备注	拉拔头脱落	STC 界面破坏				
四	强度（MPa）	4.55	3.21	—	—	—	>5
	备注	拉拔头脱落	超出仪器量程				
五	强度（MPa）	4.95	4.22	3.93	—	—	>5
	备注	拉拔头脱落	超出仪器量程				
六	强度（MPa）	2.21	4.58	4.81	—	—	>5
	备注	拉拔头脱落	超出仪器量程				

70℃ 拉拔强度试验结果
表4-39

方案编号		1	2	3	4	5	均值（MPa）
一	强度（MPa）	—	2.89	2.63	3.04	2.59	2.79
	备注	仪器故障	90% 界面脱落	STC 界面脱落			
二	强度（MPa）	3.37	3.82	4.35	3.93	4.42	4.13
	备注	拉拔头脱落	STC 界面脱落				
三	强度（MPa）	4.223	4.52	4.85	4.13	4.34	4.46
	备注	拉拔头脱落	STC 界面脱落				
四	强度（MPa）	4.97	—	—	—	—	>5
	备注	拉拔头脱落	超出仪器量程				

续上表

方案编号		1	2	3	4	5	均值（MPa）
五	强度（MPa）	3.52	4.75	—	—	—	>5
	备注	拉拔头脱落	超出仪器量程				
六	强度（MPa）	2.13	4.99	—	—	—	>5
	备注	拉拔头脱落			超出仪器量程		

拉拔头与黏结剂间黏结强度受拉拔头清洁质量、表面光洁度等因素影响，黏结质量很难控制。未抛丸时表面黏结强度受表面浮浆影响，在25℃时约为2.45MPa，70℃时因高温养护对混凝土强度有利，其黏结强度为2.79MPa。同等抛丸情况下，70℃温度时黏结强度比25℃稍高，原因为高温养护时环氧黏结剂强调增长较快；随着抛丸深度的增加，黏结强度随之增长；当钢纤维完全露出时，黏结强度已经大于5MPa，说明纤维的"种植效应"对黏结强度增长有利。根据试验结果（图4-43），当露筋率达到62%时黏结强度已经接近平稳，考虑到钢纤维外露可能造成因电化学腐蚀，因此，STC基面处理以清除浮浆为宜，有条件可以构造深度（粗糙度）为1mm为控制指标。

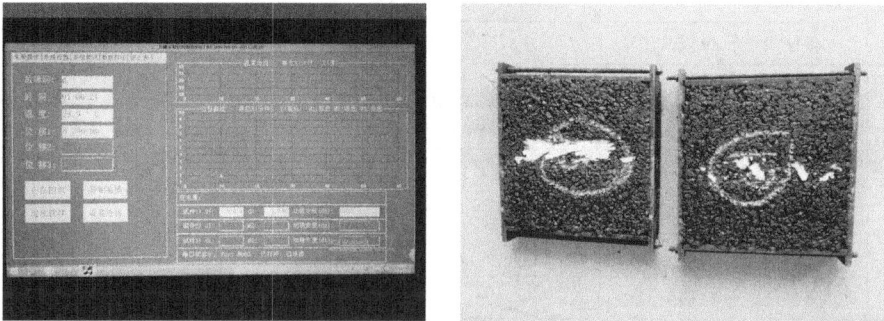

图4-43　试验方案对比图

3）防水黏结材料配伍性研究

（1）原材料性能

根据工程经验，选择桥面铺装中较为常用的改性乳化沥青、二阶反应型环氧树脂黏结剂、改性乳化沥青+SBS改性沥青（撒碎石）、高黏沥青撒碎石、改性乳化沥青+高黏沥青（撒碎石）五种材料进行性能比选，试验方案见表4-40。在进行性能比选前，对原材料性能进行了试验，结果见表4-41～表4-44。

SBS改性沥青卷材性能　　　　　　　　　　表4-40

编号	试验方案	用量
1	改性乳化沥青	$300 \sim 500 g/m^2$
2	二阶环氧树脂黏结剂	$0.4 \sim 0.6 kg/m^2$

续上表

编号	试验方案	用量
3	改性乳化沥青 + SBS 改性沥青 + 碎石	乳化沥青用量:0.2~0.4kg/m² 沥青用量:1.0~1.4kg/m² 预拌沥青碎石覆盖率:70%
4	高黏沥青 + 碎石	沥青用量:1.8~2.0kg/m² 预拌沥青碎石覆盖率:70%
5	改性乳化沥青 + 高黏沥青 + 砂	乳化沥青用量:0.2~0.4kg/m² 高黏沥青用量:1.8~2.0kg/m² 预拌沥青碎石覆盖率:70%

①改性乳化沥青

改性乳化沥青性能　　　　表 4-41

试验项目		技术要求	检测结果
1.18mm 筛余量(%)		≤0.1	0.6
贮存稳定性(5d)(%)		≤5	3
黏度 $C_{25.3}$(s)		8~25	16.7
蒸发残留含量(%)		≥55	65
蒸发残留物性质	针入度(25℃)(0.1mm)	40~100	60
	延度(5℃)(cm)	≥20	28
	软化点(℃)	≥55	64

②SBS 改性沥青

SBS 改性沥青性能　　　　表 4-42

检测项目		技术要求	检测结果
25℃针入度(0.1mm)		40~60	51.0
5℃延度(cm)		≥20	30.7
软化点(℃)		≥75	90.2
弹性恢复率(25℃)(%)		≥75	90.2
旋转黏度(135℃)(%)		≤3.0	2.5
离析软化点差(163℃,48h)(%)		≤2.5	1.6
163℃±0.5℃ RTFOT 后	25℃针入度比(%)	78.2	符合 T 0604
	5℃延度(cm)	20.8	符合 T 0605

277

③高黏改性沥青

高黏改性沥青性能   表4-43

试验项目	单位	技术要求	检测结果
针入度(25℃,5s,100g)	0.1mm	30 ~ 60	37
软化点 $T_{R\&B}$	℃	≥95	96
延度(5℃,5cm/min)	cm	>20	31
闪点	℃	≥230	278
溶解度(三氯乙烯)	%	≥99	99.5
弹性恢复(25℃)	%	≥95	98.5
60℃复合剪切模量 G^*	kPa	≥10	14.2
60℃动力黏度	Pa·s	>400000	892000
TFOT(或 RTFOT)后残留物			
质量损失	%	±1.0	0.04
针入度比(25℃)	%	≥70	78
$G^*/\sin\delta$≥2.2kPa 临界温度	℃	≥100	112

④二阶反应型环氧树脂黏结剂

二阶反应型环氧树脂黏结剂性能   表4-44

试验项目	单位	技术要求	试验结果
拉伸强度(25℃)	MPa	≥4.0	4.8
拉伸伸长率(25℃)	%	≥20	47
低温弯曲性能(−20℃)	—	φ20mm 圆棒弯曲 900 次无裂纹	φ20mm 圆棒弯曲 900 次无裂纹

(2)黏结性能试验

①试件成型

采用前述黏结剂,进行层间黏结性能试验,试件成型和试验过程如图 4-44 所示。

a)试件置于车辙试模中   b)成型防水黏结层

图 4-44

| c)成型SMA-13混合料 | d)切割成型后 |

图4-44　层间黏结性能试验试件成型

②试验结果

a. 方案1:改性乳化沥青

改性乳化沥青方案层间黏结性能试验结果见表4-45,破坏后试件如图4-45所示。

方案1 层间黏结性能试验结果　　　　　　　　　　表4-45

序号	拉拔强度(MPa)	剪切强度(MPa)
1	0.30	0.44
2	0.29	0.42
3	0.32	0.43
4	0.34	0.46
5	0.31	0.45
平均值	0.31	0.44

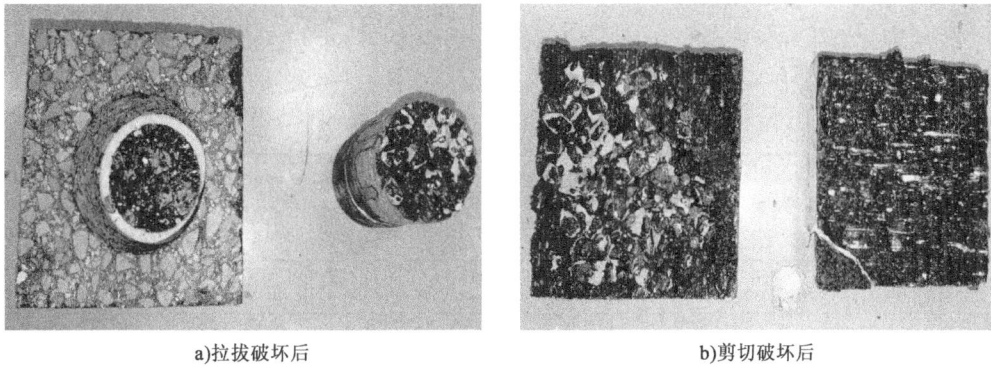

| a)拉拔破坏后 | b)剪切破坏后 |

图4-45　破坏后试件(改性乳化沥青方案)

b. 方案2:二阶反应型环氧树脂黏结剂

二阶反应型环氧树脂黏结剂方案层间黏结性能试验结果见表4-46,破坏后试件如图4-46所示。

方案2层间黏结性能试验结果　　　　　　　　表4-46

序号	拉拔强度（MPa）	剪切强度（MPa）
1	1.41	1.52
2	1.25	1.71
3	1.26	1.67
4	1.28	1.60
5	1.34	1.68
平均值	1.31	1.64

a)拉拔破坏试件　　　　　　　　　　　b)剪切破坏后试件

图4-46　破坏后试件(二阶反应型环氧树脂黏结剂)

c.方案3：(改性乳化沥青＋SBS改性沥青＋碎石)

改性乳化沥青＋SBS改性沥青＋碎石方案层间黏结性能试验结果见表4-47,破坏后试件如图4-47所示。

方案3层间黏结性能试验结果　　　　　　　　表4-47

序号	拉拔强度（MPa）	剪切强度（MPa）
1	0.62	0.76
2	0.78	0.82
3	0.79	0.88
4	0.68	0.78
5	0.69	0.86
平均值	0.71	0.82

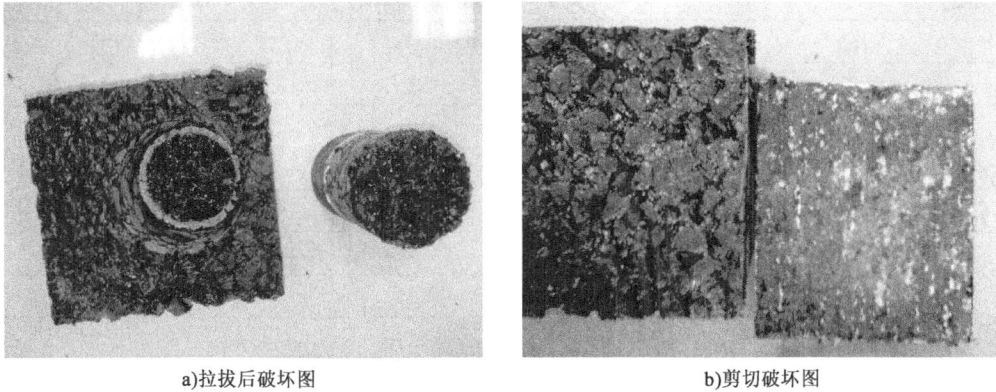

a)拉拔后破坏图   b)剪切破坏图

图4-47 破坏后试件(改性乳化沥青+SBS改性沥青+碎石)

d. 方案4:高黏沥青+碎石

高黏沥青+碎石方案层间黏结性能试验结果见表4-48,破坏后试件如图4-48所示。

方案4层间黏结性能试验结果   表4-48

序号	拉拔强度(MPa)	剪切强度(MPa)
1	0.83	0.95
2	0.74	0.78
3	0.68	0.80
4	0.72	0.87
5	0.78	0.89
平均值	0.75	0.86

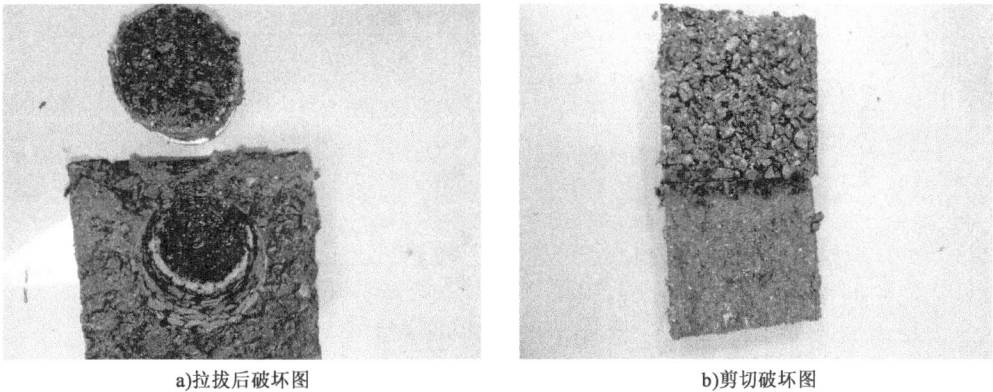

a)拉拔后破坏图   b)剪切破坏图

图4-48 破坏后试件(高黏沥青+碎石)

e. 方案5:改性乳化沥青+高黏沥青+砂

改性乳化沥青+高黏沥青+砂方案层间黏结性能试验结果见表4-49,破坏后试件如图4-49所示。

281

方案 5 层间黏结性能试验结果 表 4-49

序号	拉拔强度（MPa）	剪切强度（MPa）
1	0.88	1.07
2	0.87	0.99
3	0.85	0.96
4	0.83	1.08
5	0.92	1.05
平均值	0.87	1.03

a)拉拔后破坏图　　　　　　　　　　　　　b)剪切破坏图

图 4-49　破坏后试件（改性乳化沥青 + 高黏沥青 + 砂）

③数据分析

对前述各种黏结剂的试验结果绘制成图，如图 4-50 所示。

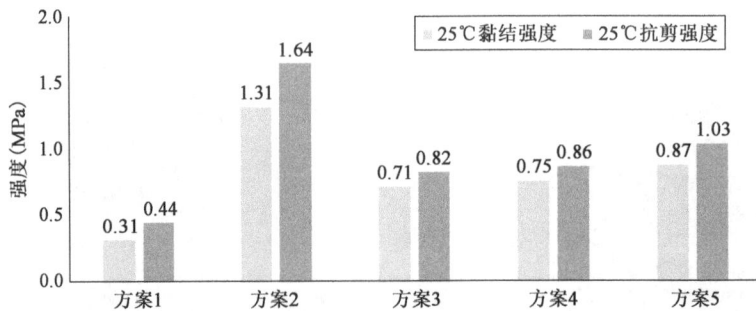

图 4-50　不同黏结剂种类对层间黏结力的影响

从图 4-50 可以看出：综合层间黏结性能和层间抗剪性能来看，方案 2（二阶反应环氧树脂黏结剂）方案 5（改性乳化沥青 + 高黏沥青 + 砂）＞方案 4（高黏沥青 + 碎石）＞方案 3（改性乳化沥青 + SBS 改性沥青 + 碎石）＞方案 1（改性乳化沥青），故建议本项目在方案 5（改性乳化沥青 + 高黏改性沥青 + 砂）和方案 2（二阶反应环氧树脂黏结剂）两种方案中综合选取。

4）层间碎石撒布量研究

（1）试件成型

对原设计中应力吸收层方案，通过改变碎石撒布量和粒径来研究两种因素对层间黏结强度的影响，试验方案见表4-50。

碎石撒布量及粒径试验方案 表4-50

试验方案	粒径(mm)	撒布量
1	无	0%
2	9.5～13.2	40%
3	9.5～13.2	100%
4	4.75～9.5	
5	2.36～4.75	

试件成型如图4-51所示。

a)将STC放置在试模中

b)涂布SBS改性沥青

c)撒布粒径10~15mm碎石

d)撒布粒径5~10mm碎石

图 4-51

e)剪切破坏后的试件　　　　　　　　　　　f)拉拔破坏后的试件

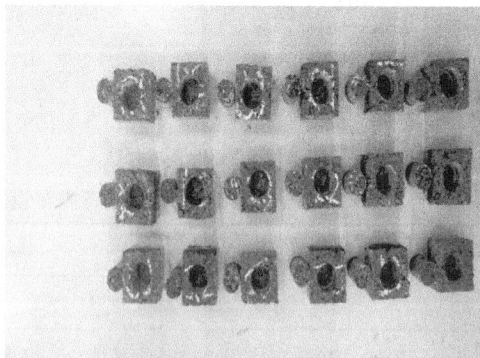

图 4-51　碎石撒布量试验试件成型

（2）试验结果分析

试验数据见表 4-51 和表 4-52。

25℃剪切强度试验结果　　　　　　　　　　　　　　　　表 4-51

试件编号	试验温度（℃）	剪切强度（MPa）	破坏情况
方案 1：撒布量 0%			
1	25	0.79	界面剪脱
2	25	0.91	界面剪脱
3	25	0.75	界面剪脱
平均值	0.82MPa		
方案 2：粒径 9.5～13.2mm，撒布量 40%			
1	25	0.69	混合料与碎石间良好，碎石与 STC 剪脱
2	25	0.82	混合料与碎石间良好，碎石与 STC 剪脱
3	25	0.78	混合料与碎石间良好，碎石与 STC 剪脱
平均值	0.76MPa		
方案 3：粒径 9.5～13.2mm，撒布量 100%			
1	25	0.87	混合料与碎石间良好，碎石与 STC 剪脱
2	25	0.83	混合料与碎石间良好，碎石与 STC 剪脱
3	25	0.79	混合料与碎石间良好，碎石与 STC 剪脱
平均值	0.83MPa		
方案 4：粒径 4.75～9.5mm，撒布量 100%			
1	25	0.88	混合料与碎石间良好，碎石与 STC 剪脱
2	25	0.83	混合料与碎石间良好，碎石与 STC 剪脱
3	25	0.81	混合料与碎石间良好，碎石与 STC 剪脱
平均值	0.84MPa		

续上表

试件编号	试验温度(℃)	剪切强度(MPa)	破坏情况
方案5:粒径2.36~4.75mm,撒布量100%			
1	25	0.83	混合料与碎石间良好,碎石与STC剪脱
2	25	0.89	混合料与碎石间良好,碎石与STC剪脱
3	25	0.86	混合料与碎石间良好,碎石与STC剪脱
平均值			0.86MPa

25℃拉拔强度试验结果   表4-52

试件编号	试验温度(℃)	黏结强度(MPa)	破坏情况
方案1:撒布量0%			
1	25	0.71	界面拉脱
2	25	0.72	界面拉脱
3	25	0.78	界面拉脱
平均值			0.74MPa
方案2:粒径9.5~13.2mm,撒布量40%			
1	25	0.65	碎石层与STC间拉脱
2	25	0.69	碎石层与STC间拉脱
3	25	0.73	碎石层与STC间拉脱
平均值			0.69MPa
方案3:粒径9.5~13.2mm,撒布量100%			
1	25	0.71	碎石层与STC间拉脱
2	25	0.68	碎石层与STC间拉脱
3	25	0.77	碎石层与STC间拉脱
平均值			0.72MPa
方案4:粒径4.75~9.5mm,撒布量100%			
1	25	0.65	碎石层与STC间拉脱
2	25	0.70	碎石层与STC间拉脱
3	25	0.69	碎石层与STC间拉脱
平均值			0.68MPa
方案5:粒径2.36~4.75mm,撒布量100%			
1	25	0.75	碎石层与STC间拉脱
2	25	0.66	碎石层与STC间拉脱
3	25	0.78	碎石层与STC间拉脱
平均值			0.73MPa

(3)数据分析

①撒布量对层间黏结强度和剪切强度的影响

采用粒径9.5~13.2mm的碎石,不同撒布量时层间黏结强度和剪切强度结果如图4-52所示。

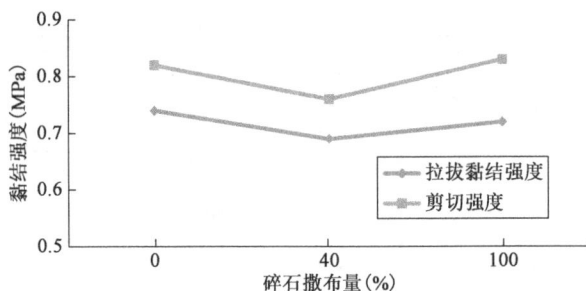

图 4-52 不同碎石撒布量对层间黏结性能的影响

由试验结果可以看出,不同撒布量的层间黏结强度在 0.69 ~ 0.74MPa 之间,剪切强度在 0.76 ~ 0.83MPa 之间,撒布量在 40% 时,层间黏结强度和剪切强度较小,满撒或不撒布两种情况下的层间黏结度和剪切强度更优。

②碎石或砂粒径对层间黏结强度和剪切强度的影响

不同粒径满撒时层间黏结强度和剪切强度结果如图 4-53 所示。

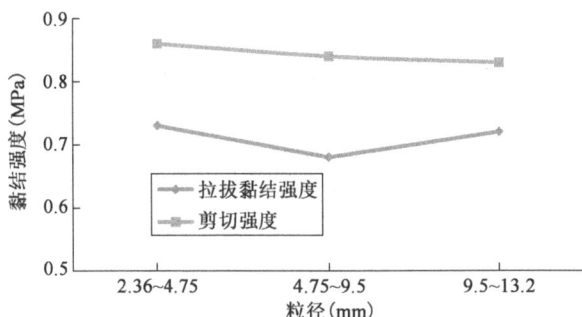

图 4-53 粒径对层间拉拔强度和剪切强度的影响

由试验结果可以看出,粒径对层间黏结强度和剪切强度有一定影响,层间剪切强度随着粒径增大呈逐渐下降趋势,层间拉拔黏结强度在粒径 2.36 ~ 4.75mm 时最大。拉拔破坏后的界面如图 4-54 所示。

图 4-54 拉拔破坏后的界面

4.2.4 组合结构性能研究

1）组合结构高温稳定性

按照榕江特大桥设计铺装结构进行 STC + SMA-13 复合车辙试验，检测60℃和70℃动稳定度。其中，STC 厚度和 SMA-13 厚度均采用4cm，防水黏结层采用改性乳化沥青 + 高黏改性沥青 + 砂，SMA-13 采用普通聚酯纤维，未加 SAK 改性剂，试件成型过程如图4-55 所示。试验结果见表4-53。

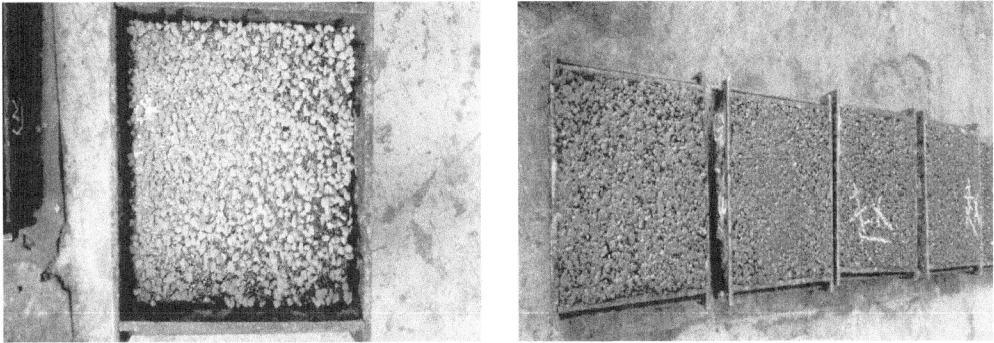

图 4-55　车辙试件成型

车辙试验结果　　　　表 4-53

温度（℃）	45min 变形量	60min 变形量	动稳定度（次/mm）
60	1.986	2.101	5478
70	2.833	3.0	3772

由试验结果可以看出，无论是60℃还是70℃，组合结构车辙动稳定度均大于3000次/mm，满足现行规范要求。若添加 SAK 或使用 PVA 纤维，车辙动稳定度将进一步提高。

2）组合结构疲劳性能试验

（1）试验方法

本节参考《公路钢桥面铺装设计与施工技术规范》（JTG/T 3364-02—2019）中附录 D 五点加载复合梁疲劳试验方法，进行组合结构疲劳性能试验，复合梁疲劳试件加载示意图如图4-56 所示。

五点加载复合梁疲劳试验钢板尺寸为 700mm × 200mm × 12mm，钢板喷砂除锈后，在总长 700mm 和宽 150mm 的试验板上，成型铺装组合结构。

加载采用 UTM-100 伺服液压沥青混合料动态疲劳试验系统提供循环动力荷载。在试验中，试件放在直径50mm、间距 $L = 300$mm 的三个钢制滚柱支座上，通过一个四脚施力架将加载力直接导向钢板。

(2)试验过程

①试验条件

a. 温度:(20 ± 3)℃。

b. 加载频率:2Hz。

c. 加载波形:正弦波。

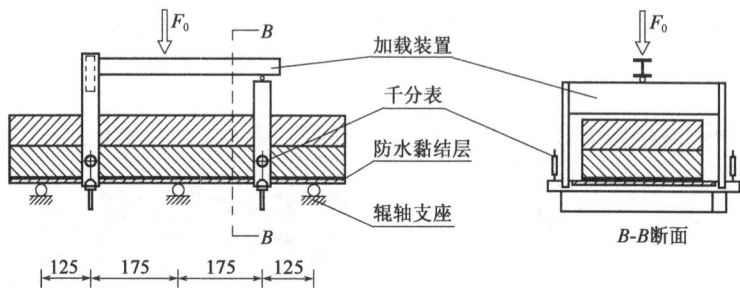

图4-56 复合梁疲劳试件加载示意图(尺寸单位:mm)

②加载力 F_0 的确定

以裸板产生0.5mm挠度时的加载力作为 F_0,所采用的裸板如图4-57所示,加载正弦函数的加载幅度在预加荷载 F_G($F_G = 0.15F_0$)和 F_0(最大荷载)之间变动。

图4-57 裸板加载

③试验步骤

a. 试件加温达到规定温度后,保温 4 ~ 6h。

b. 试验前试件采用荷载 F_G 进行预压3次,每次加载至 F_G 后保持10s,两次加载间隔20s,保证加载点与试件有效接触。

c. 动力加载前,预加荷载 F_G,用千分表测量5个加载点的挠度,观测4个加载点的位移均衡状况,加载后任意两点挠度相差不大于0.15mm时方可进行试验。

d. 均衡状况满足要求后,设定频率和荷载,启动疲劳试验。记录防水黏结层、黏层和铺装结构层出现破坏(开裂、脱层)的情况及相对应的加载次数。当混合料出现开裂,或混合料与防水黏结层间脱层总长度达到混合料周长（1700mm）的50%时，疲劳试验停止，试验设备与试件如图4-58所示。

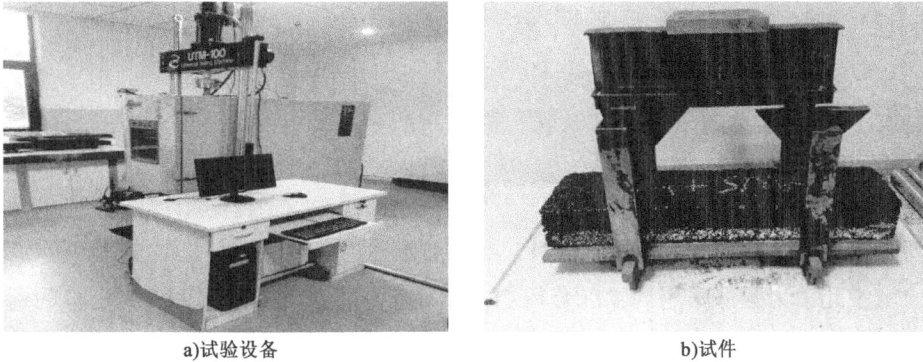

a)试验设备   b)试件

图4-58 试验设备与试件

（3）试验结果及分析

裸板加载试验结果见表4-54。

裸板加载试验结果   表4-54

位移值 （0.01mm）	支点				加载力 （kN）
	1	2	3	4	
f_c	82	7	46	92	3
f_z	129	55	96	147	22.4
f	47	48	50	55	19.4
均值	50				19.4

从表4-54可知，当裸板变形量为0.5mm时，加载力为19.4kN，于是确定$F_0 = 19.4$kN，$F_G = 0.15$，$F_0 = 2.91$kN。

根据以上参数加载，得到的试验曲线如图4-59所示。

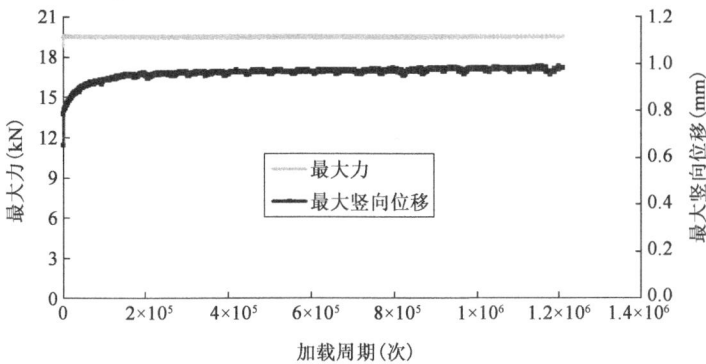

图4-59 加载试验曲线

试验结果表明,荷载作用 120 万次后,铺装层与钢板之间没有出现脱层,铺装结构层未出现开裂,说明组合结构体系能够满足 STC 铺装结构的受力要求。

4.3 养护材料及设备开发

4.3.1 重熔浇注式养护材料开发

1)研究背景

沥青路面再生利用的研究始于 1915 年的美国,20 世纪 80 年代末,美国再生沥青混合料的用量几乎为全部路用沥青混合料的一半。美国联邦公路局 1998 年公布的资料表明,美国 50 个州的政府公路局几乎都将沥青路面旧料作为集料及黏结料的代替材料,用以生产与传统沥青混凝土品质相同的热再生沥青混凝土。德国于 1978 年率先将废弃的沥青路面材料厂拌再生应用于高速公路养护,并且开发研制成就地热再生、就地乳化沥青冷再生的大型设备,特别近年来开发出大型泡沫沥青冷再生设备,为大规模铺筑冷再生基层创造了条件。

从 1976 年到 2004 年,日本路面废料再生利用率由零增长到 70% 以上。1984 年,日本制定了《路面废料再生利用技术指南》,对路面废料的应用与设计、再生用材料、配合比设计、拌和厂、施工与质量检测等方面均做出了一些指导性的初步建议与规定。到 1993 年,日本厂拌再生沥青混合料累计 1528 万 t,占全年沥青混合料 7809.5 万 t 产量的 19.6%,再生利用率高达 78%,2000 年更是上升到 90%,全日本近两千台沥青混合料拌和设备中,一半以上可以生产再生沥青混合料。2004 年,日本再生沥青混合料已达 4144.2 万 t,占全年沥青混合料 6020.6 万 t 产量的 68.8%。目前日本再生技术已发展到"再再生"沥青混合料,并且日本国内每个固定拌和站都具有生产再生沥青混合料的能力。

我国建设部于 1983 年下达了《废旧沥青混合料再生利用》科技研究项目,并于 1991 年 6 月发布了《热拌再生沥青混合料路面施工及验收规程》(CJJ 43—1991)。交通部于 1982 年下达了"沥青(渣油)路面再生利用"科技专项,并于 2008 年发布了《公路沥青路面再生技术规范》(JTG F40—2008),标志着我国沥青路面再生技术及应用又迈上了一个新台阶。但总体说来,我国的沥青路面再生技术无论从理论研究、设备开发、实践经验还是应用程度上与国外相比均存在较大差距。

目前,国内外沥青路面已步入多样化再生技术并存的时代,主要有厂拌热再生、厂拌冷再生、就地热再生、就地冷再生等再生技术。相对而言,厂拌热再生应用最为广泛,但仍存在以下问题:受加热方式的限制,旧料掺量不高,且加热过程中混合料易二次老化;RAP

含水率易影响再生料路用性能;RAP变异性影响很大,对再生混合料级配、沥青用量均难以实现有效控制;此外,还存在新旧沥青难以充分融合的技术难题。上述问题导致厂拌热再生混合料性能整体不高,大多用于低等级公路或高等级公路的基层或中、下面层,就地热再生混合料同样存在老化严重、易开裂的问题。

浇注式沥青混合料自2000年引进我国以来,在我国钢桥面铺装中得到大规模应用,据不完全统计,目前浇注式沥青混合料铺装方案应用面积超过330万 m^2。随着服役年限的增长,大量的浇注式沥青混合料铺装面临翻修,必将产生大量废弃浇注式沥青混合料。对于废弃浇注式沥青混合料的利用,目前国内外鲜有研究。鉴于浇注式沥青混合料拌和温度为200~260℃,较常规热拌沥青混合料高50~100℃,而较高温度有利于废料上的旧沥青与新沥青融合。因此,采用热再生技术生产重熔浇注式沥青混合料具有广阔应用前景。

2)再生机理研究

沥青混合料强度一般采用库仑定理描述,如图4-60所示。

根据库仑定理,沥青混合料抗剪破坏强度是由集料嵌锁力(内摩阻力)和黏聚力构成,前者取决于集料的内摩擦角。

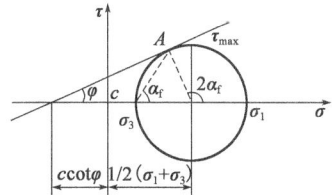

图 4-60 三轴试验力的分布示意图
c-黏聚力;φ-内摩擦角;σ_1-最大主应力;σ_3-最小主应力

$$\tau = c + \sigma \cdot \tan\varphi \qquad (4\text{-}1)$$

式中:τ——剪切力;

　　　c——黏聚力;

　　　σ——外荷载正应力;

　　　φ——内摩擦角。

通过试验,可测试沥青混合料的黏聚力和内摩擦角。本书借鉴同济大学提出的单轴贯入试验,对重熔浇注式沥青混合料的强度机理进行分析,通过有限元模型建立符合实际受力状态的贯入模型,进而求解出在水头压力为1MPa时模型中最大剪应力处的主应力值,以此作为基本的抗剪参数,见表4-55。

混合料抗剪强度基本参数   表4-55

强度参数	泊松比 μ	σ_1	σ_3	τ_{max}
参数值	0.35	0.7650	0.0872	0.3390

利用表4-55中的基本参数乘以贯入强度值,求出试件中的各主应力值和剪应力值。同时,为了求解混合料的黏聚力 c 和内摩擦角 φ,再进行一组无侧限抗压强度试验。利用这两组数据,绘制莫尔圆,通过几何关系,推导出基于贯入试验和无侧限抗压强度的黏结

力 c 和内摩擦角 φ,公式如下:

$$\varphi = \arcsin\left(\frac{\sigma_{g1} - \sigma_{g3} - \sigma_u}{\sigma_{g1} + \sigma_{g3} - \sigma_u}\right) \tag{4-2}$$

$$c = \frac{\sigma_u}{2} \cdot \left(\frac{1 - \sin\varphi}{\cos\varphi}\right) \tag{4-3}$$

式中: σ_{g1}——单轴贯入强度乘以抗剪强度参数 σ_1 后的第一主应力;

$\quad\sigma_{g3}$——单轴贯入强度乘以抗剪强度参数 σ_3 后的第三主应力;

$\quad\sigma_u$——无侧限抗压强度。

本节采用重熔浇注式沥青混合料 RGA10 最佳油石比 $\pm 0.5\%$($8.5\% \pm 0.5\%$)的油石比,测试 60℃ 温度下的单轴贯入强度和无侧限抗压强度,计算相应强度参数,见表4-56。

不同油石比 RGA10 混合料强度测试结果及计算参数　　　　表4-56

油石比 (%)	贯入强度 (MPa)	无侧限抗压强度 (MPa)	抗剪强度 τ_{max} (MPa)	黏聚力 c (MPa)	内摩擦角 φ (°)
8.0	6.25	1.21	2.12	0.25	47.3
8.5	5.09	1.09	1.73	0.22	46.6
9.0	4.40	1.01	1.49	0.21	45.7

由表4-56可以看出,随着沥青用量的增加,重熔浇注式混合料内部的富余沥青含量逐渐增多,沥青膜变厚,集料之间摩阻力降低,内摩擦角减小。同时,沥青玛蹄脂内部的黏结力由于沥青相对用量的增加,即粉胶比减小,混合料表现出的黏聚力略有降低。因此,对于重熔浇注式混合料而言,随着沥青用量的增加,混合料的抗剪强度大幅度下降。而当沥青膜达到最佳厚度并在小范围波动时,黏聚力主要取决于沥青黏度,不会由于沥青含量的增加而增大。

测试 60℃ 温度下 RGA10 和 SMA10 单轴贯入强度和无侧限抗压强度,计算相应强度参数,见表4-57。

不同类型沥青混合料强度测试结果及计算参数(60℃)　　　　表4-57

混合料类型	贯入强度 (MPa)	无侧限抗压强度 (MPa)	抗剪强度 τ_{max} (MPa)	黏聚力 c (MPa)	内摩擦角 φ (°)
RGA10	5.09	1.09	1.73	0.22	46.6
SMA10	4.89	0.92	1.66	0.18	47.5

从混合料类型的测试结果来看,重熔浇注式混合料 RGA10 的抗剪强度 τ_{max} 和黏聚力 c 大于 SMA10,主要原因如下:

(1)重熔浇注式混合料 RGA10 粉胶比范围为 2.8~3.3,沥青玛蹄脂碎石混合料 SMA10 则是 1.5~2.0。粉胶比越高,矿粉对沥青的吸附作用越强,自由沥青含量就越少,作为连续相的沥青胶泥则表现出较好的稳定性,即黏聚力明显增大。

（2）RGA10 为悬浮密实结构，以沥青胶泥为连续相，粗、细集料为分散相，而 SMA10 为骨架密实结构，由粗集料形成骨架，因此其内摩擦角较大。

4.3.2 超固封层养护材料开发

1）研究背景

在钢桥面沥青铺装的预防性养护中，裂缝填封应用最为普遍。表面封层技术加铺厚度小，不会显著增加桥梁恒重。表面封层技术种类较多，其中，雾封层可提高路面防水性能、防止路面老化，施工简单且技术成熟，国内钢桥面沥青铺装养护中已有应用。石屑封层在高速行驶的车辆作用下，封层中的集料可能会被车轮带出，导致封层失效，因此在交通量较大、车速较高的钢桥面沥青铺装上不宜采用。稀浆封层采用普通乳化沥青，性能较差，难以满足钢桥面沥青铺装重交通的使用要求。微表处在原材料质量要求、设计指标、使用范围等各方面的要求都比稀浆封层要苛刻得多，因此它的路用性能、使用寿命等都明显优于普通稀浆封层。微表处具有封堵裂缝、修复车辙和恢复表面功能等作用，且摊铺后 1~2h 即可开放交通，适宜于钢桥面沥青铺装养护。薄层罩面及超薄磨耗层使用的热拌沥青混凝土空隙率较大，防水性差，在荷载作用下易出现 Top-Down（自上而下）型裂缝，且厚度大（10~40mm），增加了桥梁恒重，因此一般不建议在钢桥面沥青铺装上使用。

含砂雾封层是由聚合物改性乳化沥青、细砂、填料和水按照一定比例混合后通过喷洒设备喷涂到沥青路表的预防性养护技术，不仅能有效封闭路面微裂缝，阻止水分下渗，提高防水性能，还能防止路面老化，改善路表松散状况。然而，当前我国传统的含砂雾封层通常采用普通或 SBR（丁苯橡胶乳液）、SBS（苯乙烯-丁二烯-苯乙烯共聚物）改性乳化沥青，存在胶结料与基面黏结强度低、耐磨性差、耐久性不足等问题，难以满足我国现阶段高速公路沥青路面预防性养护的要求。

当前，国内外已公开的文献中提到了采用水性环氧树脂乳液对乳化沥青进行改性能有效提高乳化沥青的基面黏结性能，但是由于阳离子乳化沥青与水性环氧乳液存在共存问题，当掺入含有胺类固化剂的水性环氧乳液时会导致乳化沥青提前破乳结团，在制备过程中分别采用固化剂、水性环氧乳液和乳化沥青三组分混合，制备方法烦琐，难以实现工厂化量产。综上所述，传统的含砂雾封层存在一定的技术缺陷，项目组基于目前存在的技术问题，提出了 SCS（高性能混凝土密封剂）超固封层技术，并将其应用于钢桥面铺装预防性养护中，以期能有效解决传统含砂雾封层耐久性问题。

2）原材料

（1）水性环氧树脂

CYDW-112W50 是一种通过化学法改性的自乳化型水性中分子量环氧树脂乳液，具有优异的物理、化学性能，黏度低、施工性能好，绿色环保，可应用于地坪涂料、混凝土改性等，具体参数指标见表4-58。

水性环氧参数指标 表4-58

性能	数值	方法
外观	乳白色均匀液体	目测
环氧当量(g/eq)	1200 ~ 1850	Q/SH 1085134
旋转黏度(mPa·S,25℃)	500 ~ 3000	Q/SH 1085138
固含量(%)	50	Q/SH 1085141

（2）固化剂

CYDHD-280是一种脂环胺改性固化剂，室温固化，具有黏度低、色泽浅、高光泽和耐久性佳的特点，其具体参数指标见表4-59。

固化剂参数指标 表4-59

性能	数值	方法
外观	浅色透明液体	目测
胺值(mgKOH/g)	260 ~ 320	Q/SH 1085051
旋转黏度(mPa·S,25℃)	280 ~ 400	Q/SH 1085138

（3）乳化沥青

乳化沥青生产采用的基质沥青为SK70号沥青，乳化剂为阳离子乳化剂，乳化沥青的技术要求和试验结果见表4-60。

改性乳化沥青参数指标 表4-60

试验项目		单位	试验结果	技术要求	试验方法
破乳速度		—	慢裂	慢裂	T 0658
筛上剩余量		%	0.04	≤0.1	T 0652
标准黏度(mPa·s,25℃)		s	21	8 ~ 25	T 0621
1d 储存稳定性		%	0.3	≤1.0	T 0655
蒸发残留物	含量	%	63.3	≥50	T 0651
	25℃针入度	0.1mm	71.4	40 ~ 120	T 0604
	软化点	℃	51.2	≥50	T 0606
	5℃延度	cm	31	≥20	T 0605
	溶解度(三氯乙烯)	%	98.7	≥97.5	T 0607

3）水性环氧树脂-乳化沥青性能分析

水性环氧树脂-乳化沥青不同于其他的改性乳化沥青，随着环氧树脂掺量的增加，其共混物特性将由热塑性体向热固性体转变,且材料本身会由黏弹性向弹性体转变,如继续采用与沥青相关的评价体系和试验方法已经难以对共混物的性能进行正确合理的评价,因此,结合共混物材料的自身特性,本书主要对水性环氧改性乳化沥青的力学性能、凝胶特性、相结构等性能进行分析,最终确定水性环氧与乳化沥青的适宜比例。

(1)力学性能

①黏结性能

本节采用外掺法研究不同水性环氧掺量对改性乳化沥青性能的影响,水性环氧的配合比见表4-61。

水性环氧配合比表 表4-61

材料	组别				
	1号	2号	3号	4号	5号
乳化沥青	10	10	10	10	10
水性环氧树脂	1	2	3	4	5

参考《城市桥梁桥面防水工程技术规程》(CJJ 139—2010)中的黏结强度测试方法,在尺寸为 $100mm \times 100mm \times 30mm$ 的水泥试块上刷涂5g(撒布量为 $0.5kg/m^2$)的黏层材料,在25℃和45℃条件下待其达到黏结强度后,进行拉拔试验,如图4-61、图4-62所示。

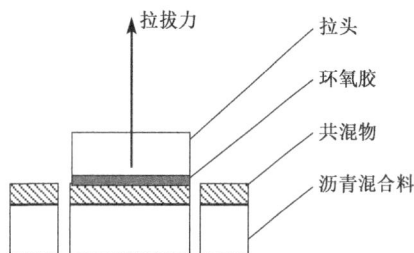

图4-61 黏结强度测试示意图

试验过程中按照记录下来的拉拔力 F 和拉头底面面积 S,按下式计算黏结强度。

$$P = \frac{F}{S} \tag{4-4}$$

式中:P——试件的黏结强度(MPa);

F——试件破坏时的最大荷载(N);

S——拉头底面面积(mm^2);

拉拔强度测试结果见表4-62。

拉拔强度测试结果(平均值,单位:MPa) 表4-62

温度 (℃)	组别				
	1号	2号	3号	4号	5号
25	1.24	1.38	2.61	2.99	3.61
45	0.36	1.07	1.62	1.91	2.03

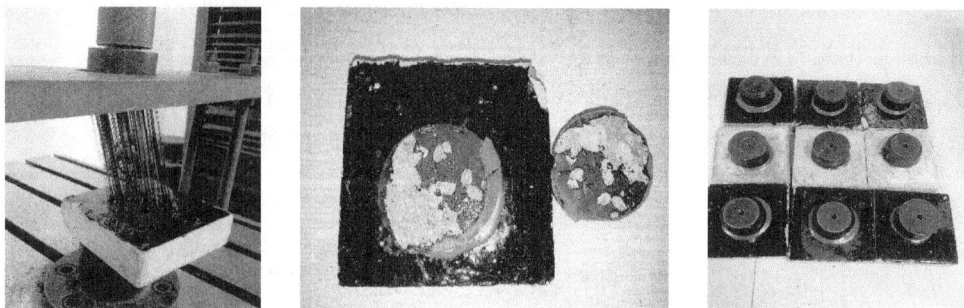

图 4-62　拉拔试验

由表 4-62 可以得出以下结论：

a. 在同一温度下，拉拔强度随着环氧树脂掺量的增加而增加，当共混物比例为 10∶5 时，25℃的拉拔强度为 3.61MPa，强度提高了近 3 倍；45℃的拉拔强度为 2.03MPa，强度提高了近 7 倍。其原因为随着环氧树脂掺量的增加，共混物内部分子结构发生改变，黏结力主要由环氧树脂承担，因此，其黏结力提高十分明显。

b. 在同一环氧树脂掺量下，拉拔强度随着温度的提高而降低，当共混物比例为 10∶1 时，45℃拉拔强度衰减 71%，当共混物比例为 10∶5 时，45℃拉拔强度衰减 44%。其原因为随着环氧掺量树脂的增加，共混物从热塑性向热固性转变，温度敏感性降低，因此随着环氧树脂掺量的提高，其黏结力的衰减度也随之降低。

②拉伸强度

参照《建筑防水涂料试验方法》(GB/T 16777—2008)中的测试方法测试水性环氧乳化沥青共混物的断裂延伸率及拉伸强度，试验仪器如图 4-63 所示，试验结果如图 4-64 所示。

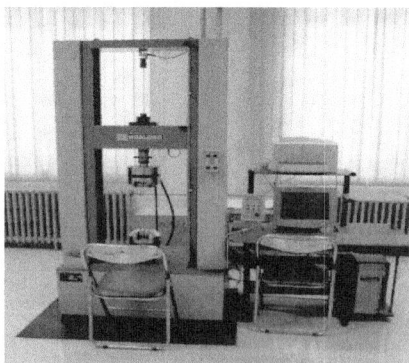

图 4-63　万能试验机

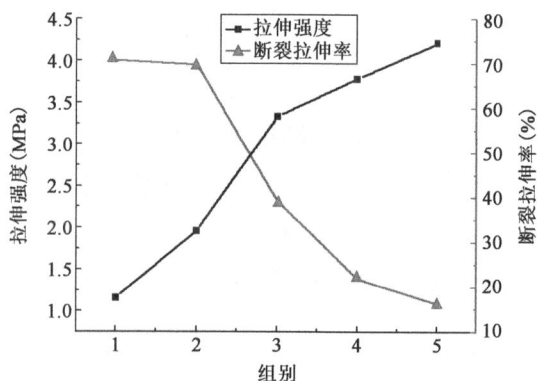

图 4-64　拉伸试验结果

由图 4-64 可以得出以下结论：

a. 共混物拉伸性能的主要影响因素为环氧树脂掺量；

b.随着环氧树脂比例的增加,共混物的拉伸强度随之增强;且当共混物比例为10:3时,拉伸强度提高1.87倍,出现明显拐点,说明共混物内部的交联网状结构更为密集,因此其拉伸强度出现骤增。

c.随着环氧树脂比例的增加,共混物的断裂拉伸率随之降低,当共混物比例为10:3时也出现明显拐点,降低了44%。说明环氧树脂的增加使得共混物的热塑性增强,并且变脆、变硬,因而断裂拉伸率随之降低。

(2)凝胶特性

①凝胶的定义

凝胶也称胶凝时间,一般是指液态树脂或胶液在规定的温度下由能流动的液态转变成固体凝胶所需的时间。对于热固性树脂,是指从添加催化剂后到形成凝胶所需的时间。

固化和凝胶的区别在于固化一般指的是从液态或者凝胶态达到完全固化的过程;而凝胶一般指胶液由液态到不具有流动性(凝胶态)的过程。固化工艺指的是环氧由不固化到完全固化的工艺过程,通常包括前固化、后固化过程,其中前固化过程是由液态到凝胶态的过程,可以认为是凝胶过程,这段时间就是凝胶时间。凝胶时间也指环氧树脂和固化剂混合后从液态达到凝胶态的时间段,在凝胶之前由于树脂具有流动性,可以进行浇注、浸润等,因此凝胶时间是重要的工艺参数。不同温度下,凝胶时间不同。环氧树脂过了凝胶状态后,胶液几乎没有流动性了,分子运动受到极大限制,所以要达到完全固化,后续温度就会要求很高。

从应用角度讲,所有的操作工艺都是在胶液到达凝胶状态前进行完毕,浇注、缠绕或者施胶都是如此,过了凝胶状态,胶液就没有应用价值了。所以对环氧树脂来讲,某个温度下的凝胶时间,是衡量使用时间的重要指标,一般称为可操作时间。

图4-65 凝胶时间自动测定仪

②试验方案

参照表4-61并参考ASTM D3056-85方法,本节采用22A-240/50凝胶时间自动测定仪(图4-65)测试不同温度下的水性环氧乳化沥青共混物的凝胶特性,试验结果见表4-63。

凝胶试验结果(单位:s)　　　　　　　　　　　　　表4-63

温度 (℃)	组别				
	1号	2号	3号	4号	5号
30	36052	10574	5054	3972	2556
40	13125	6303	3726	2061	1263
50	6921	2809	971	910	618

根据表 4-63 可得出以下结论：

a. 在同一温度下，随着环氧树脂掺量的增加，凝胶时间缩短，其原因为共混物中单位体积内的环氧与固化剂浓度增加，进而反应速度加快。

b. 在同一环氧树脂比例下，共混物凝胶时间随着温度的升高而加快，其原因为温度的升高促使了分子间的运动速率加快，因此环氧树脂与固化剂的反应速度也加快。

c. 50℃时，共混物比例为 10∶5 时，凝胶时间仅为 10min，难以保证足够的操作时间。结合路面夏季最高温度，确定 50℃时共混物的凝胶时间不低于 30min，因此，共混物的比例不高于 10∶3 为宜。

（3）相结构

①共混物形态的基本概念

共混物的形态是多种多样的，可分为三个基本类型：一是均相体系；二是"海岛机构"，是一种两相体系，且一相为连续相，一相为分散相，分散相分散在连续相中，就好像海岛分散在大海中一样；三是"海海结构"，也是两相体系，但两相皆为连续相，互相贯穿。

在共混物不同的形态结构中，界面结合良好的"海岛结构"两相体系比均相体系更具重要性。首先是因为均相体系与两相体系在数量上的差异，研究结果表明，能够形成均相体系的共混物对很少，而能够形成两相体系的共混物对却要多得多，同时均相体系共混物的性能往往介于各组分单独存在时的性能之间，而"海岛结构"两相体系的性能则有可能超出各个组分单独存在的性能，因此"海岛结构"两相体系更值得关注和研究。

②共混物形态的观测研究方法

共混物形态的观测方法很多，但主要分为两大类：一是直接观测形态的方法，如电子显微镜观测法；二是间接观测的方法，如动态力学性能测试法。本节重点介绍第一种方法。

采用光学显微镜观测法及制样方法如下：

a. 光学显微镜观测法通常力求简便，一般采用切片法或热压压片法，但是由于水性环氧乳化沥青在制样时乳化沥青破乳和环氧固化两个过程同时进行，因此上述两种方法都不适于其制样。

b. 水性环氧树脂-乳化沥青共混物的制样采用动态滴胶的方法进行，具体原理如下：动态滴胶方式是在基片低速（通常在 500r/min 左右）旋转的同时进行滴胶，"动态"的作用是让光刻胶容易在基片上铺展开，减少光刻胶的浪费，采用动态滴胶不需要很多光刻胶就能润湿（铺展覆盖）整个基片表面。尤其是在光刻胶或基片本身润湿性不好的情况下，动态滴胶尤其适用，不会产生针孔。滴胶之后，基片高速旋转，使光刻胶层变薄达到最终要求的膜厚，这个阶段的转速一般为 1500～6000r/min，转速的选定同样要看光刻胶的性能

(包括黏度、溶剂挥发速度、固体含量以及表面张力等)以及基片的大小。快速旋转的时间可以从10s到几分钟。匀胶的转速以及匀胶时间往往能决定最终胶膜的厚度。

③试验方案

将乳化沥青和水性环氧树脂在室温条件下按照表4-61中的比例采用均胶试验机进行均匀涂抹于载玻片,并采用荧光显微镜进行微观结构观测。

分别采用4×100倍的荧光显微镜观测5组不同比例的共混物微观结构,具体图像如图4-66所示。

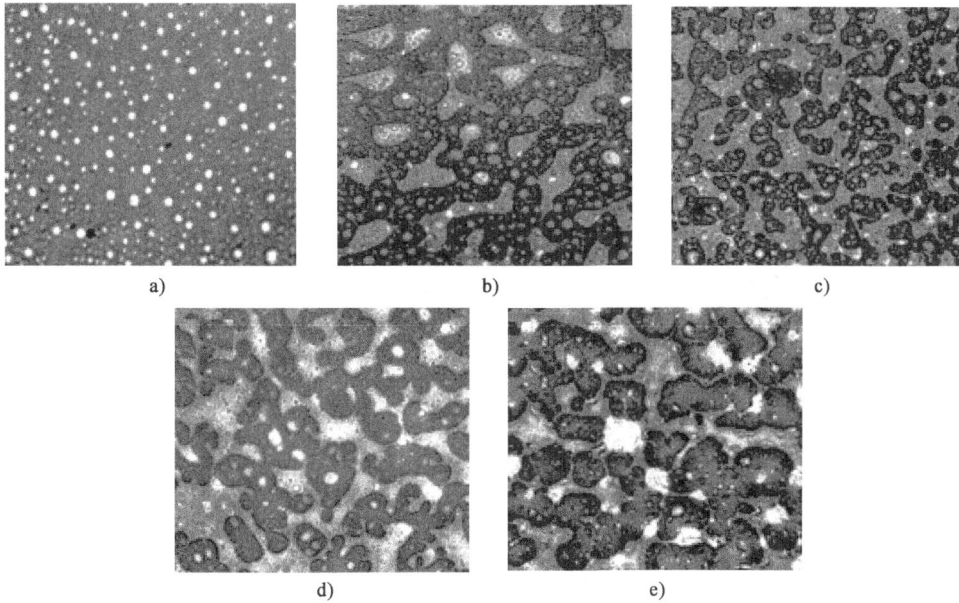

图4-66　不同比例的共混物微观结构

由图4-66可知,共混物比例为10∶1时为单相连续结构,乳化沥青为联系相,水性环氧固化物为分散相,水性环氧固化产物呈颗粒状分布;随着环氧树脂掺量的增加,当共混物比例为10∶3时为两相交叉连续结构,发生相逆转,即乳化沥青为分散相,水性环氧固化产物为连续相,当共混物比例为10∶5时,环氧固化产物团聚后成海岛结构。

造成这种结构的原因为水性环氧树脂-乳化沥青共混物随着环氧掺量的增加,环氧树脂间陆续形成团聚,进而由海海结构向海岛结构转变,因此,从工程应用角度考虑,水性环氧树脂与乳化沥青的比例不宜超过10∶3。

4)SCS超固封层路用性能分析

基于上述试验结果,本节主要对高耐磨SCS超固封层的配合比、耐磨性能、黏结性能及对环境温度的影响因素进行分析,拟得出适用于钢桥面铺装预防性养护的最佳配合比。

（1）高耐磨 SCS 超固封层配合比

高耐磨 SCS 超固封层是在传统雾封层技术的基础上改进而成，其主要成分为乳化沥青、水性环氧乳液、固化剂、填料及细砂。目前国内外并无雾封层配合比设计方法及室内路用性能评价方法，因此，项目组在参考国内外文献和工程实践经验的基础上提出相应的高耐磨 SCS 超固封层配比，并对其路用性能进行室内试验验证。具体的配合比见表 4-64。

高耐磨 SCS 超固封层配合比 表 4-64

组别	乳化沥青	水性环氧树脂	填料	细砂	目数
1 号	10	2	0.08	3	40
2 号	10	2	0.1	3	80
3 号	10	3	0.1	3	40
4 号	10	3	0.1	3	80

图 4-67　磨耗仪

（2）高耐磨 SCS 超固封层路用性能分析

①耐磨性评价

a. 试验方法

耐磨性主要进行磨耗试验，试验主要参考《地坪涂装材料》（GB/T 22374—2018）中关于耐磨性的有关描述，依照《色漆和清漆　耐磨性的测定　旋转橡胶砂轮法》（GB/T 1768—2006）进行试验，且所用砂轮型号为 CS-17，试验仪器如图 4-67 所示，高耐磨 SCS 超固封层的用量为 $1kg/m^2$。

b. 试验结果分析

磨耗试验结果见表 4-65。

磨耗试验结果 表 4-65

组别	质量损失（mg）	组别	质量损失（mg）
1 号	220	3 号	150
2 号	190	4 号	125

由上述分析可以得出，当环氧树脂掺量相同时，随着填料掺量的增加，高耐磨 SCS 超固封层的耐磨性也随之增加，其原因为随着填料的增加增强了胶浆的凝胶状，使得细砂和填料间的分子作用力增加，其耐磨性也随之增加。当填料掺量相同时，高耐磨 SCS 超固封层的耐磨性随着环氧树脂掺量的增加而增加，其原因为环氧树脂掺量的增加提高了材料与基面的黏结力，因此耐磨性也随之增加。同时，当细砂目数增加时，耐磨性也随之增加，其原因为目数越细，其表面积越大，与基面的黏结力也越高，因此耐磨性也越强。

②抗滑性能评价

a.试验方案

摆式摩擦仪(图4-68)的测试状态与驾驶状态和路面状态基本一致,都是在低速湿滑的工况下进行;另外摆式摩擦仪测试简单、携带方便。因此,本项目采用摆式摩擦仪的摆值来表征雾封层材料的抗滑性能。

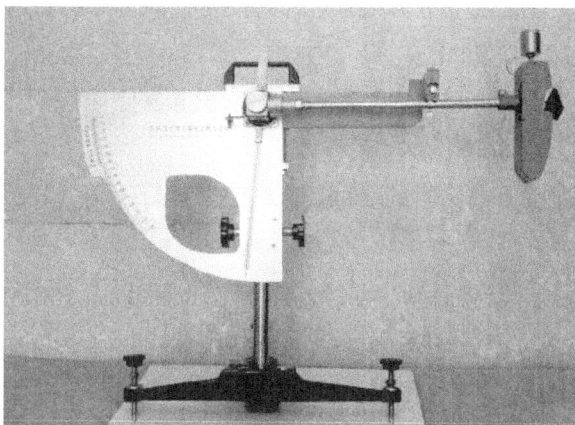

图4-68 摆式仪

b.试验结果及分析

分别在 AC-13 和 SMA-13 的基面上涂刷不同用量的高耐磨 SCS 超固封层,以得出在不同构造深度下的最佳用量,以便于指导工程应用,具体试验结果见表4-66。

试验结果

表4-66

组别	基面	用量(kg/m^2)	BPN
4 号	AC-13	0	50
		0.8	63
		1.0	71
		1.2	55
		1.4	48
	SMA-13	0	52
		0.8	62
		1.0	73
		1.2	75
		1.4	55

从上述试验结果可以得出,在 AC-13 基面上,高耐磨 SCS 超固封层的最佳用量范围为 $0.8 \sim 1.0 kg/m^2$,且 BPN 提高了 22%;在 SMA-13 基面上,高耐磨 SCS 超固封层的最佳

用量范围为$0.8 \sim 1.2 kg/m^2$，且BPN提高了25%。造成这种结果的原因为SCS超固封层中的细砂和填料是提高抗滑性能的主要因素，但是用量过大会在基面形成较厚的油膜，反而降低了基面的抗滑性能。因此，高耐磨SCS超固封层在实际工程中应根据基面情况选择合适的用量。

（3）高耐磨SCS超固封层开放交通时间分析

目前，沥青路面的相关规范中未见有对雾封层材料固化时间测定方法的规定，研究者大多根据自己的研究产品提出相应的评价方法。本书借鉴涂层类材料中对固化阶段的划分以及雾封层材料的特性，将固化过程分为表干阶段和实干阶段两个阶段。界定各阶段的方法如下：

①表干阶段：用手指轻触材料的表面，感到有些发黏，但无漆膜黏在手指上，即认为表干。

②实干阶段：将滤纸铺展到涂刷的材料面层上，用手按压。全干后，滤纸容易揭下，并且没有未干涸的沥青被带下。

用软毛刷将确定的最优配合比的高耐磨SCS超固封层材料按照抗滑试验得出的用量范围在车辙试件上进行涂刷，在25℃室温环境下，每10min进行一次固化程度的测定，其测定结果见表4-67。

固化时间测试 表4-67

组别	基面	用量（kg/m^2）	表干时间（min）	实干时间（min）
4号	AC-13	0.8	30	150
		1.0	50	180
	SMA-13	0.8	20	90
		1.0	30	110
		1.2	40	140

由以上试验结果分析得出，在AC-13的基面上，高耐磨SCS超固封层的实干时间为$150 \sim 180min$，在SMA-13基面上，高耐磨SCS超固封层的实干时间为$90 \sim 140min$。分析其原因为，SMA-13的表面构造深度较大，易于高耐磨SCS超固封层的下渗，因此实干时间更短。

4.3.3 快速移动搅拌设备开发

1）研究背景

保温搅拌运输车COOKER（以下简称"COOKER车"）是一种专门针对沥青混合料进行长距离运送的专用车辆，具有运输、加热保温、防离析等多重功能。为保证沥青混合料在施工过程中发挥最佳性能，运输过程中需要实现对沥青混合料的保温、加热、搅拌，

COOKER 车底盘上安装了一个可以进行加热保温的搅拌罐。

常见的 COOKER 车由搅拌装置、加热保温系统、液压系统、卸料装置、电气控制系统、动力装置组成。搅拌装置在运输过程中能保证搅拌罐内的沥青混合料温度均匀且不产生离析;液压系统可驱动搅拌轴及卸料机构,使搅拌轴按要求的转速稳定转动并顺利进行卸料;加热保温系统可在混合料失温时及时升温补给热量散失,使混合料始终保持要求的温度;电气控制系统可检测系统工作状态,当混合料温度低于正常范围时自动启动燃烧器进行加热,当混合料温度达到所要求的温度上限时自动关闭燃烧器,防止混合料温度过高。

目前,国内个别厂家对 COOKER 车进行了试生产,总的来说国内还没有生产成熟的 COOKER 车产品。进口的 COOKER 车主要产自德国和日本,分为立式和卧式两种,装载容量有 8t、10t、13t 等规格。立式 COOKER 车采用直立式搅拌方式,卧式 COOKER 车采用卧式液压搅拌方式,两种车型均配备燃油或燃气燃烧器,以保证浇注式沥青混凝土的温度,如图 4-69 所示。

a)立式   b)卧式

图 4-69　卧式及立式 COOKER 车示意图

立式 COOKER 车在汽车底盘上、驾驶室后设置发电机组、电动机、电器控制柜、液压油箱、液压泵以及罐体。罐体的后端上设置进料斗,其下设置出料斗。罐体内设置搅拌器,罐体侧壁夹层和底部夹层内设置加热管和保温层;液压油箱通过管道与液压泵相连通,液压泵采用连接件与电动机相连,发电机组和电动机通过导线与电器控制柜相连。立式 COOKER 车搅拌系统运转是通过一个双速液压泵和一个具有链条驱动搅拌系统的液压马达来实现的,其特点是液压泵为双速,可根据所装载材料组成成分的不同来改变搅拌转速。立式 COOKER 车具有以下特点:

(1)拌和速度慢,由于混合料是局部运动,搅拌速度慢,产量比较低。

(2)拌和均匀性差,由于部分混合料采用运动上抛拌和形式,均匀性差,性能会受到影响。

（3）维修率高，轴承在搅拌机下方，混合料容易进入轴承从而引起轴承抱死、损坏。

卧式 COOKER 车机架固定在汽车底盘上。搅拌罐为单轴卧式，搅拌罐主体为由钢板卷制而成的沥青罐，其两端封闭，中间装有搅拌轴，搅拌轴上均匀装有搅拌叶片，搅拌轴由液压马达通过减速机驱动，在搅拌罐内做低速转动。搅拌轴转动时，通过搅拌臂带动搅拌叶片在搅拌罐内做圆周运动，使搅拌罐内混合料均匀。转动时，搅拌叶片会对混合料产生一个向后的推力，这样便于卸料。在运输状态下，这个推力也会使物料向后移动，并使后部物料堆积较高。同时所运输的混合料流动性较好，在装料数量合理的情况下不会造成混合料从进料口溢出的现象。卧式 COOKER 车具有以下特点：

（1）拌和速度快，采用单卧轴拌和缸搅拌，混合料整体运动，速度快，产量高。

（2）拌和均匀性好，混合料多方位运动，多层螺带，搅拌无死角，质量好。

（3）维修率低，轴承在搅拌机两端，混合料不容易进入，配有减速机，维修率低。

钢桥面铺装养护在整个寿命期占据重要的位置，钢桥面服务水平的持久保持，很大程度上取决于养护工作的及时性和科学性。钢桥面铺装修补的主要特点是面积小，一次修补需要的沥青混合料少，若按照常规沥青混合料生产方式，结合料多次加热会损耗大量的能源并导致结合料老化，影响沥青混凝土的使用性能。传统的沥青混凝土搅拌设备，在搅拌沥青混凝土的同时，在设备内燃烧液化气，使空间温度上升从而保证材料施工所需的温度，其不足之处是：由于其加温系统采用液化气装置，气体在设备空间燃烧后升温较慢，效率低，跟不上场地用材速度。尤其是气温偏低时，温度不易控制。本项目基于钢桥面维修生产量小、维修时间不固定的情况，沥青混合料小批量、快速拌和等特点而开发的 COOKER 车，具有体积小、转运机动性强、拌和速度快、自动化上料与计量等优点。设备还具有自动点火控温功能，保证了沥青混合料的使用温度，即使在很冷的天气或远距离运输中也能满足场地用料温度和速度的需要，提高路面的铺装质量和效率。

2）总体方案设计

浇注式 COOKER 车，包括底座、搅拌锅体、搅拌轴、上料计量装置、驱动装置以及柴油燃烧器。搅拌锅体为卧式罐状结构，内设搅拌轴，搅拌轴固接于搅拌锅体的两端并从搅拌锅体的两端延伸而出；搅拌轴两端设有轴承，底座上设有轴承座，搅拌锅体通过轴承及轴承座设于底座上；搅拌轴的一端通过联轴器与驱动装置连接；搅拌锅体尾端设有柴油燃烧器。柴油燃烧器在燃烧室内燃烧，热量通过锅体传导至锅体内的沥青混凝土材料，在运输期间，对搅拌锅体的沥青混凝土材料不断地搅拌、加热、保温，使材料温度均衡，保证了铺装的质量，总体设计图如图 4-70 所示。

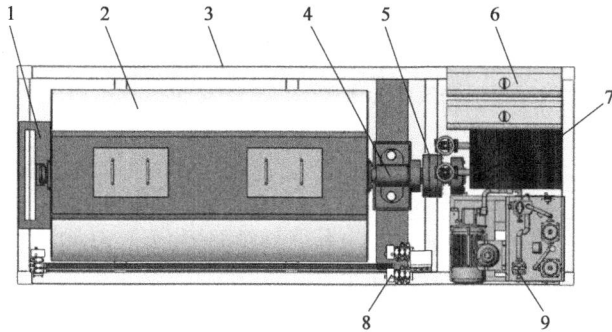

图 4-70　总体设计图

1-卸料装置;2-搅拌锅体;3-底架;4-搅拌轴;5-液压驱动装置;6-柴油箱;7-柴油燃烧器;8-换向阀;9-油压站

3) 主要零部件及装置设计

(1) 动力及传动部分

该设备由一台大功率柴油发动机作主动力。卸料门采用液压传动控制,动力强劲,控制精准、灵活。进料门采用电动推杆控制,避免人工上下开门,既不方便,又影响安全。门的开度可以自动调节,可根据料仓需要调到合适的位置。

搅拌装置由搅拌筒和搅拌轴等组成。搅拌筒由钢板卷制焊接而成,筒内的弧形衬板及侧衬板均用耐磨材料制成,并采用沉头螺栓与筒内壁、侧壁连接,使用中视磨损情况更换。考虑到加工的便捷和功能性,搅拌轴为圆形轴转动副,安装在搅拌桶上,搅拌臂直接焊接在搅拌轴上,工作时,混合料在叶片的推动下进行混合,搅拌叶片把靠近搅拌筒壁的混合料推向搅拌缸的中间及另一端,叶片外侧将混合料从一端向另一段推动,叶片内侧则使混合料向相反的方向运动,使混合料做对流运动;拌和料受到挤压、剪切后产生一个再混合的过程,混合料在剪切对流过程中相互渗透。

①搅拌叶片的安装角

搅拌叶片的安装角是指搅拌轴线与搅拌叶片斜面间的夹角。混合料在搅拌缸内三维坐标方向上同时达到要求的均匀性时,搅拌机的效率最高,此时混合料在轴向、径向的运动效果接近。混合料单元在搅拌过程中的搅拌装置如图 4-71 所示。

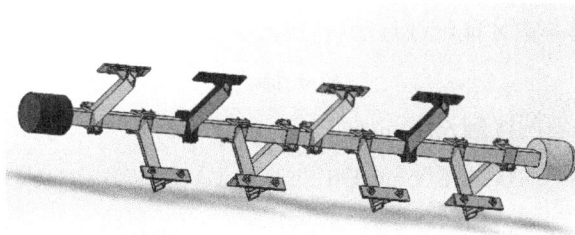

图 4-71　搅拌装置

搅拌混合料时，搅拌叶片的前端会形成类三角形形状的"密实核心"，混合料在搅拌叶片的驱动下沿着"密实核心"外三角边运动。为达到最佳搅拌效果，需要使混合料在轴向和横向的运动都比较大。总速度常数 K 要有最大值，即：

$$K = K_1 \cdot K_2 = \left(1 - \frac{\sin^2\alpha}{\sin^2\gamma}\right)\frac{\tan\alpha}{\tan\gamma} \tag{4-5}$$

式中：α——搅拌轴线与搅拌叶片的轴向夹角；

γ——搅拌轴线与搅拌叶片的径向夹角。

当 K 具有最大值时，K 的微分为 0，即：

$$K(\alpha) = \frac{\sin^2\gamma - \sin^2\alpha(1 + 2\cos^2\alpha)}{\tan\gamma\cos^2\alpha\sin^2\gamma} = 0 \tag{4-6}$$

考虑到所开发设备空间及工况，安装角取 36°。

②搅拌驱动功率

功率计算考虑因素主要有搅拌叶片对沥青混合料的强制搅拌所产生的扭矩，搅拌时沥青混合料、叶片以及搅拌缸壁之间的摩擦等作用力，动力装置的传递效率等，因此功率的计算只能作为一个参考值，以下主要通过对搅拌过程中叶片的受力进行分析确定搅拌时的功率。叶片受力分解为叶片的拌和力 F_j 和楔紧需要挤碎的力 F_x，如图 4-72 所示。

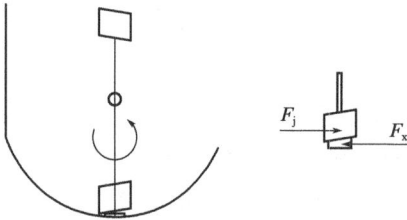

图 4-72　叶片受力图

在整个搅拌过程中，叶片需要把有效容积内的所有混合料进行混合推动，因此总的拌和力为：

$$\sum F_j = V\gamma f \tag{4-7}$$

式中：$\sum F_j$——所需总的拌和力（kN）；

V——搅拌装置的有效拌和容积（m³）；

γ——混合料的重度（kN/m³）；

f——混合料与缸壁的摩擦系数。

叶片必须将楔石挤碎才能继续运动，挤碎力 F_x 为：

$$F_x = lb\sigma f \tag{4-8}$$

式中：l——叶片与碎石的接触长度（mm）；

b——叶片与碎石的接触宽度（mm）；

σ——碎石抗压强度（MPa）；

f——混合料与搅拌缸壁的摩擦系数。

(2)加热保温部分

①设计思路

加热保温设备以柴油为燃料,采用进口的燃烧器对锅体进行加热,锅体内部空间升温快,热效率高。在冷锅加热时,本设备采用独有的加热控制技术,既不会把锅体内的沥青烧焦,产生环境污染,影响沥青混合料的质量,又能保证升温快速,半小时内可加升温15℃以上,相比同类产品更节约燃料。

本项目所开发的浇注式 COOKER 车具有自动点火控温功能,保证了沥青混凝土的使用温度,提高了路面的铺装质量和效率。

②加热功率计算

搅拌缸的加热保温装置所需功率由初始温度在规定的时间内加热至设定温度所需要的功率以及维持介质温度不变的前提下实际所需要的维持温度的功率组成。总功率取以上两种功率的最大值。

a. 初始加热功率 K_W

$$K_W = (C_1 M_1 T + C_2 M_2 T) / (864/P) + P/2 \tag{4-9}$$

式中：C_1、C_2——容器和介质的比热[kcal/(kg·℃)]；

M_1、M_2——容器和介质的质量(kg)；

T——所需温度和初始温度之差(℃)；

P——最终温度下容器的热散量(kcal)。

b. 维持介质温度功率

$$K_W = \frac{C_2 M_3 T}{864} + P \tag{4-10}$$

式中：M_3——每小时所增加的介质(kg/h)。

(3)上料计量部分

传统上料均由人工完成,效率较低,为了节省人力,设备设计了自动上料系统,采用电力提升,由小型的发电机产生 380V 电力驱动提升机,提升机通过链条传动提升料斗,主要设备及参数见表4-68。

主要设备及参数   表4-68

名称	规格	性能指标	等级/材质
提升机	2200mm	200kg	碳钢
发电机	380V	5kW	IP55
料斗	150L	100kg	不锈钢

当料斗提升至设备正上方时,通过导轨将料倒入 COOKER 车进料口。为了保证料斗的料能精准地倒入进料口,在料斗上设置加长导料槽,如图4-73所示。

料斗上安置有称重传感装置,可对加入料斗的材料进行实时称重与计量,为了便于运输,料斗设计成可拆卸式,在设备前端设置有专门的料斗放置位置,运输时料斗可固定在设备前端,且料斗底部加装有万向轮,方便料斗的移动,如图4-74所示。

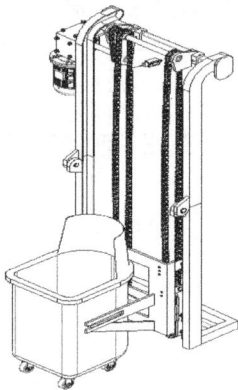

图4-73　料斗提升至设备

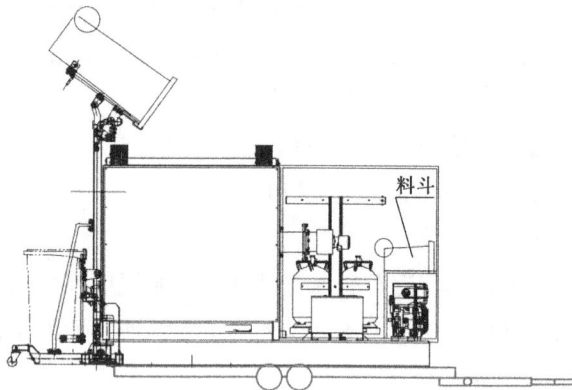

图4-74　称重传感装置

（4）控制部分

①控制系统特点

COOKER 车系统自动化程度高,采用 PLC（可编程逻辑控制器）控制,用触摸屏显示及操作,既可以精确控制整个系统运行,又可显示各主要设备的运行情况,操作简便。此项设计为国内外首创,为设备的精确控制、保养维护提供了准确的信息,同时提高了设备的效率。

②控制系统基本功能

a. 切换功能:可实现手动与自动控制的切换。在通常情况下使用自动挡,当需要检修或调试时,切换到手动挡。

b. 自动报警功能:发生异常情况,可随时报警。当出现集料"卡机"等异常情况时,相应的报警就会动作。

c. 自动记忆功能:搅拌工艺的时间节点,可通过自动记忆功能储存,需要时调用即可;同时,系统配有"暂停"及"继续运行"按钮。当工作过程中需要暂停运行时,按下"暂停"按钮后,设备暂停运行,再按下"继续运行"按钮,设备则继续运行。

d. 紧急停机复位功能:配备有"紧急停机复位"按钮。当在工作过程中发生异常,或中途突然停电后恢复时,按下此按钮使设备回到加工前的初始状态。

③主要控制部件

a. 控制系统总体设计

主要控制部件包括总开关电源、变频控制接触器、CPU（中央处理器）、时间继电器、温控器、加温控制固态接触器、变频控制器、温控警报器、输入控制器、电机控制按钮等。PLC 控制系统基本原理如图 4-75 所示。

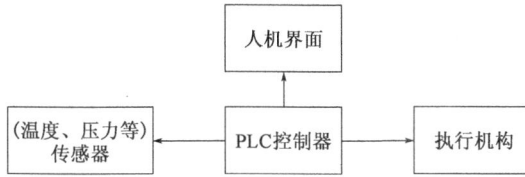

图 4-75　PLC 控制系统基本原理

b. 温度控制器

所开发设备中 PLC 温度控制系统核心部件采用欧姆龙温度控制器 E5CN-R2TC, PLC 温度控制系统基本原理如图 4-76 所示。

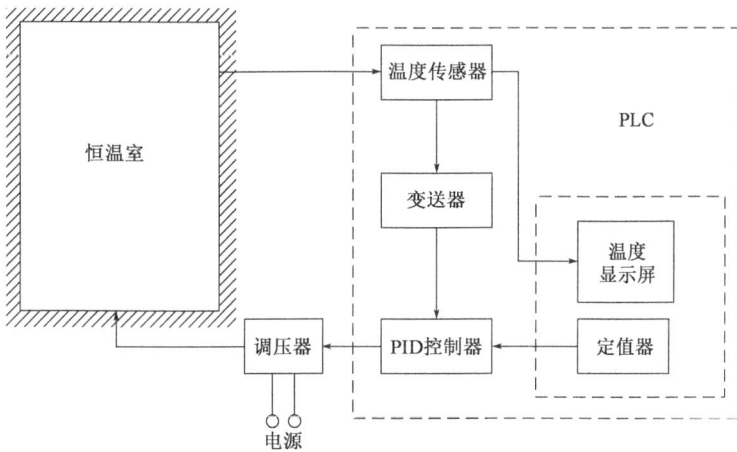

图 4-76　PLC 温度控制系统基本原理

本控制系统可在实际温度与设定温度偏差较大时, 以较大的速度平缓地升温或降温。在接近恒温时又不会因太大的惯性而引起振荡, 从而减少了过渡的时间。

4) 设备的加工与调试

(1) 加工制造

①底板

底板上各零部件与底板采用螺栓连接的方式, 将一柱状配作块焊接在槽钢内侧, 然后在槽钢与配作块上钻螺纹孔, 通过螺栓将零部件固定在底板上。具体连接形式如图 4-77 所示。

底板为整个设备的承重结构, 在四周安装支撑底座, 以保证整个设备的稳固。底座表面做喷漆处理, 如图 4-78 所示。

图 4-77   底板上各零部件与底板连接图

图 4-78   底板喷漆图

②料斗

料斗由于长期与材料接触摩擦，容易掉漆生锈，因此材质选用不锈钢，料斗底部与提升装置接触点安装称重传感器，采用螺栓连接，如图 4-79 所示。

图 4-79   料斗连接图

③提升装置

提升装置主要由链条提升装置及导向装置组成,链条提升装置通过 PLC 控制电机正反转的方式控制升降,导向装置则为升降过程导向。在工作状态下,电机正转,升降装置带着料斗上身;非工作状态下,电机反转,提升装置带着料斗下降,如图4-80 所示。

图 4-80　提升装置图

④总机装配

完成配件的加工组装后进行设备整体装配,如图 4-81 所示。

图 4-81　总机装配实际效果图

(2)设备调试

本设备在运行前,首先检查柴油是否满足运行需要,检查各阀门是否处于工作状态;接通蓄电池开关,启动柴油发电机组,检查电压是否正常,并检查加热系统是否正常,如图 4-82所示。

点火器在正常拌料过程中,一直处于燃烧状态且点火设备处于 ON 挡。调大火至2～3 个喷嘴打开,再堵住风门直到喷嘴全开,如图 4-83 所示。

图 4-82　发电及加热系统调试图

图 4-83　点火器调试图

温度加热至120℃左右后开启搅拌轴，打开进料口，将材料提升至拌和锅内，如图4-84所示。

图 4-84　提升装置调试图

关闭进料口，继续加热至 220℃ 左右。打开出料口检测出料温度与流动性，如图 4-85 所示。

图 4-85　出料口温度调试

本项目针对钢桥面铺装维修生产量小、维修时间不固定的情况，开发的沥青混合料小批量、快速专用拌和设备，实现了小批量的沥青混合料的快速生产，保证了沥青混合料均匀性及良好的路用性能，并且性能稳定，自动化程度高，运输方便。

5

研究成果及应用效果

本书开展的四个科研课题与工程实际紧密结合,将研究成果应用于工程,取得了良好的经济和社会效益。

1)桥梁挤扩支盘桩设计、施工、检测技术及定额研究

(1)基于资料调研、现场试桩、室内试验采集及数值分析等方法,对挤扩支盘桩承载特性、受力机理及破坏模式进行分析和探讨,初步揭示挤扩对土体密度、超孔隙水压的影响;根据工程实际需求,结合现场施工设备规格和能力,提出了挤扩支盘桩规格尺寸、支盘适用土层及设置的适用条件、支盘布置要求,确定了支与盘设置原则,并基于现行承载力设计理论和公式,采用计算机语言编制了挤扩支盘桩承载力设计软件。

本项目在行业内首次开展 1∶10 大比例的挤扩支盘桩室内模型试验研究,设计了单桩、双桩、四桩及九桩等试验方案,研究了支盘桩承载力和抵抗沉降变形特性,获得了挤扩支盘桩群桩的上盘、下盘、桩端、桩侧群桩效应系数,并揭示了不同盘数、不同桩间距对桩基承载力的影响规律,为支盘群桩设计提供了依据。研究表明:采用 1.5 倍盘径桩间距设计方案,上盘和下盘承载力发挥群桩效应系数均不小于 1.0;在满足 8 倍盘环宽间距要求前提下,随着盘数增加,桩基承载力越高,且相同桩顶反力时桩顶沉降越小;与 $1.5D(D$ 为盘径)的桩间距相比,当桩间距减小至 $1.0D$ 时,受相邻桩相互影响作用,承载力特征值降低 13% 左右。

(2)潮汕环线首次实现了挤扩支盘桩在我国公路行业的大规模应用,填补了桥梁挤扩支盘桩施工工艺的空白,形成了一套完整的桥梁挤扩支盘桩的施工工艺与质量保证系统。与常规桩相比,挤扩支盘桩需重点关注挤扩压力值、支盘的盘径、盘高这些施工参数。本书从支盘设备、成孔及一次性清孔、泥浆制备、支盘腔挤扩机稳定性验证等方面,阐述了

支盘桩关键施工工艺,并提出了挤扩支盘桩质量保证体系,同时对挤扩设备智能化发展方向进行展望。

(3)通过开展"灌注桩及挤扩支盘桩全桩身完整性检测技术研究",比选了跨孔弹性波 CT 法、跨孔超声波法、单孔地震法、基于管波探测法的单管检测法以及热异常检测 5 种不同检测方法,填补支盘桩混凝土结构完整性检测领域的技术空白,实现从"无法检测"到"可检"的跨越。得出结论如下:

热异常法检测结果可靠,精度高,对盘位、尺寸和厚度均可精确计算,但需要事先埋入传感器,桩检不具有随机抽检特性,且成本较高,较难推广。

相比跨孔弹性波 CT 法、单孔地震法、管波法,跨孔超声波法对支盘中心位置定位最精确,支盘挤扩厚度的计算结果准确可靠,可作为一种技术可行的检测方法。

与此相比,弹性波 CT 法射线密度低,支盘挤扩厚度的计算误差大,对桩基轻微缺陷可能无明显反应;单孔地震法对桩基轻微缺陷的反应有一定的随机性,并且传播距离越远,随机误差越大;而管波探测法可以准确查明缺陷的垂向分布,但只对部分支盘位置有一定的反应,且无法计算支盘的挤扩厚度,因此以上三种方法不作为推荐方法。

(4)通过行业内首次开展挤扩支盘桩定额研究,本项目初步揭示了挤扩支盘桩的施工工艺、造价组成要素、挤扩与检测的工料机消耗,在当前的定额体系上,为进一步形成一套补充定额奠定基础。但由于盘混凝土抽芯费用、更换钻头费用、挤扩支盘后清孔费用、变直径钢筋笼加工与下放费用以及专利费的措施费用存在费用交叉,有待进一步深入研究。

随着材料科学的发展,未来将会有力学性能更优越的材料被用于挤扩支盘桩的制作中,从而使挤扩支盘桩的优点更加突出,性能更加完善;随着实际工程应用的增加以及理论研究的深入,以往不适用于工程实际的计算理论将被新的理论体系所替代,相应的工程规范也将被进一步完善;随着信息技术的发展,挤扩支盘桩施工也将向智能化、精准化的方向迈进,在未来施工中,低噪声、无污染、智能化、精准化的施工技术将替代现有技术;随着异型桩检测新理论、新工艺、新方法的发展,将会出现便捷、高效、精确、经济的检测技术。

2)小直径支盘桩设计施工关键技术研究与示范应用

结合现场原位长期监测、原位静载试验以及室内模型试验数据,探究支盘桩承载机理,得出以下结论:

(1)现场原位监测数据对比分析了挤扩支盘桩与 PHC 管桩对深厚超软土地基的处理效果,数据显示支盘桩处理地基承载力高,桩体沉降及桩土沉降差异小;上覆填土荷载主要由桩体承担,桩土应力比大;桩身打设时支盘桩为部分挤土桩,挤土效应小,孔隙水压力消散快；而管桩在填土至一定高度后部分基桩底部有刺入现象，支盘桩软基处理整体效果要优于管桩。

（2）原位静载数据显示挤扩支盘桩 Q-S 曲线呈缓变型，桩身轴力变化呈台阶状，在支盘位置桩身轴力曲线斜率发生突变；单级荷载中，桩身累计沉降量小；在 2.5 倍桩顶设计荷载条件下底盘承载力发挥不明显，说明桩身承载力还有富余，整体设计偏于保守。

（3）透明土试验数据显示在一定盘间距内支盘桩盘间破坏面呈大圆柱面破坏。发生大圆柱面破坏时，桩底形成圆锥形弹性楔形体向下发生刺入破坏，圆锥弹性体周围土体向四周挤密；下盘底土体发生侧向挤出并以对数螺线向上发展贯通到盘上表面；两盘间土体以盘环外边缘为边界发生整体剪切破坏；上盘因埋设较浅，盘底土体破坏面贯通到地基表面，地表有轻微隆起现象。

（4）常规土静载试验数据表明临界盘间距与盘的形状、大小、埋深以及两盘间的土层性质有关，可通过公式 $\sum_{i=1}^{n}(\mu_i QL_i) = f_d + \sum_{i=1}^{n}\nu_i ql_i$，$L = \sum_{i=1}^{n}L_i$ 进行计算；单盘极限承载力不仅与土层性质及埋设相关，还与盘的形状有密切关系，计算公式为 $f_p = kf_b^2$，k 为盘极限承载力与对应深度载荷板极限承载力的比例系数，综合表征了盘极限承载力与盘的大小、形状的关系。

3）陀螺桩设计施工关键技术研究与示范应用

（1）基于国内外研究成果、相关规范和规程调研，本书揭示陀螺桩承载及受力机理，介绍了陀螺桩地基加固方式的常用结构形式及适用条件。

（2）针对常规素混凝土陀螺桩人工搬运不便的问题，本书提出基于泡沫混凝土、空心结构乙烯基树脂材料轻质陀螺桩，并分析了受力承载特性、成本费用等。

（3）分析表明，泡沫混凝土、空心乙烯基树脂新型轻质结构陀螺桩与常规的素混凝土陀螺桩相比，由于减小了底部附加应力，可在一定程度上降低桩体及土体沉降、减小垫层底部土体应力。

（4）潮汕环线鮀西互通陀螺桩监测结果表明，相比常规监测路段，陀螺桩试验段沉降小，地基受力均匀且呈柔性，横向变形受到陀螺桩的约束，水平位移很小，超孔隙水压力消散快。

4）基于建养一体化的钢桥面铺装结构优化与快速养护技术研究

本书针对 STC 铺装结构，对结构适配性、黏层的选用方法及评价指标、磨耗层性能进行了试验及理论分析；结合榕江桥地理位置，开发了两种养护材料及一种快速养护设备。主要结论如下：

（1）铺装上层表面主拉应力随铺装上层模量增大而减小，随铺装上层厚度增大而先增大后减小;随铺装下层模量增大而减小,随铺装下层厚度增大而减小。层间剪应力随铺装上层模量增大而减小,随铺装上层厚度增大而减小;随铺装下层模量增大而增大,随铺装下层厚度增大而减小。铺装下层表面主拉应力随铺装上层模量增大而减小,随铺装上层厚度增大而减小;随铺装下层模量增大而增大,随铺装下层厚度增大而减小。

(2)铺装下层模量应尽可能小,铺装上层模量应尽可能大;铺装下层厚度宜不小于3cm,铺装上层和铺装下层厚度均宜取较大值;此外,应注意铺装上层厚度为4cm时表面主拉应力有最大值。榕江特大桥STC铺装层间剪应力最大值为0.695MPa,比混凝土桥梁AC铺装层间剪应力最大值高约55%。因此,在铺装结构设计中应特别注重磨耗层与混凝土基面的黏结性能,应优先选用与STC铺装体系适应较好的防水黏结材料。

(3)考虑榕江特大桥夏天处于炎热区,SMA-13的车辙动稳定度是SMA-10的1.37倍,推荐采用SMA-13的磨耗层方案。同普通SMA-13混合料相比,掺量为3‰的超微聚乙烯醇纤维沥青混合料低温弯曲极限应变、车辙动稳定度分别是其1.58倍和1.15倍,说明超微纤维的使用提高了混合料高温抗车辙性、低温抗裂性。SAK加入沥青中能够显著提高沥青的软化点,降低其针入度,从而改善其高温稳定性,且加入SAK后延度依然保持较高水平,远优于规范要求,SAK掺量建议为沥青的3%。在保证施工温度和严格执行防离析措施的条件下,一般能够消除离析现象,否则应该控制高弹沥青163℃运动黏度,使其不高于3000mPa·s。如果以上条件不具备,可以使用S3%AK降黏剂。

(4)STC表面抛丸后,25℃和70℃剪切强度均有较大幅度的提升,其中后者提高了0.5倍以上,说明抛丸措施能够去除混凝土表面浮浆,增加粗糙度,提高层间黏结力,建议在工程中应用。

(5)从改性乳化沥青、二阶反应环氧树脂黏结剂、改性乳化沥青+SBS改性沥青+碎石、高黏沥青+碎石和改性乳化沥青+高黏沥青+砂5种防水黏结材料方案的层间黏结性能和层间抗剪性能看,方案2(二阶反应环氧树脂黏结剂)>方案5(改性乳化沥青+高黏沥青+砂)>方案4(高黏沥青+碎石)>方案3(改性乳化沥青+SBS改性沥青+碎石)>方案1(改性乳化沥青)。建议本项目在方案5(改性乳化沥青+高黏改性沥青+砂)和方案2(二阶反应环氧树脂黏结剂)两种方案中综合选取。

(6)对于原设计应力吸收层方案,层间剪切强度随着粒径增大呈逐渐下降趋势,层间黏结强度在粒径为2.36~4.75mm时最大;撒布量在40%时,层间黏结强度和剪切强度较小,满撒或不撒布两种情况下的层间黏结度和剪切强度更优。组合结构试验结果表明,60℃和70℃条件下的车辙动稳定度均大于3000次/mm,能够满足规范要求;而五点弯曲复合梁疲劳试验结果表明,复合梁试验疲劳寿命大于120万次,说明桥面铺装的层间黏结方式满足要求。

（7）开发的重熔浇注式沥青混合料要求：新矿粉应能使再生料的 $P_{0.075}$ 达到 25% ~ 27%，新胶浆的粉胶比应在 5.0 ~ 5.5 之间，贯入度和新胶浆粉胶比、综合级配的 $P_{0.075}$ 关系为 $f(x,y) = 127.3x - 14.5y + 12.8$（$x$ 为 $P_{0.075}$、y 为粉胶比）；新沥青针入度宜为 17 ~ 76（0.1mm）、5℃延度宜大于或等于 20cm、软化点宜大于或等于 97℃；RAP 加热温度宜小于或等于 200℃，旧料加热时间宜小于或等于 70min，拌和温度宜为 210 ~ 260℃，拌和时间宜为 40 ~ 70min。在拌和过程中，应先加入沥青和沥青旧料，在大于或等于 210℃ 的温度条件下拌和 15 ~ 30min，然后加入矿粉。

（8）超固封层材料可进行机械自动喷涂，在 SMA10 基面上的最佳用量范围为 0.8 ~ 1.2kg/m²，实干时间为 90 ~ 140min，BPN 可提高 25%，施工完成 3h 后可开放交通，适用于出现早期微裂缝、表面集料松散、麻面及表面渗水等早期损坏的铺面。

（9）本项目开发出了浇注式沥青混合料一体化维修设备，将沥青储存、加热、矿料加热、浇注式沥青混凝土拌和等功能集为一体，拌和出的浇注式沥青混合料表观状态良好，级配均匀，出料温度、流动性和贯入度都能满足维修工程的要求，实现了小批量浇注式沥青混合料现场快速、便捷生产。